历|史|中|国
书系

唐朝原来是这样

王觉仁——作品

中国出版集团　现代出版社

图书在版编目（CIP）数据

唐朝原来是这样 / 王觉仁著. -- 北京：现代出版社, 2024.12.--（历史中国书系）.--ISBN 978-7-5231-1098-0

Ⅰ.K242.09

中国国家版本馆CIP数据核字第202498L9E8号

唐朝原来是这样
TANGCHAO YUANLAI SHI ZHEYANG

著　　者	王觉仁
选题策划	张　霆
责任编辑	谢　惠
责任印制	贾子珍
出版发行	现代出版社
地　　址	北京市安定门外安华里 504 号
邮政编码	100011
电　　话	010-64267325
传　　真	010-64245264
网　　址	www.1980xd.com
印　　刷	三河市宏盛印务有限公司
开　　本	710mm×1000mm　1/16
印　　张	29.5
字　　数	496 千
版　　次	2024 年 12 月第 1 版　2024 年 12 月第 1 次印刷
书　　号	ISBN 978-7-5231-1098-0
定　　价	898.00 元（全 14 册）

版权所有，翻印必究；未经许可，不得转载

目 录

一 / 血缘传说与天命神话 / 001

二 / 李渊父子 / 008

三 / 晋阳起兵的真相 / 015

四 / 大唐开国 / 026

五 / 瓦岗寨兴亡的历史密码 / 033

六 / 逐鹿中原 / 044

七 / 统一海内 / 053

八 / 李建成谋反案 / 062

九 / 玄武门之变 / 071

十 / 李世民向我们隐瞒了什么？（上）/ 080

十一 / 李世民向我们隐瞒了什么？（下）/ 089

十二 / 科举制与社会公正 / 098

十三 / 贞观时代的律法精神 / 107

十四 / 权力控制的游戏：李世民的帝王术 / 117

十五 / 魏徵：不想当忠臣的人 / 131

十六 / 长孙皇后：成功男人背后的女人 / 138

十七 / 最具世界主义色彩的朝代 / 144

十八 / 玄奘西行：信仰的力量 / 151

十九 / "天可汗"时代：贞观武功 / 158

二十 / 李承乾谋反案 / 167

二一 / 亲征高句丽：李世民的"滑铁卢" / 176

二二 / 房遗爱谋反案 / 185

二三 / 唐高宗：天子突围 / 196

二四 / 帝国的扩张 / 204

二五 / 旷世女皇武则天（上）/ 215

二六 / 旷世女皇武则天（中）/ 223

二七 / 旷世女皇武则天（下）/ 232

二八 / 恐怖时代：酷吏的那些事儿 / 240

二九 / 第一男宠的悲喜人生 / 250

三十 / 一代名相狄仁杰 / 258

三一 / 神龙政变 / 265

三二 / 后武则天时代 / 273

三三 / 乾坤再造：李隆基的华丽登场 / 281

三四 / 开元盛世：历史的巅峰 / 289

三五 / 千古绝响：李白与杜甫 / 297

三六 / 李林甫：无心睡眠 / 307

三七 / 杨贵妃：盛世红颜的绽放与凋零 / 317

三八 / 安史之乱（上）/ 326

三九 / 安史之乱（下）/ 335

四十 / 唐代宗：帝国裂变 / 342

四一 / 唐德宗：失落的长安 / 350

四二 / 唐顺宗：那一场飘风骤雨的改革 / 358

四三 / 唐宪宗：元和中兴 / 368

四四 / 青春皇帝：将娱乐进行到死 / 377

四五 / 甘露之变：天子与宦官的巅峰对决 / 385

四六 / 牛李党争：半个世纪的政治风暴 / 396

四七 / 唐宣宗：从"智障人士"到强势帝王 / 404

四八 / 黄巢："我花开后百花杀" / 414

四九 / 唐昭宗：灵魂中的"七道伤" / 424

五十 / 帝国的末日 / 433

大事年表 / 441

一 / 血缘传说与天命神话

李渊是典型的门阀世族出身。根据李唐皇室自己的谱牒记载，他们有着极为高贵的氏族血统，其远古祖先甚至可以追溯到五帝时代的颛顼帝高阳氏，而春秋时期的祖先则可以追溯到老子李耳，西汉时的先人则是抗击匈奴的名将李广。

这是李唐皇室自己记述的最早的世系渊源，看上去显得十分辉煌。不过，可惜的是，现在的学界已经彻底否定了这个说法，认为这只是李唐皇室为了"高远其来者"而精心编造的血缘神话，根本不足采信。

久远的世系被证明是一则美丽的谎言，那么较近的世系呢？

很遗憾，同样经不起推敲。

据李唐皇室自称，李渊的七世祖是十六国时期的陇西成纪（今甘肃静宁县西南）人、西凉的开国帝王李暠；六世祖李歆是西凉后主；西凉被匈奴攻灭后，五世祖李重耳流亡南朝刘宋，后又归降北魏，任弘农太守；高祖父李熙任北魏金门镇将，率豪杰镇守武川（北魏"六镇"之一，宇文泰家乡，今内蒙古武川县），遂留居此地；曾祖父李天锡亦为北魏重臣。

因为西凉王李暠是西汉名将李广后裔，所以这段世系意在表明李唐皇室不但出自汉代名门、世代均为陇西望族，而且又是西凉王室之后、北魏的豪门显宦。这样一段家谱自然是无比显赫的，但它上面仍然笼罩着重重的历史迷雾。经现代学者研究认为，李氏家族与西凉王室绝无关系，并且据史学大师陈寅恪先生考证，他们也与陇西望族李氏毫无瓜葛。此外，李唐皇室之所以自称先祖曾留居武川，目的在于暗示他们与西魏的实际统治者、北周的开创者宇文泰同出一源，均为北朝后期至隋唐年间叱咤风云的武川军团的核心成员。可是，陈寅恪先生认为这样的说法同样是子虚乌有。

既然如此，那么李唐皇室的世系渊源究竟出自何处呢？

陈寅恪先生的看法是：河北赵郡李氏。

虽然赵郡李氏也是中国北方屈指可数的名门望族，但李唐先世很可能只是其中没落衰微的一支。陈寅恪先生在《唐代政治史论述稿》中说："据可信之材料，依常识之判断，李唐先世若非赵郡李氏之'破落户'，即是赵郡李氏之'假冒牌'。至于有唐一代之官书其记述皇室渊源，间亦保存原来真实之事迹，但其大部尽属后人讳饰夸诞之语，治史者自不应漫无辨别，遽尔全部信从也。"《剑桥中国隋唐史》认为，虽然陈寅恪先生的说法不能被视为最终定论，但他的论证非常有力，至今尚无人能做出令人信服的反驳。

至此，李唐皇室高贵的出身渊源和美丽的血缘传说一一破灭。

然而，不管最初的渊源何在，从李渊的祖父李虎开始，李氏家族的历史就脱离了传说，进入了货真价实的"信史"阶段。北魏末年，李虎追随宇文泰创建了西魏，官至太尉、尚书左仆射，封陇西郡公，并与太师宇文泰、太傅元欣、太保李弼（李密曾祖父）、大司马独孤信、大司寇赵贵、大司空于谨、少傅侯莫和陈崇八人同为西魏的佐命功臣、柱国大将军。

这就是历史上著名的西魏"八柱国"。

《周书》称："当时荣盛，莫与为比！故今之称门阀者，咸推'八柱国家'云。"从此，李氏家族再也不是什么"破落户"和"假冒牌"了，而是一跃成为堂堂正正的贵族门阀。

按宇文泰创设的府兵制，在显赫的"八柱国"之下还设有十二大将军，隋文帝杨坚的父亲杨忠就是其中一员。这"八柱国十二大将军"及其家族共同构成了一个空前强大的政治军事集团，成为西魏王朝当之无愧的中坚力量，并且在此后的中国历史上产生了无比深远的影响。其中，宇文家族建立北周、吞并了北齐；杨氏家族建立隋朝，统一了中国；李氏家族建立唐朝，开创了大唐盛世……

这个在北朝后期强势崛起并且对中国历史影响深远的政治军事集团，被陈寅恪先生命名为"关陇集团"。该集团的几大核心家族不但是政治和军事上的同盟，而且还通过彼此联姻的方式缔结了一条特殊的政治纽带。这条纽带中的一个关键人物就是西魏的八柱国之一、大司马独孤信。

他的长女嫁给了宇文泰的长子，即北周明帝宇文毓；七女嫁给了杨忠的儿子杨坚，即后来的隋文帝；四女嫁给了李虎的儿子李昞，在北周天和元年（公元566年）生下了李渊。武德初年，李唐皇室追尊李昞为元皇帝，而李渊的母亲自然也就被追封为皇后。所以，从理论上来讲，独孤信就成了三个皇帝的岳父，而独孤家族也成了三个王朝的外戚。

这就是中国历史上绝无仅有的"一门三皇后"的传奇。

北周建立后，已经去世的李虎被追封为唐国公，其子李昞承袭了爵位，并任安州总管、柱国大将军。北周建德元年（公元572年），李昞卒，年仅七岁的李渊袭爵唐国公。李渊长大后，这个年轻的世袭贵族不但风流倜傥、一表人才，而且为人豁达宽容，毫无纨绔子弟的骄矜恶习，史称其"任性真率，宽仁容众，无贵贱咸得其欢心"（《旧唐书·高祖本纪》）。很显然，从少年时代起，李渊就以其亲和力赢得了人心，而一个开国帝王所应具有的人格魅力似乎在此时便已露出端倪。隋朝建立后，其姨父隋文帝杨坚和姨母独孤皇后对李渊恩宠有加，于开皇元年（公元581年）任命他为天子的近身侍卫——千牛备身，后来又让他在畿辅地区和西北的战略要地历练，辗转担任谯、陇、岐三州刺史。

在中国历代正史的帝王本纪中，大多数开国皇帝的头上都会笼罩许多匪夷所思的神话光环，修史者总是想借此表明他们是异于凡人、天命所归的真龙天子。例如，汉高祖刘邦出生前，他母亲就曾在一个"雷电冥晦"的午后于野外打盹，一不小心就"梦与神遇"；当刘父急急忙忙出去找刘母时，竟然目睹了一个"很黄很暴力"的场面——一条张牙舞爪的巨龙正在强行与其妻交配！史书没有记载刘父戴上这顶"天龙"牌绿帽时的心情究竟是窃喜还是悲愤，只说刘母"已而有娠，遂产高祖"（《汉书·高祖本纪》）。

后世的修史者可能觉得这个"很黄很暴力"的场面过于粗俗、有碍观瞻，所以不敢抄袭。轮到为宋太祖赵匡胤作传的时候，这些人的笔墨就收敛了许多：他们说宋太祖在洛阳夹马营出生的那天，"赤光绕室，异香经宿不散"，而刚落地的天子则"体有金色，三日不变"（《宋史·太祖本纪》）。

赵匡胤的这个神话故事显然比刘邦那个干净得多，可后来的修史者又觉得它过于含蓄，失之呆板。所以，当他们在创作"历代帝王神话之朱元璋版"的时候，艺术手法上就有了很大的进步，既不失赵匡胤版的干净，又不失刘邦版的生动。故事是这么说的：朱元璋的母亲陈氏刚有身孕，就梦到一个神仙送给她一颗丹药。拿过来一看，通体放光；一吞进嘴里，口舌生香。分娩的那天晚上，朱家的土房子忽然"红光满室"，而且红光蹿出房顶，整夜闪个不停。村里的乡亲们"惊以为火，辄奔救，至则无有"（《明史·太祖本纪》），明明以为朱家着火了，跑过来看却啥都没有，最后才知道是朱家在生娃。实在是神奇啊，众人不约而同地想，看来此娃定非凡胎，日后必有一番惊天动地的造化！

关于历代开国皇帝的"天命神话"就这么堂而皇之地记录在官方正史上，被民间后世传为美谈，或者传为笑话，让千百年来的读者顶礼膜拜，或者嗤之以鼻。

既然其他的真龙天子都有神迹，那么唐高祖李渊呢？

喜欢猎奇的读者也许会失望，因为李渊出生前后的故事非常朴素，既没有其母与巨龙郊外野合的"很黄很暴力"场面，也没有红光似火把隔壁邻居折腾了一宿的生动记载，唯一让李渊显得与众不同的地方，就是《新唐书》中关于他生理特征的一个记载。

该书称李渊——"体有三乳"。

这真是让人百思不得其解，一个男人为什么会有"三乳"呢？

然而，就是如此畸形怪诞的体貌特征，在古人眼中却是千古不遇的"大吉之征"。例如，在许多古代典籍中，周文王就拥有"四乳"。《史记·周本纪》称："文王龙颜虎肩，身长十尺，胸有四乳。"《淮南子·修务训》说："文王四乳，是谓大仁，天下所归，百姓所亲。"《春秋繁露·三代改制质文》说："天将授文王……有四乳而大足。"可见，历代有关文献都将周文王的畸形四乳看成天下归心、周朝勃兴的征兆。

既然周文王能比常人多出二乳，那么作为大唐开国之君的李渊比常人多出一乳就显得再正常不过了。然而，我们却有理由怀疑，这第三乳极有可能不是老天爷所为，而是后世史家强行"摁"上去的。一个比较明显的证据是：这个记载只见于《新唐书》，而该书修于北宋，属于后出的史料；先出的修于五代的《旧唐书》并没有这个"体有三乳"的怪诞说法。所以，我们只能说，这则"三乳奇谈"很可能出自后世史家的杜撰。

相对于《新唐书》的"三乳奇谈"，《旧唐书·高祖本纪》的记载就朴实了很多，它仅仅托相士之口对李渊日后必将君临天下做出了某种暗示。该书称，一个名叫史世良的善相之人曾对李渊说："公骨法非常，必为人主，愿自爱，勿忘鄙言。"高祖从此"颇以自负"。

这则故事的真实性，我们当然已经无从查考。但是，相对于其他帝王的天命神话和"三乳奇谈"来说，或者从李渊日后的种种作为和表现来看，《旧唐书》

这则"相士预言"的可信度还是比较高的。换句话说,很可能早在担任地方刺史的时候,李渊的内心就已经暗暗生出问鼎天下的志向和使命感了。

关陇集团内部很流行政治联姻,这种做法自然延续到了李渊这一代。

李渊的父亲李昞娶的是鲜卑望族独孤信的女儿,而李渊同样娶了另一个鲜卑望族、隋定州总管窦毅的女儿(按《魏书·官氏志》,"窦氏"即鲜卑的"纥豆陵氏")。这个后来被追封为太穆皇后的窦家女儿就是李建成、李世民和李元吉的生母。

据说,这个窦家女儿出生不久便"发垂过颈,三岁与身齐"(《旧唐书·后妃列传》),如此一头美丽的长发实属罕见,因此自然是人见人爱。窦氏的母亲是北周的襄阳长公主(宇文泰的五女)、武帝宇文邕的姐姐。宇文邕特别喜欢这个美丽的小外甥女,所以一直把她养在宫中,视如己出。

其时,北周王朝尚未统一中原,仍然与北齐、陈朝处于"三国鼎立"之局,因而不得不依附东突厥并与其联姻,以求得政治和军事上的支持。当时,宇文邕娶的就是东突厥的公主。但是,这种纯粹的政治婚姻毫无半点感情基础,所以宇文邕并不宠爱这个突厥皇后,对她极为冷淡。

也许是因为出身于鲜卑的名门望族,再加上在宫廷中的耳濡目染,所以窦氏从小就聪慧过人,而且具有非常敏锐的政治头脑。就是在突厥皇后这件事情上,年幼的窦氏特意找了一个四下无人的时候,郑重其事地向她的皇帝舅舅宇文邕提出了自己的政治见解。她说:"而今四边未静,突厥尚强,愿舅舅抑制自己的感情,对皇后多加抚慰,如此才是以苍生为念!只要真正得到突厥的助力,那么江南(陈朝)、关东(北齐)就不足为患了。"

宇文邕大为惊讶,没想到外甥女窦氏小小年纪,对政治形势的判断居然如此成熟老到!于是,又惊又喜的宇文邕当即采纳了小外甥女的意见。

窦氏的父亲窦毅听说此事后,高兴地对妻子说:"此女才貌双全,不可轻易许人,当为之择一贤夫。"到了窦氏该出嫁的年龄,窦毅就在自家的屏风上画了两只孔雀,然后举行"佳婿海选",向长安城的贵族公子们宣布:若想求婚者,就给他两支箭,必须两箭各中一只孔雀一目,才有资格成为窦家的乘龙快婿。长安城的公子哥们听说著名的长发美女要选婿了,顿时蜂拥前来,但是一连数十个青年才俊出手,却没有一个成功。后来发生的事情,就不言自明了。英姿飒爽、玉树临风的李渊一到,"啪啪"两箭各中一目,干脆利索,成功夺魁。众位青年才俊黯然失色,窦毅夫妇笑逐颜开。没过多久,神箭射手李渊就在众人既羡且妒的目光中把长发美女窦氏娶过了门。

这则"雀屏中选"的故事从此在长安坊间流传开来,并且在后世传为美谈,成了择婿许婚的代名词。

北周大象三年,即公元581年,杨坚篡周,建立隋朝,并将幼主周静帝和北周宗室群王屠戮殆尽。面对宇文皇族遭遇的灭顶之灾,窦氏悲愤莫名,扑在床上痛哭,边哭边说:"恨我不是男儿,无法拯救舅家的灾难。"窦毅夫妇当场吓得面无人色,赶紧捂住女儿的嘴,低声训斥道:"你千万别乱说,这是会灭族的啊!"

从这件事情我们足以看出,窦氏身上具有一种"巾帼不让须眉"的胆识和血性,而这也许与她身上流淌的鲜卑血液密切相关。

大业初年,李渊历任荥阳、楼烦、扶风等郡太守。在担任扶风太守期间,李渊曾经得到了几匹膘肥体壮、奔跑如飞的骏马。就在李渊乐得合不拢嘴的时候,窦氏却蹙起了眉头,她告诉李渊:"主上亦喜飞鹰骏马,此公之所知,所以这些马必须送入宫中,不可久留,否则一旦有人跟主上提起,它们必定成为负累,请公慎重考虑。"

李渊一听大为郁闷,明知道妻子说得有道理,可又舍不得那几匹刚到手的宝马,于是一直犹豫不决。没想到,几天后杨广果然知悉,马上对其进行责罚,搞得李渊追悔莫及。后来,李渊吸取了教训,老老实实按妻子窦氏说的做,四处搜罗良马猎鹰,频频进献给杨广,终于讨得天子欢心,于大业十二年被擢升为右骁卫大将军。

可是,当李渊得到这个职位的时候,窦氏已经在三年前去世了,享年仅四十五岁。李渊涕泪横流地对几个儿子说:"若早听从你们母亲的话,我在这个官位上已经很久了。"

窦氏既没能看到李渊成为隋朝的大将军,更没有看到李渊成为大唐王朝的开国之君。这不能不说是一个莫大的遗憾。

大唐开国后,秦王李世民就曾屡屡为此黯然神伤(《资治通鉴》卷一九〇:"世民每侍宴宫中,对诸妃嫔,思太穆皇后早终,不得见上有天下,或歔欷流涕。")。

如同我们前面所说的,出身鲜卑望族的窦氏从小就具有异常早熟的政治智慧，北周灭亡时又表现出"恨非男儿"的血性，嫁给李渊后更是成为李渊政治生涯中不可或缺的参谋和智囊。所以，我们完全有理由认为，窦氏的确是当时一位不可多得、出类拔萃的政治女性。假如不是早亡，窦氏应该能在初唐的政治舞台上发挥一定的作用和影响。

不过，虽然窦氏对大唐开国的这段历史没有产生直接影响，但是在李氏三兄弟的成长过程中，这位鲜卑母亲的影响肯定是不容小觑的。

除了李渊提供的政治世家的教育和熏陶之外，李氏三兄弟应该也会从窦氏的言传身教中得到必要的政治启蒙，培养相应的政治抱负，同时也能从母亲那鲜卑人的血液中获得强悍勇武的基因。所以，我们也可以说，窦氏虽然早亡，但她的影响力早已透过上述种种方式植入了李氏三兄弟的体内，不但为他们能够在日后纵横沙场、争霸天下奠定了基础，并且最终为"千古一帝"李世民的横空出世埋下了伏笔。

二 / 李渊父子

李渊与原配夫人窦氏共生有四男一女：长子李建成，次子李世民，三子李玄霸，四子李元吉；一女是平阳公主，女婿是隋东宫千牛备身柴绍。其中，除三子李玄霸早亡外，其他的三男一女一婿全部参与了李渊从起兵到建唐的全过程。

其中，表现最为突出的人，当然非李世民莫属。

隋开皇十八年十二月二十二日，即公元599年1月23日，李世民出生于武功（今陕西武功县）。相对于李渊来说，李世民的出生就多出了一层神秘色彩：史称其出生时，有两条龙在他们家门口嬉戏喧闹，整整闹了三天才离开。

李世民四岁时，又有一个神秘的相士来到他们家，对李渊说："公是贵人，且有贵子。"看到李世民后，这位相士更是啧啧称奇，情不自禁地说："龙凤之姿，天日之表，年将二十，必能济世安民矣！"（《旧唐书·太宗本纪》）

李渊又惊又喜，喜的是他们父子二人均有天命，来日必将贵有天下；惊的是此事一旦泄露，必定惹来杀身之祸。李渊狠狠心，决定把这个不知来自何方的相士杀了。可转眼之间，那个神秘人物便已消失无踪了。从此，李渊便以"济世安民"之义，为次子取名李世民。不知道李世民在此之前是否有过别的名字，反正从这个时候起，这个寓意深远的名字就将伴随他的一生，并且注定要载入史册、彪炳千古了。

关于李世民的少年时代，各种史籍的记载都很简略，我们只能从相关史书的只言片语中略窥端倪：

贞观初年，李世民曾对时任尚书左仆射的萧瑀说："朕少好弓矢，自谓能尽其妙。"（《贞观政要》卷一）

贞观年间，李世民在写给魏徵的一道手诏中说："朕少尚威武，不精学业，先王之道，茫若涉海。"（《全唐文》卷九）

贞观十五年（公元641年），四十三岁的李世民在武成殿大宴群臣，曾回忆

自己的过去说:"朕少在太原,喜群聚博戏,暑往寒逝,将三十年矣。"(《旧唐书·太宗本纪》)

综合上述史料的零星记载,我们基本上可以还原出少年李世民的一个大致轮廓。乍一看,这是一个典型的贵族子弟,而且还颇有些"纨绔子弟"的嫌疑。因为他"好弓矢""喜博戏""尚威武",可偏偏就是不喜欢读书;能把弓矢骑射之术玩得异常精妙,可对先王之道、圣贤学问却"茫若涉海"、两眼一抹黑。

比起那个"好学,善属文"且七岁就能吟诗作赋、才华横溢、风华绝代的杨家二公子杨广,这位李家二公子简直可以说是不学无术的纨绔子弟。

然而,就是那位才华横溢、风华绝代的杨家二公子,却亲手葬送了一个繁荣富庶、四海升平的帝国,并把自己钉上了"无道暴君""二世而亡"的历史耻辱柱;而这位"不学无术"的李家二公子,却反而开创了一个万邦来朝的"天可汗"时代,并最终缔造出一个中国历史上绝无仅有的大唐盛世!

这看上去似乎有点奇怪。

其实,这一点都不奇怪。

因为杨广并不是一个合格的政治家,更谈不上是一个称职的统治者。他身上强烈的诗人气质和虚荣天性严重障蔽了他的政治理性,从而使他的帝王生涯始终贯穿着"浮华"二字,或许是在江都任总管的十年让他过多地熏染了浮靡绮丽的江南文化,或许是他的天性原本就与之正相契合。总之,与其说杨广是一个政治家,还不如说他是一个"政治美学家";当一个帝王的人格特征与他的职业要求完全背离时,就注定他只能成为一个蹩脚的统治者。此外,杨广那种恃才傲物、好大喜功的一贯秉性又导致了一种"致命的自负",使他在逆境中的坚韧性和抗挫折能力几乎为零。所有这一切,共同驱使杨广最终走上了失败和灭亡的道路。

与杨广恰恰相反,李世民身上那种活泼强悍的尚武精神,那种质朴的、原生态的生命动能其实正是继承了关陇集团的优秀传统。在那个一切都要靠武力和实力说话的年代,李世民并不是从书本上学习那些大而无当的"先王之道",而是从父母的性格遗传和言传身教中养成了机智勇武的过人禀赋。《旧唐书·太宗本纪》中说:"太宗幼聪睿,玄鉴深远,临机果断,不拘小节,时人莫能测也。"从史书上李世民日后的种种作为和表现来看,我们有理由认为,这并非修史者的溢美之词。少年李世民的性格特点,一方面是继承了鲜卑民族的尚武精神,另一方面也与关陇集团那些成功者所共同具有的人格特征正相契合。

同样，作为关陇集团的后人和鲜卑母亲的儿子，杨广背叛了自己的传统。

李世民则继承了前人的优秀品质，也无愧于他身上流淌的鲜卑血液。

诚如陈寅恪先生所言："李唐一族之所以崛兴，盖取塞外野蛮精悍之血，注入中原文化颓废之躯，旧染既除，新机重启，扩大恢张，故能别创空前之世局！"

我们可以说，面对即将到来的那一场场群雄逐鹿和改朝换代的战争，以及一幕幕惊险而残酷的政治博弈，这个机智果断、骁勇强悍的年轻人早已做好了上场的准备，并且充分具备了角逐的资格。

大约在大业十年（公元614年），十六岁的李世民娶了隋右骁卫大将军长孙晟的女儿长孙氏。众所周知，这个长孙家的女儿就是后来初唐历史上赫赫有名的长孙皇后。长孙氏知书达理、深明大义，尽心辅佐而决不干政，在李世民登基御极、治理天下的过程中默默无闻地做出了很多贡献，不愧为"成功男人背后的伟大女性"，也无愧于"母仪天下"之称，可以说是中国历史上具有典范性和楷模意义的皇后之一。

长孙家族是北朝的豪门显宦，其先祖出于北魏皇族拓跋氏，因在魏宗室中建功最伟，且居宗室之长，故改姓长孙。到了长孙晟这一代，其地位依然显赫。长孙晟是隋朝的重臣名将，从青年时代起就深受隋文帝杨坚器重，此后长年经略突厥，曾向隋文帝提出"远交近攻"之策，从而成功离间突厥各部，使其最终向隋朝称臣。在隋帝国的国防事务和外交战略上，长孙晟可谓贡献良多、功勋卓著。大业五年（公元609年），长孙晟病卒。

长孙晟死后，年仅八岁的长孙氏和哥哥长孙无忌一起被舅父高士廉收留抚养。高士廉出自北齐皇族，其祖父高岳是北齐开创者高欢的堂弟，封清河王，官至左仆射、太尉；其父高励，北齐乐安王，也曾官任左仆射。高士廉从小博览群书，尤其在文史方面颇具造诣。在高士廉的熏陶下，长孙氏和长孙无忌自然都喜欢上了读书。史称长孙无忌"好学，赅博文史"，而长孙氏也是"少好读书，造次必循礼则"。

长孙氏十三岁时，高士廉由于对李世民非常赏识，知道他不是久居人下之辈，所以就把长孙氏许配给了李世民。

从此，长孙兄妹的命运就与李唐家族，尤其是与李世民紧紧绑在了一起。

大业十一年（公元615年），隋炀帝杨广北巡时被突厥围困于雁门，下诏命各地勤王，年仅十七岁的李世民就应征入伍，并向主将提出了"赍旗鼓以设疑兵"的策略，建议队伍大量携带军旗和战鼓，然后大张旗鼓设置疑兵，借此迷惑敌人、制造恐慌。李世民说："始毕可汗胆敢以举国之师包围天子，必定认为我们仓促之间不能及时救援。所以我们应该大张军容，白天令数十里幡旗绵延相续，夜晚则钲鼓齐鸣，让敌人以为我方援军已大量集结，敌人势必闻风而遁。否则敌众我寡，万一突厥倾巢来攻，我们必定难以抵挡。"

于是，主将欣然采纳了李世民的建议。

虽说此后突厥退兵、雁门围解是四方勤王之师大举云集的结果，并非李世民此计的功劳，但这件事情足以表现出李世民过人的军事才华。

这是史书有载的李世民在隋末历史舞台上的第一次亮相。

当时，李世民只是一个小兵，虽然身份低微，但是作为一个即将在几年后纵横天下的军事统帅，其胚胎与雏形在此刻已然可辨。

大业九年（公元613年）初，李渊从地方太守的任上被调回朝中担任卫尉少卿。其时正逢杨广发动第二次高句丽战争，李渊赶赴怀远镇负责督运粮草军需。途经涿郡的时候，李渊与他的朝中密友、隋炀帝近臣宇文士及进行了一次密谈。宇文士及是隋朝重臣宇文述之子、隋炀帝杨广的驸马，身处隋帝国的政治中枢。所以，李渊和他的此次密谈，其意义自然非同小可。关于此次会谈的内容，史书没有记载，但是我们可以从武德初年李渊所说的一句话中窥见端倪——高祖笑谓裴寂曰："此人（宇文士及）与我言天下事，至今已六七年矣，公辈皆在其后！"（《旧唐书·宇文士及传》）

众所周知，裴寂是大唐的开国元勋、晋阳首义的第一功臣，连他都要排在宇文士及后面，可见李渊在大业九年与宇文士及所谈的"天下事"实际上就是"问鼎天下"之事。

不久后，杨玄感叛乱爆发，李渊又被紧急调回弘化（今甘肃庆阳市）担任留守，并主持潼关以西十三郡的军事。李渊遂按下起兵之意，静观事态变化。李渊妻兄窦抗力劝其起兵，说："杨玄感已经抢先一步了！李氏名应图谶，应该趁势举义，这是天意啊。"

但是，李渊拒绝了，因为时机还不成熟。

李渊深知"第一根出头的椽子先烂"的道理。

果不其然，仅仅两个月后，杨玄感便兵败身亡了。

从大业中期开始，李渊就已成为隋炀帝杨广深为倚重的心腹大臣之一，所以才能不断获得从地方到中央的各个重要职位。正是在这个过程中，李渊的政治和军事能力得到了深入的历练和极大的提升，同时问鼎天下的雄心也在不断膨胀。史称其"历试中外，素树恩德，及是结纳豪杰，众多款附"。也就是说，李渊一直在这几年中有意识地培养自己的队伍，建立自己的势力集团，为日后夺取天下进行充分的准备。

可是，杨广不是瞎子。

尽管李渊很谨慎，但是他的行为还是引起了这位隋朝天子的怀疑和警觉。有一次，杨广在行宫，故意传诏李渊前去觐见。李渊托病不去，杨广顿时大为疑惧。当时，李渊的一个外甥女王氏是杨广的嫔妃，杨广就问她："你舅舅为何迟迟不来？"王氏回答说李渊病得很厉害。杨广深深地看了王氏一眼，似问非问地说了一句："会不会病死啊？"

这句话很快就传进了李渊的耳中，李渊大为惊恐。

杨广的意思再明显不过了，他希望李渊死！

这是一个非常危险的信号：皇帝随时下一道诏书，李渊就可能富贵不保，甚至是人头落地。

怎么办？是索性起兵造反，还是就这么坐以待毙？

李渊知道，虽然隋朝天下已经烽烟四起、人心思乱，但远不到分崩离析、轰然倒塌的地步。所以，此时起兵绝对不是时候，毕竟杨玄感就是前车之鉴。

怎么办？李渊陷入了痛苦的思索之中。

然而，李渊并没有痛苦很久，毕竟在隋朝的政坛上混了这么多年，这点应变的智慧还是有的。

李渊最后想出的办法是——"自秽"。

是的，"自秽"。——没有比"自秽"更好的保命办法了。

于是，从大业九年的秋天起，差不多在一年多的时间里，李渊终日沉迷酒色，并且大肆贪污受贿，生怕别人不知道他已经堕落了——从一个精明强干的朝廷重臣堕落成一个酒色财气的庸臣和昏官了。

表兄李渊"堕落"的消息，很快就通过朝廷的"情报网"落进了天子杨广的耳朵。

杨广笑了,他悬了许久的一颗心终于放下了。

一个酗酒、纵欲、贪财、好色的中年男人,还有多少觊觎天下、逐鹿中原的野心和能力呢?

恐怕很少。

所以,杨广特别喜欢现在这副模样的表兄李渊。

大业十一年(公元615年)四月,李渊被任命为山西、河东慰抚使,负责镇压当地叛乱。在龙门(今山西河津市),李渊身先士卒,仅率少数骑兵便大破变民首领母端儿的数千部众。

此时,李渊的副帅兼好友、善观天象的夏侯端再次劝他说:"金玉床摇动,此帝座不安。……天下方乱,能安之者,其在明公。但主上晓察,情多猜忍,切忌诸李,强者先诛。金才既死,明公岂非其次?若早为计,则应天福;不然者,则诛矣。"(《旧唐书·夏侯端传》)

夏侯端之所以说杨广"切忌诸李,强者先诛",是因为当时有一则叫《桃李章》的政治歌谣广为流传,内容大致是说"隋王朝气数已尽,李姓之人秉承天命,将取而代之"。可想而知,这则歌谣引起了杨广强烈的愤恨和猜忌,因而大肆诛杀朝中的李姓官员,时任右骁卫大将军的李金才就是因此而惨遭灭门之祸。

应该说,夏侯端的分析是很中肯的。当时,李渊确实处境不妙,虽然通过"自秽"成功地掩藏了心迹,但是杨广对他的猜忌仍然存在,稍有不慎就会重蹈李金才的覆辙。

但是,李渊还是忍了下来,因为他认为自己的实力还远远不足以扫灭群雄、颠覆隋朝社稷,所以仍然需要蛰伏,需要隐忍。

大业十二年(公元616年),李渊终于重获杨广信任,出任太原道安抚大使。其时,李渊把李建成和李元吉安置在河东,唯独带着李世民到了太原。

这样的安排足以说明——大约从这个时候起,李世民已经成为李渊军事上的得力助手。

在随后打响的讨伐甄翟儿的战斗中,这一点表现得十分明显。

当时,外号"历山飞"的变民首领魏刀儿北联突厥、南寇燕赵,其势甚为猖獗。甄翟儿是魏刀儿的部众,率二万余人屯驻西河郡(今山西汾阳市),并时常袭扰太原,曾在战斗中击毙隋朝将领潘长文。大业十二年(公元616年)四月,李渊与李世民率步骑五千余人前往征讨，在西河的雀鼠谷与甄翟儿展开了一场激烈的遭遇战。李渊命精兵张开两翼，而让羸兵居中，大张旗鼓地布置出一个迷惑敌人的"大阵"。随后，李渊亲率数百名精锐骑兵深入敌阵，迅速冲乱了敌军的阵形。但是，变民军仗着人多势众，很快就把李渊团团包围。千钧一发之际，李世民"以轻骑突围而进，射之，所向皆披靡，拔高祖于万众之中。适会步兵至，高祖与太宗又奋击，大破之"（《旧唐书·太宗本纪》）。

此战官军完胜，迅速打出了李渊父子的声威。虽然这一战的主要指挥者是李渊，但是李世民在战斗中表现出来的果敢和勇猛，已足以让世人眼前一亮。

雀鼠谷一战，可以说是李世民军事生涯的一个辉煌开端。

大业十二年（公元616年）底，李渊终因剿匪有功，被擢升为太原留守。

太原（郡治在晋阳，今山西太原市）是隋帝国北部边陲防御突厥的一座军事重镇，城高池深、兵强马壮，储存的粮饷可支十年。隋炀帝交给李渊的任务是让他镇守此地，负责清剿周边地区的叛乱，并与马邑（今山西朔州市）太守王仁恭共同防御突厥。

可对心怀异志的李渊来说，这座太原郡无疑将成为他开创帝王大业最理想的根据地，因为它不但是一座给养充足、战略地位十分突出的军事重镇，而且还是五帝时期圣君唐尧的发祥地，恰与其"唐国公"的爵衔相契。所以，自从以安抚大使的身份进驻太原后，李渊就已经"私喜此行，以为天授"了（《大唐创业起居注》）。

所谓"天授"，也就是意味着叛隋起兵、争霸天下的时机已经成熟。

李渊等待已久的这一天终于到来……

三 / 晋阳起兵的真相

大业十三年（公元 617 年），中国历史上最大的事件莫过于李渊父子的晋阳起兵。

晋阳起兵就像一记劈裂天空的绚丽闪电，一举刺破隋帝国的茫茫黑夜；又像是一道穿越浓云的熠熠曙光，瞬间照亮了大唐王朝的清晨。

这个令天地变色、令历史改辙的大事件有诸多人物参与，这些人后来都成为大唐历史上赫赫有名的开国功臣。他们是裴寂、刘文静、长孙顺德、刘弘基、唐俭、柴绍、殷开山、刘政会、温大雅、武士彟……

这些人是晋阳起兵最重要的骨干力量，正是有了他们的推动、策划、参与才能获得成功，大唐王朝也才得以横空出世。可不管怎么说，他们终究只是这个大事件的配角。

晋阳起兵的主角，当然非李渊父子莫属。

可问题是，在李渊父子当中，谁才是这次起兵的"首谋之人"？谁才是这个大事件真正的灵魂人物？谁才是大唐三百年基业当之无愧的开创者？

对此，历代官修正史都异口同声地回答——李世民。

后晋刘昫修撰的《旧唐书》声称："太宗与晋阳令刘文静首谋，劝举义兵。"北宋欧阳修等人编撰的《新唐书》也断言："高祖起太原，非其本意，而事出太宗。"司马光主编的《资治通鉴》更是斩钉截铁地说："起兵晋阳也，皆秦王李世民之谋"；"高祖所以有天下，皆太宗之功！"

然而，历史的真相果真如此吗？李世民真的是晋阳起兵的"首谋之人"吗？

我们的回答是否定的。

首先让我们来看看，按照官方正史两《唐书》（《旧唐书》《新唐书》）和《资治通鉴》的记载，李世民和李渊在晋阳起兵前夕都做了些什么……

李世民跟随李渊来到太原后，迅速结交了一批江湖义士。《旧唐书·太宗本纪》称其:"潜图义举,每折节下士,推财养客,群盗大侠,莫不愿效死力。"《资治通鉴·隋纪七》说:"世民聪明勇决,识量过人,见隋室方乱,阴有安天下之志,倾身下士,散财结客,咸得其欢心。"

长孙顺德与刘弘基就是在这个时候与李世民结成了生死之交。长孙顺德是长孙晟的族弟,与刘弘基原本都是隋朝宫廷的宿卫军官,因逃避辽东兵役而亡命太原投靠了李渊,遂与李世民结纳。这两个人后来在募集义兵时都发挥了关键作用。

此外,刘文静和裴寂也在此际先后加入了李世民"潜图义举"的行列之中。

刘文静时任晋阳令,裴寂时任晋阳宫监,二人因职务交往而成为好友。他们目睹天下大乱,而自身前途未卜,时常相对而叹。有一次,裴寂说:"贫贱如此,又逢离乱,将何以自存?"当时,刘文静还未参与李世民之谋,但是暗中已经对其极为倾慕,所以趁机游说裴寂道:"李世民非寻常之人,其胸襟豁达类似汉高祖,天纵神武如同魏武帝,虽然年少,却是命世之才!"言下之意,刘文静是让裴寂和他一起依附李世民。可是,裴寂对此却不以为然。

不久,刘文静因与李密(北周名将李弼曾孙)有姻亲关系而坐罪,被关进郡狱。正当刘文静对前途感到茫然之际,李世民忽然亲自来狱中探望他。刘文静大喜过望,马上向李世民发出试探,说:"天下大乱,非汉高祖、光武帝之才华者,不可平定四海!"

李世民笑着说:"先生怎么知道没有?只是常人不知道罢了。我之所以来看你,并不是像小儿女那样注重个人感情,而是来和先生图谋天下大事,不知先生有何见教?"

刘文静知道自己没有看错人,于是将自己的想法和盘托出:"如今主上南巡江淮,李密围逼东都,天下群盗多如牛毛。值此之际,若有真命之主应天顺人,振臂一呼,取天下则易如反掌。今太原百姓为避战乱,皆入晋阳,文静为晋阳令数年,知其中豪杰之士众多,一朝啸聚,可得十万人;尊公所领之兵亦有数万,一声令下,谁敢不从?进而乘虚入关,号令天下,不出半年,帝业可成!"

李世民听完朗声大笑:"君言正合我意。"

从此,李世民与刘文静开始积极部署,准备起事。

但这个时候,李渊在做什么呢?

按照正史的说法,"渊不之知也"。李世民则"恐渊不从,犹豫久之,不敢言"(《资治通鉴》卷一八三)。

李渊真的是这样浑浑噩噩,对李世民的起兵密谋一无所知吗?

这个问题我们留待后面探讨,现在接着来看在官方正史中李世民是如何软硬兼施地"说服"李渊起兵,而李渊又是如何举棋不定、出尔反尔的。

由于裴寂与李渊的私交很好,所以李世民决定从裴寂的身上突破。李世民天天与裴寂交游,同时拿出私人的钱数百万让人与裴寂赌博,每一次都诈输,把裴寂乐坏了。等到那些钱输得差不多的时候,李世民也顺理成章地和裴寂变成好友了。最后,李世民把自己的密谋告诉了裴寂,同时让他想办法说服李渊。

"吃人的嘴短,拿人的手短。"此刻,裴寂已经很清楚他那些钱是怎么到手的了,只好点头同意。

李世民和裴寂很快就想了一计。随后的日子里,裴寂天天去找李渊喝酒,喝完酒又顺便"送上"几位美女。一连数日,裴寂把李渊"伺候"得舒舒服服。几天之后,裴寂找了个四下无人的机会,不慌不忙地对李渊说:"二郎暗中蓄养兵马,欲举义旗,恐大事泄露被诛,所以让我以晋阳宫女奉公,此乃情急之下,迫不得已之计。如今众人心意已决,不知公意下如何?"

李渊一听,当场爆出冷汗。

原来,这几天与他合欢的美女竟然全都是晋阳行宫的宫女——皇帝杨广的女人!

这可是灭门之罪啊!

没想到,自己的儿子和老友居然使了这么一招把他绑上了"贼船"。

这一招可真损哪!

李渊愣了很长时间,最后无可奈何地说:"吾儿既有此谋,事已至此,为之奈何?只好从他了。"

李渊虽然一只脚踏上了"贼船",可毕竟是被逼无奈,所以犹豫了几天后又把脚缩了回去。

不久,又发生了一件让李渊差点掉脑袋的事,再次把他逼入了一个进退两难的境地。

那就是突厥的入侵。

从大业十二年（公元616年）底到次年正月之间，东突厥屡次出兵进犯马邑（今山西朔州市），李渊派遣副留守高君雅会同马邑太守王仁恭出兵抵御，结果却吃了一场败仗。人在江都的隋炀帝杨广闻讯大怒，以"不时捕虏，纵为边患"为由，遣使赴太原将李渊就地拘押，并准备将王仁恭斩首。

李世民一见时机成熟，终于当面对李渊说："今主上无道，百姓困穷，晋阳城外皆为战场；大人若再拘守小节，下有盗寇、上有严刑，危亡无日啊！不如顺民心，举义兵，转祸为福，此天授之时也。"

李渊大惊失色："你怎能说出如此大逆不道之言？我现在就告发你。"然后找出纸笔，做出一副马上要奋笔疾书之状。

李世民一脸沉着，缓缓地说："世民观天时人事如此，所以敢说；倘若一定要告发我，不敢辞死！"

李渊气得把笔一扔，说："我怎么忍心告发你呢？你要慎重，别再说这种话了。"

不料，第二天一早，李世民又来了。李渊听见李世民锲而不舍地说："今盗贼日繁，遍布天下，大人受诏讨贼，贼能讨得完吗？到最后还要承担讨贼不力的罪名。而且世人纷传李氏当应图谶，所以李金才无罪，却一朝族灭。退一步说，即便大人能将盗贼尽皆剿灭，自古功高不赏，届时危险更大！只有昨日之言，可以救祸，此乃万全之策，愿大人勿疑！"

李渊仰天长叹："我昨天一整夜都在想你说的话，其实还是很有道理的。今日不管是家破人亡由你、化家为国也由你，一切都由你了……"

此时，李渊真是一副万般无奈、听天由命之状！

几天后，隋炀帝杨广的使者又到了，准备把李渊和王仁恭一起押赴江都问罪。李渊顿时惊慌失措。于是，李世民和裴寂等人再次进言："今主昏国乱，尽忠无益。偏将副手战场失利，竟然也要归罪明公。危亡已经迫在眉睫，宜早定计。况且晋阳兵强马壮，行宫中又蓄积金钱布帛巨万，以此举事，何患不成？今留守长安的代王幼弱，明公若击鼓向西，据有长安如同探囊取物，何必被区区一个朝廷使者囚禁、坐以待毙呢？"

至此，李渊终于下定决心，开始暗中部署。可没过几天，江都的天子使臣又到了，宣诏赦免了李渊和王仁恭的战败之罪，并且让他们官复原职。

赦令一下，李渊立刻反悔，绝口不提"举义"之事。

接下来的日子，越来越多的人都在催促李渊起兵，如鹰扬府司马许世绪、行军司铠武士彠（武则天的父亲）、前太子左勋卫唐宪及唐宪的弟弟唐俭，等等。

然而，大伙把嘴皮子都磨破了，该说的话翻来覆去都讲烂了，但李渊还是迟迟不动。

刘文静忍无可忍，只好向裴寂施压："先发制人，后发制于人。你为何不快点劝唐公起兵，怎能一再借故拖延呢？再说了，你身为宫监，却以宫女私侍他人，你一个人死就算了，何必拖累唐公？"

裴寂被触到痛处了——"是啊，假如李渊迟迟不起事，万一晋阳宫女陪侍之事泄露，那他裴寂就算有八颗脑袋也不够砍啊！"

此后，裴寂只好天天追着李渊死缠烂打、软磨硬泡，终于把李渊彻底说服了。李渊随后让刘文静假造敕书，以朝廷准备四征高句丽为名，命令太原、西河、雁门、马邑四郡凡二十岁以上、五十岁以下者全部要应征入伍，借此扩大武装力量，准备起兵……

这就是历代正史记载的关于晋阳起兵的起因和内幕。在这里，李渊被描绘成一个平庸、怯懦、胸无大志、多疑反复的傀儡型人物；而年未二十岁的李世民则恰恰相反，被塑造成一个目光远大、足智多谋、意志坚定的领袖，表现出了一种远远超越他年龄的成熟和稳重。在此，李世民毋庸置疑地成了晋阳起兵的"首谋之人"，而李渊一开始则被蒙在鼓里，后来迫不得已卷入了这个事件，几乎是被人用"绑架"的手段弄上了这条起兵叛隋的"贼船"，自始至终都表现得碌碌无能且万般无奈。

难道这就是历史的真相？

不，答案是否定的。通过近年来诸多中外学者对相关史料的重新研究，晋阳起兵的真相已经得到了澄清。欧美、日本以及海外的研究结果普遍认为："有些重要情况可能是在唐太宗统治时期因太宗本人的坚持而编造出来的。……根据从前被忽视的唐代初年的史料《大唐创业起居注》，历史学家已经能够对唐朝创立史的传统说法中的某些偏见和歪曲之处作出订正。"（［英］崔瑞德《剑桥中国隋唐史》）

国内学者也认为："由于官修史籍的不真实，晋阳起兵的内幕几乎被掩盖了。突出地颂扬李世民，而其他人则黯然失色，或者被埋没，或者被歪曲。……同

时，旧史籍里还塞进了一些虚构的情节，渲染李渊的荒淫无能，以衬托李世民的功德兼隆。"（赵克尧、许道勋《唐太宗传》）

新的研究结论指出，李世民在晋阳起兵和唐朝创建的过程中并不像旧史籍所塑造的那么英明神武和居功至伟，而李渊也并不像旧史籍所描述的那么猥琐不堪。相反，"李渊此人雄才大略，读太原起兵时记室参军温大雅所记《大唐创业起居注》可知。从隋大业十三年太原起兵到武德九年玄武门之变以前，李渊一直是最高决策者和全局指挥者。……只因玄武门之变后李渊的政权为李世民所夺取……贞观朝纂修《高祖实录》就把太原起兵说成李世民所主谋，统一天下也几乎全是李世民的功劳，李渊被诬为坐享其成"（黄永年《唐史十二讲》）。

事实表明，李世民很可能在贞观年间对相关"实录"的修纂工作进行了干预，从而篡改了某些重大的历史事实。后来编修的"国史"，以及承用国史的两《唐书》，包括更后出的《资治通鉴》皆因袭而不改，致使晋阳起兵和唐朝创立史的部分真相从此湮没不彰。

在众多学者的研究中，基本上都提到了初唐的一份重要史料——《大唐创业起居注》。

该书的作者温大雅是太原人，史称其"少好学，以才辩知名"；曾任隋东宫学士、长安县尉，后因父忧去职，回晋阳闲居，见天下大乱而不求仕进。李渊到太原后，和温大雅成为朋友，并慕其文名而"甚礼之"。李渊起兵后，温大雅被任命为大将军府记室参军，"专掌文翰"（《旧唐书·温大雅传》）。

很显然，由这样一位晋阳起兵的亲历者所撰写的史料，其真实性肯定要远远大于唐朝开国后的那些官修正史。所以，《剑桥中国隋唐史》称温大雅为"唐朝建立的目击者"。

那么，这位历史现场的目击者到底都目击了一些什么呢？

我们在前文说过，早在大业九年（公元613年），李渊其实就已经有了起兵叛隋、建立帝业的念头，所以才会在涿郡与杨广近臣宇文士及进行密谋，只是后来因时机尚未成熟而暂时隐忍。根据温大雅的记载，大业十二年（公元616年），当李渊以安抚大使的身份进驻太原时，他才会"私喜此行，以为天授"。

大业十三年（公元617年）正月，李渊因兵败遭到免职处分并就地拘押。其实，这个时候李渊就已经下定起兵的决心了，之所以没有发动只是因为李建成和李元吉尚在河东，李渊投鼠忌器而已。按《大唐创业起居注》记载，其实当时并不是李世民苦口婆心劝说李渊，反而是李渊主动对李世民说："隋历将尽，吾家继膺符命，不早起兵者，顾尔兄弟未集耳。今遭羑里之厄（意指遭受囚禁），尔昆季须会盟津之师，不得同受孥戮，家破身亡，为英雄所笑。"

很显然，此时李渊的头脑非常清醒，他本来是想等三个儿子齐集太原后再起事，不料却突然遭到囚禁，于是马上叮嘱李世民：如果情况没有好转，他们三兄弟必须立刻起兵，不能坐以待毙，遭天下英雄耻笑。

由此可见，李渊之所以迟迟不动手是因为条件尚未成熟，而不是优柔寡断。所以，当后来隋炀帝又赦免李渊时，他便对李世民说："当见机而作！"随后，李渊立即行动起来，命李建成"于河东潜结英俊"，命李世民"于晋阳密招豪友"，积极建立起义的核心力量。

但是，直到此刻，李渊还是不能动手。

因为李渊身边安插着两颗钉子——副留守王威和高君雅。

王威和高君雅是隋炀帝杨广的亲信，特意安插在李渊身边，目的就是监视和制约他。

李渊虽然是封疆大吏，但是日常能够调动的兵力也极为有限。按照隋制，原则上只有皇帝本人才有招募和调遣军队的权力，地方官吏如果擅自发兵千人以上就要被处以死罪。所以，李渊要想拥有足够的兵力起事，就必须获得王威和高君雅的支持，且必须有充足的理由征兵。但是，王威和高君雅都是对杨广忠心耿耿的人，要拉他们入伙几乎是不可能的，弄不好反而暴露自己，所以李渊绝不能冒这个险。

那么，如何才能获得充足的理由征兵，并取得王威和高君雅的支持呢？

李渊一直在焦灼地等待机会。

大业十三年（公元617年）二月，马邑军官刘武周突然发动兵变，杀了太守王仁恭，占据郡城，自立为定杨天子。

李渊笑了。

这真是天赐良机。李渊私下对王威和高君雅说："武周虽无所能，却敢僭称尊号。万一他占据汾阳行宫，而我等又不能将其剪除，此乃灭族之罪啊！"王威、高君雅二人也觉得此事非同小可。汾阳行宫所在的楼烦郡（今山西静乐县）与马邑郡相邻，里面不但储积了无数钱帛，而且住着很多宫女，很可能成为刘武周的下一个攻击目标。所以，他们极力要求李渊赶紧征兵，以讨伐刘武周。

李渊心中暗笑，他知道王威和高君雅急了，可他不急。他慢条斯理地说："再观察看看吧，通知楼烦稍作防备就可以了。我们要以静制动，以免自扰军心。"三月中旬，刘武周果然攻破楼烦，并袭取汾阳行宫将其中的宫女悉数俘获，献给了东突厥的始毕可汗。

王威和高君雅大为震恐：再下一步，刘武周的兵锋绝对是直指太原了。

可是，李渊依旧气定神闲。他召集众文武将官说："命士兵戒严，加强城池布防，拨粮赈济流民。其他的事情，就看诸位的了。"

早已急不可耐的王威和高君雅立刻拜请李渊说："今日太原士庶之命，都悬在明公手中。公若推辞，谁能担此大任？！"

李渊知道，现在招募和调遣军队的理由已经非常充分了，而且王威、高君雅等人的心情都比他更为迫切。可李渊仍旧面露难色，说："朝廷有令，将帅出征，一举一动都要向朝廷禀报，并且要接受朝廷节制。眼下贼兵在几百里内，江都却在三千里外，加上道路险阻，一路上又有其他贼兵据守，一来一往，不知要到什么时候。率领这支事事要听从遥控指挥的军队，抵御狡黠诡诈、来势凶猛的贼兵，就像是叫书生去扑火，能扑得灭吗？诸公皆国之藩篱，应当同心协力，以除国难。大家都是为了报效朝廷，最好不要相互猜疑。我今天之所以召集诸位，是想商议一个妥善的办法，并不是消极怯战、推卸责任。"

王威、高君雅等人连忙说："公之文韬武略，远近皆知，并且兼具国亲和贤臣的身份，应当与国家休戚与共。如果事事奏报，如何应付突发事变？只要是为了讨伐叛贼，专擅行事亦无不可！"

很好，李渊要的就是这句话！

李渊心头掠过一阵狂喜，可他脸上却装出一副无奈之状，勉强同意了王威、高君雅等人的请求，下令征兵。

命令一下，旬日之间便募集了近万人。这支队伍很快就将成为晋阳起兵的主力军。李渊命他们驻扎在兴国寺，私下对李世民说："纪纲三千，足成霸业！处之'兴国'，可谓嘉名。"同时分别遣使至河东和长安，催促李建成兄弟和女婿柴绍迅速前来太原会合。

万事俱备。

接下来的事情，就是如何收拾王威和高君雅了。

然而，王威和高君雅也不是等闲之辈，李渊的举动已经引起了他们的强烈怀疑。

因为李渊把招募来的军队分派给了三个人——李世民、长孙顺德和刘弘基。李世民是李渊的儿子，没什么好说的；问题出在后面这两个人身上。他们是什么人？他们都是逃避兵役的罪犯啊！要知道，他们本来早就应该处决了，没有告发他们就算是很给李渊面子了，但现在李渊居然把军队交到这种逃犯手上，这是什么性质的问题？李渊到底想干什么？

王威、高君雅二人打算逮捕长孙顺德和刘弘基，以防生变。可是，他们的想法马上被一个人劝阻了。

这个人就是武士彟。

武士彟说："他们都是唐公的座上宾，如果你们一定要动手，恐怕会激起事变。"王威、高君雅二人想想也有道理：如今刘武周和突厥人虎视眈眈，倘若这时候引发内讧，对谁都没有好处。于是，他们只好暂时按捺下来。几天后，又有一个叫田德平的军官准备建议王威和高君雅调查李渊募兵的内情，武士彟知道后又制止他说："剿匪的军队全部隶属于唐公，王威和高君雅虽然挂着副留守的头衔，手中却没有实权，有什么能力调查？"田德平只好作罢。

可是，随着局势的发展，王威和高君雅越来越觉得李渊有问题。

王威、高君雅最后横下一条心，决定先下手为强。

由于当时的太原多日不雨，王威、高君雅二人就提出要在晋阳城南五十里处的晋祠举行祈雨大会，请李渊主持，准备在会上伺机将李渊干掉。

与此同时，李渊也一直在想办法解决王威和高君雅。

双方都在暗中磨刀霍霍，究竟是你死还是我亡，就看谁出手更快了。

千钧一发之际，一个名叫刘世龙的当地乡长秘密来到李渊府上，把王威和高君雅准备在晋祠祈雨时动手的消息告诉了李渊。

刘世龙平日与高君雅颇有往来，所以他的消息应该是可靠的。

李渊当即与李世民、刘文静等人紧急制订了一个行动方案。

大业十三年（公元617年）五月十四日夜，李渊命李世民和长孙顺德率领五百名士兵埋伏在晋阳宫城的东门。十五日晨，李渊召集王威和高君雅在宫城中的办公厅议事。众人刚刚坐定，刘文静和刘政会一起来到厅前。刘政会的手里拿着一道诉状，大声说有要事禀报。李渊示意王威和高君雅去接诉状，刘政会却说："我要告的人正是两位副留守，只有唐公可以看！"

王威和高君雅猝不及防，顿时大惊失色。

李渊也装出一脸的惊诧，说："怎么会有这种事？"接过诉状一看，立刻高声宣布："王威和高君雅暗中勾结突厥，准备里应外合进攻太原。"

直到这一刻，王威和高君雅才意识到发生了什么。高君雅一下就跳了起来，卷起袖子破口大骂："这是有人要造反，故意陷害我们！"

可是，一切都由不得他们了。

此刻，李世民的士兵早已控制了宫城外的所有重要路口，王威和高君雅已经毋庸置疑地成了瓮中之鳖。刘文静、长孙顺德、刘弘基等人迅速冲上来，将王威、高君雅二人当场逮捕，关进了监狱。

至此，所有准备工作全部就绪，所有障碍也已全部扫除。

与此同时，李建成、李元吉、柴绍等人也正在马不停蹄地向太原赶来。

李渊再也没有顾虑了，只要李建成等人一到，晋阳起兵的历史大幕就会轰然拉开……

这就是晋阳起兵的动因和真相。

根据温大雅的记载，我们可以清楚地看到——李渊绝非胸无大志、庸庸碌碌之人，而是"素怀济世之略，有经纶天下之心"（《大唐创业起居注》），并且是一位"勇敢的领袖、刚烈的对手和足智多谋的战略家"（《剑桥中国隋唐史》）。

也就是说，晋阳起兵的首谋之人，包括整个过程的组织者和全局总指挥，正是李渊本人。

但是，在肯定李渊的同时，我们却不能轻易抹杀李世民在这次起义中所发挥的重要作用。虽然贞观史臣出于人所共知的原因美化了李世民，夸大了他的功绩，可我们在还原历史真相的时候却不宜矫枉过正。应该说，从"密招豪友"、建立核心力量，到募集义兵、组建军队，再到"伏兵晋阳宫"、控制王威和高君雅，李世民在整个起兵过程中的表现都是可圈可点的。起码相对于来不及参加晋阳起兵的李建成和李元吉来说，李世民的"首义之功"就是他们无法比拟的。此外，李世民所表现出的年轻人特有的锐气和进取精神，也恰与李渊老成持重、顾全大局的性格形成一种微妙的互补。

按照王夫之的说法，李世民的表现是"勇于有为"，而李渊的表现则是"坚忍自持"（《读通鉴论》卷二十）。

从某种程度上说，也许正是由于李渊父子在起兵叛隋、缔造大业的进程中既能保持战略思想上的一致，又有性格和行为方式上的差异性互补，才能确保晋阳起兵的成功并迅速崛起于群雄之间，最终开创大唐王朝。

四 / 大唐开国

大业十三年（公元617年）六月初五，以李渊为首的政治军事集团正式在太原起兵。

隋亡唐兴的历史大幕就此拉开。

李渊集团的战略目标非常明确，就是直取隋帝国的政治心脏——西京长安。

要进军长安，首先必须攻克西河郡（今山西汾阳市）。

李渊把这个首战的任务交给了李建成和李世民兄弟。初出茅庐的李氏兄弟不负众望，轻而易举地拿下了西河郡，轻松漂亮地完成了他们军事生涯的处女作。军队凯旋后，屈指一算，前后仅历时九天。李渊大喜过望地说："如此用兵，足以横行天下了！"

首战告捷，李渊更加坚定了南下关中、西取长安的决心。

这一年六月十四日，李渊置大将军府，自立为大将军，以裴寂为长史，刘文静为司马，唐俭和温大雅为记室，武士彟为铠曹，殷开山为户曹，长孙顺德、刘弘基等人为左右统军。同时，以李建成为陇西公、左领军大都督，统率左三军；以李世民为敦煌公、右领军大都督，统率右三军；以柴绍为右领军府长史；其余文武将吏也各有任命。

七月初四，李渊以李元吉为镇北将军、太原留守，让他镇守后方根据地。初五，李渊召集全军誓师，发布了声讨杨广、"匡扶"隋室的檄文，传檄四方郡县。此前，李渊命刘文静出使突厥，暂时向始毕可汗称臣，以便稳住突厥人，并要求他们在政治和经济上提供援助。随后，李渊亲率三万精兵从晋阳出发，正式踏上了开创帝业的征程。

七月八日，李渊率部进抵贾胡堡（今山西汾西县北）。此堡南面五十多里处，就是隋将宋老生重兵据守的霍邑（今山西霍州市）。

在这里，李渊军队陷入了一个进退两难的困境。

首先，因为连日天降大雨，道路泥泞难行，军中粮草即将告罄，而派回太原运送补给的车队又迟迟没有返回。其次，军中开始传出谣言，说突厥人已经变卦，准备联合刘武周袭取太原，因而军营中人心惶惶。

这时候，多数将士打起了退堂鼓，纷纷要求班师。李建成和李世民却据理力争，坚决反对撤兵。李渊犹豫再三，最后采纳了他们兄弟的意见，决定天气转晴后立刻攻打霍邑。

"自助者天助之。"李渊父子的坚持最终也感动了上苍。七月底，来自太原的粮草和补给终于运到。几天后，天空也放晴了。八月初三，李渊率全军迅速兵临霍邑城下，以激将法诱使宋老生出城迎战。双方接战后，李渊与李建成假装受挫往后退却，李世民则与段志玄率精锐骑兵从背后突击宋老生。隋军腹背受敌，顿时溃败，宋老生被杀，所部三万人也全部被歼。随即，李渊父子攻克霍邑。

这是李渊出师以来取得的第一场胜利，极大地鼓舞了士气。进入霍邑后，李渊当即论功行赏。军中负责授勋的官吏提醒李渊说："奴仆出身的人，似乎不该跟一般战士同等待遇。"李渊不以为然："飞石流箭之间，不分谁贵谁贱；为何评定功勋的时候，却要分尊卑等级呢？应该完全平等，有什么功，受什么赏！"

随后，李渊军迅速南下，一路势如破竹：八月八日占据临汾郡（今山西临汾市），八月十三日攻克绛郡（今山西新绛县），八月十五日进抵黄河东岸的龙门（今山西河津市）。同时，刘文静也带着五百名突厥士兵和两千匹马赶来与李渊会合。

刘文静的归来无疑让全军上下都吃了一颗定心丸，因为将士们再也不用担心太原（最主要的是城中的妻儿老小）会被突厥人偷袭，于是越发坚定了西进关中、夺取长安的信心和斗志。

九月初，李渊率部进抵河东（今山西永济市）。河东城扼守黄河渡口，可谓关中门户，其战略地位十分突出。此城长期由隋朝名将左武侯大将军屈突通经营镇守，防御极为严密，加之地形险要，因而易守难攻。李渊率部围攻多日，想尽了各种办法，可河东城依旧固若金汤。李渊意识到这座坚城不可能轻易攻克，遂准备放弃河东，沿河岸北上，从北面的渡口入关。然而，裴寂等人却坚决反对。他们认为："屈突通手握重兵、固守坚城，就算今天绕开他，万一我们不能攻下长安，撤退时就会遭到河东的阻击，到时候腹背受敌，形势将万分险恶。不如先全力拿下河东，然后西进。河东是长安的门户，屈突通一旦战败，长安城指日可下！"

裴寂等人话音刚落，李世民马上又提出了针锋相对的意见。他说："不然。兵贵神速，我们拥有连战连捷的余威和四方来附的部众，如果快速西进，长安必定震恐，很可能在他们来不及做出反应的时候，我们就已经像秋风扫落叶一样把城池攻了下来。如果逗留在坚城之下，自陷于疲敝之境，使长安有充分的时间加强防御，而我们自己却白白贻误战机，一旦军心离散，那大事就不可为了！"

这是李渊集团在军事战略上发生的第二次分歧。

这一次，李渊兼听了双方的意见，决定双管齐下、兵分两路。于是，李渊命令各将领留下来继续围攻河东，由他本人与李建成、李世民亲率主力渡河入关。

九月十二日，李渊一进入关中，各地隋朝官吏立刻望风而降，纷纷献出所辖郡县。其中，华阴县令李孝常献出了下辖的永丰仓，极大地满足了义军的粮草和物资需求。此外，京兆府所属各县也纷纷派遣使者来向李渊投降。

十六日，李渊抵达朝邑（今陕西大荔县东），随后命李建成、刘文静等各军进驻永丰仓并扼守潼关，防备可能出现的隋朝援军，同时又命李世民、长孙顺德、刘弘基等各军进攻渭水以北的泾阳、云阳、武功、蟹屋诸县，从北面对长安进行包抄。

在李渊进入关中之前，其女平阳公主早已在此起兵。平阳公主联合当地的义军，攻克了长安外围的许多隋军据点，为李渊的西进彻底扫清了道路。

李世民与平阳公主在渭北会师之后，远近各地的官吏士民和义军首领纷纷前来归附。李世民精心挑选了一批才俊之士作为自己的左右手，其中一个人就是后来的名相房玄龄。

房玄龄出身于官宦世家，自幼博览经史，在文学和书法上均有很高造诣。少年时代，曾随父亲房彦谦游京师。其时，国家安定、天下太平，人人都认为隋王朝一定会江山永固，可房玄龄在长安逛了几天后却从鼻孔里重重地哼了一声，对父亲发表了一番时政感言。

房玄龄不仅痛骂隋文帝杨坚"混诸嫡庶，使相倾夺"，还说到头来必定"内相诛夷，不足保全家国"。房父听了这番大逆不道之言，本来就已经吓得不轻，没想到房玄龄最后又说了一句："（隋朝）今虽清平，其亡可翘足而待。"（《旧唐书·房玄龄传》）

房玄龄最后这句灭九族的话，彻底把房父吓得魂飞魄散。

当时，房彦谦绝对不会想到，短短十几年后，儿子房玄龄的预言就变成了现实。

十八岁那年，房玄龄中了进士。当时的吏部侍郎高孝基素以"知人"著称，见过房玄龄后大为惊叹，忍不住对同僚说："我阅人无数，此少年将来必成伟器，只可惜看不到他'耸壑凌霄'的那一天。"

高孝基的眼力确实不凡。这个年轻人日后果然成了唐太宗李世民的心腹重臣，并且最终成为初唐的一代名相，被誉为中国历史上的"十大贤相"之一，的确堪称"伟器"！

房玄龄来投靠李世民的这一年，他还只是一个小小的隰城（今山西汾阳市）县尉。但是，李世民在军营前第一眼看见房玄龄的时候，马上有一种一见如故之感，随即任命他为记室参军，引为智囊。房玄龄也将李世民视为知己，从此尽心竭力地辅佐这位英主。

大业十三年（公元617年）九月末，李渊集团展开了一系列军事行动，开始缩小对长安的包围圈。刘弘基、殷开山率军六万，西进扶风（今陕西凤翔县），南渡渭水，进驻长安故城（汉长安）。与此同时，李世民率所部十三万人进驻阿城（秦阿房宫故址）。

九月二十七日，驻守永丰仓的李建成也奉李渊之命率部从新丰（今陕西西安临潼区）直驱长安。二十八日，李渊率大军从冯翊郡（今陕西大荔县）西进，于十月四日抵达长安城下在春明门外扎营，各路人马全部集结，共计二十余万人。李渊不断遣使奉表，向隋朝西京留守、年仅十三岁的代王杨侑及其辅臣表明他"匡扶社稷"的立场，劝他们不要做无谓的抵抗，可杨侑等人根本不予理睬。

十月二十七日，李渊下令大军开始攻城。此战几乎没什么悬念，虽然义军也付出了血的代价，但是仅仅十多天后的十一月九日，李渊的军队就攻进了长安。

李渊入城后，命李建成和李世民封存宫廷府库，收取隋朝的档案图籍，严禁士兵烧杀掳掠。随后，李渊毕恭毕敬地把代王杨侑从东宫接到了大兴宫，然后自己住到了旧长安的长乐宫，以示君臣之别。

十一月十一日，李渊逮捕了西京副留守阴世师、滑仪等人，宣布了他们"贪婪苛酷、抗拒义师"等多条罪状，并在随后将其斩首。除了这十几个"首恶元凶"之外，李渊对朝中百官都极力加以安抚，对长安百姓也是秋毫无犯。

但是，几天后军队逮捕了一个人，李渊毫不迟疑地准备把这个人砍了。

据说这是一个告密者，所以李渊一点也不手软。

当这个人被五花大绑地带到李渊面前的时候，他并没有痛哭流涕、跪地求饶，而是扯着嗓子高喊："公起义兵，本为天下除暴乱，难道不想成就大业，只为了一点怨恨就要砍杀壮士吗？"

这个死到临头还气壮如牛的人是谁？

他就是日后威震天下的初唐名将——李靖。

李靖是雍州三原（今陕西三原县）人，祖父李崇义官居北魏殷州刺史，封永康公；父亲李诠任隋朝赵郡太守。李靖姿貌魁伟，从少年时代起就颇有文韬武略，经常对家人说："大丈夫若遇主逢时，必当立功立事，以取富贵。"（《旧唐书·李靖传》）李靖的舅父是隋朝名将韩擒虎，每次与李靖论兵皆大为赞叹，时常抚着他的头说："可与言将帅之略者，独此子耳！"（《资治通鉴》卷一八四）当时的宰相杨素和吏部尚书牛弘也对李靖颇为赏识，杨素曾拍着自己的位子对其说："卿终当坐此。"

大业末年，李靖任马邑郡丞，察觉太原留守李渊行动可疑，估计有起兵之意，于是准备亲往江都向杨广告密。不料，路过长安时关中已经大乱，道路阻绝，不得不滞留于此，所以才会被李渊逮捕。

此刻，当李靖在屠刀之下喊出那番话时，李渊已经感觉此人定非无能之辈，而李世民更欣赏李靖的胆色，于是力劝父亲留下此人。

李靖就这么死里逃生，随后被纳入李世民麾下，从此踏上了一代名将的辉煌征程。

攻克长安的六天之后，即十一月十六日，李渊奉代王杨侑登大兴殿、即皇帝位，是为隋恭帝，同时改元义宁并遥尊远在江都的隋炀帝杨广为太上皇。数日后，杨侑授予李渊"黄钺""符节"，任命他为大都督、尚书令、大丞相并进封唐王，同时下诏宣布——自即日起，所有军国要务、文武官吏任免、一切法令刑赏，全部交由丞相府管辖，只有祭祀天地和宗庙社稷的事务才向皇帝奏报。

同日，李渊任命裴寂为丞相府长史、刘文静为司马。二十二日，李建成被封为唐王世子，李世民任京兆尹、封秦公，李元吉封齐公。

一场"匡扶帝室"的政治秀就这么轰轰烈烈地开演了。

虽然所有人都知道十三岁的小皇帝杨侑只不过是这场政治表演中的一个道具，唐王李渊才是这个新朝廷真正的主宰，但是这场演出却不是可有可无的。

因为这是中国历史上每一个篡位夺权的人都必须遵循的潜规则。

更何况，李渊比谁都清楚——自己称帝的时机还不成熟。

首先，真正的隋朝天子杨广还在江都。

尽管杨广的政治威信和人气指数已经降到了即位以来的最低点，可毕竟他人还活着；而只要杨广还在一天，李渊就要尊奉隋朝的正朔一天，否则他就变成了篡位谋反的乱臣贼子，他的所有行为就丧失了合法性和道义基础。倘若如此，李渊就无法建立起一条最广泛的"统一战线"，无法把旧统治阵营中的人团结到自己身边为己所用。

其次，李渊只据有关中一隅之地。虽然李渊抢占了长安这个政治制高点，能够在新朝廷的势力范围内"挟天子以令诸侯"，但是天下仍然四分五裂，大部分地盘要么被四方群雄割据、要么依旧掌握在隋朝的官吏和军队手中，最终鹿死谁手还在未定之天。如果李渊在此刻称帝，势必授人以柄，成为各种势力攻击的焦点，而这无异于把自己架在火炉子上烤，显然是不明智的。

所以，无论从政治角度还是从军事角度来看，李渊都不能急于称帝。相反，李渊只有在杨广从这个世界上消失且他自身的势力足够强大、天下的形势也足够明朗的时候，他才可以把小皇帝轻轻抹掉，堂而皇之地登上天子的宝座。

占据长安后，李渊开始急剧扩张势力范围。

十二月下旬，李孝恭率部进军秦岭以南，击败了盘踞在此的朱粲。此后，从金川（今陕西安康市）进入巴蜀，檄文所到之处有三十多州归降。

同时，刘文静向关东（潼关以东）进军也大有斩获：先是拿下河东城，逼降屈突通，继而又成功招降了弘农（今河南灵宝市）、新安（今河南新安县）以西的数十座城邑。

大业十四年（公元618年）正月初一，隋恭帝杨侑下诏：唐王李渊可以"剑履上殿、赞拜不名"。这就是说，从此李渊上殿不需要解下佩剑，不需要脱靴，奏事时不需由侍臣唱名。

中国历代权臣都曾经拥有过这个特权。远的不说，隋文帝杨坚在篡周前夕也享受过这样的待遇。在新年的第一天，李渊被授予（或者说攫取）这个特权，足以表明他已经向不远处的那张皇帝宝座又迈进了一步，同时等于向天下人发布了一则政治预告——隋王朝寿终正寝的日子为期不远了。

正月二十二日，李渊命世子李建成为东讨元帅、秦公李世民为副元帅，率诸路兵马十余万人进军东都。二月初四，李渊再命太常卿郑元璹进军南阳郡（今河南邓州市），命左领军司马马元规进军安陆郡（今湖北安陆市）及荆襄地区。

大业十四年（公元618年）三月，隋炀帝杨广在江都被宇文化及等人所杀。消息传至长安，李渊做出一副十分伤心的样子，仰天恸哭说："吾北面事主，因关山阻隔而不能救，但实在不敢忘却悲哀啊！"

至此，这场由李渊自导自演的"匡扶帝室"的政治秀，终于在这一抹矫情的泪水中画上一个圆满的句号。

接下来发生的一切就顺理成章了。

五月十四日，隋恭帝杨侑被迫将皇位禅让给唐王李渊，黯然离开了皇宫。

五月二十日，五十三岁的李渊在太极殿登基称帝，是为唐高祖，同时祭天、大赦、改元武德。同日，唐朝廷将隋朝的郡县制改为州县制，并按五行关系推演，推定唐朝属"土德"，以黄色为最高贵的颜色。

六月初一，李渊任命李世民为尚书令，裴寂为右仆射、知政事，刘文静为纳言，萧瑀、窦威为内史令，裴晞为尚书左丞，李纲为礼部尚书、参掌选事（兼吏部尚书事），窦琎为户部尚书，屈突通为兵部尚书，独孤怀恩为工部尚书，陈叔达、崔民幹为黄门侍郎，唐俭为内史侍郎，殷开山为吏部侍郎，韦义节为礼部侍郎，赵慈景为兵部侍郎，李瑗为刑部侍郎。

同日，唐朝廷废除隋朝《大业律》，另行颁布新律法。

六月七日，李渊立李建成为太子，李世民为秦王，李元吉为齐王。

中国历史上最伟大、最强盛的朝代之一——大唐王朝，从此拉开了辉煌的序幕……

五 / 瓦岗寨兴亡的历史密码

隋末唐初是一个英雄辈出的时代。

就跟历史上所有的乱世一样，社会秩序的崩溃为许多不安于现状的人提供了千载难逢的机遇，也提供了一个展现自我的舞台，于是形形色色的英雄和枭雄粉墨登场，在这个风起云涌的大时代中联袂演出了一幕幕波澜壮阔的历史活剧。

说起隋唐英雄，当然不能不提瓦岗寨。

在隋末的"十八路反王，三十六路烟尘"中，瓦岗寨最初也只是一座默默无闻的小山寨，可后来却迅速崛起，一跃而成隋末最大的一支反政府武装，而其首领李密也受到各路反王的一致拥戴，共推为"盟主"。然而，就在瓦岗寨如日中天的时候，形势却忽然逆转——李密在邙山被老对手王世充一战击溃，部众大多降于王世充，原本割据的地盘全部丢失，最后走投无路的李密只好率残部降唐，瓦岗寨就此覆灭。

正所谓"其兴也勃，其亡也忽"！

那么，究竟是什么促成了瓦岗寨的迅速勃兴，又是什么导致了它的顷刻败亡呢？

一切都要从头说起……

瓦岗寨的草创者名叫翟让。此人本是东郡（今河南滑县）的一名法曹，不知何故犯了死罪被丢进大牢，所幸一个叫黄君汉的狱吏看他尚有几分英雄气概，就私下把他放跑了。翟让死里逃生，仔细想想也没什么地方可去，索性拉了一支人马跑到瓦岗（今河南滑县南）落草为寇。

瓦岗寨就这么诞生了。

可是，初生的瓦岗寨却很不像样。因为翟让这个人虽说有几分胆识，但实际上胸无大志，很容易满足现状，所以瓦岗寨开张后从没见他有什么大的动作，顶多就是带人在附近的官道上劫掠一些过往商旅而已，更别说什么逐鹿中原、争夺天下，就连扩张地盘、壮大实力的心思都没有。

或许翟让也想把瓦岗寨做大，但实在没有那份才具和魄力，所以只好满足于当"车匪路霸"了。从这个意义上说，当时的瓦岗寨充其量就是一个土匪窝，就算不被隋朝官兵灭掉，迟早也会被别的反王吞并。

好在翟让虽然本事不大，但他的度量却不小，挺能容人，也善于听取部属的正确意见。所以，瓦岗寨开张没多久，也就是大业七年（公元611年）年底，就有两个骁勇过人的年轻人先后投到了翟让的麾下——他们就是单雄信和徐世勣（唐高祖李渊时赐李姓，改名李世勣，后避唐太宗李世民讳又去掉"世"字改名李勣）。单雄信是翟让的同乡，善使马槊，有万夫不当之勇。徐世勣祖籍离狐（今山东菏泽西北），后迁居卫南（今河南滑县东），投奔瓦岗的这一年仅十七岁。

有道是"自古英雄出少年"，徐世勣不仅有勇，而且有谋。徐世勣一来就给翟让出了个主意，说外面的世界很精彩，不要窝在这小地方了，应该把队伍拉出去干一票大的。翟让被说动了，随后就照徐世勣所说在汴水流经的荥阳（今河南荥阳市）、梁郡（今河南商丘南）等富庶地区设了多个据点，专门拦劫过往的官私船只，很快就抢了个钵满盆满。翟让笑得合不拢嘴，手下弟兄更是个个腰包滚圆。

瓦岗寨从此鸟枪换炮，而且声名远播。于是，附近的变民争先恐后地投奔瓦岗寨，短短时间内部众就增至一万多人，俨然成了中原地区颇具竞争力的一支武装势力了。

然而，如果没有另一个人的到来，瓦岗寨也不会有日后的那一番造化。实际上，不管是翟让还是徐世勣，他们显然都还缺乏一种高瞻远瞩的战略目光和宏大的战略规划。换句话说，他们尽管有了刀枪，有了地盘，有了资本，可偏偏缺乏一种最重要的东西——那就是问鼎天下之志。

没有这个东西，就不可能实现"资源整合"，也不可能进行"产业升级"，更不可能成为"行业的龙头老大"！

所以，接下来的数年中，瓦岗寨一直原地踏步，几乎没有什么发展。

在乱世烽烟中晃晃悠悠的瓦岗寨，正等着一个人来给它指明方向。

大业十二年（公元616年），这个人来了。

他就是李密。

李密，京兆长安人，出身于世家大族，曾祖父李弼是西魏的"八柱国"之一，父亲李宽是隋朝的上柱国，封蒲山公。李密从小志向远大、仗义疏财，喜欢广交朋友，早年曾在宫中担任禁军侍卫。有一次当值，杨广恰好从李密身边经过，忽然停在他面前深长地看了他一眼。随后，杨广就对宰相说："刚才左翼卫队中有个皮肤黝黑的年轻人，我发现他的眼神异于常人，最好不要让他担任侍卫。"

李密就因为皇帝的这句话丢了官，从此与仕途绝缘，只好在家中闭门读书。李密曾经骑在牛背上读《汉书》，旁若无人，浑然忘我，并被当时的宰相杨素遇见，视为奇人。杨素请李密到家中一番畅谈，大为钦佩，并对儿子杨玄感说："李密见识深远，气度不凡，你们兄弟无人可及。"从此，李密便与杨玄感结为好友。

大业九年（公元613年），杨玄感趁着隋炀帝第二次亲征高句丽的时机突然起事，兵锋直指东都。李密当时就在杨玄感的帐下担任军师，他认为东都洛阳是一块四战之地，进军东都是下策，并劝杨玄感要么北上切断杨广的退路，要么西进关中据险而守。可是，杨玄感拒绝了李密的建议。随后，隋炀帝率大军杀回东都，杨玄感败亡，李密也成了俘虏。

后来，李密设计从俘虏营中逃了出来，从此开始了他长达三年的逃亡生涯。李密先后投奔了郝孝德和王薄，可都不被重视，只好继续漂泊。由于身无分文，李密一路上只能以剥树皮、挖草根为生。后来再也走不动了，就在淮阳郡（今河南淮阳县）的一个小山沟里落脚，改名刘智远，教几个农村孩子读书识字，勉强糊口。就这么过了几个月，郁郁不得志的李密写下了一首五言诗，借以抒发自己年华虚度、壮志未酬的痛苦和失落。诗的最后几句是："秦俗犹未平，汉道将何冀？樊哙市井徒，萧何刀笔吏。一朝时运会，千古传名谥。寄言世上雄，虚生真可愧！"此诗既成，李密仰望苍穹，不觉悲从中来、泣下沾襟。

李密写下这首"反诗"后，他的身份立刻引起乡民的怀疑，有人到官府告了密。官府立刻发兵前来搜捕，李密只好再度逃亡。

最后，走投无路的李密逃到雍丘（今河南杞县）投靠了他的妹夫、雍丘县令丘君明，丘君明把他藏在了好友王季才家中。王季才是一个侠肝义胆之士，一向敬佩英雄豪杰，所以欣然收留，还把女儿嫁给了李密。

李密就这么捡了一条命，又意外地捡了一位夫人。生活总算暂时安定下来，可是好景不长，不久又有人告密。官兵前来拿人时，李密碰巧外出，扑了个空，于是怒而砍杀了丘君明和王季才两家几十口人。

李密悲愤交加，再次踏上漫漫逃亡路。

在一次又一次颠沛流离的逃亡生涯中，绝望的李密逐渐悟出了一个道理——对于一艘没有方向的船来说，任何方向的风都是逆风。

最后，李密的目光终于停在了一个地方——瓦岗寨。

李密来到瓦岗寨后，被王伯当引荐给了翟让。刚一加盟，李密就小小地露了一手，把瓦岗寨周边的多股小盗匪成功收编，给翟让送上了一份丰厚的见面礼。翟让喜出望外，顿生相见恨晚之感，开始让他参与山寨决策。

李密遂力劝翟让夺取天下，可安于现状的翟让却没有那份雄心壮志。李密大失所望，随即生出了一个大胆的念头——将翟让取而代之。为此，李密制订了一个三步走的计划。

第一步是——制造舆论、收揽人心。

李密买通了翟让的军师贾雄，让他从阴阳术数的角度告诉翟让，说他如果自己称王很不吉利，应该拥立李密，才能无往不利。翟让闻言，大不以为然，说："按你这么说，蒲山公大可自立，又何必来追随我？"

"将军有所不知。"贾雄神秘兮兮地说，"他之所以来追随您，是因为您姓翟。翟者，泽之义也。蒲草非泽不能生长，所以他也需要您。"翟让虽然对此将信将疑，但从此对李密越发敬重。

与此同时，李密又悄悄安排一个叫李玄英的洛阳人来到瓦岗寨，大肆宣扬那则流行的政治歌谣《桃李章》，极力声称李密就是那个即将取代杨广当皇帝的人。

从此，翟让和所有瓦岗寨人都开始对李密刮目相看，都觉得他是个不同凡响的人物。

第一步取得成功后，李密开始实施第二步计划——建立战功、树立威望。

李密再次向翟让提出了开拓"根据地"的建议，得到了翟让的采纳，并随即出兵攻陷了荥阳郡辖下的大多数县城。大业十二年（公元616年）十月，李密又出奇兵，大败前来讨伐的隋朝名将张须陀，并将其斩于阵中。河南各郡县官兵风闻张须陀战死，顿时士气尽丧。

这一战不仅让瓦岗寨声威大震，而且极大地提升了李密的个人威望。

为了表示对李密的感谢，翟让让李密建立了自己的番号和大营，称"蒲山公营"。

此时，无论是政治威望、军事才能还是人格魅力，李密都已跃居翟让之上，俨然已经成为瓦岗的精神领袖。

然而，李密绝不满足于此，他要的是瓦岗寨的头一把交椅。

大业十三年（公元617年）春，李密迈出了第三步——正式向翟让提出了一个宏大的战略计划——"袭据洛口，攻取东都，亡隋社稷，号令天下！"

此时，翟让已经对李密言听计从，当即同意了他的计划。二月，李密率部攻克兴洛仓，随即开仓赈粮。四方穷苦百姓数十万人扶老携幼、络绎不绝地来到了洛口（今河南巩义市东），人人眼中噙满激动的泪水，都把李密视为再生父母。稍后，李密又击败前来进剿的隋将刘长恭、裴仁基，并且缴获了大量武器和装备。

至此，李密的功勋和威望达到了顶点。

大业十三年（公元617年）二月十九日，在徐世勣和王伯当等人的劝说下，翟让终于让出首领的位置，正式推举李密为盟主，上尊号"魏公"。李密拜翟让为上柱国、司徒，以单雄信为左武候大将军，以徐世勣为右武候大将军。

瓦岗寨的新一任首领就这样炼成了。

这一年春天，黄河以南、江淮以北的各地变民军纷起响应，如孟让、郝孝德、王德仁、房献伯、王君廓、李士才、魏六儿、李德谦、张迁、田黑社、田白社、张青特、周比洮、胡驴贼等，全部归附瓦岗寨，尊奉"魏公"旗号。

李密尽皆授予官爵，同时设立《百官名册》遥领各部。此外，远近四方的小股变民和青壮百姓也像潮水一样涌向了瓦岗军驻扎的洛口，部众一下子激增至数十万人。从此，瓦岗寨名震天下，而李密也成了四方群雄中风头最劲的人物。

这一年四月，驻守虎牢关（今河南荥阳市西）的隋将裴仁基也献出关隘，归降了李密。同时，归降的还有裴仁基麾下的一员猛将——秦叔宝。

秦叔宝，名琼，以字行世，齐州历城（今山东济南历城区）人，早年在隋将来护儿帐下，深得来护儿赏识；后来调到张须陀麾下，屡建奇功，成为远近闻名的勇将。张须陀战死后，秦叔宝又投奔了裴仁基。

差不多在秦叔宝归附李密的同时，还有一个传奇人物也来到了瓦岗寨。

他就是程咬金。

拜《隋唐演义》和历代评书所赐，程咬金在民间一直享有很高的知名度，可谓妇孺皆知。时至今日，老百姓对"半路杀出个程咬金""程咬金的三板斧"这些俗谚依然耳熟能详。可实际上，程咬金使用的武器却不是笨拙的斧头，而是灵活的长矛（槊），并且加入瓦岗寨不久他就改名"程知节"，此后也一直以此名行世。可是，"程咬金"这个名字基本上家喻户晓，但"程知节"在民间却鲜为人知。

在演义和评书中，程咬金出道之前有过很多传奇经历，可在正史里却只有寥寥几笔："程知节，本名咬金，齐州东阿（今山东东阿县）人。少骁勇，善用马槊。大业末，聚徒数百，共保乡里，以备他盗。后依李密……"（《旧唐书·程知节传》）

秦叔宝和程咬金来到瓦岗寨后，立刻被李密任命为骠骑将军，负责统领一支八千人的精锐，号称"内军"，相当于李密的嫡系部队。李密时常夸口说："这八千精锐足以抵挡百万大军！"

占领了兴洛仓后，李密又把目标锁定回洛仓。

这两座仓库是东都洛阳外围的两大军粮储备基地，东都的留守朝廷及二十多万隋军就是靠这两座大粮仓养活的。如今，兴洛仓被李密占了，隋军势必要死守回洛仓。于是，大业十三年（公元617年）初夏，瓦岗军就与隋军在回洛仓展开了激烈的争夺战。几经易手之后，到了四月下旬，李密最后一次击溃了七万多隋军，终于牢牢占据了回洛仓。

此时，李密踌躇满志，觉得东都已经指日可下，随即命幕僚祖君彦撰写了一篇讨伐杨广的檄文。在檄文中，李密痛快淋漓地历数了杨广的"十大罪"，最后总结说："罄南山之竹，书罪未穷；决东海之波，流恶难尽！"（成语"罄竹难书"的典故正出于此）

接下来的日子，李密带着数十万大军围着东都打了好几个月，却始终一无所获。

洛阳的防御之坚完全超乎李密的想象。

与此同时，远在江都的隋炀帝杨广已经派遣王世充等人驰援东都，数路大军正昼夜兼程向东都挺进。眼看瓦岗军即将陷入腹背受敌的困境，幕僚柴孝和向李密建议：命翟让等人留守河南，然后亲率主力西取长安，等根基稳固之后再挥师东下扫平河洛。

李密承认这是上策，但他提出了自己的顾虑："弟兄们都是山东（崤山以东）人，见洛阳未下，谁肯跟我西进关中？况且军中多数将领皆出身盗匪，如果我独自西进，把他们留在这里，我担心他们谁也不服谁，万一产生内讧，大业会瞬间瓦解。"

不能不说，李密的担心是有道理的。作为一个半路出家、后来居上的首领，李密对瓦岗寨群雄的控制力实际上是很有限的，其首领地位也并不像看上去那么稳固。在此情况下，如果放弃洛阳、西进关中，不但瓦岗寨内部有可能产生内讧，而且李密也会因此丧失瓦岗寨的领导权。所以，李密明知道"西取长安"才是上策，但是在攻下洛阳之前，他和瓦岗军哪儿也去不了。

这一年九月，隋武阳（今河北大名县）郡丞元宝藏献出郡城，归附瓦岗寨。李密当即派遣徐世勣渡河北上，与元宝藏会师，并且联手攻克了黎阳仓。

黎阳仓是隋帝国在河北最大的粮食储备基地，其规模之大、储粮之多，不亚于东都的兴洛仓与回洛仓。所以，攻占此仓的战略意义十分重大，因而再度引起震撼，短短十天之间便有二十多万河北的青壮年投奔了瓦岗军。

就在瓦岗军攻克黎阳仓的同时，王世充抵达了东都战场，率十万大军进攻李密据守的洛口。随后，李密和王世充就在东都附近展开了一场旷日持久的拉锯战和消耗战……

正当李密与王世充打得不可开交的时候，瓦岗寨内部爆发了一场重大的内讧。

一个重要人物死于这场内讧，他就是翟让。

翟让"退居二线"后，挂了一个司徒的头衔，过着养尊处优、闲云野鹤的生活。翟让本人并不觉得这有什么不好，可他身边的人却怨气冲天：心腹王儒信一直劝他重新夺回权力，他的兄长翟弘更是劝他夺权之后直接当皇帝。

翟让闻言大笑，并不把他兄长的话当一回事。

可是，这句话很快就落进了李密的耳中。

在李密看来，翟让的存在始终是一个威胁和隐患，同时其左右亲信也力劝李密抢先下手干掉翟让。李密遂下定决心，随后设宴款待翟让、翟弘、王儒信等人，席间趁其不备将他们全部砍杀。翟让的亲信单雄信、徐世勣等人见主公已死，不得不倒向了李密。

翟让之死是瓦岗寨内部矛盾的一次集中体现。从表面上看，李密成功消除了一个潜在的威胁，顺利收编了翟让的心腹和部众，使自己的权力和地位得到了巩固。可实际上，瓦岗寨内部的隐患和不稳定因素并未就此消除，反而有愈演愈烈之势。经过这场流血事件之后，翟让的旧部普遍对李密怀恨在心，而且大多数文武将吏也都觉得人人自危，于是一种看不见的恐慌和猜疑就像瘟疫一样在瓦岗寨中蔓延。

从这个意义上说，翟让之死并没有为瓦岗寨的历史掀开新的一页，反而成为瓦岗寨从全盛走向衰落的一个转捩点。虽然此后的瓦岗军在战场上仍然是所向披靡、胜多败少，但是败亡的危机却已在表面的强大之下悄悄酝酿。

大业十四年（公元618年）正月初，屡屡被李密击败的王世充集结十几万重兵对李密发起反攻，不料却因指挥失灵而再次遭遇惨败，几乎全军覆没，仅带着几千人脱逃。

李密连败王世充，士气大振，遂乘胜进攻东都，一举夺取了金镛城（旧洛阳城西北部）。随后，李密将瓦岗军总部迁进城内，拥兵三十余万，进逼洛阳上春门。

眼看李密的场面越搞越大，东都附近的一大批隋朝官吏赶紧率部投降了李密，而远近的义军首领如窦建德、朱粲、孟海公、徐圆朗等人也纷纷遣使奉表鼓动李密登基称帝，属下的裴仁基等人也劝李密早正位号。

可李密并没有被胜利冲昏头脑，他以东都未克为由婉拒了称帝的建议。

这一年三月，宇文化及在江都弑杀杨广，自立为大丞相，并在随后带领十几万大军进入中原，意欲争夺东都。杨广被弑的消息传到东都后，王世充、元文都等人拥立越王杨侗为帝。杨侗本来已经被李密打得焦头烂额，如今又来了一个宇文化及，不免惶恐无措。有人建议招抚李密，用他来对付宇文化及。杨侗依计而行，马上向李密抛出了橄榄枝——遣使下诏，拜李密为太尉、尚书令。李密本来也担心遭到东都军队和宇文化及的前后夹击，现在归顺东都朝廷则既有政治上的名分又能避免腹背受敌，于是欣然答应。

此后，李密全力对付宇文化及，虽然经过几场大战后终于把这支势力逐出了中原，但是瓦岗军也元气大伤，付出了惨重的代价。李密本人更是在激战中被流矢射落马下，差点死于乱兵之中，所幸秦叔宝拼死保卫，才逃过一死。

就在李密大战宇文化及的同时，东都也发生了一场政变。王世充杀掉了元文都等人，架空了小皇帝杨侗，一手篡夺了朝政大权。

九月，李密与王世充不可避免地展开了一场终极对决。

由于东都缺粮已久，所以王世充亲率二万精锐甩开李密，全力东进，准备抢占洛口仓。李密急命王伯当留守金镛城，率部于邙山南麓扎营阻击王世充。

九月十一日深夜，王世充派遣两百多名骑兵潜入邙山，埋伏在李密大营附近的山涧中，准备次日决战时作为内应。

九月十二日晨，决战的时刻终于到来。王世充集合部队，向将士们高声喊话："今日之战，不仅是争一个胜负，生死存亡，在此一举。如果赢了，荣华富贵自然到手；要是输了，没有一个人可以幸免。所以，这一战关系到每个人的存亡，不仅仅是为了国家而战，更是为了你们自己而战！"

正所谓，"哀兵必胜"。此时王世充的军队已经落入断粮的绝境，所以对这二万名士兵来讲，奋力前进，打败李密，他们还有生还的机会；要是退缩，就算回到东都，无疑也是死路一条。所以，当这支背水一战的军队进至李密大营时，王世充一声令下，二万人马便像离弦之箭射了出去，人人奋勇争先，拼死砍杀，其势锐不可当。

这一仗打得空前惨烈。

两军激战正酣时，王世充使出了早已准备好的一招撒手锏。

王世充事先找了一个相貌酷似李密的人，在这一刻突然将其五花大绑推到阵前，命人高呼："已活捉李密！"士卒皆高呼万岁。瓦岗军见状，顿时士气大挫。紧接着，昨夜埋伏在此的那些隋军又忽然出动，直扑李密大营，纵火焚烧帐篷房舍。当瓦岗军看到身后冲天而起的火光时，意志瞬间崩溃，开始四散逃命，许多将领当即投降王世充。李密眼见大势已去，只好带着残部一万余人逃奔洛口。王伯当得知李密战败，也放弃金镛城退守河阳（今河南孟州市）。

李密绝对没有想到，这一次逃亡竟然把他的人生彻底驱赶上了穷途末路。

李密原本以为"胜败乃兵家常事"，不用多久他就能重整旗鼓、东山再起；可他错了，邙山之败已经给他的军事生涯和逐鹿大业彻底画上了句号，同时也给波澜壮阔的瓦岗历史画上了一个句号。

正所谓，"兵败如山倒"。短短一天时间，瓦岗群雄投降的投降（如单雄信等人）、被俘的被俘（如裴仁基等人），一下子树倒猢狲散。驻守洛口仓的将领邴元真也暗中派人前去接应王世充的部队，准备开门迎降。李密闻讯，慌忙掉头逃往河阳。抵达河阳后，绝望的李密企图拔剑自刎，被心腹王伯当死死抱住。李密知道自己已经走投无路，最后只好带着余众二万人入关向李渊投降。

一度如日中天的瓦岗寨就此覆灭。

瓦岗寨之兴，如丽日喷薄，刹那间照彻寰宇。

瓦岗寨之亡，如摧枯拉朽，一转眼烟消云散。

瓦岗寨之所以能够迅速勃兴，最主要的原因是在于它拥有当时最顶尖的一批人才，如李密、徐世勣、单雄信、秦叔宝、程知节（程咬金）、裴仁基等皆一时之才俊。尽管瓦岗寨的草创者翟让本身没什么能力，而且安于现状、胸无大志，可他却有容人的度量，因而能够吸引人才；此外，他还善于听取部属的正确意见，所以能够留住人才、善用人才，让每个人都有用武之地。

当然，最终对瓦岗寨的壮大和强盛起决定作用的还是李密。如果没有李密，瓦岗的资源优势就得不到整合，发展空间也得不到拓展。

李密出身政治豪门，与隋朝重臣杨素父子又是至交，而且参与过杨玄感兵变，拥有一定的政治经验，加之本人富有学识、胸怀远大，其综合素质自然非常人可比，可以算是一个天生的领导者。瓦岗群雄则大多出身草莽，在智慧、韬略、眼光、胸怀等各方面，包括权力斗争的手腕，与李密都不可同日而语，因此李密才能后来居上成为瓦岗寨的首领。

但是，瓦岗寨败亡的根本原因也恰恰在此。

由于瓦岗寨原本就是由大大小小的几十支势力组成的，后来又吸纳了各路隋朝降众，人员素质良莠不均，利益关系错综复杂，权力结构非常不稳定。在此情况下，李密虽然取得了瓦岗寨的领导权，但他无法从根本上给这个组织注入向心力和凝聚力，当然也就不可能把瓦岗军打造成一支以他为核心的具有高度忠诚与合作精神的团队。这是瓦岗寨的先天因素所决定的，很难以个人的主观意志为转移。因此，李密才不敢采取西进关中的战略，只能在东都这块四战之地苦苦鏖战，最终把瓦岗军的元气和锐气一点一点地打掉了。

此外，李密半路夺取了瓦岗寨的头一把交椅，这就在他和翟让之间结下了一个永远无法解开的死结。就算翟让可以与世无争、甘心让贤，他身边的人也绝不答应。因为翟让手中无权，他身边的人自然也要跟着失势，所以就像我们在前文看到的那样——这些人肯定要煽风点火，怂恿翟让夺回权力。从这个意义上说，瓦岗寨的高层内讧是注定要爆发的，而内讧的结果也就必然导致本来松散的人心进一步分崩离析。因此，邙山一败后才会有那么多人争先恐后地投降王世充。

其实，自从除掉翟让之后，就不断有人建议李密斩草除根，把翟让的旧部全部干掉，以绝后患。例如，幕僚房彦藻就曾力劝他除掉单雄信，说单雄信是一个"轻于去就"的人，不可能从一而终，早杀早好。可李密始终下不了手，因为单雄信勇冠三军，在军中有"飞将"之称，李密爱惜他的才干。再如，部将宇文温也曾劝李密干掉邴元真，说邴元真这个人是翟让的死党，留着这种人迟早是个祸害。可李密听完却不置可否，因为他不希望在攻克东都之前搞太多的窝里斗，至于刺杀翟让是因为情势所逼，如果天天这么自相残杀，不等王世充来打，瓦岗寨自己就垮了。但是，邴元真却不可能不对李密心怀戒惧，因此自然就会生出二心。所以，李密一败，他才会迫不及待地向王世充打开洛口仓的大门……

总而言之，在瓦岗寨轰轰烈烈、光鲜亮丽的外表之下，其实一直都埋藏着"派系斗争"和"人心离散"这两颗定时炸弹。李密明知如此，却又无能为力；就算他想清理内部，也根本腾不出手。从李密当上瓦岗寨首领的那一天起，几乎没有一天不打仗：先是跟东都军队打，继而跟王世充打，后来又跟宇文化及打，天天席不暇暖、枕戈待旦，如何有时间和精力整顿内部？更何况大敌当前，作为首领的李密只能尽量收揽人心、求同存异，又岂能挑起内讧、自毁长城？

如此种种，决定了瓦岗寨最终败亡的命运。总而言之，一句话——形势比人强！

至于邙山之战，尽管王世充打得很漂亮，可假如瓦岗寨能够休戚与共、上下一心，区区一场败仗又怎么可能摧毁瓦岗寨？

所以说，"世界上最坚固的堡垒都是从内部被攻破的"。

观诸瓦岗寨之亡，此言可为注脚。

李密归唐后，表面上得到了李渊的礼遇，实际上却坐了冷板凳，只当了一个可怜巴巴的光禄卿。所谓光禄卿，就是管理宫廷膳食的，说白了就是管食堂的。李密英雄一世，到头来居然落到这步田地，自然是恼恨交加、度日如年。

武德元年（公元618年）十二月，忍无可忍的李密终于叛唐，带着王伯当等旧部出关，企图杀回中原、重振瓦岗寨，但刚刚走到熊耳山就遭到唐将盛彦师的伏击，与王伯当双双被杀。李密死时，年仅三十七岁。

六 / 逐鹿中原

李渊于公元 618 年定都长安、开创唐王朝，经过几年的浴血奋战，先后荡平了陇右的薛举父子、河西的李轨、河东的刘武周等（参见本书《统一海内》章），迅速成为四方群雄中最强大的逐鹿力量之一。

在这个开疆拓土的过程中，建功最著者首推李渊的次子——秦王李世民。

武德三年（公元 620 年）七月，李世民刚刚平定刘武周，就又马不停蹄地踏上了东征之路，挥师挺进中原，兵锋直指东都。这一次，李世民将面临两大实力强劲的对手：一个是盘踞河南的王世充，一个是割据河北的窦建德。

此时，李世民意气风发、斗志昂扬，满怀必胜的信念。可是，李世民并没有料到，等待在他前方的将是一场旷日持久的恶战。在这场长达十个月的中原之战中，李世民将多次身陷重围、命悬一线，经历他军事生涯中最为惊心动魄的几个生死瞬间。此外，唐军也将在洛阳城下遭到异常顽强的抵抗，付出惨重的伤亡。与此同时，就在东都久攻不下、唐军师老兵疲之际，窦建德又亲率十万大军南下援洛，对唐军形成了前后夹击之势……

然而，就是在这种敌众我寡、腹背受敌的严峻局面下，李世民却以令人意想不到的方式扭转乾坤，一战生擒窦建德、逼降王世充，一举消灭了两大割据政权，为李唐王朝统一天下彻底扫清了道路。

那么，李世民究竟是怎么做到的？

下面，就让我们把目光转向一千多年前那个金戈铁马、战火纷飞的中原……

盘踞东都的王世充原是西域胡人，本姓支，因其祖母早年改嫁汉人，遂以王为姓。王世充从小颇涉经史，尤好兵法，年轻时担任禁军侍卫，后以军功擢升兵部员外郎，大业年间官至江都郡丞。隋炀帝东幸江都后，王世充因善察人主颜色、阿谀奉承，所言无不顺旨，且精心营建宫室池台，广搜天下奇珍以献，故深得杨广宠信。大业末年，四方叛乱纷起，王世充频频率部征讨，颇立了一些战功,越发获得杨广的信任和器重。

大业十三年（公元617年），瓦岗寨在李密的领导下飞速崛起，先后占领了兴洛仓和回洛仓，对东都形成了巨大威胁。杨广急命爱将王世充驰援东都，讨伐李密。在此后的一年间，王世充与李密在中原地区展开了激烈的较量，前后数十战，虽然总体上败多胜少，但最终却在邙山会战中大败李密，悉数收降了瓦岗寨的部众，而且兼并了瓦岗寨的大部分地盘。从此，王世充的实力空前壮大，远近的割据势力纷纷前来投靠，"东尽于海，南至于江，悉来归附"（《北史·王世充传》）。

唐武德二年（公元619年）二月，早已一手把持朝政的王世充废掉了傀儡皇帝杨侗，在洛阳称帝，国号为郑。王世充原本以为从此可以割据一方，与其他政权鼎足而立，但没想到还没过足皇帝瘾，李世民的东征大军就逼到了他的眼皮底下。

七月，唐军进入东都战场，前锋罗士信进围慈涧（今洛阳城西）。王世充接到战报，立刻亲率三万人前往增援。七月末，李世民率领一队轻骑兵在慈涧周围侦察，而其第一个生死瞬间就在这时候悄然降临。

当时，李世民正在专心致志地勘察地形，谁也没有料到王世充会在这个时候带着军队从天而降。由于双方兵力太过悬殊，唐军士兵大惊失色，一时间不知所措。可李世民却镇定自若，他一边带领骑兵们且战且退，向着大营的方向突围，一边前后奔驰、左右开弓。弦声响处，最先冲上来的郑军士兵纷纷坠马，包括王世充的大将燕琪也被李世民一箭射落，随即唐军士兵立刻冲上去将其擒获。王世充慌忙勒住缰绳，不敢再向前追击。于是，李世民遂和士兵们杀开一条血路绝尘而去。

死里逃生的李世民回到军营时，浑身上下沾满尘土，甚至连守军都认不出他，差点放箭把他射杀。李世民摘下头盔大声呼喊，守军士兵才认出这个"土人"原来是他们的秦王。

次日清晨，对整个战场地形已经了若指掌的李世民亲率五万步骑进攻慈涧，王世充怯战，撤出慈涧退守洛阳。李世民随即命各路兵马缩小包围圈：史万宝自宜阳（今河南宜阳县西）进军，占领龙门（今洛阳城南）；刘德威穿过太行山，南下进围河内（今河南沁阳市）；王君廓自洛口（今河南巩义市东）出兵，切断洛阳的粮食补给线；黄君汉自河阴（今河南孟津县北）出兵，攻击回洛仓城（今河南偃师市北）；最后，李世民亲率大军进驻邙山南麓，营阵相连，从北面威逼洛阳。

数日后，李世民与王世充在洛阳城北的青城宫列阵对峙，双方隔着洛水河进行了一番对话。王世充向李世民喊话道："隋室倾覆，唐称帝于关中，郑称帝于河南，世充未尝西侵，秦王为何举兵东来？"

李世民不屑于跟王世充对话，命宇文士及回答："四海皆归顺吾皇，唯独你阻挠大唐的声威教化，这就是我们东来的原因！"

王世充接下来的这句话充分暴露了他对即将到来的这场大战的恐惧，他说："你我和平共存，休战止兵，岂不更好？"

宇文士及最后给他的答复是——"我们奉诏取东都，没有奉命与你和解！"

王世充知道，自己已经没有退路了，只能拼死一战，别无选择！

面对四面合围、声势浩大的唐军，感到恐惧的绝不止王世充一个人。

王世充属下的大多数将领都料定他不是唐军的对手，于是在接下来的一个多月里，洧州（今河南扶沟县）、显州（今河南泌阳县）、尉州（今河南尉氏县）、杞州（今河南杞县）、夏州（今河南太康县）、陈州（今河南淮阳县）等数十个州县纷纷归降唐军。

九月下旬，李世民率麾下骁将尉迟敬德和五百名骑兵巡视战场。当他们走到位于邙山脚下的"景陵"（北魏宣武帝元恪陵墓）时，王世充带着一万多名骑兵突然出现，迅速将他们包围。郑军大将单雄信一马当先，手中长矛直刺李世民。就在这千钧一发之际，尉迟敬德飞驰上前，一声怒喝将单雄信挑落马下，郑军士兵大为惊恐，不敢再往前逼近，眼睁睁地看着尉迟敬德保护李世民突出了重围。稍后，屈突通率大军来援，李世民随即组织部队反击，大破郑军，俘虏六千人，斩杀一千余人。王世充和单雄信仅带着少数部众逃回洛阳。

进入冬天后，唐军的攻势越来越猛，王世充的地盘迅速缩水：十月，管州（今河南郑州市）、荥州（今河南荥阳市西）、阳城（今河南登封市东南）、汴州（今河南开封市）等地纷纷降唐。与此同时，唐将李大亮也奉命进逼王世充之侄王弘烈驻守的襄阳，于十一月初连克襄阳外围的十四座城寨，继而将襄阳团团围困。十二月初，在各路唐军的强大攻势下，许州（今河南许昌市）、亳州（今安徽亳州市）、随州（今湖北随州市）又全部归降唐军……

至此，洛阳已经彻底成为一座孤城，陷落只是迟早的事。

在这个即将灭顶的时刻，近乎绝望的王世充不得不向一个人发出了求救信号。

这个人就是窦建德。

窦建德，贝州漳南（今河北故城县）人，自少慷慨侠义，颇为乡党所称。大业七年（公元611年），隋朝廷招募东征高句丽的士兵，窦建德因骁勇之名被任命为二百人长，同乡好友孙安祖也在征召之列。可孙安祖因家中遭遇洪灾，妻子孩子全部饿死，故不愿再替官府卖命，坚决不肯应征。当地县令大怒，将孙安祖逮捕并施以鞭刑。孙安祖愤而刺杀县令，躲到了窦建德家中。

窦建德将孙安祖藏匿起来，随后又帮他召集了二百多个壮士，让他们到高鸡泊一带落草为寇。窦建德当时的心态颇为矛盾——尽管他也知道隋王朝已经失了人心，天下必将大乱，可他对自己在隋朝军队中的前程似乎还抱有幻想；尽管他可以不遗余力地帮助孙安祖去反叛隋王朝，可他自己仍然舍不得扔掉"二百人长"这块鸡肋。

最后，还是当地官府帮窦建德下了这个决心。

窦建德窝藏孙安祖一事，当地官府本来已经有所察觉，加之附近的张金称、高士达等盗匪凡有洗劫皆自动避开窦建德家所在的那条街，于是当地官府据此认定窦建德必然与盗匪暗中勾结，遂发兵前去逮捕。碰巧那天窦建德不在家中，官兵为了泄愤，就把他的一家老小全都杀了。

至此，万念俱灰的窦建德终于脱下隋朝军装，带着手下的二百名士兵投奔了高士达。窦建德之所以没有去找孙安祖，是因为他知道一旦去了高鸡泊，孙安祖必定会让出首领的位置，而一向仗义的他当然不愿这么做，正所谓"君子不夺人之美"，所以他宁可去给高士达当副手。

窦建德有意成全孙安祖，可惜孙安祖能力平平，不久就在与张金称的火并中被杀，高鸡泊的数千部众群龙无首，旋即归附窦建德。由于窦建德能够礼贤下士，与普通士卒同甘共苦，所以人们都愿意为他效命，越来越多的人投到了他的麾下，部众很快增至一万多人，声势日渐壮大。

大业十二年（公元616年），隋军前来讨伐，高士达自知谋略不及窦建德，遂任命他为司马，把部队交由他全权指挥。窦建德不负众望，用诈降的办法大破隋军，由此威望日盛。不久，隋将杨义臣讨平张金称，乘胜进攻高士达。窦建德知杨义臣善用兵，劝高士达坚壁清野、避敌锋芒，等敌疲累之时再发动进攻。无奈，高士达担心窦建德威望太高会威胁他的地位，于是断然拒绝其建议，亲自率部迎战，结果兵败被杀。窦建德率余众突围而去，随后占据饶阳，召集逃散的部众，于是声势复振，自立为将军。

窦建德虽然是农民出身，没什么文化，但他很懂得尊重读书人。所以，每当抓到隋朝的官吏士人，窦建德总是以礼相待，对于有才之人更是将其奉为上宾。正所谓"士为知己者死"，这些隋朝的官吏士人在走投无路的时候得到窦建德的礼遇，无不感恩戴德，乐得为其所用。因此，窦建德麾下的将帅和智囊越来越多，其仁义之名也逐渐传开，远近的隋朝将吏纷纷举城归附，部众迅速发展到十万余人。

大业十三年（公元617年），窦建德眼见时机成熟，遂建都乐寿（今河北献县），称长乐王，同时四处出兵，扩张地盘。武德元年（公元618年），窦建德改国号为夏，自称夏王，同年大破幽州（今北京）魏刀儿的十万之众，尽得其地，从而雄踞河北。

武德二年（公元619年），宇文化及在东都被李密所败，退保聊城。窦建德遂以讨伐逆臣为名攻克聊城，擒杀了宇文化及。随后，窦建德将宇文化及从江都掳掠而来的嫔妃宫女悉数遣散，而对于那些有才干的隋朝旧臣，如裴矩、何稠、虞世南、欧阳询等人，则一律予以重用；至于那些不愿为他效力、一心想投奔洛阳和长安的人，他也概不强留，一律尊重个人意愿，不但送给他们盘缠，还派兵护送他们出境。

窦建德的所作所为使他广泛赢得了人心。

正所谓，"得人心者得天下"。如果单纯从这个意义上说，窦建德无疑是天下群雄中最有潜力且也最有资格与李渊父子抗衡的人。

武德三年（公元620年），当王世充派遣使臣十万火急地跑来求救时，窦建德立刻有了一种唇亡齿寒之感，并立刻就此举行廷议。夏的中书侍郎刘彬对时局做了一番完整而透彻的分析："唐有关中，郑据河南，夏居河北，共成鼎足之势。今唐军倾其主力攻郑，从秋至冬，唐强郑弱，郑力已竭，一旦郑亡，夏也有唇亡齿寒之忧。不如出兵相救，夏军攻唐军之背，郑军攻唐军之腹，可大破唐军。唐军败退后，再静观其变，若郑国可灭，则一并灭之，合两国之兵，直捣关中，可定天下！"

窦建德完全同意刘彬的分析——洛阳是自己的南面屏障，一旦被唐平灭，李世民的兵锋就会直指河北，所以他绝不能坐视王世充的灭亡。

武德四年（公元621年）正月，李世民在肃清洛阳外围之后，率大军进驻青城宫，准备对洛阳发起总攻。唐军未及修筑营寨，王世充便亲率二万人马出城攻击。诸将皆惧，李世民命精锐骑兵在邙山下列阵，对左右说："王世充已经到了穷途末路，这次把全部兵力都投入战场准备决一死战，若今日一战破之，他便不敢再出城了！"于是，李世民命屈突通率五千人渡过谷水进攻王世充，随后他一马当先冲入敌阵。

在数十精骑的掩护下，李世民坐下的那匹"飒露紫"（著名的"昭陵六骏"之一）像一支离弦之箭直直插入敌阵，最后竟然横穿而出，一下打乱了郑军的阵脚。郑军士兵大为惊恐，被击杀甚众。可就在李世民纵横驰骋、杀得兴起的时候，瀍水（水名，今河南谷水）岸边的一道河堤忽然挡住了他的去路。李世民匆忙掉转马头，准备和大军会合，可是周围密密麻麻全是敌军，就连保护他的数十名骑兵也在冲锋中走散了。

此刻，李世民的身边只剩下一个将领丘行恭。

这是李世民自中原开战以来第三次身涉险境。

敌人围了上来，流矢纷纷射向李世民，"飒露紫"前胸正中一箭。危急关头，丘行恭连发数箭，射杀了几名敌兵，随即翻身下马把自己的坐骑交给李世民，然后一手牵着"飒露紫"，一手执长刀左冲右突、大声叱喝，终于和李世民一起杀开一条血路，与赶上来的大军会合。

李世民突出重围后，王世充也迅速集结溃散的部众重新摆出阵型，继续与唐军鏖战。

这一仗打得异常惨烈。从辰时（七时）一直激战到午时（十三时），郑军多次被唐军骑兵冲散，可王世充却屡屡整兵再战，表现出了前所未有的顽强。王世充知道，如果输掉这一仗，今后他就只能龟缩在洛阳城里被唐军压着打了，所以他必须全力以赴。

然而，尽管王世充已经拼尽了全力，这一仗他还是输了。

午时过后，唐军士兵越战越勇，可郑军士兵却个个精疲力竭，开始往后溃退，再也不听号令了。王世充万般无奈，只好掉转马头向洛阳狂奔。李世民乘胜追击，一直追到了洛阳城下，总共斩杀并俘虏了七千余人。

唐军开始猛攻洛阳，但是最后的攻坚战却要比李世民想象的艰难得多。

因为郑军的防御部署非常严密，而且还装备了大量重型武器。例如，投石机，可投掷五十斤的飞石，距离达二百步。可想而知，这样的"炮弹"发射出去，每一发都可以把人砸成肉酱。此外，还有一种巨型连弩，把弓拉满的时候形状大如车轮，箭镞形同大斧，每次可以连续发射八箭，射程可达五百步。在这样一些"尖端武器"的猛烈打击之下，唐军付出了重大伤亡，一连打了十多天，洛阳城还是岿然不动。

唐军将士筋疲力尽，以行军总管刘弘基为首的一批高级将领纷纷请求班师。

可志在必得的李世民坚决不同意，他说："我们大举进攻中原，自应夺取洛阳，此乃一劳永逸之举。而今东方各州皆已望风归降，洛阳只是一座孤城，不可能坚持太久，眼看马上就要成功，岂能弃之而去？"

随后，李世民传令全军："洛阳未破，师必不还，敢言班师者斩！"

武德四年（公元621年）二月末，窦建德亲率十万大军渡河南下，进抵虎牢关。

虎牢关位于今河南荥阳市区西北十六公里的汜水镇，是洛阳东面的天险和屏障，因西周穆王曾在此捕获一只猛虎并将虎饲养于此而得名。其关隘修筑于汜水西面的大伾山上，"北临黄河，崖岸峻峭，岩岩孤危，高四十余丈，势尽川陆"（严耕望《唐代交通图考》）。

李世民紧急召开了一个军事会议，讨论对策。以萧瑀、封德彝、屈突通等人为首的一大批将领都表示，应该避其锋芒，暂时退保新安，伺机再战。

李世民知道，这些人的担心是有道理的。唐军与王世充已经打了足足八个月，早已疲惫不堪，同时在此前的攻坚战中又遭遇挫折，士气大不如前；而窦建德的夏军则是养精蓄锐，以逸待劳，两相比较唐军实在没有多少取胜的把握。再者说，"燕赵自古多豪杰"，夏军的战斗力绝对不可小觑，如武德二年把李神通率领的河北唐军打得一败涂地就是明证；而这一次窦建德几乎出动了他的所有精锐，这十几万精兵强将绝对不是那么好打发的。

按照常理，李世民应该听从大多数人的建议——暂时撤兵，伺机再战。

然而，李世民终究是一个"不按常理出牌"的人。

李世民最终还是选择了那个让所有人都瞠目结舌的战略——围洛打援，两线作战！

李世民作出决议后，随即兵分两路，命齐王李元吉和屈突通率一部继续围困洛阳，他自己则亲率骁勇之士三千五百人进驻虎牢关。

虎牢之战是中国历史上的一场著名战役。

李世民仅以数千骑兵破窦建德十余万众，堪称以少胜多的经典之战。

五月二日，李世民亲率轻骑兵冲锋在前，命主力随后跟进。唐军倾巢而出，快速掠过汜水，直冲夏军阵地。

此时此刻，窦建德正在开朝会。

很显然，窦建德并没有把这个年轻的对手放在眼里，以为自己的兵力数十倍于唐军，李世民绝对不敢贸然放弃关隘之险，主动出关攻击。

可是，窦建德错了。正当窦建德还在和朝臣们商讨围攻虎牢关的策略时，震耳欲聋的喊杀声突然传进了大帐，文武百官惊恐万状，顷刻间乱成一团。窦建德愣了短暂的一瞬之后，立刻明白了自己的处境，于是即刻下令骑兵反击，可骑兵们却被惊慌乱窜的朝臣挡住了去路。

窦建德连忙指挥百官退下，可刹那间唐军已经大量杀到，万般无奈之下只好率领部分亲兵向营地东面的高坡撤退。唐军将领窦抗拼命追击，夏军奋死抵御，将窦抗击退。唐、夏两军陷入鏖战，一时间杀声震野、尘埃漫天。

夏军虽然在人数上占据绝对优势，可他们的阵势早已被唐军冲垮，指挥系统几乎瘫痪，只能各自为战。为了彻底击垮夏军残存的斗志，李世民率程知节（程咬金）、秦叔宝等人卷起旗帜从夏军阵地中穿过，从阵后突出，随即将唐军大旗高高竖起。夏军见状，以为已被唐军包围，顿时斗志全丧、一举崩溃。李世民率部追击了三十里，斩杀了三千余人。

混战之中，窦建德被长矛刺中，一路向西逃奔，身边的亲兵各自逃散。窦建德逃至黄河岸边的牛口渚时，伤口剧痛难忍，忽然栽落马下。唐车骑将军白士让和杨武威尾追而至，以为他是一个普通的夏军将领，挥起长矛正欲刺下，只听窦建德高喊："不要杀我，我是夏王，可以让你们富贵。"

夏王窦建德？

白士让和杨武威对视一眼，无声地笑了……

一代枭雄窦建德就这样完了。

窦建德历经艰险奋斗了整整十年的帝王功业，就这样毁于一旦。

虎牢之战，十余万夏军全军覆没。除了被杀和逃散的之外，与窦建德一同被俘的还有五万人，李世民随后将他们就地遣散，命他们各回家乡。

窦建德的妻子曹王后侥幸脱身，与左仆射齐善行一起带着数百名骑兵仓皇逃回洺州。

五月八日，李世民将窦建德装进囚车押到了洛阳城下，向王世充和洛阳守军示威。王世充站在城头上与窦建德遥遥对话，禁不住泪如雨下。最后，王世充召集诸将讨论，准备杀出重围，南逃襄阳；但是与会的所有将领却一致反对，王世充彻底绝望，只好开门投降。

五月中旬，逃回洺州的左仆射齐善行意识到群龙无首的夏绝对不是李世民的对手，于是与右仆射裴矩率领夏文武百官拥奉曹王后向唐朝投降。

武德四年（公元621年）七月，李世民凯旋，同时将窦建德和王世充押解到长安。数日后，窦建德在闹市中被斩首，终年四十九岁；同月，王世充也在流放途中被杀。

至此，曾经雄踞大河南北的两大割据势力彻底覆灭，王世充和窦建德曾经占据的地盘全部并入李唐王朝的版图。

李唐王朝统一海内已经毫无悬念……

七 / 统一海内

隋王朝的崩溃始于大业七年（公元611年）。那年冬天，一个叫王薄的人在长白山（今山东邹平县南）点燃了隋末大起义的第一把烽火，然后仿佛在一夜之间帝国的四面八方就爆发了数不清的叛乱，一个又一个乱世英雄争先恐后地浮出了历史水面。

天下从此分崩离析，前后不知有多少人称帝称王。到了大业十四年（公元618年），李渊父子虽然在关中建立了李唐政权，但是各路反王却依旧拥兵割地、称霸一方。

从唐武德元年（公元618年）到武德七年（公元624年），与李唐对峙的较大的割据政权有：窦建德在乐寿（今河北献县）建立的夏，王世充在洛阳建立的郑，刘武周在马邑（今山西朔州市）建立的定杨，梁师都在朔方（今陕西横山县）建立的梁，薛举父子在金城（今甘肃兰州市）建立的西秦，李轨在凉州（今甘肃武威市）建立的凉，萧铣在江陵（今湖北江陵县）建立的萧梁，刘黑闼在洺州（今河北永年东南）建立的汉，辅公祏在丹阳（今江苏南京市）建立的宋……

正所谓"隋失其鹿，天下共逐之"！最终，究竟鹿死谁手，还要用实力证明、靠枪杆子说话。

早在李渊登基的次月，即武德元年（公元618年）六月，西秦的薛举就亲率大军入侵关中，对新生的李唐王朝构成了严重威胁。

当时，李渊命秦王李世民为元帅，率八道总管出兵御敌。可是，当唐军进至高墌（今甘肃泾川县东）、与薛举两军对垒时，李世民却忽然染上了疟疾。在此情况下，李世民只好暂时把指挥权交给了副手刘文静和殷开山，命其深挖壕沟、高筑营垒，暂时采取守势，不与薛举交战。但刘文静和殷开山贪功心切，擅自与薛举开战，结果在浅水原（今陕西长武县北）被薛举击溃，超过半数以上的士兵阵亡，以致刘弘基、慕容罗睺、李安远等多名大将被俘。于是，李世民只好率余众撤回长安。薛举乘胜进占高墌,并将唐军的尸体堆成一座高台,以炫兵威。

这是李渊自起兵以来遭遇的第一次惨重失败。

顿时,李唐朝野人心惶惶。

可让李渊君臣意想不到的是——浅水原兵败仅一个月后,薛举就病死了,其长子薛仁杲继任西秦帝位。

李渊大喜过望,因为他知道这个薛家的新掌门刻薄寡恩,在当太子的时候就跟将领们明争暗斗、互相猜忌,虽然现在接了其父薛举的位子,可将领们大多不买他的账。所以,李渊料定,薛仁杲绝对不是唐军的对手。

武德元年(公元618年)九月,李渊再命李世民进击薛仁杲驻守的高墌城。李世民吸取上次兵败的教训,迟迟不与秦军决战,只是坚守营垒,同时不断派兵袭扰,并切断了对方的后勤补给线。

双方对峙六十余日后,高墌城中粮食耗尽,西秦将领梁胡郎等人纷纷率部归降唐军。李世民知道西秦军已经将士离心,遂于浅水原与西秦军展开第二次交锋。此战唐军大获全胜,继而包围高墌。薛仁杲意识到大势已去,只好出城投降,随后被押赴长安斩首,西秦就此覆灭。

薛举父子败亡后,西凉李轨趁机出兵攻占了原属西秦的张掖、敦煌等河西五郡。然而,表面上的强势扩张丝毫不能掩盖其内政的混乱——此时的西凉早已人心离散。

导致李轨丧失人心的原因有三:一、诛杀功臣,致使亲信旧部个个惶惶不安,唯恐被李轨兔死狗烹;二、迷信巫师妄言,耗尽国库修建了一座富丽堂皇的玉女台,幻想"天降玉女"、保其国运;三、民间遭遇严重灾荒,以致百姓易子而食,可李轨却拒绝开仓赈粮。

西凉衰亡之兆已显。于是,李唐的一个朝臣安兴贵立即向李渊上奏,愿前往西凉劝降李轨。由于安兴贵家族世居凉州,在当地颇有势力,其弟安修仁当时还在西凉担任户部尚书并深受李轨信任,所以安兴贵对此胸有成竹。

武德二年(公元619年)五月,在取得李渊的同意后,安兴贵只身回到凉州,很快得了李轨的信任。但是,安兴贵对李轨的劝降却没有成功,他只好决定采用武力。随后,安兴贵和安修仁一起暗中募兵,出其不意地发动了一场兵变并生擒李轨,随后把他和几个弟弟、儿子一起押往长安,全部斩首。

至此，李渊不费一兵一卒就平了西凉，占了河西。

然而，李渊万万没有料到，他这边轻轻巧巧地占据了河西，但他的四子李元吉（时任并州总管）却不战而败地丢掉了并州（原隋朝的太原郡）。

攻占并州的正是据守马邑的刘武周。

众所周知，并州是李唐的龙兴之地，而且是捍御突厥的军事重镇，其战略地位非同小可。所以，当李元吉灰溜溜地逃回长安时，满朝文武无不震恐。武德二年（公元619年）下半年，刘武周麾下猛将宋金刚横扫河东，令唐军节节败退，连主动请缨北上的右仆射裴寂也被打得丢盔弃甲，毫无还手之力。

李渊不得不下诏告谕河东各军，说："贼势如此，难以争锋，不如暂时放弃河东，坚守关中。"

李世民立刻站出来反对。他说："太原是帝业的发祥地、朝廷的根本所在，而河东物产丰饶、民众富庶，是京师的资源供应地，如果将其抛弃，儿臣窃感愤恨！请拨给儿臣精兵三万，必能平定刘武周，克复汾晋。"

李渊甚为欣慰，马上集结关中的所有精兵，全部交给了李世民。

十一月，李世民趁黄河结冰，率大军自龙门踏冰西渡进驻柏壁（今山西新绛县南），与宋金刚对峙。李世民仍旧采取了他的一贯战略——"坚守营垒，拒不出战"，以此消耗对手的锐气，也消耗对手的粮食。

从武德二年（公元619年）十一月到武德三年（公元620年）四月，李世民与宋金刚整整对峙了将近半年，除了发动一两次十拿九稳的奇袭之外，基本上按兵不动。四月下旬，宋金刚终于全线撤退。李世民抓住战机，一日一夜追出了二百余里，与定杨军大小数十战且连战连捷，一直把宋金刚追到了介休。在介休，宋金刚他们还没等缓过一口气来，却见李世民已经兵临城下。

就是在接下来的这场战役中，李世民得到了宋金刚麾下的一员猛将——尉迟敬德。

当时，不甘失败的宋金刚命尉迟敬德防守介休城，自己在西门外列阵阻击唐军。李世民命李世勣发起进攻，而后佯装败退。当宋金刚挥师进攻的时候，李世民率精锐骑兵迅速绕到了他的阵地背后。腹背受敌的定杨军顿时崩溃，被唐军斩杀三千余人，宋金刚带着少数轻骑再度北逃。李世民又追出了数十里，一直追到张难堡（今山西平遥县西南）才勒住了缰绳。

尉迟敬德料知大势已去，只好归降了李世民。

宋金刚惨败的消息传到并州后，血本无归的刘武周就像被利器戳中了心脏，顿时全身瘫软。要知道，此次定杨军倾巢南下，刘武周可是把自己的精兵良将全部交给了宋金刚；而今宋金刚全军覆没，刘武周还拿什么逐鹿天下？

绝望的刘武周只好放弃并州，带着少数部众流亡东突厥。宋金刚本来还想收集残部再战，可士卒们风闻刘武周已经逃亡漠北，都不再听从他的号令。宋金刚无可奈何，只能步刘武周之后尘，率一百余骑逃奔突厥。但是，突厥人觉得他们已经没什么利用价值，不久就把他们先后除掉了。

作为李唐王朝在北方最强劲的一个对手，刘武周的覆灭让李渊长长地松了一口气。随后，李渊便把目光转向了关东。武德三年（公元620年）七月，李世民大举进军中原，经过十个月的苦战，占据了王世充的大部分地盘，最后把他死死地困在洛阳城内。次年五月，窦建德率十万大军来援，李世民力排众议采取"围洛打援，两线作战"的战略，击溃窦建德并将其生擒，继而逼降了王世充，一举消灭了郑、夏两大割据政权。（参见本书《逐鹿中原》章）

就在李世民平定中原的同一年，赵郡王李孝恭和行军总管李靖也大举南下，进军萧梁。

武德四年（公元621年）十月，唐军兵分四路，由李孝恭和李靖率两千余艘战船出巴蜀，浩浩荡荡顺长江东下；另三位大将分别出襄州（今湖北襄阳）、辰州（今湖南沅陵县）和夏口（今武汉汉口），从各个方向进逼江陵（今湖北江陵县）。

在这生死存亡的危急关头，萧铣却对战局产生了重大误判。萧铣认为，此时长江水势大涨，不易行舟，因此并没有及时进行防御部署。李孝恭的唐军主力遂一路势如破竹，接连攻陷荆门和宜都两处军事重镇，迅速进抵夷陵（今湖北宜昌市）。

萧梁门户洞开，都城江陵一下子暴露在唐军的眼皮底下。萧铣这才慌了手脚，急命大将文士弘率数万精锐进驻清江（今清江入长江口）布防。十月初，李孝恭和李靖大破文士弘，俘战船三百余艘，梁军被杀和溺毙者数以万计。唐军舰队长驱直入，兵锋直逼江陵。梁江州（今湖北长阳县西）总管盖彦举旋即以五州之地降唐。

当文士弘溃败、盖彦举叛降的消息传回江陵，萧铣顿感末日降临，并迫不及待地向各地发出了十万火急的勤王诏。然而，此刻萧梁的大多数军队都远在江南和岭南，远水根本救不了近火。

数日后，唐军迅速攻破了江陵外城，俘获舰船一千余艘。李靖建议将这些舰船放入江中，任它们向下游漂去。众将领大惑不解，纷纷反对说："破敌所获，理当为我所用，奈何弃之，以此资敌？"

可在李靖看来，这批战利品还有一个更大的用途，就是可以用它们一举击溃下游梁军的军心和斗志，让他们彻底放弃援救江陵的打算。

这就叫"不战而屈人之兵"！

眼见众将领依旧是一脸迷惑不解的神情，李靖解释说："萧铣所据之地，南到岭表，东至洞庭，其军队数量仍然很大。我们孤军深入，如果不能及时攻克江陵，等敌人援兵四集，我们必将陷入腹背受敌、进退两难的困境，就算拥有这些战船，又能起什么作用？如果我们将这些舰船放弃，让它们蔽江而下，各地梁军见之，必然以为江陵已经陷落，不敢轻进；即便派人侦察，一来一往至少也要十天半月，到时候我们早已拿下了江陵。"

李孝恭和众将领至此才恍然大悟，遂依计而行。

当一千多艘空无一人的"幽灵船"无声无息又浩浩荡荡地漂向下游时，沿岸梁军不禁大惊失色。

他们唯一的反应就是——"江陵陷了，梁朝完了"！

李孝恭和李靖率大军将江陵内城团团围困后，迅速切断了江陵与外界的一切联系。梁帝萧铣神色凄然地对文武百官说："天不佑梁，势不能支，若竭力死战，则生灵涂炭，岂能以我一人之故而使百姓蒙难！"随后，萧铣身穿麻衣，头裹布巾，带着文武百官来到唐军大营，并对李孝恭说："当死者唯铣耳，百姓无罪，请勿杀掠！"

武德四年（公元621年）冬，萧铣被押赴长安斩首，时年三十九岁。

萧梁平定后，整个长江中下游基本上纳入了李唐政权的版图。但是，此时的李渊却亦喜亦忧——喜的是帝国南方的平定，忧的是河北刘黑闼的复叛。

刘黑闼是窦建德的旧部，夏覆亡后逃回家乡。武德四年（公元621年）七月，原夏朝将领高雅贤等人拥他为首领，再度发动叛乱。刘黑闼起兵后，连战连捷，声势迅速壮大。紧接着，兖州的徐圆朗也举兵响应。随后，郓州（今山东郓城县）、曹州（今山东定陶县）、杞州（今河南杞县）、伊州（今河南汝州市）等八州豪强也纷纷起兵，一时间叛乱的烽火又开始熊熊燃烧，刚刚平定的大河南北风云再起。

如果不能及时将这些反叛势力扑灭，李世民中原决战的胜利果实必将付诸东流，而李唐王朝统一天下的日子亦将遥遥无期！

武德四年（公元621年）九月，李渊急命淮安王李神通率领关中精锐火速驰援河北。李神通进抵冀州（今河北冀县），与燕王罗艺会合，在饶阳与刘黑闼展开会战。唐军在兵力上虽然占据了绝对优势，但最后还是被刘黑闼击败，人马和装备都损失了大半。

经此一役，刘黑闼兵势更盛，随即遣使联络东突厥，颉利可汗立即出兵助阵。

此后，刘黑闼率突厥骑兵南下，接连攻克洺州（今河北永年县东南）、相州（今河南安阳市）、黎州（今河南浚县）等地，各路唐军将领无人能挡其锋，纷纷放弃抵抗逃回长安。

短短半年之内，刘黑闼以所向无敌之势横扫河北，战必胜、攻必取，全部克复夏旧境，创造了一个令人难以置信的战争神话。

武德五年（公元622年）正月初，刘黑闼自称汉东王，定都洺州，改元天造。

危急时刻，李世民再次披挂上阵，率领东征大军进入河北战场，在洺水南岸扎营，威逼洺州。与此同时，幽州罗艺也率数万兵马南下，对刘黑闼形成了南北夹击之势。数日后，李世民又分兵绕过洺州，收复了北面的邢州（今河北邢台市）和太行山脉的一个重要关口井州（今河北井陉县西北）。二月中下旬，罗艺一路南下，接连攻克定州、栾州（今河北赵县）、廉州（今河北藁城县）、赵州（今河北隆尧县），兵锋直指洺州。

至此，唐军成功地对刘黑闼实施了合围，将他压缩在了洺州的弹丸之地，使其基本上丧失了转圜空间和机动作战能力。此时，刘黑闼可谓"四面楚歌"：北面的邢州和赵州落入唐军手中，西面则有太行山脉的天然阻隔，南面是李世民的唐军主力。三月初，罗艺率军进抵洺水南岸，与李世民主力会师。刘黑闼不断挑战，李世民再次采用了他的一贯战略——坚壁不出，只是派兵封锁汉东军的补给线。

随后，李世民料定洺州城粮草将尽，刘黑闼必定要到洺水南岸来决战，遂命部将到洺水上游拦河筑坝，下令说："待我与贼战，乃决之！"（《资治通鉴》卷一九〇）

所谓"乃决之"，就是决堤泄洪！

果然不出李世民所料，三月二十六日，陷入绝境的刘黑闼被迫出城决战。

刘黑闼率步骑二万人，南渡洺水，紧逼唐军大营列阵。李世民亲率精锐骑兵首先攻击刘黑闼的骑兵并将其击破，随后乘胜冲入汉东军的阵地，横扫其步兵。刘黑闼深知，输掉这一仗他就很难再有翻身的机会，于是率众殊死奋战。与此同时，刘黑闼麾下这些剽悍骁勇的河北将士也人人抱定背水一战的决心，所以打得异常顽强。两军一直从中午苦战到黄昏，往来冲杀，难分胜负。唐军虽然略占上风，但始终未能取得决胜的优势。

暮色徐徐降临，双方仍然鏖战不止。汉东军将领王小胡发现士兵们已经渐露颓势，连忙对刘黑闼说："看来是顶不住了，咱们还是趁早抽身吧。"刘黑闼虽然极不情愿，但他对战场上的形势同样不抱乐观，无奈之下只好和王小胡等少数将领暗中撤出了战斗。

刘黑闼就这么脚底抹油——一走了之了，可他麾下的绝大部分将士却根本没有察觉，依旧在那里拼死砍杀。最后，汉东军再也无力坚持，只好向洺水北岸溃逃。

就在汉东军全部进入河沟的时候，洺水上游的滔天巨浪顿时轰然而下。

当精疲力竭的汉东军士卒睁着血红的双眼，看见一丈多高的洪水仿佛万马奔腾一样席卷而来的时候，他们几乎连恐惧和绝望都来不及体会，就在一瞬间被咆哮的洪水全部吞没……

此次战役的结果是：汉东军被斩首万余级，溺死数千人，几乎全军覆没，而刘黑闼仅带着二百余骑逃奔东突厥。

听到刘黑闼逃亡突厥的消息后，山东（太行山以东）地区的部众顿时斗志全丧，纷纷归降唐朝。李世民乘胜东进，扫平了跟随徐圆朗叛乱的郓、曹等州，随后班师。

原本以为刘黑闼叛乱已告平定，可出乎所有人意料的是，短短数月后，刘黑闼便借助突厥人的力量卷土重来，连克河北数城。刚刚被李渊任命为河北道行军总管的淮阳王李道玄在下博（今河北深州市东南）与其会战，结果兵败被杀。

旬月之间，复仇之神刘黑闼再次克复夏全境，大摇大摆地进入了洺州。

对于李唐王朝的所有人而言，这显然都是个坏消息。

但是，有个人却觉得这是天赐良机。

他就是时任太子洗马的魏徵。

眼看秦王李世民几年来威望日增、功勋日隆，魏徵一直替太子李建成感到忧惧。

所以，在魏徵看来，这一次绝对是太子李建成扬名立万的大好机会。魏徵对李建成说："秦王功盖天下，中外归心；殿下但以年长位居东宫，无大功以镇服海内。今刘黑闼散亡之余，众不满万，资粮匮乏，以大军临之，势如拉朽，殿下宜自击之以取功名，因结纳山东（崤山以东）豪杰，庶可自安！"（《资治通鉴》卷一九〇）

李建成深以为然，随即主动请缨。李渊大喜，立刻颁发了一道诏书，任命李建成为"陕东道大行台及山东道行军元帅"，同时宣布"河南、河北诸州并受建成处分，得以便宜从事"。也就是说，整个潼关以东的所有唐朝将吏全部要受李建成一体节制，且赋予了他临事专断之权。很显然，李渊也担心李世民的功勋和威望盖过太子李建成，威胁其储君之位，所以要刻意抬高李建成的身价以提升他的威望。

李建成出兵河北后采纳了魏徵的建议，采取政治与军事手段双管齐下的办法，尽力安抚原夏朝的将领和官员，同时将汉东军的战俘全部释放让他们各回家乡，从而收揽了人心，并极大地削弱了刘黑闼在河北的群众基础。

武德五年（公元622年）十二月，李建成率部在昌乐（今河南南乐县）与刘黑闼对峙。但是尚未开战，刘黑闼的部众便开始纷纷逃亡。刘黑闼无法禁止，只好率余众不战而逃。李建成在后面紧追不放。武德六年（公元623年）正月，刘黑闼逃到饶阳，被他的部下、饶州刺史诸葛德威诱杀。至此，轰轰烈烈的刘黑闼叛乱彻底平定。

同年二月，徐圆朗势穷力蹙，弃城而逃，被流民所杀，河南平定。

三月下旬，梁师都的大将贺遂、索同率领下辖的十二州降唐。从此，梁师都的势力大为削弱，虽然其仗着突厥人的支持不时犯边，但基本上已是日薄西山，难以有何作为。

此外，尽管各地还有一些零零星星的小规模叛乱，但都不成气候。此时，李唐王朝似乎已经完成了统一，天下似乎也已经恢复了安宁。

可是，就在这一年八月初，最后一波大规模的叛乱爆发了。

叛乱者是辅公祏，他在丹阳（今江苏南京市）称帝，国号为宋，还煞有介事地设立了文武百官。然而，在天下皆已归心李唐、海内普遍渴望和平的大背景下，辅公祏此举无异于自取灭亡。

李渊当即下诏，命各地唐军兵分四路，以李孝恭和李靖为首，大举发兵讨伐。武德七年（公元624年）三月，李孝恭和李靖在芜湖击败宋军，并迅速北上一举攻克梁山（今安徽和县南）的三座军镇，进而攻至丹阳城下。辅公祏怯战，率数万人马向东逃窜，但是一路上部众不断逃散，最后身边只剩下数十个人。最后，辅公祏逃到武康（今浙江德清县西），遭当地流民袭击，后被生擒，旋即押赴丹阳斩首。

至此，江南彻底平定——"北自淮，东包江，度岭而南，尽统之"（《新唐书·河间王孝恭传》）。

李唐王朝从立足关中、帝国草创到扫灭群雄、统一海内，整整用了七年的时间！

在这个定鼎天下的过程中，建功最著者当非李世民莫属。

自大唐开国以来，每一场重大的战争，每一个危急的时刻，李世民总是挺身而出，并且每一次都取得了辉煌的胜利。可以说，李世民已经成了李唐王朝当之无愧的中流砥柱！

通过几年来的南征北战，李世民的地位、权势、功勋、威望均已达到人臣的顶点，同时天下的英雄豪杰与文人名士也纷纷集结到了他的麾下，形成了一个实力强大的政治集团。如此种种，不能不令高祖李渊和太子李建成感到深深的不安和忧惧。

所以，到了武德七年（公元624年），统一天下的战争刚刚结束，另一种更为残酷的战争就开始了。

那是李唐王朝内部的战争。

准确地说，是李世民与李建成之间你死我活的政治博弈……

八 / 李建成谋反案

自从武德六年（公元623年）正月平灭刘黑闼之后，太子李建成就有了一种扬眉吐气之感。李建成发现自己终于在秦王李世民和天下人面前重拾了失落已久的自尊和自信，而日渐动摇的储君地位也由此得到了巩固。此外，这次东征还让李建成得到了两个额外收获：其一是和四弟李元吉结成了政治同盟，一起把矛头指向了李世民；其二是与燕王李艺（罗艺）深相交结，推荐他入朝担任左翊卫大将军，并把他纳入了自己的阵营。

凯旋回朝后，李建成开始不遗余力地扩充武装力量。于是，李建成私自招募长安及四方的骁勇之士两千余人，分别驻守东宫的左、右长林门，号"长林兵"；而且暗中派遣右虞候可达志前往幽州，从李艺的旧部中抽调了三百名身经百战的突击骑兵，秘密屯驻东宫附近诸坊，准备进一步充实东宫卫队。

李建成之所以搞这么多小动作，目的只有一个——对付秦王李世民，而他知道自己迟早有一天是要和李世民刀兵相见的。

然而，就在那三百名幽州骑兵刚刚进驻长安不久，事情就被人告发了。有人一状告到了皇帝李渊那里，李渊顿感事态严重——一个储君居然背着朝廷把一支地方军队千里迢迢地调入京师，这绝对是违例的！李渊立刻把李建成召去训斥了一番，随后便将东宫将领可达志流放巂州（也作"嶲州"，今四川西昌市），以示惩戒。

李建成很窝火，他知道告密者肯定是秦王李世民的人，可既然这次自己是违规操作被人抓了小辫子，那也无话可说，只好忍耐。

武德七年（公元624年）夏天，太子李建成与秦王李世民之间的矛盾冲突逐步升级，甚至出现了武力对抗的苗头。

李渊对此深感不安。

五月中旬，位于长安以北宜君县境内的一座山中行宫——仁智宫竣工落成，李渊当即决定前往仁智宫避暑，纾解一下郁闷的心境。于是，李渊特意点名让秦王李世民和齐王李元吉随行，同时命太子李建成留守长安，负责处理日常政务。

李渊这么做，显然是有意把秦王李世民和太子李建成分开，以免他们趁他不在长安的时候闹事。然而，此时的李渊并不知道，一起震惊朝野的"谋反"事件，马上就将在他的眼皮底下发生。当李渊的銮驾前脚刚出长安，后脚就有两个东宫军官押着几车"物资"悄悄离开京城，一路向西北疾行。

这两个人是太子李建成手下的郎将尔朱焕和校尉桥公山。

他们车上装的并不是普通物资，而是一大批崭新的盔甲！二人奉太子李建成之命，准备将盔甲运往庆州（今甘肃庆阳县）交给都督（总管）杨文干。

很显然，这又是一次违规操作。就像前几次一样，李建成自以为这次私运兵器同样做得神不知鬼不觉。可李建成绝没有想到，他的一举一动都没有逃过秦王李世民的眼睛；他更不会想到，这一次秦王会抓住这个把柄把他往死里整！

六月初，也就是在李渊驾临仁智宫的同时，尔朱焕一行也走到了位于长安与庆州中途的豳州（今陕西彬县）。

武德七年（公元624年），这起震惊朝野的"李建成谋反"事件，就在这一刻东窗事发。

不知道出于什么原因，尔朱焕和桥公山到达豳州时就不再往前走了，而且突然向豳州方面举报，声称有重大案情要上告。豳州地方官不敢怠慢，即刻将他们送到了天子所在的仁智宫。尔朱焕和桥公山随即向李渊面奏，指控太子李建成准备与庆州都督杨文干里应外合，趁天子不在京城之机发动兵变！

那一刻，李渊几乎不敢相信自己的耳朵。就在李渊极度震惊并且满腹狐疑的时候，又有一个叫杜凤举的人也从宁州（今甘肃宁县）赶赴仁智宫告发太子李建成。

杜凤举的指控和尔朱焕、桥公山如出一辙。

这个杜凤举是什么角色，史书并无记载，但是有一点我们可以肯定，他和尔朱焕、桥公山的背后一定有一种相同的力量在操纵，否则他们不太可能在同一时间发出对太子李建成同样不利的指控。

面对这接踵而来的控告，李渊再也坐不住了，他立刻找了一个理由传令太子李建成到仁智宫面圣：无论太子谋反是真是假，都必须在第一时间把他控制住。

接到天子的手诏后，太子李建成蒙了：出了什么事？天子为何平白无故召自己上山?

此时，李建成并不知道尔朱焕等人不但已经把他卖了，而且还给他扣上了大逆不道的谋反罪名。所以，李建成的第一反应只能是——私运盔甲之事又被秦王的人告发了！

私运盔甲虽然不是什么死罪，但是这次却不太一样，因为运送的目的地是庆州，而庆州都督杨文干是东宫旧部、太子嫡系——李建成当初组建卫队时就曾经从庆州暗中征调过一批将士。这些因素综合起来极易让人产生丰富的联想，何况此前右虞候可达志的事情已经是一次严厉的警告，而这次又明知故犯，恐怕天子一定大为震怒，否则也不会这么急着召他去行宫。要知道，身为储君却暗中与地方将领交结，并且频频征调部队、私运军用物资，这些事情堆在一起很容易被人控以一个可怕的罪名，那就是——串通地方将领，阴谋反叛！

想到这里的时候，李建成不禁惊出了一身冷汗。

怎么办?

幕僚们开始七嘴八舌地献计。太子舍人徐师谟提议，干脆起兵，趁天子不在把京师占了！

这显然是个馊主意，跟挖一个坑把自己埋了没啥两样。所以，李建成并未采纳。詹事主簿赵弘智则提出了一个比较理智的建议，他认为：太子应该贬损车服、摒弃随从，独自上山向皇帝请罪。李建成觉得事已至此也只好这样了，于是带着东宫属官前往仁智宫，在距行宫六十里外的毛鸿宾堡命随从们留下，然后带着十余个侍卫上山。

太子李建成一见到李渊，立刻做出一副痛心疾首的样子，极力表明自己的清白，而且"叩头谢罪，奋身自掷，几至于绝"（《资治通鉴》卷一九一）。可李渊却一脸怒容，不为所动，一直到太子表演完了才命人将其软禁起来，而且当晚只给了他一碗麦饭充饥，并命殿中监陈福严加看管。

控制了太子李建成之后，李渊立刻命司农卿宇文颖驰赴庆州，召杨文干前来面圣，决定把案件查个水落石出。

可出乎所有人意料的是，宇文颖此行不但没有召来杨文干，反而激起了杨文干的兵变。

史书没有记载宇文颖到底跟杨文干说了些什么，《资治通鉴》只有这么一句话："颖至庆州，以情告之，文干遂举兵反。"虽然我们无从得知宇文颖"以情告之"的"情"到底是实情还是谎言，但是不妨做一个推论，也就是说——究竟在什么情况下，杨文干才会不顾一切地悍然起兵？

如果宇文颖跟杨文干说的是实情，即皇帝对谋反之事只是有所怀疑而并未确认，那么杨文干绝对不可能起兵造反，因为这么做只能坐实李建成的谋反之罪，让太子跳进黄河也洗不清。杨文干是太子死党，他们的关系是一荣俱荣、一损俱损。所以，在皇帝尚未弄清太子谋反的事实真相之前，杨文干根本没有理由把自己和太子李建成往火坑里推。

由此可见，宇文颖说实话的可能性很小。既然如此，那么促使杨文干孤注一掷的原因只能有一个，那就是宇文颖捏造了某种事实。

也就是说，宇文颖很可能告诉杨文干，说"太子已被皇帝逮捕，随时可能被废黜，谋反行迹已经败露"，从而让杨文干产生绝望心理，最后不得不铤而走险、悍然起兵。

如果我们的推论属实，那么接下来的问题就是：宇文颖为什么要撒谎？

就像尔朱焕等人控告太子李建成的动机在史书中是一团迷雾一样，宇文颖诱使杨文干起兵的动机同样隐藏在历史的背光处。然而，只要我们换个方式来提问，那么有关"太子谋反"和"杨文干兵变"的真相很可能就会浮出水面。

刑侦学的原理告诉我们，一起案件发生后，如要锁定犯罪嫌疑人，一个最基本也是最简单的办法就是，看看有哪些人会因为某人的被害而获取利益或消除风险，那么凶手最有可能在这些人中间。

所以，我们的问题就是——在太子李建成涉嫌谋反的情况下，"杨文干兵变"对谁最有利？

进而言之，在尔朱焕、桥公山、杜凤举、宇文颖这几个看上去毫不相关的人背后，是否有一只看不见的手在操控一切？

六月二十四日，杨文干兵变爆发。消息传到仁智宫，李渊勃然大怒，同时也感到极度的伤心和失望，因为杨文干的行动等于自动承认了他与太子串通谋反的事实。联系此前尔朱焕等人的告发，整个事件已经真相大白，似乎没必要再寻找什么证据了。如此，李渊很容易就能得出结论——所有这一切的幕后主使不是别人，正是太子李建成！

意识到这一点的时候，李渊的难过自不待言，同时觉得废立太子看来是势在必行了，可眼下的当务之急却是如何消灭叛乱。次日，李渊立刻派遣左武卫将军钱九陇，会同灵州都督杨师道出兵讨伐杨文干。

二十六日，也就是杨文干起兵的第三天，李渊召见了李世民。

李渊首先询问他对当前形势的看法。李世民不假思索地说："杨文干这个竖子，竟敢如此狂逆！儿臣以为，他很快就会被自己的部将所杀，即便不会，派遣一个普通将领也足以将他讨平。"

李渊摇了摇头，说："不然。文干事连建成，恐应之者众。你应该亲自出征，回来后就立你为太子。但是，我不能效法隋文帝害死自己的儿子，所以应该给建成留条后路，封他为蜀王。蜀地狭小、蜀兵脆弱，将来建成若能服从你，你就要保全他的性命；若不服从，你要制伏他也易如反掌。"

至此，整个太子谋反案最大的获益者就站在我们面前了。

他就是秦王李世民。

那么，李世民在这次事件中到底扮演了什么角色？

要弄清这一点，首先必须弄清一个问题：李建成有没有可能谋反？

我们的答案是：可能性几乎不存在。原因大致有以下三点：

第一，虽然李建成与秦王李世民的矛盾由来已久，且有愈演愈烈之势，但是李建成的储君地位始终是稳固的。最主要的原因是，李渊出于"立嫡以长"的原则和政治稳定的考虑，不可能像当年的隋文帝杨坚那样随意废立太子。

事实上，当秦王势强、太子势弱的时候，李渊也始终站在抑制秦王、扶持太子的立场上，否则也不会在刘黑闼第一次起兵时迟迟不愿起用李世民，更不会在刘黑闼二次起兵时全力支持太子李建成挂帅出征建立战功。李建成讨平刘黑闼之后，声望显著提升，势力有所增强，储君地位也随之巩固，根本无须担心被李世民取而代之。武德中后期，李渊对李世民"恩礼渐薄"，而李建成和李元吉则"转蒙恩宠"（《旧唐书·隐太子建成传》），只要李建成保持现状，等到李渊百年之后，天子宝座自然就是他的。既然如此，在总体形势对其绝对有利的情况下，作为既得利益者的李建成怎么可能会谋反？

第二，就算李建成为了防患于未然，打算彻底消除威胁他储君地位的危险因素，那么他要对付的人也应该是秦王李世民，而不是高祖李渊。直到武德七年（公元624年），李渊仍然是李建成最大的政治靠山，而且即便是在李建成多次违规操作被揭发的情况下，李渊仍旧一如既往地对他寄予信任，否则也不会在前往仁智宫避暑的时候命太子监国、留守长安。

但是令人匪夷所思的是，李建成串通杨文干谋反的目的却是为了篡夺皇位。换句话说，他们矛头所指正是李渊本人。试问，在明知道秦王李世民对其太子之位虎视眈眈的情况下，李建成怎么可能动手推翻自己的政治靠山呢？除非有绝对的把握将李渊和李世民一举剪除，否则以李世民的军事才能和在军队中的势力来看，李建成这么做无异于是在自掘坟墓。

第三，退一步说，就算李建成真的铁定了心要将李渊和李世民一网打尽，那么他的谋反计划也应该是首先在长安发动政变，彻底控制李渊，一举消灭李世民（在后来的"玄武门之变"中，李世民正是一边控制皇帝一边剪除对手的），待掌握了中枢大权后再命令杨文干在外围起兵响应，这样才能确保万无一失。

可事实恰好相反，李建成偏偏是等到李渊去了仁智宫后，才让杨文干在异地起兵，而此时无论是李建成从长安发兵还是杨文干从庆州发兵，一路上都必须经过李渊仍然有效控制的州县，最后才能打到宜君县的仁智宫。这不但是鞭长莫及，而且是打草惊蛇！暂且不说叛军有没有能力打到宜君县，就算其占了先机，一路畅通无阻打到仁智宫，李渊和李世民肯定也早已扬长而去，并且极有可能调集了四方兵马给他们布下了一个天罗地网。所以说，这样的谋反计划是十分愚蠢的。李建成纵然军功不及李世民，可他也是开创李唐的元勋之一，其政治智商和军事才能断不至于如此低下！

就算我们换一个角度，假设李建成这么做是想趁李渊离开京师、朝廷空虚的时候夺取政权，那么这个谋反计划是否就变得可行了呢？

很遗憾，这样的设想同样不能成立。

道理很简单，在武德七年（公元624年）的李唐王朝，论政治号召力，高祖李渊依然是当之无愧的一号人物，他对政权的控制仍然是有力的；而论及在军队中的影响力和势力，可以说整个李唐王朝无出秦王李世民之右者。在此情况下，李建成就算控制了朝廷、占领了京师，他所得到的无非也是一个政权的空架子和长安一座孤城而已。

高祖李渊和秦王李世民就算身在宜君县的避暑行宫中，同样可以在政治上和军事上牢牢把握这个帝国，照样可以从仁智宫发出一道道对全国州县具有绝对权威的政令和军令。这一切，当了多年太子、长期在李渊身边协理政务的李建成绝对不可能意识不到。

综上所述，李建成谋反的可能性微乎其微，而《资治通鉴》中关于这个事件的记载也是漏洞百出，存在太多违背逻辑和自相矛盾的东西。

所以，当代的一些学者在深入研究后也纷纷质疑，最后做出了否定的结论。

例如，李树桐在《唐史考辨》中说："《通鉴》内，有关杨文干反事连建成案的记载，必与事实不符。"

牛致功的《唐高祖传》称："事实证明，杨文干造反与李建成没有关系。"

黄永年在《唐史十二讲》中说："李渊既然对李世民'恩礼渐薄'，而'建成、元吉转蒙恩宠'，建成又何必冒险用军事行动来夺取政权？如真有其事，何以第二年李渊还派建成前往幽州以备突厥，毫无恩宠衰薄的迹象？足见统统出于诬陷增饰，不是事实。"

事实上，就连《资治通鉴》的编纂者司马光本人也不敢肯定"太子谋反"之事的真实性，所以才会在《通鉴考异》中引用刘悚（《史通》作者刘知几之子）在相关著述中的话，说当时这个事件的起因是有人"妄告东宫"。

所谓"妄告东宫"，关键就在于这个"妄"字。也就是说，尔朱焕和桥公山对太子李建成的指控很可能属于诬告。那么，此二人既然都是太子的手下，又为何会胳膊肘朝外拐呢？

很显然，他们被人收买了，或者是遭到了胁迫。

那么，又有谁会去收买或胁迫他们诬告太子呢？

答案只有一个——秦王府的人。

众所周知，在武德年间，当"两大集团正在进行激烈斗争的时候，与事无关者是不会陷害太子，为李世民出力卖命的"（牛致功《唐高祖传》）。因此，我们有理由认为——不管是尔朱焕、桥公山，还是杜凤举和宇文颖，其背后很可能都有秦王府的力量在驱使和操控！

换言之，李世民就是幕后那只看不见的手。

武德七年（公元 624 年）六月二十六日，当高祖李渊对秦王李世民郑重做出废立太子的承诺后，李世民一定以为自己已经在这场漫长的政治博弈中胜出。然而，接下来事态的发展却完全出乎李世民的预料。

就在李世民距离太子之位仅有半步之遥的时候，忽然间梦想幻灭、功亏一箦，一切都打回了原形——太子依然是太子，秦王照旧是秦王。

李世民竹篮打水——一场空。

这到底是为什么？

原因很简单：李渊反悔了。

正当秦王李世民意气风发地率军前去征讨杨文干时，太子李建成施展浑身解数，动用他的所有政治力量对皇帝施加影响，其中包括齐王李元吉、后宫的嫔妃群和当朝重臣、侍中封德彝，最后终于促使李渊回心转意，收回了废立太子的成命。

要说李渊是因为耳根子软，禁不住这些人的软磨硬泡才改变了主意，那就过于低估李渊的政治智慧了。就像我们前面分析的那样，整个"太子谋反"事件漏洞百出，李渊不可能对此毫无察觉。尤其是当太子李建成已经被软禁、围剿杨文干的军事行动也已展开的时候，李渊必定会冷静下来，仔细思考整个事件的来龙去脉，这时候他自然会看出此案的众多疑点；再加上身边各色人等的解释、劝说和提醒，李渊就会意识到自己废立太子的决定做得过于草率了。实际上，整个事件中唯一能够认定的太子过失，无非就是"私运盔甲"这一条，可要说杨文干的起兵一定是太子李建成的指使，那明显是证据不足的。当然，太子李建成私运军用物资肯定也属于违法行为，但断不至于被废黜！

所以，李渊最后肯定也会意识到，这起事件很可能是有人抓住太子李建成违规的把柄，然后精心制造了一个太子谋反的假象，目的就是颠覆太子的储君之位。

换句话说，这是一起阴谋！

至于说这起阴谋的制造者是谁，那就不言自明了：当今天下，还有谁比秦王更具有相应的动机和强大的策划能力呢？

当然，李渊没有证据，他只能猜测，但就算是这样的猜测也足以让他打消废黜太子的念头了。

随后，李渊就把太子李建成放了，命他仍回京师留守，然后各打五十大板，责备太子和秦王"兄弟不睦"，最后从东宫和秦王府各找了几只替罪羊并把他们全部流放巂州——他们是太子中允王珪、太子左卫率韦挺，以及天策府兵曹参军杜淹。

就在李渊做出上述决定的同时，李世民也轻而易举地平定了杨文干叛乱。

在这场短命的叛乱中，杨文干唯一的战绩就是出兵占领了宁州（今甘肃宁县）。可当李世民率领大军进抵宁州城下的时候，杨文干的军队就不战自溃了。七月初五，杨文干被部将刺杀，首级传送长安。

武德七年夏天的"太子谋反"案就这样结束了。

高祖李渊以各打五十大板的方式给这起震惊朝野的事件画上了一个并不算圆满的句号。之所以说它不算圆满，是因为这种"和稀泥"的处置方式即便能够勉强维系太子李建成与秦王李世民之间的平衡，但这是一种极其脆弱、危机四伏的平衡。

毫无疑问，无论是太子李建成还是秦王李世民，对这个处置结果都不会感到满意。

所以，尽管让李渊深感不快的这一页貌似翻过去了，但是对于已经不共戴天的李氏兄弟而言，事情却远远没有了结。

如果不把对方整垮甚至彻底消灭，太子李建成和秦王李世民就绝不会善罢甘休！

九 / 玄武门之变

从武德七年（公元 624 年）的"杨文干叛乱"之后，太子与秦王的政治博弈就进入了白热化状态。

经过杨文干叛乱后，他们不约而同地意识到——运用常规政治手段解决纷争已经不可能了，最后的办法只能是诉诸武力。

在最后的生死对决到来之前，李世民决定先稳定自己的大后方——洛阳。为此，李世民特意命麾下骁将张亮率一千余人前往洛阳，同时给了他一大笔金帛，让他暗中结交山东（崤山以东）豪杰，尽快做好一切应变准备。

万一在长安的斗争中失利，李世民打算退守洛阳，与朝廷分庭抗礼；如果形势一再恶化，实在迫不得已，李世民也不惜与李建成裂土而战！

一千多名将士忽然大举调动，自然没有逃过对手的眼睛。

齐王李元吉立刻入宫，指控张亮阴谋反叛。李渊随即下令逮捕张亮，并命有关部门调查审理。

情况十分危险，万一张亮的嘴被撬开，那李世民的麻烦就大了。

所幸李世民没有用错人，张亮算得上是一条好汉，不管审讯官员采用什么手段进行逼供，始终无法从他口中得到片言只语。在毫无证据的情况下，朝廷只好将张亮释放。随后，张亮便按原计划率部赶赴洛阳。

面对秦王府的异动，太子李建成坐不住了。于是，李建成举办了一场夜宴，特意邀请李世民出席。

当然，这是一场鸿门宴。

据《旧唐书·隐太子建成传》记载："（建成）与元吉谋行鸩毒，引太宗（李世民）入宫夜宴，既而太宗心中暴痛，吐血数升。"

所谓"吐血数升"可能是史家的夸张，但是李世民差点被太子毒死则是事实。

当晚，一同赴宴的淮安王李神通赶紧把李世民送回了秦王府。

李渊闻讯，马上下了一道手诏给李建成，说："秦王一向不能饮酒，从今往后不准再举办夜宴。"言下之意是警告太子不要再玩什么小动作。

这几年来，尽管李渊也意识到了李世民的夺嫡野心，但是总体上他还是尽量做到一碗水端平，不想重蹈隋文帝杨坚的覆辙，更不想看到几个儿子为了争夺继承权而兄弟阋墙、自相残杀。

随后，李渊亲自前往秦王府探视李世民。李渊知道此刻的太子和秦王已经水火不容，于是就向李世民提出了一个消解纷争的办法。他说："当初建立大计，后来又平定海内，都是你的功劳，当时就想立你为太子，可你却坚决推辞，我也只好成全你的美意。再说建成年长，当太子的时日已久，我也不忍心剥夺他的继承权。看你们兄弟好像不能相容，都住在京城里，必定要产生冲突，我想让你重新掌管陕东道大行台，居住洛阳，自陕州（今河南三门峡市）以东的国土都由你做主，准许你建立天子旌旗，一切仿照西汉梁孝王刘武的做法。"

李渊说完，秦王李世民已经泣不成声，以不愿远离膝下为由推辞。

这当然是李世民在故作姿态。

其实，李渊的安排正是李世民求之不得的。

我们知道，唐朝实行"兵农合一"的府兵制，士兵平时务农，农闲习武操练，战时出征。所以，除非面临战争，由天子下诏、兵部颁令，将领才有权统率军队，否则即使是像李世民这样的十二卫大将军，平时手中也没有兵权。在长安，东宫和齐王府的势力加起来要比秦王府强大得多。东宫曾私募长林兵两千余人，而齐王也一直在"募壮士，多匿罪人"（《旧唐书·巢王元吉传》），二人兵力相加，总数应该不下于三千人。秦王虽然也"素所蓄养勇士八百余人"（《资治通鉴》卷一九一），但明显处于劣势，双方一旦在京师开战，秦王很可能会吃亏。所以，对于李世民来说，出镇洛阳实在是进可攻、退可守的上上之策。李世民之所以命张亮经营洛阳，其用意也正在于此。

李渊最后说了一句："天下一家，东西两都，相距很近，我想念你的时候就去看你，你不必伤心。"于是事情就这么定了下来。

听到李世民即将被派驻洛阳的消息，太子李建成和齐王李元吉大感不妙：秦王一旦到了洛阳，手上就掌握了土地、城池和军队，这无异于蛟龙入海、猛虎归山，必将后患无穷；如果把秦王控制在京师，他就只是一介匹夫，要摆平他易如反掌!

太子李建成随后命人向高祖李渊递上密奏,声称:"秦王左右都是山东(崤山以东)人,一听说要前往洛阳,没有不欢呼雀跃的,观察他们的心志,恐怕是一去不返了。"李渊想想也有道理,于是出尔反尔取消了命秦王李世民赴洛阳的计划。

接下来的日子,太子李建成和齐王李元吉开始不择手段地剪除秦王李世民的羽翼。

首先,太子李建成用重金贿赂秦王李世民麾下的尉迟敬德、段志玄等将领,但无一例外地遭到了拒绝。齐王李元吉恼羞成怒,又派刺客去刺杀尉迟敬德,可同样没有成功。

太子阵营磨刀霍霍,秦王府的人惶惶不可终日。房玄龄、长孙无忌力劝李世民先下手为强,可李世民却不置可否。

紧接着,太子李建成和齐王李元吉又怂恿高祖李渊,把李世民的得力助手房玄龄、杜如晦等人逐出了秦王府,进一步削弱了李世民的力量。

就在这个时候,北方边境传来战报,称东突厥数万铁骑正在围攻乌城(今陕西定边县南)。太子李建成立刻奏请高祖李渊,让齐王李元吉取代秦王李世民出征,并要求征调秦王府的尉迟敬德、程知节(程咬金)、段志玄、秦叔宝等一干骁将及精锐部队,让他们接受齐王李元吉的统一指挥。李渊全部照准。

太子李建成和齐王李元吉已经图穷匕见。

最后,太子李建成又制订了一个除掉秦王李世民的计划。李建成对齐王李元吉说:"眼下你已经兼并了秦王的精兵猛将,手握数万部众。我准备和秦王在昆明池(唐长安城西南)设宴为你饯行,然后在饯行宴上命壮士将他击杀,告诉父皇说是暴病而亡,父皇不相信也得相信。我自当命人游说,让他把朝政大权移交给我。即位之后,我自当立你为皇太弟。尉迟敬德等人既然已落入你的手中,最好在出征途中随便找一个借口将他们全部砍杀,看谁敢不服!"

如果李建成的这个计划成功,那么历史上就没有"玄武门之变"了,而是"昆明池之变"!

关键时刻,有个小人物改变了历史的走向。

此人是李世民安插在东宫的一个卧底——他叫王晊,时任东宫的率更丞。

太子李建成和齐王李元吉的计谋刚刚议定，王晊就赶到秦王府将这个绝密情报告知了李世民。

李世民随即将此事告诉了长孙无忌，顿时激起了众人的强烈反应。在最短的时间内，秦王府的幕僚们全都齐集到了李世民的左右，人人摩拳擦掌、义愤填膺，并力劝李世民动手。

经过一番激烈的思想斗争，李世民终于下决心发动政变——武力夺嫡。

"玄武门之变"就此爆发……

武德九年（公元626年）六月初一到初三，太白金星一连数日都出现在长安的上空。太史令（天文台长）傅奕赶紧入宫向李渊密奏，称"太白见秦分，秦王当有天下！"（《资治通鉴》卷一九一）

高祖李渊大为震惊：倘若秦王真有天命，那要把太子置于何地？

极度不安的李渊随即命秦王李世民入宫，准备对他进行最后的警告，必要时也打算对他采取非常手段。不料，李世民却反而呈上了一道密奏，指控太子李建成和齐王李元吉淫乱后宫。李渊又惊又怒，宣布第二天早上让三个儿子入宫对质。

武德九年（公元626年）六月四日凌晨，李世民亲率长孙无忌、尉迟敬德、侯君集、张公谨、刘师立、公孙武达、独孤彦云、杜君绰、郑仁泰、李孟尝及数百名武士早早进入太极宫，伏兵于玄武门。

玄武门是太极宫的北正门，也是皇城禁军的屯驻地，更是帝国政治中枢的命门。可以说，谁控制了玄武门，谁就能控制太极宫，进而控制长安、号令天下！

李世民棋先一着，很早就收买了驻守玄武门的禁军将领常何、敬君弘、吕世衡等人，而太子李建成却对此一无所知。

就在李世民伏兵玄武门的同时，后宫的张婕妤十万火急地赶到东宫，把昨夜探知的秦王密奏一五一十地告诉了太子李建成。太子李建成立刻通知了齐王李元吉。齐王李元吉警觉地说："应该立刻集结军队随时待命，同时托疾不朝、静观其变。"

如果李建成听从李元吉的建议，那么李世民的政变就将彻底落空。可李建成太自信了，他以为秦王李世民如今已是一只被剪除了翅膀和利爪的苍鹰，再也无力搏击长空了。所以，太子李建成对齐王李元吉露出了一个不以为然的笑容，说:"卫戍部队都已集结待命,我们大可以放心入朝,关注事态的进展。"

太子李建成的自信和轻敌就此铸成大错。

当太子李建成和齐王李元吉走到临湖殿的时候,李建成的心头忽然生出一丝不祥的预感,因为周遭的一切太安静了,静得就像一座空山幽谷,让人头皮发麻、脊背生寒!李建成说不上这种怪异的宁静意味着什么,但是强烈的不祥之感还是像水上的涟漪一样迅速在他的胸中弥散开来。

李建成不由自主地勒住了缰绳。

"恐怕有变!"李建成低低地对齐王李元吉说了一声,然后迅速掉转了马头。

可是,一切都已经来不及了……

此刻,李世民忽然从玄武门中飞驰而出,大声呼叫太子和齐王。

李元吉赶紧转过身去,飞快地搭弓上箭。

然而,匪夷所思的是,这个一向自诩勇武的大唐四皇子李元吉一连三次都没能把手上的弓拉满,结果三箭射出都在距秦王一丈开外的地方颓然落地。与此同时,李建成正疯狂地挥动马鞭,带着他的一小队侍从头也不回地朝东宫狂奔而去。

可是,李建成拍马疾驰的速度显然不会比李世民索命一箭的速度更快。

李世民稳稳地射出了一箭,空中划过一声尖锐的呼啸。

然后,这凌厉的一箭就不偏不倚地从李建成的后背没入,从前胸穿出。

李建成当场毙命。

看着眼前的一幕,李元吉顿时魂飞魄散。就在李元吉愣神的瞬间,尉迟敬德已经率领七十多名骑兵紧随李世民冲了过来。

骑兵飞快地射出几箭,李元吉应声坠马。

李世民的坐骑在疾速的奔跑中忽然失去控制,窜进了斜刺的一片小树林中。由于骑速太快,来不及勒住缰绳,整个人被树枝挂了下来,重重地摔在地上,顿时动弹不得。

此时,负伤的李元吉突然冲到李世民面前,夺下他的弓,猛然扼住了他的咽喉。

尉迟敬德大声叱骂着追进树林。李元吉不得不扔下李世民,朝武德殿的方向拔腿飞奔。尉迟敬德很快追上去,一箭将李元吉射杀。

太子李建成被杀的消息传回东宫后，东宫将领冯翊、冯立顿时仰天长叹："我等岂能在太子生时受其恩，而在他死后逃其难呢？"遂与东宫将领薛万彻、齐王府将领谢叔方率领东宫和齐王府精兵两千人迅速杀向玄武门。

大兵骤至，情势危急，膂力过人的张公谨未及叫上左右，独自一人关闭了沉重的宫门。

负责防守玄武门的禁军将领敬君弘准备挺身出战，左右劝阻道："事情未见分晓，暂且静观其变，等大兵会集再出战也为时不晚！"

应该说，左右将士的担心是有道理的。秦王李世民虽然一举除掉了太子李建成和齐王李元吉，可接下来的形势会如何演变谁也无法预料，所以作壁上观才是最安全的办法。然而，对秦王李世民忠心耿耿的敬君弘并未采纳这个消极观望的建议，他毫不犹豫地与中郎将吕世衡一起率部迎战。可由于双方兵力悬殊，一番血战之后，敬君弘、吕世衡二将终因寡不敌众而阵亡。

冯立、薛万彻等人继续指挥军队猛攻玄武门，战斗极为激烈。薛万彻见部下多有伤亡而宫门久攻不下，马上和士兵们一起鼓噪着要转攻秦王府。玄武门上的将士大为惶恐，因为秦王府的精锐都已悉数出动了，现在守卫王府的那些老弱残兵根本没有防御能力！

正在众人焦急措手之际，尉迟敬德突然纵马疾驰到东宫和齐王卫队的阵前。

尉迟敬德的手上高高举着两颗鲜血淋漓的头颅。

那是太子李建成和齐王李元吉的首级。

东宫和齐王卫队一见主公被杀，士气尽丧，随即四散逃逸。冯立、薛万彻等人只好带着数十名亲信逃出长安城，亡命终南山。

按《资治通鉴》记载，当太子李建成和齐王李元吉喋血玄武门时，高祖李渊正与裴寂、陈叔达、萧瑀等人在海池（皇宫内的人工湖）上惬意地泛舟。

就在他们即将靠岸上朝的时候，浑身上下沾满鲜血的尉迟敬德忽然大步向他们走来。尉迟敬德披戴盔甲，手执长矛，身后跟着一队全副武装的士兵。

李渊和大臣们顿时满脸惊愕、面面相觑，直觉告诉他们——一定有非常严重而可怕的事情发生了！

直到尉迟敬德走到面前跪地叩首，李渊才回过神来，用尽全身的力气厉声质问:"谁人作乱?你来这里干什么?"

尽管李渊努力要表现出一个天子应有的威严,可他分明听见了自己声音中的战栗。

"回禀皇上,太子和齐王叛变,秦王已率领军队将二人诛杀!唯恐惊动陛下,特意命臣前来护驾。"

就像一声晴天霹雳轰然在耳边炸响,李渊感到了一阵剧烈的晕眩,他的身体摇摇欲倒,左右连忙上前搀扶。

最可怕的事情还是发生了,长久以来的担忧和疑惧终于变成了血淋淋的现实!

李渊艰难地把目光从尉迟敬德的身上移开,把脸转向那些宰执重臣,用一种近乎虚脱的声音说:"没料到今日终于发生这种事,诸贤卿认为该怎么办?"

一向倾向于太子李建成的裴寂比皇帝更加惶惑而茫然,张着嘴巴不知道该说什么;而一向同情秦王的陈叔达和萧瑀则斩钉截铁地说:"建成和元吉当初就没有参加起义,对于帝国的建立也没有多大功劳,并且嫉妒秦王功高望重,所以才会共同策划对秦王不利的阴谋。秦王今日既已将他们剪除,而且功盖宇宙、天下归心,陛下如果封他为太子,把朝政大权移交给他,便不会再有什么事端了!"

此时此刻,皇帝李渊还有别的选择吗?

"你们说得对。"李渊喃喃地说,"这正是我的夙愿。"

此时,玄武门的兵戈尚未停息,禁军、秦王卫队与东宫、齐王府卫队依然在鏖战不止。尉迟敬德向高祖李渊提出要求,请他颁布一道敕令,命各军一律服从秦王指挥。

李渊很清楚,这是秦王李世民诛杀太子李建成和齐王李元吉后必然要走的一步棋——第一步是兵权,第二步是储君之权,而第三步无疑就是皇权!

这是一个夺嫡篡位者必然要上演的"政变三部曲"!

然而,明知如此,李渊也只能照办。

片刻后,侍中宇文士及从东上阁门飞驰出宫,一路高声宣布皇帝敕令,那些仍在纠缠恶斗的士兵们才陆陆续续放下了武器。为了进一步稳定局势,李渊又命黄门侍郎裴矩前往东宫晓谕众将士,惶惶不安的东宫人心才逐渐安定下来。

政变当日,太子李建成的五个儿子和齐王李元吉的五个儿子全部被斩首。

太子李建成死时三十八岁，齐王李元吉死时二十四岁，他们的儿子能有多大就可想而知了。

皇帝李渊眼睁睁地看着十个孙子人头落地，可他却无能为力。

最后，秦王李世民的部将还想杀光太子李建成和齐王李元吉的左右亲信。尉迟敬德竭力反对："一切罪恶，只在两个元凶！既然已经诛杀，就不能再扩大打击面，这样无法使人心安定。"

李世民采纳了他的意见，于是屠杀行动宣告中止。

同日，万般无奈的高祖李渊颁下诏书："凶逆之罪，止于建成、元吉，其余党羽，概不追究；朝政事务一概交由秦王裁决！"

六月五日，冯立和谢叔方主动投案，薛万彻仍然在逃。秦王李世民不断宣传他的宽大政策，薛万彻才回到长安。李世民说："这些人忠于他们的主人，是义士！"于是将他们无罪开释。

六月七日，李渊正式册封秦王李世民为太子，并下诏重申："自今日起，无论军事、政治及其一切大小政务，皆交由太子裁决之后再行奏报。"

至此，李世民终于坐上了他梦寐以求的储君之位。

武德九年（公元626年）八月初八，高祖李渊正式宣布传位太子李世民，退位为太上皇。八月初九，李世民在东宫显德殿登基，是为唐太宗。

从此，大唐帝国的历史掀开了新的一页。

中国历史上最伟大的时代之一——"贞观盛世"——也从这一刻起掀开了帷幕。

这崭新的一页是如此绚烂恢宏，以至于玄武门前那些殷红的血迹很快就被新时代喷薄而出的万丈光芒所遮掩。然而，武德九年（公元626年）六月四日却注定要成为李世民生命中永远无法痊愈的伤口，也注定要成为李唐王朝记忆中永远无法消解的隐痛。如果说李世民后来缔造的整个"贞观盛世"是一座辉映千古的丰碑，那么它的基座无疑是一个荒草萋萋的坟冢，上面写着三个字——玄武门。

坟冢里面埋葬的不仅是太子李建成和齐王李元吉，也不仅仅是他们那十个年少和年幼的儿子，同时也埋葬着另一个李世民的灵魂。

诚如某些学者所言："玄武门那场唐太宗一生中最艰危的苦斗，对他本人来说，绝不是可以夸耀后世的愉快记忆。……李世民和他父亲这一段不愉快的往

事，怎能在李世民受伤的心上摘脱干净？"（胡戟、胡乐《试析玄武门事变的背景内幕》）

也许，当我们从这个角度来看待"贞观盛世"的时候，就会发现在李世民缔造这份赫赫功业的过程中，很可能一直有某种难与人言的潜在力量在参与和推动。

这样的力量是什么呢？

也许，我们可以称之为一种"内在的自我救赎"。

当年夺嫡继位的手段越不光彩，李世民为世人缔造一个朗朗乾坤的决心就越大；"玄武门事变"对李世民造成的隐痛越深，他开创"贞观盛世"的动力也就越强；弑兄、杀弟、逼父、屠侄的负罪感越是沉重，他从造福社稷苍生的事功中寻求道德解脱的渴望就愈加强烈！

从这个意义上说，"贞观盛世"又何尝不是一面巨大的"招魂幡"呢？

无论"贞观盛世"在后人的心目中获享怎样的景仰和尊崇，也无论它在历史上是一个多么光辉而伟大的政治典范，但是在李世民心中某个尘封的角落，它却可以是一种自我救赎的产物，也可以是一面招魂的旗幡。

换句话说，对于父兄和弟侄在道德与亲情上的巨大亏欠，使李世民不得不用尽一生的努力去偿还，而这样的努力也就构成了其开创盛世的种种动因之中那最不为人所知却又最不可或缺的一种。当然，这种努力对李世民本人来讲很可能是不自觉的，是极为隐晦而难以自知的。但毋庸置疑的是，这种"内在的自我救赎"的确具有非凡的意义——就像是一种无上的信仰之于一个虔诚的信徒一样，它造就了李世民登基御极后的种种自律、宽宏和坚忍，而唯其如此它才能推动李世民从"个体的小我"走向"历史的大我"，从阴暗、血腥的玄武门走向华丽而光明的贞观……

十 / 李世民向我们隐瞒了什么？（上）

"玄武门之变"是李世民一生中最为重大的转折点，它将李世民一举推上了大唐帝国的权力巅峰，同时也将他推上了一个彪炳千秋的历史制高点。然而，不可否认的是，这个骨肉相残的悲剧事件无疑也使他背上了一个沉重的道德包袱——终其一生，李世民也未能真正摆脱"玄武门之变"留下的心理阴影。

我们说过，这样的一种负罪感在某种程度上被李世民化成了自我救赎的力量，成为缔造"贞观盛世"的潜在动力之一，但是与此同时这种强烈的道德不安也驱使着李世民把权力之手伸向了他本来不应染指的地方。

在几千年的中国历史上，这个地方历来是帝王绝对不能干预的，然而这一次唐太宗李世民却"非干预不可"。

形象地说，李世民"非法干预"的是"历史殿堂"的"施工现场"。

准确地说，是李世民执意要干预初唐历史的编纂。

进而言之，就是李世民很想看一看——当年那场骨肉相残的悲剧事件，包括他自己当年的所作所为，在史官笔下究竟是一副什么模样！

为此，当"玄武门之变"已经过去了十几年后，李世民终于还是抑制不住内心的强烈冲动，向当时负责编纂起居注的褚遂良发出了试探。

贞观十三年（公元639年），褚遂良为谏议大夫，兼知起居注。太宗问曰："卿比知起居，书何等事？大抵于人君得观见否？朕欲见此注记者，将却观所为得失以自警戒耳。"

遂良曰："今之起居，古之左、右史，以记人君言行，善恶毕书，庶几人主不为非法，不闻帝王躬自观史。"

太宗曰："朕有不善，卿必记耶？"

遂良曰："臣闻守道不如守官，臣职当载笔，何不书之？"

黄门侍郎刘洎进曰："人君有过失，如日月之蚀，人皆见之。设令遂良不

记,天下之人皆记之矣。"(《贞观政要》卷七)

李世民打算调阅起居注的理由是"观所为得失,以自警戒",听上去很是冠冕堂皇,也与他在贞观时代的种种嘉言懿行颇为吻合。可是,褚遂良知道——天子的动机绝非如此单纯!退一步说,就算天子的出发点真的是要"以自警戒",褚遂良也不愿轻易放弃史官的原则。所以,褚遂良毫不客气地拒绝了李世民的要求,说:"从没听说有哪个帝王亲自观史的。"

李世民碰了钉子,可他还是不甘心地追问了一句:"我有不善的地方,你也记吗?"这句话实际上已经很露骨了,如果换成哪个没有原则的史官,这时候估计就见风使舵地乖乖把起居注交出去了,可褚遂良却仍旧硬邦邦地说:"臣的职责就是这个,为何不记?"黄门侍郎刘洎则更不客气,他说:"人君要是犯了错误,就算遂良不记,天下人也会记!"这句话的分量够重,以至于李世民一时也不好再说什么。

这次的试探虽然失败了,但是李世民并没有放弃。短短一年之后,李世民就再次向大臣提出要观"当代国史"。不过,李世民这一次不再找褚遂良了,而是直接找了当时的宰相、尚书左仆射房玄龄。

贞观十四年(公元640年),太宗谓房玄龄曰:"朕每观前代史书,彰善瘅恶,足为将来规诫。不知自古当代国史,何因不令帝王亲见之?"

对曰:"国史既善恶必书,庶几人主不为非法。止应畏有忤旨,故不得见也。"

太宗曰:"朕意殊不同古人。今欲自看国史者,盖有善事,固不须论;若有不善,亦欲以为鉴诫,使得自修改耳。卿可撰录进来。"

玄龄等遂删略国史为编年体,撰高祖、太宗实录各二十卷,表上之。

太宗见六月四日事,语多微文,乃谓玄龄曰:"昔周公诛管、蔡而周室安,季友鸩叔牙而鲁国宁。朕之所为,义同此类,盖所以安社稷、利万民耳。史官执笔,何烦有隐?宜即改削浮词,直书其事。"(《贞观政要》卷七)

李世民这次还是那套说辞,可在听到房玄龄依旧给出那个让他很不愉快的答复后,便不再用试探和商量的口吻了,而是直接向房玄龄下了命令:"卿可撰录进来。"在这种情况下，房玄龄如果执意不给就等于是抗旨了。迫于无奈，房玄龄只好就范。结果，不出人们所料，李世民想看的正是"六月四日事"。

看完有关"玄武门之变"的原始版本后，李世民显得很不满意，命房玄龄加以修改，并且对修改工作提出了上面那段"指导性意见"。这段话非常著名，被后世史家在众多著作中广为征引，同时也被普遍视为李世民篡改史书的确凿证据。

当然了，纯粹从字面上看，李世民说的这段话也没什么毛病，甚至还颇能体现他作为一代明君的坦荡襟怀和凛然正气。李世民告诉房玄龄：不必替他遮遮掩掩，反正玄武门事件本来就是像"周公诛管、蔡，季友鸩叔牙"那样的义举，目的是"安社稷、利万民"，所以史官大可不必有什么思想负担，更不必用"隐语"和"浮词"来替玄武门事件进行粉饰。最后，李世民要求房玄龄及史官们：在修改的时候不必有什么忌讳，大可"改削浮词，直书其事"！

那么，今天的我们到底该如何看待这段话呢？是把它看成李世民直面历史、忠于事实的一种可贵品质，还是恰好相反地将其视为有损于李世民明君形象的篡改历史的行为？

很遗憾，在绝大多数后世史家的眼中，李世民的上述言行被普遍判定为后者。

人们倾向于认为，李世民所谓"周公诛管、蔡，季友鸩叔牙""安社稷、利万民"等语，其实是为"玄武门之变"定下了一个政治基调，也是为史官们修改史书提供一个钦定的"指导思想"。例如，牛致功就在《唐高祖传》中说："李世民要史官们把他利用阴谋手段夺取太子地位的宫廷政变写成'安社稷、利万民'的正当义举，也就是要把他杀兄夺嫡之罪合理化。房玄龄、许敬宗正是遵照这种要求修改《实录》的。"

对于贞观史臣们来说，既然皇帝李世民已经给定了框架，他们当然要努力把李世民塑造成"周公""季友"这样的人物了，而他的对手李建成和李元吉在他们的笔下当然也要处处向"管、蔡""叔牙"看齐了，若非如此则又怎能衬托出李世民"安社稷、利万民"的光辉形象呢？

时至今日，学界比较一致的看法是——贞观史臣在"玄武门之变"的前前后后确实对李世民做了一定程度上的美化；与此同时，李建成和李元吉则遭到贞观史臣不遗余力地口诛笔伐，被描写成了彻头彻尾的昏庸之辈、卑劣小人，甚至是衣冠禽兽。对此，司马光在《通鉴考异》中引述了《高祖实录》和《太宗实录》中的相关描写，今节录于下：

《高祖实录》曰："建成幼不拘细行，荒色嗜酒，好畋猎，常与博徒游……"又曰："建成帷薄不修，有禽犬之行，闻于远迩。今上以为耻，尝流涕谏之，建成惭而成憾。"

《太宗实录》曰："隐太子始则流宕河曲，游逸是好，素无才略，不预经纶，于后统左军，非众所附。既升储两，坐构猜嫌。太宗虽备礼竭诚，以希恩睦，而妒害之心，日以滋甚。又，巢剌王（李元吉）性本凶愎，志识庸下，行同禽兽，兼以弃镇失守，罪戾尤多，反害太宗之能……"

正因为两朝实录对李建成和李元吉极尽歪曲之能事，所以连一向倾向于李世民的司马光也不得不在《通鉴考异》中写下了一道按语："按：建成、元吉虽为顽愚，既为太宗所诛，史臣不能无抑扬诬讳之辞，今不尽取。"《剑桥中国隋唐史》也认为："建成和元吉两个人在正史上都被说得无甚是处。根据这些史书的记载，元吉酷嗜射猎，在战阵上反复无常，又是个好色之徒和一个虐待狂；太子建成则冥顽不灵，桀骜难驯，沉湎酒色。这些贬词至少是传统史料中这一时期的记载对他们故意歪曲的部分结果。"

赵克尧、许道勋在《唐太宗传》中也提出了类似的看法："唐朝官修史书总是把建成与元吉加以丑化，而对世民则尽量粉饰。直至五代，刘昫等编撰《旧唐书》，也持相同的观点。……所谓'直书其事'，则未必能做到实事求是。"牛致功更是在《唐高祖传》中强调，从唐朝的《实录》《国史》到后来的《旧唐书》《新唐书》《资治通鉴》，无不受到李世民改史的恶劣影响。他说："这几部史书，是后来人们研究唐代历史的主要依据。在这几部史书的影响下，高祖缺乏果断处事的能力，李建成庸劣无能，李世民功德卓著，几乎成了妇孺皆知的常识。由此可见，李世民为了文过饰非而歪曲历史、篡改《实录》的影响多么深远。"

综上所述，贞观史臣确实曾经在李世民的授意下对"玄武门之变"前前后后的历史进行了一定程度的篡改。篡改的主要方向有三个：一、对李世民加以美化和粉饰；二、对李建成和李元吉加以丑化和歪曲；三、对有关"玄武门事变"的许多关键性细节加以改动和增删。

也许，正是由于一些重大的历史细节被动过手脚，所以像"杨文干叛乱""毒酒事件""昆明池密谋""傅奕密奏""秦王密奏"等一系列事件才会变得云山雾罩、扑朔迷离，并且引起后世史家和学者的广泛争议，甚至屡屡被指斥为杜撰和造假。

但是，当后世学者在怀疑并指责李世民及其史臣篡改历史的同时，有一个奇怪的现象却非常值得我们关注，那就是——既然李世民要改史，为什么不改得彻底一点？为什么不把他弑兄、杀弟、逼父、屠侄的行径全部抹掉呢？尤其是李世民在玄武门前亲手射杀兄长李建成的那一幕，为什么仍然白纸黑字地保留在史册当中？假如把李建成和李元吉改成是死于乱刀之下或者是身中流矢而亡，岂不是更能减轻李世民弑兄杀弟的罪名？还有，那十个被残忍屠杀的侄子，李世民同样可以把杀戮责任随便推到某个小人物身上，或者干脆也说死于乱兵之中，可为什么他没有这么做呢？为什么这一切，李世民都没有掩盖？

在此，我们似乎有必要重新审视一下李世民所说的"周公诛管、蔡"的那段话。也许，那不仅是一种李世民冠冕堂皇的道德说辞，也不仅是为贞观史臣改史所定的"政治基调"，很可能同时也是李世民努力要达成的一种"自我说服"。

也就是说，李世民需要告诉自己和世人，他诛杀李建成、李元吉的行为并不是一场争权夺利的杀戮，而是一种锄奸惩恶、济世安民的义举！进而言之，恰恰是毫不避讳地、大张旗鼓地将这段历史昭示天下，李世民才能减轻自己内心的负罪感，获得一种内心的安宁，也才能正大光明、堂而皇之地获得一种道德解脱。

如果用宗教的语言来说，这种心态和做法可以称为"发露忏悔"，也就是主动袒露以往的某些"罪恶"，让其暴露在世人的目光中，或者说让其在道德与正义的阳光下涣然冰释，从而让自己获得道德与灵魂意义上的新生。

综上所述，在"玄武门事变"中，李世民真正要掩盖的东西很可能并不是兄弟和侄子们的死亡真相，而是一种他难以在道义上重新包装且也难以在道德上自我说服的行为。换言之，这种行为是李世民无论如何也不敢"发露"的，宁可背负着它沉重前行，也绝不愿将其公之于世！

那么，这种行为是什么呢？

有关武德九年（公元 626 年）六月四日的那场流血政变，李世民到底向我们隐瞒了什么呢？

贞观十七年（公元643年），唐太宗李世民看了一本古籍中的一篇文章后，内心某个隐秘的角落忽然被触痛，于是潸然泪下、悲泣良久。然后，他动情地对身边的侍臣说："人情之至痛者，莫过乎丧亲（父母）也。……朕昨见徐干（东汉文学家、"建安七子"之一）《中论·复三年丧》篇，义理甚深，恨不早见此书。所行大疏略，但知自咎自责，追悔何及？"（《贞观政要》卷六）

李世民说的"所行大疏略"，意思是高祖李渊逝世时，他所行的丧礼过于粗疏简略，未尽到人子之孝，因此深感愧疚和自责，追悔莫及。

也怪不得李世民会感到痛心愧悔，因为在对待高祖李渊的身后事上，他的许多做法的确有不尽如人意之处。例如，埋葬高祖李渊的献陵在规格上就比埋葬长孙皇后（包括逝世后的唐太宗本人）的昭陵要逊色得多。献陵是"堆土成陵"，规模和气势十分有限；而昭陵则是"因山为陵"，规模浩大、气势宏伟。高祖李渊安葬后，李世民也并未流露出应有的思念之情，而对长孙皇后则是情深意长、无比怀念，曾"于苑中作层观，以望昭陵"（《资治通鉴》卷一九四），结果立刻遭到魏徵的暗讽和讥刺。

时隔多年之后，李世民突然对高祖李渊流露出的这种忏悔和内疚之情，难道仅仅是因为他自己在高祖身后没有尽到孝道吗？在高祖李渊生前，李世民又做得如何呢？之所以会有如此强烈的愧悔，是否跟武德九年（公元626年）的"玄武门之变"有关呢？

或者我们可以换一个方式追问：在武德九年（公元626年）六月四日清晨，当李世民在玄武门前一举除掉太子李建成和齐王李元吉之后，当守门禁军与东宫齐王卫队激战正酣的时候，太极宫中到底发生了什么？是否真如史书所载，高祖李渊和近臣们正悠然自得地"泛舟海池"，沉浸在一片诗情画意之中，对宫门前正在发生的惨烈厮杀一无所知？是否直到尉迟敬德满身血迹、"擐甲持矛"地前来"宿卫"，高祖李渊和一帮近臣才如梦初醒？

事实上，六月四日高祖李渊"泛舟海池"的这一幕，历来备受后世史家的强烈质疑。

因为它的疑点确实太多了！

首先，如同我们所知道的那样，这天清晨是李渊召集三兄弟入宫对质的时间，为此一帮宰执重臣也都早早就位了。在此情况下，李渊怎么可能有闲情逸致到海池去泛舟？其次，就算李渊和近臣发现三兄弟全都迟到了，许久等不到他们在百无聊赖之下才跑去泛舟，可是就在宫廷的北正门几支军队正杀得鸡飞狗跳、人喊马嘶，而高祖李渊和那帮宰执重臣怎么可能对此毫无察觉？就算他们一时间都被海池的美丽景色陶醉了，可宫中有那么多的嫔妃、太监、宫女，难道他们也全都被施了迷魂术和定身术，以至于没有一个人察觉且没有一个人赶来通报这骇人听闻的政变消息？最后，退一万步说，就算上面这些都是事实，可当尉迟敬德带着武器擅闯皇宫大内并一直逼到皇帝的面前时，高祖李渊身边的侍卫都哪里去了，为何史书中连一个侍卫的身影都看不到？在天子的人身安全遭遇重大威胁的时候，难不成他们全都约好了在同一时间集体人间蒸发？

我们只能说——这样的记载太不可理喻了！

如果说李世民和贞观史臣确实是对"玄武门事变"动了手脚的话，那么我们相信这个所谓的"泛舟海池"应该就是被重点篡改，以至于改得毫无逻辑、牵强附会、面目全非。

可是，为什么李世民弑兄、杀弟、屠侄的那些真相都可以不改，却偏偏改了这个地方呢？我们是不是可以认为，李世民派兵逼宫、控制高祖李渊的真实内情要远比所谓的尉迟敬德"擐甲持矛、入宫宿卫"复杂得多、性质也严重得多，因而只好授意史官进行篡改？我们是不是可以认为，李世民在武德九年（公元626年）六月四日对高祖李渊所做的一切已经完全坐实了"不忠不孝、悖逆君父"的罪名，以至于比弑兄杀弟在良心上更难以承担，以礼教伦常的标准来看更不可原谅，因而在面对后辈和世人的时候更难以启齿呢？

也许正因为此，贞观史臣最后才不得不虚构了"泛舟海池"的一幕来掩盖真相；也许正因为此，时隔多年之后，当身为君父的李世民在儿子们的夺嫡之争中差一点目睹骨肉相残的悲剧重演时，他才能深刻体会高祖李渊当年的惨痛心境，也才能对自己当年的所作所为有所反省，从而才会借"所行大疏略"为由深切地表现出对高祖李渊的愧悔之情。

讨论至此，我们似乎已经逼近了李世民向我们隐瞒的那个最后的真相！

关于这个隐藏最深的真相，一部一千年后重现人间的敦煌残卷，也在一定程度上为我们揭开了神秘的面纱……

公元1900年，敦煌莫高窟的藏经洞被意外发现，消息震惊中外，可清政府并未对此采取任何保护措施。于是随后的几年里，一批又一批价值不可估量的古代文献被西方的探险家和文物掠夺者陆续盗运到了欧洲。在斯坦因（Marc Aurel Stein，1862—1943，匈牙利人，后加入英国籍）盗走的文献中，有一部被冠以编号 S.2630 的敦煌写本，内容就涉及了唐太宗和"玄武门之变"。王国维先生是中国第一个研究这份文献的学者，将其命名为《唐太宗入冥记》。这份文献虽然只是唐代的民间写本，算不上正规史料，而且作者已不可考，但是里面透露的某些信息却至关重要，非常值得我们关注。

卞孝萱先生在《"玄武门之变"与〈唐太宗入冥记〉》一文中说："胜利者唐太宗为了维护其仁孝形象，对先发制人、杀兄诛弟、逼父让位的行为加以涂饰。当日唐史臣秉承太宗之意，在两朝实录、国史中，篡改了'玄武门之变'前后一连串事实的真相。敦煌写本《唐太宗入冥记》编造建成、元吉在阴司告状，阎罗王勾太宗生魂入冥对质的故事，实际是为建成、元吉鸣'冤'。"

由此可见，这个唐代写本虽然体裁近似小说，内容纯属虚构，但是它所透露出的信息却不可等闲视之。换言之，值得我们关注的并不是它的故事情节，而是其中蕴含的寓意。

下面就让我们来看看这个敦煌写本的大致内容——

故事说的是，唐太宗入冥之后，在阴司遇见了一个名叫崔子玉的判官，此人在阳世的身份是滏阳县尉。也就是说，这是一个往来于阳世与阴间的"双重身份者"（在中国古代话本和民间传说中，这种"双重身份者"代不乏人。据传近代的国学大师章太炎也曾入冥充当判官）。由于崔子玉在阳世的身份是李世民的臣子（但官职卑微），而现在皇帝李世民在阴间反而成了他的审判对象，于是崔子玉就决定利用自己在阴司的职权和唐太宗做一回交易，借以换取自己在阳世的高官厚禄。崔子玉告诉唐太宗，李建成和李元吉入阴之后，"称诉冤屈，词状颇切"，即暗示这件"官司"颇为棘手，然后让唐太宗回答一个问题，说如果答得上来就可以回长安，答不上来恐怕就没有生还的希望了。唐太宗一听吓坏了，连忙要求崔子玉提个简单一点的问题，并且承诺说："朕必不负卿！"

然而，崔子玉所提的问题却一点都不简单。

崔子玉看着唐太宗，一脸正色地说："问大唐天子太宗皇帝在武德九年，为甚杀兄弟于前殿，囚慈父于后宫？"

唐太宗一听，顿时哑口无言，"闷闷不已，如杵中心"，心里仿佛横亘着一块木头，良久才说这个问题他回答不了。

崔子玉一看唐太宗的反应，知道自己的目的已经达到，于是替唐太宗想了一个答案——原文是"大圣灭族□□"。虽然原文后面脱了两个字，但是大意还是清楚的，无非是唐太宗"大义灭亲"云云。作为交换，唐太宗许给崔子玉"蒲州刺史兼河北二十四州采访使，官至御史大夫，赐紫金鱼袋，仍赐蒲州县库钱二万贯"的优厚条件，终于顺利通过这场冥世拷问。

在这个故事中，崔子玉所提的那个问题是最重要的且也是最有价值的一个信息。其中，"杀兄弟于前殿"遍见正史记载，而且李世民本人对此也直言不讳，所以并不稀奇；真正让李世民感到难以启齿，同时也让我们感到非同小可的是后面的六个字，即"囚慈父于后宫"。

很显然，这是一个被所有官修正史一律遮蔽掉的信息。

如果要解开被正史隐瞒的"玄武门之变"的另一半真相，这六个字就是一把至关重要的钥匙。

虽然《唐太宗入冥记》的内容出于虚构，但是其题材和寓意在当时肯定是有所本的，不可能毫无依据。据卞孝萱先生分析，该作品很可能成书于武周初期。在唐人张鷟（约生活于武周至玄宗前期）的笔记小说《朝野佥载》中，我们也发现了有关"唐太宗入冥"和"冥官问六月四日事"的记载（见《朝野佥载》卷六）。王国维先生在相关的研究著作中也曾引述《朝野佥载》《梁溪漫志》《崔府君祠录》《显应观碑记》等多种史料，考订了唐太宗和崔子玉故事的源流，发现崔府君的故事在蒲州一带流传甚广，如山西省现存的碑刻中也保存了有关他的一些传说。由此可见，《唐太宗入冥记》中所提到的"囚慈父于后宫"的说法，很可能在唐朝初期已经广泛流传于民间。

然而，就算这样的说法渊源有自，可毕竟属于民间传闻，何况《唐太宗入冥记》也只有这语焉不详的六个字，除此之外我们什么都看不到。既然如此，那我们又凭什么知道李世民在"玄武门之变"中对李渊都做了一些什么呢？我们又凭什么断定"囚慈父于后宫"就是李世民向我们隐瞒的真相呢？

在相关史实已经被官修正史全部篡改或删除的情况下，要破解这个真相确实难度很大，但是并非不可能。

我们相信，常识和逻辑的力量始终是强大的；况且无论贞观史臣如何竭力隐瞒真相，正史中还是留下了一些蛛丝马迹。凭借这些弥足珍贵的线索，再辅以合乎常识的分析以及合乎逻辑的推断，我们就有可能在一定程度上还原历史真相。

十一 / 李世民向我们隐瞒了什么？（下）

在前文，我们已经对武德九年（公元626年）六月四日李渊"泛舟海池"的一幕提出了诸多质疑，其中的核心问题就是——就算李渊和近臣真的在海池上泛舟，可宫中有那么多的侍卫、嫔妃、太监、宫女，为什么没有一个人察觉到玄武门前的激烈战斗，也没有一个人赶来通报这骇人听闻的政变消息？

在此，我们不妨先做一个假设：假如在玄武门战斗爆发时，有一个人（或侍卫、嫔妃、太监、宫女，或随便宫里什么人）的眼睛、耳朵、手脚功能都还正常，没有被施以迷魂术和定身术，及时向皇帝通报了政变消息，那么李渊会做何反应？

如果此刻的李渊还是一个精神正常的人，还是一个大权在握的皇帝，他会继续悠然自得地泛舟，然后等着尉迟敬德或随便哪个政变将领前来逼宫吗？

显然不会。这个时候，一个正常的皇帝只可能做三件事：一、第一时间离开海池，进入太极宫中某个最隐蔽且最易于防守的地方，命近卫禁军刀出鞘、箭上弦，进入一级战备状态；二、火速下诏，由身边的宰执重臣到玄武门宣旨，命令所有人放下武器、听候裁决；三、立刻调集皇城中所有未参与政变的禁军，逮捕政变各方的首脑和主要将领，随后调查事变真相，严惩政变者。

所以，整座太极宫中只要有一个人的视觉、听觉和行动功能正常，及时向皇帝报信，那皇帝肯定会采取上述举措。一旦皇帝采取上述举措，李世民的这场政变还有几分胜算？就算李世民不会马上溃败，但是他必然要与皇帝开战。我们知道，在"玄武门事变"前夕，李渊对皇权的控制仍然是有力的，并未出现大权旁落的情况。所以，秦王斗胆与皇帝开战的结果，恐怕不会令人乐观。

由此可见，如果我们所见的正史记载是真实的，也就是尉迟敬德是直到前方战斗接近尾声时才入宫去找高祖李渊的，那么李世民就等于是在打一个天大的赌。

赌什么呢？

调好几支军队在玄武门前乒乒乓乓地打仗,而整座太极宫中的所有人在那一刻全都丧失了正常的视觉、听觉和行动功能!

这可能吗?

这当然不可能!

既然不可能,那么李世民要如何保证玄武门前开战的同时,太极宫中的所有侍卫、嫔妃、太监、宫女都不会去向皇帝报信呢?

答案只有一个——控制他们。

如何控制呢?

不言而喻——派兵入宫,用武力控制他们的人身自由。这才是真正可行、真正有效的"定身术"!

到这里,一个被李世民和贞观史臣刻意隐瞒的重大真相就浮出水面了。

那就是——事实上,"玄武门之变"有两个战场:一个在玄武门前,一个在太极宫中。

前者是我们熟知的,是公开的第一战场;而后者是我们完全陌生的,是被遮蔽的第二战场。

那么,这个战场的范围有多大?是整个太极宫吗?最需要控制的目标是谁?是所有侍卫、嫔妃、太监、宫女吗?

这是不可能的。李世民绝不会笨到把有限的兵力放到整个太极宫中去漫天撒网,而且就算控制了九十九个,只要有一个漏网跑去跟皇帝报信,整个行动照样前功尽弃。所以,正确的做法应该是——直接派兵进入皇帝所在的地方,直接控制皇帝!

由此可见,即便只是从常识和逻辑的角度来分析,《唐太宗入冥记》中提到的"囚慈父于后宫"的说法也完全可以成立。也就是说,李世民要想确保整个政变行动万无一失,就必须在袭杀太子李建成和齐王李元吉之后,第一时间入宫控制高祖李渊。就像我们前面分析的那样,作为一个精神正常、大权在握的皇帝,高祖李渊如果不是在第一时间被李世民控制,那他绝对会采取应变措施,也绝对有能力进行镇压,而"玄武门之变"最终也可能功败垂成。由此,我们基本上可以断定,史书中记载的高祖"泛舟海池"的一幕肯定是出自贞观史臣的虚构,而事实很可能是——李世民在玄武门前袭杀太子李建成和齐王李元吉后,立刻派兵入宫把高祖李渊和一帮近臣囚禁了起来,囚禁的地点有可能就是海池。

这应该就是李世民在太极宫中开辟"第二战场"并"囚慈父于后宫"的真相。

尽管这个真相被贞观史臣极力掩盖，但是在现有史料中我们还是发现了一些至关重要的线索和疑点。从这些线索和疑点入手，我们应该能够在一定程度上还原历史的本来面目。

首先，在《旧唐书·隐太子建成传》中，我们注意到了这样一段话："俄而东宫及齐府精兵二千人结阵驰攻玄武门，守门兵仗拒之，不得入，良久接战，流矢及于内殿。"此外，在《唐文续拾·卷二》李俨所撰的《杜君绰碑》中，我们也发现了"矢及宸闱"的说法（据《旧唐书·长孙无忌传》，杜君绰是进入玄武门埋伏的九人之一）。

"流矢及于内殿""矢及宸闱"……这样的表述意味着什么呢？

所谓"内殿""宸闱"是指皇帝所住的地方。既然连箭都射到了皇帝面前，那么李渊还怎么可能安心地"泛舟海池"呢？

所以，我们有理由认为，所谓"流矢及于内殿"和"矢及宸闱"应该都是关于"第二战场"的一种较为隐讳的说法。也就是说，在李世民派兵入宫控制高祖李渊的过程中，肯定与皇帝身边的禁军侍卫发生了一定程度上的武装冲突。皇帝身边的侍卫不可能全被李世民收买，而他们一旦看见秦王带着士兵杀气腾腾地闯进宫中，那些侍卫也断不会束手就擒或者坐以待毙，可见一定范围内的战斗是不可避免的。发生战斗的时间，应该是与"第一战场"——玄武门前的混战同步，也就是东宫、齐王府兵正猛攻玄武门的那个时候。

要进一步证实我们的上述推断，下面这些疑点和线索也是绝不容忽视的：

第一，回顾"玄武门之变"的整个经过（参见两《唐书》和《资治通鉴》中相关记载），有一个现象令人满腹狐疑，那就是——李世民在玄武门前射杀李建成并意外坠马之后，忽然就从史料的记载中"消失"了，直到尉迟敬德迫使高祖李渊发出敕令、交战各方全部放下武器且一切都已尘埃落定，李世民这才重新回到人们的视线中，演出了"跪而吮上乳"的一幕。

在此，我们不禁要问：在无端"消失"的这段时间里，李世民上哪里去了呢？他都干了一些什么？如果说李世民是因为坠马受伤，被扶到什么地方休息去了，史书中为何只字不提？此外，身经百战、英勇过人的秦王李世民，会仅仅因为"坠马"而丧失作战能力吗？在战场上一向身先士卒、不顾枪林箭雨而冲锋陷阵的秦王李世民，会仅仅因为受了一点轻伤就下火线吗？他会放心大胆地把入宫控制高祖李渊的关键行动交给手下，然后自己躲到安全的地方静观事态演变吗？

答案只有三个字——不可能。

从某种意义上说，"玄武门之变"是李世民一生中最重要的一次"战斗"，所以他必然会全力以赴，也必然会拿出百倍的勇气、决心和力量来进行这场战斗，直到政变成功的那一刻。当李世民袭杀李建成和李元吉后，能否迅速开辟太极宫中的"第二战场"、能否在"第二战场"取得成功，最终将决定着"玄武门之变"的成败！

在此情况下，即便坠马受了一点轻伤，李世民也绝对不可能躲起来休息。所以，我们有理由认为，在"消失"的这段时间里，李世民所做的唯一一件事就是率兵入宫开辟"第二战场"，控制高祖李渊和那些宰执重臣。正因为如此，贞观史臣才会把李世民的这段去向全盘删除，以致在现存史籍中给后人留下了一个匪夷所思的空白。

第二，在《旧唐书·隐太子建成传》中，我们发现秦王李世民麾下的"八百勇士"在政变过程中同样出现了令人百思不解的异动。在我们前面引述的"俄而东宫及齐府精兵二千人结阵驰攻玄武门，守门兵仗拒之，不得入，良久接战，流矢及于内殿"这句话之后，史书接着写道："太宗左右数百骑来赴难，建成等兵遂败散。"

这里所说的"左右数百骑"，很可能就是李世民"素所蓄养的八百勇士"之全部或大部。令人极为不解的是，当东宫和齐王府兵猛攻玄武门并与守卫禁军"良久接战"的时候，秦王李世民麾下最亲信的这支精锐上哪儿去了？为什么直到"玄武门守卫战"已经接近尾声，秦王李世民"左右数百骑"才姗姗来迟地加入玄武门前的战斗，从而扭转了之前的不利形势，致使东宫和齐王府兵最终"败散"？

唯一的解释只能是——他们跟随秦王李世民奔赴更重要的地方了，而这个地方当然就是"第二战场"，也就是李世民"囚慈父于后宫"的地方。

因此，从秦王李世民麾下这支精锐部队的异动中，我们足以解读出三个方面的信息：一、它进一步向我们证实了"第二战场"的存在；二、它让我们看清了

"玄武门之变"中李世民大致的兵力部署；三、它向我们解释了"第一战场"，即"玄武门守卫战"为何险象环生的主要原因。

关于兵力部署：在李世民及其幕僚所制订的政变计划中，袭杀太子李建成和齐王李元吉后，负责防御玄武门的只能是原本驻防在此的常何、敬君弘、吕世衡等部；而最精锐的秦王府八百勇士则与李世民一同进入太极宫，负责消灭皇帝身边敢于顽抗的禁军侍卫，进而控制皇帝和重臣。同时，秦王的麾下骁将，如秦叔宝、程知节、侯君集、段志玄等人很可能也跟随李世民进入了"第二战场"。

如此，我们才能解释"第一战场"一再遭遇险情的原因。诸如东宫和齐王府兵"驰趋玄武门"时，为何只有一个张公谨"独闭关以拒之"？那是因为多数骁将和秦王府精锐当时都不在玄武门。还有，敬君弘、吕世衡为何会战死？这只能证明留在玄武门进行防御的兵力实在是很薄弱。此外，当东宫、齐王的府兵鼓噪着要转攻秦王府时，秦王阵营为何"将士大惧"、束手无策？那是因为所有的兵力都被配置在"第一战场"和"第二战场"了，至于秦王府这个"第三战场"肯定只留下了一部分老弱残兵，显然是不堪一击的。估计在李世民及其幕僚的计划中，秦王府是无力也无意保全的，很可能早已做好了被攻破的打算。

第三，讨论至此，我们就要引出又一个足以证明"第二战场"存在的有力证据，那就是秦王妃长孙氏在"玄武门之变"中的动向及其所发挥的相关作用。

按《旧唐书·文德皇后长孙氏传》，当李世民"方引将士入宫授甲"时，长孙氏"亲慰勉之，左右莫不感激"。《新唐书·文德长孙皇后传》称："及帝授甲宫中，后亲慰勉，士皆感奋。"两《唐书》都记载了长孙氏跟随李世民一起进入了太极宫，这究竟意味着什么？难道她的任务仅仅是去慰勉将士吗？

我们认为，事实并没有这么简单。

长孙氏之所以出现在太极宫中，至少可以证明以下三点：一、秦王府的精锐确实已经倾巢而出，府中防守空虚，早就做好失守的打算，所以李世民才会把长孙氏带在身边，以免遇害；二、既然两《唐书》都明确记载李世民和长孙氏不但一起带着将士进入太极宫，而且还在宫中"授甲"，那么李世民在宫中开辟"第二战场"的事实就更是毋庸置疑了；三、在李世民"囚慈父于后宫"的过程中，他们夫妇肯定是有所分工的，长孙氏所充当的很可能是"安抚使"的角色。

也就是说，李世民及其将士负责对付皇帝身边有可能顽抗的侍卫，手段是采用武力；而长孙氏则负责对付余下那些嫔妃、太监和宫女，手段则是尽力安抚。

道理很简单，李世民入宫的目的是控制皇帝，而不是无端杀戮，所以他会尽量以最小的代价换取最佳的结果，只要是能够安抚的人，绝不会轻易诉诸武力。

因此，长孙氏此时所起到的就是秦王府的任何人（包括李世民）都难以发挥的安抚作用。凭着女性亲切温婉的先天优势，加之秦王妃的尊贵身份，以及平素与后宫嫔妃的交情，还有谁比她更适合担任"安抚使"的角色呢？

关于长孙氏在"玄武门之变"中的重要作用，《旧唐书·房玄龄传》中还有一处记载可资佐证："玄龄尝因微谴归第，黄门侍郎褚遂良上疏曰：'及九年之际，机临事迫，身被斥逐，阙于谟谋，犹服道士之衣，与文德皇后同心影助，其于臣节，自无所负。'"

众所周知，房玄龄在"玄武门之变"的功臣榜上名列第一（《旧唐书·房玄龄传》："贞观元年……论功行赏，以玄龄及长孙无忌、杜如晦、尉迟敬德、侯君集五人为第一"）。假如长孙氏没有在"玄武门之变"中发挥别人难以替代的作用，褚遂良又怎么可能把她和第一功臣房玄龄相提并论呢？

综上所述，我们完全有理由认为，李世民在"玄武门之变"中确实曾经"囚慈父于后宫"，而有关这个"囚父行动"的具体过程虽然现有史料均不可考，但我们仍然可以依据常识和逻辑来做出进一步推断。

首先，我们可以提一个问题：李世民"囚父"的目的是什么？

答案很简单，当然是逼迫父亲李渊交出政权。

接着，我们还可以问：假如李渊坚决反抗，誓死也不交权，那李世民该怎么办？

答案只能是一个字——杀！

至此，我们已经逼近了李世民竭力向我们隐瞒的那个真相的核心。

也就是说，在李世民的计划中，他入宫控制高祖李渊的行动必然会分成三步：第一步是"囚父"，即消灭有可能顽抗的禁军侍卫，将高祖李渊和近臣们彻底控制起来；第二步就是"逼父"，即让某个将领出面逼迫高祖李渊下诏，把军政大权移交给秦王；第三步，也是李世民最不希望走到的一步，那就是——假如高祖李渊誓死不从，李世民就不得不在万般无奈的情况下被迫"弑父"！

这样的"三步走"是任何一场逼宫行动都不可避免的内在逻辑。对于高祖李渊这样一个大权在握的皇帝来说，假如他始终不肯屈服于李世民的意志，坚决不肯以他的名义发布诏书将军政大权移交给李世民,那么李世民唯一的选择只能是杀了他。

或许有人会说,采用软禁手段并随后矫诏夺权也未尝不是一个办法。但是,如此一来,李世民无疑要承担一个很大的政治风险——只要高祖李渊不死,那么即便秦王要矫诏夺权,那些仍然忠于皇帝的文臣武将们也有可能会识破秦王的阴谋,因而拒不奉诏并发兵与李世民对抗。到时候,不光京师会爆发大规模的流血冲突,整个帝国也完全有可能陷入内战。所以,在李世民率兵入宫的时候,他心里肯定已经做好了"弑父"的思想准备,因为这是代价最小、成本最低且最能够避免上述政治后遗症的唯一办法。

当然,谁都希望事情在第二步结束,谁都希望最后的结局是高祖李渊妥协并与秦王达成政治和解,双方相安无事。可是,谁敢保证事情不会发展到第三步呢?在尚未知悉高祖李渊的反应之前,李世民又怎敢保证自己不会走到第三步呢?

可见,在武德九年(公元626年)六月四日,李世民所面临的一个最可怕的道德困境和最艰难的人生抉择,恰恰不是应不应该在玄武门前袭杀兄弟,而是如果形势逼不得已,他应不应该痛下杀手"弑父弑君"?

对于一个以"爱敬君亲"为最高行为规范的社会而言,对于一个以恪守"忠孝之道"为人生准则的古代臣子而言,还有什么行为比"弑父弑君"更加罪大恶极、不可饶恕的呢?还有什么比这种行为产生的道德和舆论压力更让人难以承受的呢?

虽然后来事实的发展让李世民有幸避免了这样的罪恶,但是对于李世民本人来讲,这样的罪恶只要在他的心中预演过一次,就很可能在他的记忆中留下永远无法抹除的阴影。

退一步说,就算"弑父弑君"这种未及实施的恶并未对李世民造成道德困扰,但是单纯就"囚父"和"逼父"而言,李世民也注定要承受非同小可的道德压力。更何况,"囚慈父于后宫"的过程必然不是一场温文尔雅的谈判。对于秦王的逼宫,高祖李渊肯定会尽一切力量抵抗,忠于皇帝的禁军也必定会与秦王部队开战,而只有到了所有的武力对抗宣告失败,李渊的一切努力均被秦王瓦解,他才可能无可奈何地举手投降。至于像正史所载,尉迟敬德一进入海池高祖李渊就乖乖交权的事情,基本上是不足采信的,这就算不是贞观史臣的虚构,至少也是一种高度简单化的曲笔。

根据李渊在"玄武门之变"中以及此后的种种表现来看，几乎对一切事情都无能为力，完全丧失了一个皇帝应有的尊严和权力。所以，我们基本上可以断定：就算李世民没有做出"弑父"的举动，但最起码也是把高祖李渊逼到了生死存亡的边缘，否则李渊不会是一副听天由命、任人宰割的模样。诚如清代史学家赵翼所言："是时高祖尚在帝位，而坐视其孙之以反律伏诛而不能一救，高祖亦危矣！"（《二十二史札记》卷十九）

既然如此，那么在李世民用尽一切手段迫使父亲李渊就范的过程中，有多少行为是可以在道义上站住脚的？又有多少行为是可以在后来改史时原封不动、公之于世的呢？

恐怕很少。

也许正因为此，所以时隔多年之后，李世民尽管可以大胆地把弑兄、杀弟、屠侄的真相昭示于天下，但唯独不敢公开他在太极宫中开辟"第二战场"并"囚慈父于后宫"的真相！

对李世民和贞观史臣而言，当年那场逼宫行动确实难以在道义上重新包装，也难以在道德上自我说服，因而只能尽力掩盖。但是，考虑到事件的完整性，有关高祖李渊的情况在史书的编纂中又不能只字不提，所以贞观史臣最后只好挖空心思地编造了高祖李渊和近臣"泛舟海池"的荒诞一幕，之后又大而化之地抛出了"尉迟敬德入宫宿卫，请降手敕"的粗糙情节，试图以此掩人耳目，并把整个"玄武门之变"最重要的一部分内幕和真相含糊其词地敷衍过去。

然而，经由残留在史书中的蛛丝马迹，借助常识和逻辑的力量，我们最终还是在一定程度上窥破了李世民极力向世人隐瞒的真相。

对于李世民篡改历史的行为，今天有一部分读者很不愿意承认。这一点我们完全可以理解，毕竟很多人心中都有一个"伟人情结"，没有人愿意看到"千古一帝"李世民的光辉形象因此受到玷污。但是，我们在崇拜伟人的同时，更需要尊重事实。时至今日，关于贞观君臣改史之事在学界几乎已成定论，所以我们也不必再"为尊者讳"。更何况，"金无足赤、人无完人"，李世民身上存在这样或那样的一些污点，丝毫改变不了他作为一代明君的事实，也丝毫不会影响他所创造的历史功绩。

与此同时，也有一些人故作惊人之语，把李世民改史的行为贬得一无是处，甚至指责他"腰斩"了中国几千年来宝贵的"信史"传统。言下之意是，李世民开了篡改历史的先河，"罪莫大焉"！

其实，这样的指责又未免矫枉过正了。中国的信史传统和史官精神固然有不阿权贵、秉笔直书的一面，但是早在孔子时代删削历史的行为就已经大行其道了。所谓"春秋笔法""微言大义"，其实就是在某种主观目的的驱使下对史实进行删削、涂饰和修改。诚如梁启超先生所说："孔子作《春秋》，时或为目的而牺牲事实。……只能作经读，不能作史读。"（《中国历史研究法》）可见，李世民并非"改史"的始作俑者。同时，在李世民身后，喜欢用权力摆弄历史的统治者也代不乏人。

诸如宋太宗时期，官修的《起居注》和《时政记》就要时时送交皇帝"御览"，而有关宋太祖赵匡胤之死的历史记载，正是在宋太宗赵光义的直接干预和授意篡改之下，变成了又一桩千古悬案。到了清代，皇帝对历史和文化的"热衷"程度更是盛况空前，不但大兴"文字狱"，而且发展到了借修书之名大规模消灭"异端"文化的地步，此亦众所周知的事实。也许，正是在这样的意义上，胡适才会说："历史是任人打扮的小姑娘。"

由此可见，在几千年的中国历史上，李世民绝不是第一个对"小姑娘"动过手脚的人，当然也不是最后一个。

十二 / 科举制与社会公正

在中国几千年的传统社会中，一个人能否获得成功、出人头地，在很大程度上取决于他能否顺利入仕。所谓"学而优则仕""十年寒窗无人问，一举成名天下知""书中自有黄金屋，书中自有颜如玉"等，说的都是一回事，那就是——一旦能够顺利走上仕途，该有的一切自然都有。换句话说，一旦拥有政治权力，连带着就有了社会地位、名声、荣誉、财富、女人以及想要的一切！（中国社会之所以迄今为止仍然遗留着浓厚的"官本位"色彩，其主要缘由在此。）

简言之，在古代中国，政治决定了人们的一切！

那么，哪些人才有入仕的资格呢？他们是以什么方式、按什么标准入仕呢？起点是否公平，规则是否公开，结果是否公正呢？

要回答这些问题，就需要考查古代的官员选拔制度。

下面，我们从两个方面入手进行讨论：一是古代中国人的入仕之途；二是科举制的生命力。

在古代中国，中国人的入仕之途是怎样的呢？

自秦汉以降，传统中国的官员选拔制度基本上可以分为三个发展阶段：两汉的"察举制"、魏晋南北朝的"九品中正制"和隋唐的"科举制"。

两汉选拔人才的方式有很多种，其中最主要、最普遍实行的是"察举"。所谓察举，就是由地方官对当地的吏民进行考察，以品行为标准，以地方舆论（乡评）为依据，把人才选拔出来向中央举荐。察举的科目繁多，其中最重要的一种叫"孝廉"。所谓孝廉，顾名思义，就是"孝子廉吏"。之所以要以"孝"和"廉"为标准，是因为"孝悌"是为人子者最重要的品格，而"廉洁"则是为官者最重要的操守。（《汉书·文帝纪》："孝悌，天下之大顺也。廉吏，民之表也。"）

"孝廉之举"始于汉文帝，本来是不定期选举，从汉武帝时代起则逐渐成为一种定期定员的选官制度。元光元年（公元前134年）和元朔元年（公元前128

年），汉武帝曾两次下诏，责令每个郡国每年必须选举孝子、廉吏各一人。到了东汉时期，中央政府更是严格规定：凡户口满二十万的郡国每年必须举荐孝廉一人，其中较大的郡可以举荐两人，而户口不满十万的郡则每两年举荐一人。

两汉的察举制度通常要经过这样一些程序：一个年轻人必须先进入太学读书，根据毕业考试的成绩分成甲乙二科：甲科出身称为"郎"，留在皇宫中担任侍卫；乙科出身称为"吏"，回到家乡担任地方官的僚属。经过一段时间的试用和实习后，才由中央或地方的官员根据他们的各方面表现进行举荐，最后再经过一次考试，合格者才能正式走上仕途为官从政。

相对于先秦时期以血缘为基础的世袭制和分封制，两汉的察举制度显然是一大进步。从原则上说，察举制度的政权是面向所有读书人开放的，而且选官标准又是以德才为基础，所以基本上打破了由贵族垄断政权的局面。

然而，这看上去既合理又公正的一套选官制度，事实上却存在一个非常严重的问题。

那就是——大多数人根本读不起书。

两汉时代，"书籍"都写在竹或帛上，一片竹简最多只能写二十来个字，传抄既费时又费力，更不便于携带和流通；帛虽然没有这些问题，可它是昂贵的丝织品，用它来书写，成本又太过高昂。如果是出身于在书香门第的人，家中藏书丰富，要做到学富五车、满腹经纶也不是什么难事。可要是出身于没有藏书的普通人家，为了读几本书往往就要跋涉千里、寻师访友，读书求学的艰难程度可想而知。

从这个意义上说，当时的官职虽然是不可世袭的，但"书籍"是可以世袭的，因此"诗书传家"的家庭就具有了某种"垄断性优势"。在当时的社会条件下，只要占有"知识和学问"这种稀缺资源，就能比较轻易地获得政治资源和经济资源。换言之，一个读书人的家庭很容易就可以变成一个做官的家庭，变成一个有钱有势的家庭。所谓"黄金满籝，不如遗子一经"，正是这种情况的鲜明写照。

此外，家族中只要有人当过郡太守，拥有过察举之权，那么经其察举进入仕途的人就成了其门生故吏。这些人将来一旦在政治上得意，通常都会回过头来报恩，也察举"恩师"的后人。因此，在一个家族中，只要先辈曾察举过别人，其子孙被察举的可能性自然就远远大于普通人。久而久之，每个郡中就会有那么一两个家族，几乎永远占有"孝廉"的名额。这样的家族慢慢就具有了后世所谓的"郡望"，形成了高高在上并拥有特权的"士族门第"。

两汉的察举制度本意是在消灭特权、破除世袭，不料到头来又造成了新的特权阶层和另一种变相的世袭。

到了东汉末年，察举制度已经流弊丛生、不堪一问了。其时，选举出来的都是名不副实的人，既无才又无德，就像桓、灵之际民间歌谣所唱的那样——"举秀才，不知书；举孝廉，父别居"，成了一个莫大的讽刺！

进入曹魏时期，两汉察举制度既坏，新的选官制度自然就应运而生。

这项新制度就是产生于东汉末年即汉献帝建安年间的"九品中正制"。

东汉末年，曹操"挟天子以令诸侯"，成了建安年间的实际掌权者。作为一个乱世枭雄，曹操的政治作风务实而功利、重才而轻德，所以选拔的都是具有实际能力和能够对现实政治做出贡献的人。所谓"汉末丧乱，魏武始基，军中仓促，权立九品；盖以论人才优劣，非谓世族高卑"（《宋书·恩幸传序》）。

此项制度本来也只是一种临时性的行政措施，及至曹丕篡汉登基建魏，便将其正式确立为曹魏政权的官员选拔制度。从延康元年（公元220年）起，在两汉延续了四百年的察举制度彻底终结，"九品中正制"全面颁行，此后一直被魏晋南北朝沿袭，历时长达四百年。

所谓九品中正制，是中央政府于州郡中特置"中正"之官，专门担任选举之责、品评地方人物，分其为三等九品：上上、上中、上下；中上、中中、中下；下上、下中、下下。人才评选的标准有三：一、"薄伐"（家世出身）；二、"状"（才德行状与政绩表现）；三、"品"（人品优劣）。人物的品级评定后，再由各级中正官依次上报，最后报告中央司徒府。

曹魏推行这项制度的初衷，是为了矫正汉末察举制度徒以名德标榜、不务实际的毛病，进而"杜绝朋党""破除门阀"，加强曹魏中枢政权的力量。可是，九品中正制施行不过数十年后，产生的流弊比之两汉察举制度更有过之而无不及。

九品中正制最致命的缺陷，就在于一切都取决于"中正官"的一己爱憎和个人好恶，选择人才虽然有一个表面上的标准，但这套标准却很难做到真正客观，更无法量化，最终仍然是以中正官的个人意志为转移。于是，这项制度便滋生了"高下逐强弱，是非由爱憎""一人之身，旬日异状"等种种弊端，导致"上品无寒门，下品无世族""世胄蹑高位，英俊沉下僚"等社会局面。最后，真正的人才湮没无闻，政治权力被门阀世族完全垄断，特权阶层奢侈万端，官场腐败丛生，吏治一团黑暗。

九品中正制一直沿袭到了隋朝初年，至开皇中期才被罢废。

大业年间，隋炀帝杨广创设了"进士科"，令天下士人"投牒自进"，由朝廷举行策试，后又改试诗赋。

这就是科举制的开端。

科举制虽由隋炀帝始创，但不久便遭逢战乱，实际上并未得到真正有效的施行。直到唐太宗李世民的贞观时代，科举制才得以正式确立。

所谓科举，即"开科举士"之意。唐代先后所开的科举名目甚多，主要有"秀才、明经、进士、明法、明书、明算、道举、童子"八科，其中"秀才科"于高宗永徽年间罢废。有唐一代，除"明经科"与"进士科"外，其他均为专科，不为世人所重；独为世人所重者，唯有"进士"一科。

五代的学者王定保说："进士科始于隋大业中，盛于贞观、永徽之际。缙绅虽位极人臣，不由进士者，终不为美。"（《唐摭言》）

陈寅恪先生也说："进士之科虽设于隋代，而其特见尊重，以为全国人民出仕之唯一正途，实始于唐高宗之代，即武曌专政之时。及至玄宗，其局势遂成凝定，迄于后代，因而不改。"（《唐代政治史述论稿》）

唐代的科举考试在原则上面向所有人开放（工商从业者除外），任何人只要自认为有应举的能力就可以"怀牒自投"，向所在地的州县报考，既不需要像两汉那样经过地方官察举，也不需要像魏晋以来那样等待九品中正官评定。

虽然唐代的入仕之门面向全社会开放，但是其考试过程却非常严格。考生必须先通过县考、州考，然后才报送朝廷参加礼部的大考。考试及第者并不是马上就能做官，而是仅仅取得入仕的资格而已，他们必须再通过吏部举行的考试，及格者才能正式授官。

吏部考试有四个条件——"身、言、书、判"。"身"是指容貌仪表，讲究的是"体貌丰伟"；"言"是指口才谈吐，讲究的是"宏词辩证"；"书"是指书法，讲究的是"楷法遒美"；"判"是一种公文判例，讲究的是"文理优长"，往往取一些州县和大理寺过去的疑难案件，"课其断决，而观其能否"，要求考生必须通晓事理、谙熟法律，如此才能明辨是非、秉公而断。也就是说，要在唐朝政权里做官，除了要通过县府、州府、礼部的层层考试之外，还必须通过吏部近乎苛刻的遴选：既要长得五官端正、一表人才，又要口齿伶俐、雄辩滔滔，还要写得一手好字，最后还得精通人情世故和法律，能够对疑难案件进行准确的研判，而且"判文"还必须写得文辞优美、对仗工整、言约旨远！

什么叫人才？

这就叫人才！

能通过这种考试的人，完全可以称之为出类拔萃、凤毛麟角了！

由于吏部考试的门槛相当高，所以科举及第之后屡试不中的人比比皆是。譬如，以"文起八代之衰"著称的大文豪韩愈，科举及第后三试吏部不中，十年犹然布衣。但这样的人绝非少数，有唐一代，进士及第后整整二十年都未能通过吏部考试、长期不能入仕为官的也大有人在。

唐代科考之严，于此可见一斑。

正因为如此严格，它才能为国家选拔出真正的人才。

从贞观时代起，唐代宰相中科举出身者的比例就不断上升：唐太宗时期为3.4%，唐高宗时期为25%，武则天时期为50%；及至中晚唐，宰相中进士出身者的比例更是在80%以上，如武宗时期80%，宣宗时期87%，懿宗时期81%。（黄留珠《中国古代选官制度述略》）

作为隋唐以来的主要官员选拔制度，科举制的生命力如何呢？

一个国家的官员选拔制度，如果套用西方学者的话来说，可以视为是一种"社会上层的再生产"。（布罗代尔《15至18世纪的物质文明、经济与资本主义》："任何社会的基本任务就是实现社会上层的再生产。"）

那么，在古代中国，对于身处社会中下层的广大寒门庶族而言，能够切实获得一个公平、公正的发展机会，能够以自由竞争的方式公开参与一个社会的"上层再生产"，其意义显然是非同小可的。"朝为田舍郎，暮登天子堂"的平民理想，从贞观时代起就有了一种制度化的保障，在以后一千多年的中国社会中更是表现为随处可见的现实。

随着唐代科举制的确立、完善和全面实行，寒门庶族迅速崛起，越来越多的平民子弟通过努力跻身于社会上层，进入了帝国的权力中枢，甚至官拜尚书、宰相。例如，唐高宗时代的宰相李义府就是一个寒门出身、"家代无名"的人，当他在贞观年间通过科举考试入仕以后，担心家世贫寒难以跻身高位，因而赋诗表达自己的忧虑，其中一句是："上林如许树，不借一枝栖？"唐太宗李世民听到后，当即表了一个态，打消了李义府的顾虑。

李世民说："吾将全树借汝，岂惟一枝！"（《隋唐嘉话》）

后来，李义府果然仕途通达，位列宰辅。

自贞观之后，像李义府这种平民子弟通过科举入仕，最终官居宰相、位极人臣者已经不胜枚举。据两《唐书》列传所载，终唐一代，寒门庶族出身而拜相者共有一百四十二人，其中不入传者尚有多名，实际数字当不止此；而相应时期高门世族出身的拜相者只有一百二十五人，已经低于前者。

由此可见，自贞观时代起，终唐之世，唐朝社会已经从根本上打破了魏晋南北朝以来门阀世族对政治权力的垄断，使国家政权向着广大的寒门庶族开放，在全国范围内选拔各个阶层的优秀人才，从而充分体现了"机会均等、公平竞争、择优录用"的原则。

在隋朝播下种子的科举制之所以能在贞观时代盛开和绽放，自然是与唐太宗李世民求贤若渴、唯才是举的政治理念息息相关。

打江山的时候，只有得人心者才能得天下。

坐江山的时候，只有得人才者才能"安"天下！

作为一个兼具创业与守成之长的杰出政治家，李世民深知其中的道理——一个王朝如果能够向社会各阶层，尤其是平民阶层普遍开放上升之阶，并且最大限度地获得平民阶层和读书人的归属感与政治认同，最终整合社会各阶层的利益，尽可能实现社会公正，那么这个王朝必将因此打下一个长治久安的坚实基础。

贞观中期，李世民有一次目睹新科进士鱼贯而出的盛况，情不自禁地发出这样的感叹："天下英雄，入吾彀中矣！"（《唐摭言》）

两百年后的唐文宗开成年间，诗人赵嘏也对贞观时代所确立的科举制发出了由衷的赞叹："太宗皇帝真长策，赚得英雄尽白头！"（《国史补》）

钱穆先生说："科举制度显然是在开放政权，这是科举制度之内在意义与精神生命。汉代的选举，是由封建贵族中开放政权的一条路。唐代的公开竞选，是由门第特殊阶级中开放政权的一条路。唐代开放的范围，较诸汉代更广大，更自由。所以就此点论，我们可以说唐代的政治又进步了。"（《中国历代政治得失》）

科举制作为一种具有显著优越性的选官制度，一经奠定便被历朝历代所继承，从而对隋唐以后的中国历史产生了无比深远的影响。一直到1905年科举制被废除为止，它在中国历史上存在的时间长达一千二百多年。

一种制度的生命力能够如此长久，足见它在诞生和确立之初一定有着极大的合理性与超前性，才能被历朝历代的百姓、士人和统治阶层所信受奉行。然而，时代毕竟是不断发展的，再好的制度也会在历史的变迁中生出种种流弊。尤其到了近代，当中国遭遇"三千年未有之变局"时，日益僵化的科举制再也无法适应急剧变化的社会需求，终于在举国上下的口诛笔伐中寿终正寝，退出了历史舞台。

然而，谁也没有想到，短短八十年后，当改革开放的中国人通过借鉴西方的文官制度于20世纪80年代建立了公务员考试制度之后，他们却不无惊讶地发现——这套"先进"的西方制度居然是"渊源"于中国。

原来西方文官制度借鉴的恰恰就是中国古代的科举制。

历史真是充满了吊诡！

1983年，美国人事总署署长艾伦·坎贝尔应邀来北京讲学，他所讲的第一句话就是："当我被邀来中国讲授文官制度的时候，我感到非常惊讶。因为在我们西方所有的政治学教科书中，当谈到文官制度的时候，都把文官制度的创始者归于中国。"

很多西方学者认为，科举考试制度是中国在精神文明领域对西方和世界的最大贡献之一，是堪与物质文明领域中的"四大发明"相媲美的贡献。为此，西方人把科举制视为"造纸术、印刷术、火药、指南针"这四大自然科学发明之外的"第五大发明"。

对此，今天的中国人感到既惊讶又困惑：为什么早在20世纪初就被国人视为传统糟粕并弃之如敝屣的科举制居然被西方文官制度借鉴，并且备受推崇呢？

更加让人感到讽刺的是——时隔八十年后，它居然又被我们自己如获至宝地"学习和引进"了回来！

这一切究竟是怎么发生的？

科举制为什么会有这么强大的生命力？

西方人对它如此青睐、推崇备至的原因到底是什么？

中国科举制度对西方产生的影响可以追溯到 16 世纪后半叶。

最早向西方介绍中国科举制的是葡萄牙和西班牙的两位传教士——克鲁兹（Gaspar da Cruz，1520—1570）和门多萨（Juan Gonsales de Mendoza，1545-1618）。前者著有《中国志》一书，对中国通过科举考试选拔官员的做法极力称颂；后者则在《中华大帝国史》一书中详细介绍了科举考试的方法和内容。他们认为，中国是世界各国中治理得最好的一个，其根本原因在于中国具有"竞争性"的科举制度通过竞争开放一切官职，从而利用了所有中国人的聪明才智。

这两本书在欧洲出版后迅速流传开来，引起了欧洲人对中国政治制度极大的关注和兴趣。据统计，1570—1870 年间，用英文出版的有关中国官吏制度和政治制度的书籍就多达七十余种。

18 世纪以前的欧洲各国，文职官员的选用办法要么是君主赐官制，要么是贵族世袭制，要么是政党分肥制。但无论其中的哪一种都会不可避免地导致任人唯亲，进而引发吏治腐败，同时极大地压抑人才的发展，其合理性和公正性显然要远远落后于"公开取士，择优录用"的中国科举制。

所以，欧洲人一旦了解中国的科举制后，无不交口称赞、欣羡不已。他们普遍认为，这是一种"无与伦比的优秀制度"。法国启蒙思想家伏尔泰说，中国只有通过严格考试的人才能出任官职，而且政治清明，经济繁荣。另一个欧洲学者声称："中国通过卓越的考试制度录用文官武将，这是他们制度唯一不同于古今任何一个伟大的君主国家的地方。"

在中国科举制的影响下，西方国家在 19 世纪前后纷纷废除了那些腐朽落后的制度，开始确立从竞争性考试中选拔文官的制度。1791 年，法国首先试行文官考试，到 1875 年文官系统基本形成。1829 年，英国为东印度公司选用文职人员实行了公开考试；1855 年，英国政府成立了第一个文官委员会，开始推行文官考试，并于 1870 年正式颁布法令，使其规范化和制度化。由于英国当时国力强盛，所实行的文官考试制度又较为系统并且卓有成效，因而成为其他欧美国家效法的榜样。1883 年，美国也建立了文官考试制度，并于 1893 年进一步完备。

《大英百科全书》在谈到英国文官制与中国科举制的"渊源"关系时说："在历史上，最早的考试制度出现在中国，它用考试来选拔行政官员，并对已经进入仕途的官员实行定期考核。"孙中山先生也在其所著的《五权宪法》中说："现在各国的考试制度，差不多都是学英国的。穷流溯源，英国的考试制度，原来还是从我们中国学过去的。"

正是因为认识到中国科举考试制度的优越性，孙中山才会在西方"三权分立"的理论基础上，把考试权与立法权、行政权、司法权、监察权并列，创立了"五权分立"的政治学说。

隋唐的科举制之所以能对后世和西方产生如此巨大而深远的影响，究其原因就在于它充分体现了"政权开放，机会均等，公平竞争"的原则。一言以蔽之，就是在当时的历史条件下最大限度地实现社会公正。

无论何时，"社会公正"始终是人类孜孜以求的永恒理想。甚至可以说，它是一种超越时空、超越国界、超越种族和文化差异的普世价值。

因此，创始于隋朝、确立于贞观时代的科举制度才能在中国历史上传承千年，并且在东西方的文明碰撞和文化交流中绽放出新的光芒。也唯其如此，它才会在湮灭和消逝了将近一个世纪后，仍复以一种崭新的面目重新回流到它诞生的国度，并以其精神和价值融入现代社会的制度框架之中，获得一种"凤凰涅槃"似的重生。

十三 / 贞观时代的律法精神

中国是一个典型的成文法国家，从春秋末期李悝制定第一部系统法典《法经》六篇起，自秦汉以迄明清，历朝历代基本都有自己的成文法典，其中尤以承前启后的《唐律》对后世的影响最大、最为后人所称道。

武德元年（公元618年），李渊废除了隋炀帝的《大业律》，命裴寂、刘文静等人依照隋文帝的《开皇律》修订了一部新律令，并于武德七年（公元624年）正式颁行，是为《武德律》。《武德律》虽然对《开皇律》有所损益，但基本上一仍其旧，没有太大发展。所以，李世民即位后，立即着手对《武德律》进行完善。李世民采纳了魏徵"专尚仁义，慎刑恤典"（《贞观政要》卷五）的建议，依据儒家的仁政思想，进一步加强"德主刑辅"的立法原则，于贞观元年（公元627年）命长孙无忌、房玄龄等人重新修订法律，"积十年之功，成一代之典"，于贞观十一年（公元637年）正式颁行了一部严密而完备的法典——《贞观律》。

唐永徽二年（公元651年），高宗李治命长孙无忌领衔，以《贞观律》为蓝本修订并颁布了《永徽律》。稍后，鉴于当时中央和地方在审判中对法律条文理解不一，李治又下令对《永徽律》逐条逐句进行统一而详细的解释。这些内容称为"律疏"，附于律文之下，于永徽四年（公元653年）颁行天下——律疏与律文具有同等法律效力。这部法典当时称为《永徽律疏》，后世称之为《唐律疏议》（简称《唐律》）。

《永徽律疏》是唐高宗秉承李世民遗训，在贞观律法原则的指导下，按照《贞观律》的基本精神修订的。直至唐玄宗时，人们仍然认为《贞观律》与《永徽律疏》是"至今并行"的。由此可见，《唐律疏议》实际上是定型于贞观时期，而完善于永徽年间。

《贞观律》和《永徽律疏》的制定和颁行是中国法律史上的一个重要里程碑，它们确立了中国古代刑法的规范，并且影响遍及朝鲜、日本、越南等亚洲各国，乃至在世界法律体系中也占有重要的一席之地，成为独树一帜的一大法系。

自唐以降，五代、宋、元、明、清各朝莫不奉《唐律疏议》为圭臬，虽代有损益，但终不敢越出其规范之外。元代律学家柳赟说："所谓十二篇云者，裁正于唐，而长孙无忌等十九人承诏制疏，勒成一代之典，防范甚详，节目甚简，虽总归之唐可也。盖姬周而下，文物仪章，莫备于唐！"（《唐律疏议·序》）

清代律学家吉同钧也说："论者谓《唐律疏议》集汉魏六朝之大成，而为宋元明清之矩矱，诚确论也！"（《律学馆大清律例讲义·自序》）

由此可见，定型于贞观时期、完善于永徽年间的《唐律疏议》，在后世法学家的眼中确实是历史上最重要的成文法典。

下面，我们主要从两个方面进行讨论：一是皇权与法权；二是法权对生命的尊重。

在贞观时代，皇权与法权是怎样的？

在古代中国，法律其实一直处于一个比较尴尬的地位，因为它并不是至高无上的，在它的头上还有一个最高权威——皇帝。

也就是说，在古代中国，皇权绝对高于法权。法律之所以被皇帝制定出来，并不是用来约束皇帝本人的，而是为了更有效地对付臣子和老百姓。正所谓："生法者，君也；守法者，臣也；法于法者，民也。"（《管子·任法》）

韩非子也说："君无术则蔽于上，臣无法则乱于下，此不可一无，皆帝王之具也！"（《韩非子·定法》）

布衣皇帝朱元璋说得更透彻："法令者，防民之具、辅治之术耳。"（《明太祖实录》）

总而言之，古代的法律就是皇帝用来统治臣民的一种专制工具。

正是在这个意义上，人们说中国历来是一个"专制与人治"的社会，而不是"民主与法治"的社会。此可谓确论！

在君主专制的社会中，法律并不是神圣不可侵犯的，它非但约束不了皇帝，反而经常被皇权所凌驾，甚至随时可能被践踏。

既然如此，那么唐太宗李世民在这方面又做得如何呢？

作为中国历史上最杰出的一部法典——《唐律疏议》的推动者，李世民又是怎样看待"皇权与法权"的关系的呢？

对此，李世民说过一句很有代表性的话："法者，非朕一人之法，乃天下之

法！"（《贞观政要》卷五）

单纯从这句话本身来看，李世民的法律观念显然与自古以来的法家思想和其他帝王完全不同，他并不把法律视为皇帝手中的工具，而是能够承认并尊重法律的客观性与独立性。相比于朱元璋把法律当作一种"防民之具"和"辅治之术"，李世民的境界无疑要高出许多。

不过，即便我们相信这句话确乎是李世民"诚于中而形于外"的肺腑之言，我们也仍然要"听其言而观其行"，进一步考察他的实际行动，看其是否真的言行一致、表里如一。

从下面这个事件中，我们应该就能得出一个比较公允的结论。

贞观元年（公元627年）正月，有一个叫戴胄的大臣公然在朝堂上与李世民发生了激烈的争执。

事情本身并不大，但是性质却很严重。争论的焦点是——皇帝的敕令与国家的法律，到底哪一个更有威信？哪一个更应该作为断案的依据？

说白了，这就是皇权与法权之争。

事情的起因是这样的：在李唐立国之初的统一战争中，很多将吏战死沙场、为国捐躯，朝廷为了照顾他们的后人，就出台了"恩荫"政策，让烈士后代能够承袭先人官爵。于是，不断有人弄虚作假，谎称自己是功臣元勋的后代，以此骗取朝廷恩荫。此外，李唐朝廷在任用和提拔官吏的时候，也会优先选用那些曾经在隋朝为官、具有仕途资历和从政经验的人，因此经常有人伪造资历，企图走一条加官晋爵的捷径。

上述这些现象叫作"诈冒资荫"。朝廷难辨真伪，对此大伤脑筋。针对这些现象，李世民专门颁布了一道敕令，严令作假者主动自首，否则一经发现立即处以死罪。

敕令颁布后，还是有不怕死的人顶风作案。后来，朝廷查获了一个叫柳雄的作假者，李世民决定杀一儆百，马上治他的死罪。

案件送交大理寺后，负责判决的人就是大理寺少卿戴胄。

戴胄原本只是兵部的一个郎中，因有"忠清公直"的美誉，不久前刚刚被李世民破格提拔为大理寺少卿。皇恩如此浩荡，按理说戴胄应该知恩图报、事事顺着李世民的脾气才对，可秉公执法的戴胄却在柳雄这件案子上狠狠地触逆了"龙鳞"。

根据当时的法律，这种罪最多只能判流放，所以戴胄便对柳雄做出了"据法应流"的判决。这个判决结果虽然是依法做出的，但显然违背了李世民的敕令。

李世民勃然大怒，对戴胄说："朕早就颁下敕令，不自首就是死路一条。你现在却要依律法改判，这岂不是向天下人表明，朕说话不算数吗？"

戴胄面不改色地说："陛下如果直接杀了他，臣无话可说；可陛下一旦把案件交付法司，臣就不能违背律法。"

李世民悻悻地说："你为了让自己秉公执法，就不惜让朕失信于天下吗？"

戴胄说："陛下的敕令是出于一时之喜怒，而朝廷的律法却是布大信于天下！陛下若以律法为准绳，就不是失信，而恰恰是'忍小忿而存大信'！假如不这么做，臣只能替陛下感到遗憾。"

李世民沉默了。

李世民知道，如果他执意要杀柳雄，谁也拦不住，因为他是皇帝，而且早有敕令在先。可问题是，这么做虽然足以体现帝王的权威，但无疑会大大损害法律的权威；而法律的公信力一旦遭到破坏，朝廷的威信和人君的威信也就无从谈起。

思虑及此，李世民立刻转怒为喜，当着群臣的面对戴胄大加褒扬，说："朕法有所失，卿能正之，朕复何忧也！"（《贞观政要》卷五）

这是贞观时代一个比较著名的事件，同时也是中国法制史上富有典型意义的一个案例。它凸显了皇权与法权的冲突，并且以皇权的妥协告终，最后使得法律的尊严得到了维护。在这件事情上，李世民体现出了一个古代君主难能可贵的品质，那就是对法律的尊重，以及对司法独立的尊重。这在中国几千年的人治社会中实属罕见。

"柳雄事件"之后，史称"胄前后犯颜执法，言如泉涌；上皆从之，天下无冤狱"（《资治通鉴》卷一九二）。

贞观时代吏治清明、执法公正应该是不争的事实，可要说"天下无冤狱"，则未免有些言过其实。但是不管怎么说，当一个王朝拥有像戴胄这种刚直不阿、执法如山的官员，并且拥有像李世民这种善于妥协、尊重法律的皇帝时，我们就完全有理由相信——贞观时代即便不是历史上最少冤狱的时期，起码也是最少冤狱的时期之一。

那么，贞观时代的法权是否有对生命的尊重？

要了解一个国家的法律，最重要的是看它的刑法。

要了解一个国家的刑法，最重要的就是看它对待死刑的态度。

贞观时代的律法之所以被后人津津乐道，其中最主要的原因，就在于"宽仁慎刑"的理念，以及严格的死刑复核制度。

早在贞观元年（公元627年），李世民就依据"死者不可再生，用法务在宽简"的立法思想，以诏令的形式对"死刑复核"做出了严格规定："古者断狱，必讯于三槐、九棘之官，今三公、九卿即其职也，自今以后，大辟（死刑）罪皆令中书、门下四品以上及尚书九卿议之。如此，庶免冤滥！"（《贞观政要》卷八）

这就是中国历史上著名的"三司推事、九卿议刑"的死刑复核制度。李世民曾在贞观元年（公元627年）正月废除了五十多种绞刑条款，而随后继续修订律法时，贞观君臣又在隋朝律法的基础上，把多达九十二种的死刑罪名降格为流刑，又把七十一种流刑降为徒刑。除此之外，"凡削烦去蠹、变重为轻者，不可胜纪"（《旧唐书·刑法志》）。在这种"宽仁慎刑"理念的引导之下，到了贞观四年（公元630年），全国就出现了"断死刑，天下二十九人，几致刑措"的良好的治安形势。当时唐朝的户数将近三百万户，若以平均一户六口人计算，总人口大约一千八百万。以这个人口数量来看，这个死刑人数的比例显然是非常低的。

"几致刑措"是中国历史上经常用来形容天下太平、社会安定的词汇，其意思是刑法几乎到了搁置不用的地步。如果我们参考一下近代欧洲的相关数字，就更容易明白这种形容词绝非过誉。

在18世纪的英国，死刑罪名多达二百二十二种，不但名目繁多，而且滥用死刑达到了令人匪夷所思的程度，如只要偷窃一先令，或者是砍了一棵不该砍的树，又或者写了一封恐吓信，甚至仅仅是与吉普赛人来往，就有可能被处以死刑。到19世纪初，还曾经有一个十三岁的少年因偷窃一把勺子而被判处绞刑。由于刑法的严苛和泛滥，每年被判死刑的高达一千人以上，而当时英国的总人口也不过才一千万。

生命权是最为重要的人权。

因此，对死刑的滥用，就是对生命的蔑视和人权的践踏。

相反，对死刑的慎重，自然就意味着对生命和人权的尊重。

如果单纯从这个意义上说，我们似乎有理由认为——7世纪的中国唐朝在"人权领域"显然要比18世纪的英国先进得多。

当然，毋庸讳言，无论贞观时代的法律精神多么具有超越时代的先进性，当时的中国毕竟仍然是君主专制的社会；无论唐太宗李世民是一个如何尊重法律、慎用死刑的皇帝，他都难免有独断专行、枉法滥杀的时候。

贞观五年（公元631年）发生的"张蕴古事件"就说明了这一点。

张蕴古，河内相州（今河南安阳市）人，曾任幽州记室。武德九年十二月，因呈上一道"文义甚美，可为规诫"的奏疏《大宝箴》，博得李世民的赏识，被擢升为大理寺丞。

然而，就是这么一个由皇帝一手提拔的人，也难免在皇帝的一时盛怒之下被错杀。

事情缘于一个叫张好德的人，此人因患有精神方面的疾病，"妄为妖言"，被朝廷逮捕下狱。张蕴古上奏为他辩护，说张好德癫痫病的症状十分明显，胡言乱语在所难免，根据律法应该判处无罪。李世民觉得有道理，就同意了张蕴古的请求。张蕴古随即前去探监，将皇帝准备赦免的消息透露给了张好德，并且颇为忘形地在狱中陪张好德下棋。以张蕴古的身份，这么做显然已经触犯了法律，而且是"知法犯法"。侍御史权万纪立刻发出弹劾，声称张好德的哥哥张厚德曾在张蕴古的家乡相州担任刺史，与张蕴古有过交情，所以张蕴古替张好德辩护显然并不是在秉公执法，而是在徇私包庇。

李世民大怒，未及调查便下令将张蕴古斩于长安东市。

张蕴古被杀不久，李世民经过一番冷静的反省之后，深感后悔。李世民对房玄龄等人说："公等食人之禄，须忧人之忧，事无巨细，咸当留意。今不问则不言，见事都不谏诤，何所辅弼？如蕴古身为法官，与囚博戏，漏泄朕言，此亦罪状甚重。若据常律，未至极刑。朕当时盛怒，即令处置。公等竟无一言，所司又不覆奏，遂即决之，岂是道理？"

李世民之所以责怪大臣们没有及时谏诤，正是因为他认识到：即便张蕴古确有徇私，论罪也不至于死，而自己显然是在盛怒之下办了一桩错案。

为了吸取教训，杜绝此后类似错案冤案的发生，李世民随即下诏，规定今后"凡有死刑，虽令即决，皆须五覆奏"（《贞观政要》卷八）。具体而言，就是凡判处死刑的案件，即便是下令立即执行的，京畿地区内也必须在两天内五次覆奏，其他州县也至少要三次覆奏,以确保司法公正,避免滥杀无辜。

此举是对"三司推事,九卿议刑"的死刑复核制度的进一步完善。随后,这项"五覆奏"的死刑复核规定就被纳入了《永徽律》,成为正式的成文法。后来,《唐律疏议》对这条法律的执行进而做出了详细解释和严格规定:凡是"不待覆奏"而擅自处决死刑犯的官员,一律处以"二千里"的流刑;即便经过了覆奏,也必须在上级的最后一次批复下达的三天后才能执行死刑;若未满三日即行刑,有关官员必须处以一年徒刑。

从这里,我们足以看出唐代的死刑复核制度之严,及其对待死刑的态度之慎重!

贞观五年(公元631年),李世民在做出"五覆奏"的规定后不久,发现许多司法官员在审判中完全拘泥于律法条文,即使是情有可原的案子也不敢从宽处理。虽然如此执法不失严明,但李世民还是担心这样子难以避免冤案,于是他再次颁布诏令,规定"自今以后,门下省覆,有据法令合死而情可矜者,宜录奏闻"(《贞观政要》卷八)。也就是说,门下省在复核死刑案件的时候,凡是发现有依法应予处死但确属情有可原的,应写明情况直接向皇帝奏报。

"死者不可再生,用法务在宽简"的贞观法律精神在这里又一次得到了充分的体现。

如果说,制定一部严明而公正的法律需要执政者具备一种卓越的政治智慧的话,那么在执法过程中既能贯彻"法理"又能兼顾"人情",就不仅需要执政者具备卓越的智慧,更需要具有一种悲悯的情怀。

在李世民身上,我们显然就看见了这种悲悯。

贞观六年(公元632年),李世民又做了一件令人不可思议的事情,更是把这种难能可贵的悲悯之心表现得淋漓尽致。

这就是历史上著名的"纵囚事件"。

贞观六年(公元632年)的十二月末,年关在即,李世民在视察关押死刑犯的监狱时,想到春节将至,而这些犯人却身陷囹圄,不能和家人团圆,顿时心生怜悯,于是下令把这些已判死刑的囚犯释放回家,但规定他们第二年秋天必须自行返回长安就刑。

我们相信,当时肯定有很多官员为此捏了一把汗。

要求死刑犯守信用，时间一到自动回来受死，这简直就是天方夜谭。这批囚犯的人数足足有三百九十个，其中只要有十分之一不回来，各级司法部门就要忙得四脚朝天了。况且，在把他们重新捉拿归案之前，谁也不敢担保他们不会再次犯案，这显然是平白无故又增加了社会不安定因素。

然而，出乎人们意料的是，到了贞观七年（公元633年）九月，三百九十个死囚在无人监督、无人押送的情况下，"皆如期自诣朝堂，无一人亡匿者"（《资治通鉴》卷一九四）。

李世民欣慰地笑了。

当天，李世民就下令将这三百九十个死囚全部释放。

这个"纵囚事件"在当时迅速传为美谈，而且成为有唐一代的政治佳话，如著名诗人白居易的《新乐府》诗中就有"死囚四百来归狱"之句赞叹此事。

然而，也有许多后人对此颇有微词，他们认为这是李世民为了树立自己的明君形象而表演的一场政治秀。北宋的欧阳修就专门写了一篇《纵囚论》进行抨击，说李世民此举纯粹是沽名钓誉、哗众取宠。他说，这种标新立异的事情只能"偶一为之"，如果一而再再而三，那么"杀人者皆不死，是可为天下之常法乎？"所以，欧阳修认为，真正的"圣人之法"，"必本于人情，不立异以为高，不逆情以干誉"。也就是说，真正好的法律必须是合乎人之常情的，没必要以标新立异为高明，也没必要用违背常理的手段来沽名钓誉。

欧阳修的看法不能说没有道理。这种"纵囚"的事情要是经常干，那法律就变成一纸空文了。不过，话说回来，李世民也不会这么愚蠢，他断然不至于每年都来一次"纵囚"。平心而论，"纵囚事件"虽然不能完全排除作秀的成分，但是如果认为此举除了作秀再无任何意义，那显然是低估了李世民，也错解了李世民的良苦用心。

李世民这么做，最起码有两个目的。

第一个目的，是要让天下人明白——刑罚只是一种手段，不是目的。

众所周知，"刑罚"只是社会治理的一种辅助手段，是不得已而为之的，其目的不仅是对"已然之罪"进行惩戒，更重要的是对"未然之罪"进行预防。从理论上说，如果采取道德教化的手段同样可以达到这个目的，那么刑罚的意义也就不复存在了。因此，当那些死囚都能遵守"君子协定"，在规定时间内全部返回，那起码表明他们确实具有改过自新、弃恶从善的决心和行为。既然如此，李世民取消对他们的刑罚也就不足为怪了。

第二个目的，是让人们认识到生命的价值与尊严。

就像李世民一直强调的那样，"死者不可再生，用法务在宽简"，生命对于每个人只有一次，无论在什么情况下都是弥足珍贵的。就算有人犯了罪，必须受到法律的惩罚，但是生命的价值与尊严并不因此就在他身上有所减损。整个社会，上自执法者、下至普通百姓，都有责任和义务挽救这些失足的人，并提供一切可能的机会让他们重新做人。其实，法律真正的本意也正在于此。当然，剥夺一个人的生命是很简单的，而改造人的生命却要困难得多，但是后者绝对比前者更有价值，也更有意义。李世民的"纵囚"举动，实际上就是凸显了上述理念，只不过他采取的是一种最典型、最特殊、最不可复制的方式而已。

由此可见，"纵囚"事件绝不是李世民一时心血来潮的产物，更不是单纯为了沽名钓誉，而是在"宽仁慎刑"的立法思想的基础上把"死者不可再生，用法务在宽简"的贞观律法精神发挥到极致之后必然会有的一种结果。

从今天的角度来看，我们甚至可以说，按照贞观一朝的立法思想和法律精神，假如当时的历史和社会条件允许的话，贞观君臣就完全有可能将这种"宽仁慎刑"的律法进行到底，最终合乎逻辑地推演出"废除死刑"的结果。

其实，我们这个假设并不是没有历史根据。

天宝初年，唐玄宗李隆基就曾秉承贞观律法的精神，一度废除了绞刑和斩刑。李隆基在天宝六年（公元747年）发布的一道诏书中强调，这是为了"承大道之训，务好生之德"（《册府元龟·刑法部》）。这项刑法改革后来虽因"安史之乱"而中辍，没有能够延续下去，但足以表明贞观的律法精神对后世的影响之深。

几乎与唐玄宗大幅度削减死刑同步，日本平安王朝的圣武天皇也于神龟二年（公元725年）停止了死刑的适用，将所有死罪降为流罪，从而开创了日本刑法史上三百四十七年无死刑的奇迹。当时，日本此举，无疑正是受到了唐朝的影响。日本学者桑原骘藏曾经说过："奈良至平安时期，吾国王朝时代之法律，无论形式与精神上，皆依据唐律。"

时至今日，限制死刑、废除死刑已经成为一个国家文明与理性程度的标志。

自从19世纪以来，随着人类的进步和人权运动的发展，限制并废除死刑逐渐成为一种时代潮流。据学者统计，截至2001年，在全世界194个国家和地区中，在法律上废除死刑和事实上停止死刑适用的国家已经达到123个，占总数的63.4%；保留死刑的国家只有71个，占36.6%。在欧洲，"废除死刑"甚至成为加入欧盟的条件之一。此外，美国联邦法律虽仍保留死刑，但已有12个州废除了死刑。

在这些保留死刑的国家和地区中，虽然短期内还不可能完全废除死刑，但是在"少杀、慎杀、防止错杀"这一司法原则上无疑具有普遍共识。我国同样是将"慎用死刑和逐步减少死刑"作为刑法的改革方向，并且已经有很多法学家提议，希望我国最迟能在2050年实现死刑的全面废除。

从这个意义上说，尽管时间已经过去了一千三百多年，尽管社会环境和时代条件已经发生了天翻地覆的根本性变化，但是直到今天，"宽仁慎刑"的贞观律法精神无疑仍旧值得我们继承和借鉴，而这种精神的核心——一言以蔽之，就是对生命的尊重。

十四 / 权力控制的游戏：李世民的帝王术

有人曾经把管理称为"权力控制的游戏"。如果从人与人之间利益博弈的角度来看，此言可谓确论。作为一个古代的帝王，即古代王朝国家的管理者，要想高效地运用权力，除了依靠明面上的制度和规则之外，更要有一些隐性的驭人手段。

在古代，这种隐性手段就是帝王术，称之为"恩威并施"。用我们今天的话说，就是"胡萝卜加大棒"，而用日本"经营之神"松下幸之助的话来讲，则是——"慈母的手中紧握钟馗的利剑"。

那么，李世民又是如何一边扮演"慈母"、一边挥舞"利剑"的呢？

看看李世民如何处理与李靖、尉迟敬德、李世勣（李勣）、房玄龄等元勋功臣的关系，我们或许就能略窥李世民的驭人之术。

下面，我们主要从三个方面来讨论李世民的帝王术：一是"慈母之手"与"钟馗利剑"；二是"龙须汤"与贬谪令；三是之于文臣的"政治是聪明人之间玩的游戏"。

在贞观时期，李世民如何利用"慈母之手"和挥舞"钟馗利剑"驭人？

贞观四年（公元 630 年）春天，李靖一举平灭东突厥，为大唐帝国立下了不世之功。凯旋回朝之日，李靖本来满腔豪情准备接受嘉奖，却突然被人参了一本。

参他的人是时任御史大夫的温彦博，弹劾的理由是"（李靖）军无纲纪，致令虏中奇宝，散于乱兵之手"（《旧唐书·李靖传》）。

听到自己被弹劾的消息，李靖就像从三伏天一下子掉进了冰窟窿里：得胜凯旋的喜悦还没退去，功高不赏的忧惧已经袭来。

"虏中奇宝散于乱兵之手"？

李靖一边硬着头皮入宫觐见皇帝，一边回味着这个让人莫名其妙的弹劾理由。

天知道温彦博人在朝中，他是用哪一只眼睛看见数千里外的乱兵哄抢突厥宝物的。在李靖看来，就算温彦博所说属实，可自古以来在外征战的将士一旦打了胜仗，随手拿几件战利品也是常有的事，犯得着上纲上线吗？更何况，相对于"平灭突厥"这样的不世之功，那几件所谓的"虏中奇宝"又算得了什么？

李靖摇头苦笑。

这种事其实是可大可小的。往小了说，就是个别士兵违抗主帅命令，犯了军纪，大不了抓几个出来治罪就是了；往大了说，却是主帅纵容部属趁机掳掠、中饱私囊，不但可以把打胜仗的功劳全部抵消，而且完全有可能为此锒铛入狱、前程尽毁！

李靖大感恐惧，不知道此时此刻会不会有一只"兔死狗烹、鸟尽弓藏"的翻云覆雨手正在那金銮殿上等着自己。

李靖见到唐太宗李世民的时候，其内心恐惧几乎达到了顶点。

李世民的脸上果然罩着一层可怕的冰霜。

接下来发生的事情，似乎都在李靖的预料之中。李世民根据温彦博奏疏中提到的那些事端和理由把李靖劈头盖脸地训斥了一顿，却绝口不提此战的功勋。李靖不敢辩解，更不敢邀功，只能频频叩首谢罪。（《旧唐书·李靖传》："太宗大加责让，李靖顿首谢。"）

后来的日子，李靖颇有些寝食难安，时刻担心会被皇帝找个理由杀了。有一天，唐太宗李世民忽然又传召李靖进宫，于是李靖只好带着一种赴难的心情去见皇帝。

还好，谢天谢地！这回皇帝的脸色平和了许多。

李靖听见唐太宗李世民用一种语重心长的口吻对他说："从前隋朝的将领史万岁击败西突厥的达头可汗，回朝后却有功不赏，被随便安了一个罪名就杀了。这些事情相信你也很清楚。不过，你放心，朕是不会干这种杀戮功臣的事情的。朕想好了，决定赦免你的罪行，奖励你的功勋！"

听完这一席话，李靖顿时感激涕零，连日来忧愁恐惧的心情一扫而光，取而代之的是一种喜获重生的庆幸和感恩。

随后，李世民就下诏加封李靖左光禄大夫，赐绢千匹，并赐食邑（与前共计）五百户。

又过了几天，李世民又对李靖说："前些日子有人进谗言，说了一些对你不利的话。朕现在已经意识到这一点了，你可千万不要为此介怀啊！"随即又赐绢两千匹，拜李靖为尚书右仆射。

那一刻，李靖真的有一种冰火两重天之感：几天前还在担心被兔死狗烹，现在居然频频获赏，并且出将入相、位极人臣！如此跌宕起伏、乍起乍落的境遇，李靖也是不胜唏嘘、无限感慨。

换言之，李靖算是结结实实地领教了一回天子的"恩威"——一边是皇恩浩荡，如"慈母之手"化育万物；一边又是天威凛凛，如"钟馗之剑"森冷逼人。李靖在感恩戴德之余，不免惶恐之至，从此在余生中平添了几分临深履薄的戒慎之心。

也许正因为此，当贞观九年（公元635年）李靖再度出师大破吐谷浑却再次遭人诬告谋反时，他就深刻吸取了上次的教训，赶紧闭门谢客、低调做人。虽然史书称唐太宗很快就把诬告的人逮捕治罪证实了李靖的清白，可李靖却从此"阖门自守，杜绝宾客，虽亲戚不得妄进"（《旧唐书·李靖传》）。

与李靖类似的故事也曾经发生在尉迟敬德身上。

贞观六年（公元632年）九月的某一天，李世民在他的出生地武功的庆善宫赐宴百官。其时四夷宾服、海内晏安，君臣们自然心情舒畅，于是在宴席上奏乐观舞、饮酒赋诗，一派喜庆祥和之状。

但是觥筹交错、欢声笑语之间，有一个人却满面怒容。

他就是尉迟敬德。

从一入席，尉迟敬德的怒火就腾腾地往上蹿了，因为有某个功勋并不高的将领此时此刻的座次却在他之上，而他无论如何也吞不下这口恶气！

尉迟敬德越想越是火大，于是借着酒劲发飙，对那个将领怒喝："你有何功劳，座次居然在我之上？"

对方慑于尉迟敬德的气势，也怕破坏宴会的气氛，只好低下头不敢吱声。坐在尉迟敬德下面的任城王李道宗见势不妙，赶紧过来打圆场，不住地好言劝解。没想到尉迟敬德突然怒目圆睁，额头上青筋暴起，猛然挥出一拳砸在了这位亲王的脸上。

李道宗当场血流如注，一只眼睛差点瞎了。

刹那间，庆善宫的喜庆气氛凝固了。百官们目瞪口呆，搞不清这一幕究竟是怎么发生的。

唐太宗李世民龙颜大怒，当即站起来拂袖而去。

一场好端端的宴会就这样不欢而散。

宴席散后，李世民把尉迟敬德叫到了自己面前。此刻，尉迟敬德的酒早已醒了，他满心惶恐，意识到接下来要听到的很可能是足以让他一辈子刻骨铭心的话。

果然，尉迟敬德听见李世民说："朕过去对汉高祖刘邦诛杀功臣之事非常反感，所以总想跟你们同保富贵，让子子孙孙共享荣华、世代不绝。可是你身为朝廷命官，却屡屡触犯律法！朕到今天才知道，韩信、彭越之所以被杀戮，并不是刘邦的过错。朝廷纲纪，唯赏与罚；非分之恩，不可常有！你要深加反省，好自为之，免得到时候后悔都来不及！"

尉迟敬德身为人臣，听见皇帝当面说这些话，他所感受到的震撼和恐惧自然是不言而喻的。

尽管时节已近深秋，那一天尉迟敬德的全身还是被冷汗浸透了。

就是从这个时候起，这个大半生纵横沙场的猛将一改过去的粗犷和豪放，为人变得谨小慎微，事事唯恐越雷池半步。

尉迟敬德知道，要想保住自己的项上人头和整个家族的荣华富贵，最好的办法只有一个——学会自我克制！（《旧唐书·尉迟敬德传》："敬德由是始惧而自戢。"）

尽管尉迟敬德从这件事后就学会了"夹起尾巴做人，凡事小心翼翼"，但是李世民还是没有忘记随时敲打他。

贞观十三年（公元639年），君臣间又有了一次非同寻常的谈话。

李世民先是和尉迟敬德说了一些无关紧要的事，而后忽然话锋一转，说："有人说你要造反，是怎么回事？"

尉迟敬德顿时一怔。

不过，尉迟敬德马上就明白是怎么回事了——皇帝这是在对他念紧箍咒啊！

"是的，臣是要造反！"尉迟敬德忽然提高了嗓门，悲愤莫名地说，"臣追随陛下征伐四方，身经百战，今天剩下的这副躯壳不过是刀锋箭头下的残余罢了。

如今天下已定,陛下竟然疑心臣要造反?"

话音未落,尉迟敬德哗地解下上衣,将遍身的箭伤和刀疤赫然裸露在李世民的面前。李世民不无尴尬地看着这个一路跟随他出生入死的心腹猛将,眼前那一道道触目惊心的伤疤仿佛都在述说着当年浴血奋战的悲壮和艰辛以及君臣之间同生共死的特殊情谊……

李世民的眼眶湿润了,随即和颜悦色地对尉迟敬德说:"贤卿快把衣服穿上。朕就是因为不怀疑你,才会跟你说这事,你还埋怨什么!"

高明的帝王在运用"恩威术"的时候都很善于把握一种"分寸感",既不会一味施恩,也不会总是发威,而是在二者之间维系一种动态平衡。

李世民显然是这方面的高手。

经过这次敲打,尉迟敬德越发低调内敛,而李世民对他的表现也感到满意,所以自然而然地收起了"大棒",很快就给出了一根足以让尉迟敬德受宠若惊的"胡萝卜"。

有一天,照旧是君臣间在说话,李世民说着说着忽然冒出一句:"朕打算把女儿许配给你,不知贤卿意下如何?"

虽然这次不再是什么坏消息而是天大的好事,可尉迟敬德所感受到的诧异和震惊却丝毫不亚于上次。

这一年,尉迟敬德已经五十五岁了,而唐太宗李世民本人也不过才四十三岁,他的女儿能有多大可想而知。暂且不说皇帝的女儿身份如何尊贵,让人不敢高攀,单纯就年龄差距来说,双方的悬殊也实在太大了,简直大得离谱!

面对如此不可思议的恩宠,叫尉迟敬德如何消受?

好在尉迟敬德仕途多年、经验丰富,闻言立刻跪地叩首,谢绝了皇帝的好意。他说:"臣的妻室虽然出身卑微,但与臣共贫贱、同患难已经几十年了;再者,臣虽然不学无术,但也知道古人'富不易妻'的道理。所以,迎娶公主一事,实在非臣所愿。"

李世民微笑颔首,没再说什么。

此事就这样不了了之。

其实,尉迟敬德很清楚,皇帝并不是真想把女儿嫁给他。之所以没头没脑地唱这么一出,无非是想表明对他的信任和恩宠罢了。所以,这种事千万不能真的答应，而应该婉言谢绝。

换句话说，皇帝的这种美意只能"心领"，绝不能"实受"！

假如尉迟敬德不开窍，真的顺着杆儿往上爬，傻乎乎地应承下来，那等待他的很可能不是"抱得美人归"的美妙结局，而是"吃不了兜着走"的尴尬下场。

尉迟敬德当然不会不明白这一点，所以他和李世民之间就配合得相当默契：当皇帝的，要善于表明自己的慷慨，不妨偶尔表示一下额外的恩典；做臣子的，要懂得恪守自己的本分，知道什么叫作器满则盈、知足不辱。大家把该说的话都说得漂亮一点，不该说的则一句也不说，许多事情点到为止，心照就好……

也许，就是在这种反复的君臣博弈之中，尉迟敬德居安思危的忧患之心越来越强烈。所以，到了贞观十七年（公元643年），五十九岁的尉迟敬德就不断上疏"乞骸骨"（请求退休），随后便以开府仪同三司的"荣誉衔"致仕。

就在尉迟敬德致仕的前一年，他就已经有意识地淡出现实政治、栖心于神仙道术了。史称"敬德末年笃信仙方，飞炼金石，服食云母粉，穿筑池台，崇饰罗绮，尝奏清商乐以自奉养，不与外人交通，凡十六年"（《旧唐书·尉迟敬德传》）。

直到唐高宗显庆三年（公元658年）去世，尉迟敬德基本上一直保持着这种远离朝堂的生活方式。这一点和李靖晚年"阖门自守、杜绝宾客"的结局可以说是如出一辙。

不过，比起历朝历代那些"功高不赏""兔死狗烹"的功臣名将，他们实在应该感到庆幸了。就算是跟同时代的人比起来，他们也远比后来因涉嫌谋反而被诛的侯君集、张亮等人聪明得多，也幸运得多。

从这个意义上说，也许正因为唐太宗李世民能够把这种"恩威并施"的帝王术运用得炉火纯青，从而牢牢掌控手中权力，所以才能与绝大多数元勋宿将相安无事、善始善终，而不至于像历代大多数帝王那样——在江山到手、权力稳固之后就迫不及待地屠杀功臣，以致在历史上留下难以洗刷的污点和骂名。

李世民对"恩威并施"的帝王术的运用，亦可以从"龙须汤"与贬谪令事件窥视一斑。

除了李靖和尉迟敬德，还有一个初唐名将对李世民的"恩威并施"之术也体验得非常深刻。

这个人就是李世勣（李勋）。

贞观十五年（公元641年）十二月，时任兵部尚书的李世勣突然患病，郎中给他开了一服药，说必须用"须灰"做药引子才能治病。所谓"须灰"，就是人的胡须所研成的粉末。李世民听说这件事后，立刻前去探视李世勣，并且二话不说就剪下自己的胡须把它赐给了李世勣。

可想而知，当李世勣双手捧着这几绺天下最尊贵的"龙须"时，内心是何等的感激，又是何等的惶恐！

李世勣当即跪倒在地，"顿首见血，泣以恳谢"。

这服药引子的分量实在是太重了，以至于李世勣不但感动得热泪涟涟，而且把头都磕出了血。可李世勣即便如此，似乎也远远不足以表达他对皇帝的感恩戴德之情。

李世民宽宏地一笑，说："吾为社稷计耳，不烦深谢！"（《旧唐书·李勋传》）

史书没有记载李世勣是否因服用这服药而很快痊愈，但是我们不难想见，当李世勣把这碗史上绝无仅有的"龙须汤"喝进肚子里的时候，内心肯定是无比激动和无比感激的。换句话说，李世民的这几绺胡须就算没有对李世勣的身体发挥作用，也足以在他的内心深处发挥某种神奇的效用。

这种神奇之效就是——一个深受感动的臣子在有生之年对皇帝死心塌地的忠诚！

在李世民的帝王生涯中，"恩威并施"之术施展得最典型的一次是在贞观二十三年（公元649年）四月，也就是他生命的最后一刻。

当时，李世民已经病势沉重，知道自己即将不久于人世，于是把太子李治叫到身边给他交代"遗嘱"。

在李世民的遗言中，主要提到的人就是李世勣。

李世民对李治说："李世勣才智过人，但是你于他无恩，恐怕难以使他效忠。我现在把他贬黜到地方，如果他马上出发，等我死后，你就起用他为仆射；要是他迟疑拖延，你只能把他杀了！"

五月十五日的朝会上，李世民一纸诏书颁下，把时任同中书门下三品的李世勣贬为叠州（治所在今甘肃迭部县）都督。

当然，没有人知道，在接到贬谪令的那一刻，李世勣心中做何感想！

十四 / 权力控制的游戏：李世民的帝王术

我们相信，李世勣肯定有过一瞬间的震惊和困惑。

然后，就是一阵紧张而激烈的思考：

在皇帝病重、帝国最高权力即将交接的这一重大时刻，自己突然无过而遭贬，这到底意味着什么？

李世勣不知道弥留中的皇帝在想什么，也不知道自己最终的结局究竟是福是祸，但是有一点他可以确定——一切都取决于他当下这一刻的选择。

也就是说，是散朝后直接离开长安、赶赴叠州，还是暂时回到家中、静观事态演变？

走还是不走，这是一个问题。

经过片刻思索，李世勣很快做出了决定——他连家都没回，连妻儿老小都来不及告别，径直揣上诏书就踏上了贬谪之途。（《资治通鉴》卷一九九："世勣受诏，不至家而去。"）

听到李世勣当天就启程前往叠州的消息，即将登基的太子李治长长地松了一口气，而弥留中的太宗李世民也感到了莫大的安慰。

李世勣被贬当月，李世民撒手人寰。次月，李治即位。登基仅三天后，李治就把李世勣擢升为洛州（今河南洛阳市）刺史兼洛阳宫留守；半个月后，又加开府仪同三司，并"同中书门下，参掌机密"；同年九月，正式拜其为尚书左仆射。

至此，所有的人肯定都会为李世勣当初所做的那个决定庆幸不已。

这个决定不但让李世民父子避免了诛杀功臣的恶名，而且也为唐高宗一朝留下了一位忠肝义胆的开国元老和辅弼重臣。假如李世勣当初不是当机立断、毅然离京，而是多一念迟疑、回家多耽搁几天，那么下面这一页辉煌历史有可能就不会这么快出现：

唐高宗总章元年（公元668年），李世勣以七十五岁高龄挂帅出征，一举平灭了高句丽。这个曾经让隋文帝杨坚、隋炀帝杨广和唐太宗李世民三个皇帝倾尽国力、终其一生都无法战胜的强悍小国，终于匍匐在了须发皆白的老将李世勣的脚下，也匍匐在了大唐帝国的脚下！

此时此刻，唐太宗李世民倘若九泉之下有知，一定会露出欣慰的笑容，因为他在临终前所走的最后一步棋，似乎仍然影响着他身后数十年的历史。

假如当初没有施展那一招"先抑后扬、恩威并施"的帝王术，李世勣能否对起用他的新天子李治感恩戴德呢？假如没有贞观二十三年（公元649年）"乍落乍起"的人生际遇，李世勣能否深刻意识到只有在新朝再立新功，他才能福禄永固、富贵常保呢？如果没有这一切，李世勣有没有那么强的动力在七十五岁高龄创造出"平灭高句丽，鹰扬国威"的历史功绩呢。

这些问题或许永远没有答案。但是有一点我们不难发现——"帝王术"在古代政治生活中所占据的比重绝对是不可小觑的，而它对历史所产生的影响有时候也远远超乎我们的想象！

与此同时，李世民与文臣之间又是如何展开博弈的呢？换言之，就是"政治是聪明人之间玩的游戏"。

实际上，以上那些君臣博弈的故事，都是在李世民和武将之间展开的。那么，在李世民与文臣之间，演绎的又是一个什么样的版本呢？

说起贞观的文臣，其代表性人物当非房玄龄莫属。

作为后人心目中居功至伟的一代"良相"，房玄龄对"贞观之治"所做的努力和贡献是有目共睹、不言而喻的。史称其"既任总百司，虔恭夙夜，尽心竭节，不欲一物失所。……明达吏事，饰以文学，审定法令，意在宽平。……论者称为良相焉"（《旧唐书·房玄龄传》）。

毫无疑问，在贞观群臣中，房玄龄绝对是李世民最为信任、最为得力的心腹股肱之一。

然而，就是这样一位兢兢业业、一心为公的宰辅重臣，也依然会时刻感受到李世民手中那把"钟馗利剑"的森寒之光。

据《旧唐书》记载，大约在贞观初年，房玄龄"或时以事被谴，则累日朝堂，稽颡请罪，悚惧踧踖，若无所容"。意思是，房玄龄时常会因某些过错而遭到唐太宗的谴责，以至于一连数日都要到朝堂上叩头请罪，内心恐惧不安，一副彷徨失措、无地自容的样子。

史书并未记载房玄龄到底犯了什么错。

不过，这一点其实并不重要。重要的是像房玄龄这种位高权重、深受宠信的臣子，身为皇帝的李世民自然要时常给他念念"紧箍咒"。这一点我们从李靖、尉迟敬德等人的遭遇就可以明显看出来。

也正因此，所以房玄龄有时候就不仅仅是被"谴责"那么简单，只要唐太宗李世民认为"有必要"，他甚至会被"勒令停职"。

按史书记载，房玄龄在贞观年间至少曾经被停职三次。

第一次大概是在贞观十年（公元636年），也就是长孙皇后病重的那些日子。《资治通鉴》称"时房玄龄以谴归第"，也就是说房玄龄遭到唐太宗李世民的谴责，被勒归私宅。长孙皇后临终前，特意为此事劝谏李世民说："房玄龄侍奉陛下时日已久，一贯谦恭谨慎，所有的朝廷机密从未泄露半句。如果没有什么重大过失，希望陛下不要舍弃他。"

此次房玄龄的停职原因史书同样没有交代，但是有一点我们很清楚——李世民之所以将房玄龄"谴归私第"，绝不是要"舍弃"他，而充其量只是想"冷却"他。

暂时"冷却"房玄龄的目的，当然是希望在适当的时候再把他"解冻"，然后让他以更加谨慎的态度和更加饱满的热情加倍地发挥光和热！

所以，不管有没有人劝谏，李世民在适当的时候肯定是会召房玄龄回来的。

对此，长孙皇后其实也是心知肚明，不过该劝谏她还是得劝谏，因为第三者的劝谏有时候也未尝不是给皇帝一个台阶下，好让君臣双方在"握手言和"的时候显得比较自然，也显得比较有面子。

例如，贞观二十年（公元646年），房玄龄又一次被停职，时任黄门侍郎的褚遂良就连忙上疏，列举了房玄龄对朝廷的诸多贡献："玄龄自义旗之始翼赞圣功，武德之季冒死决策，贞观之初选贤立政，人臣之勤，玄龄为最。"（《资治通鉴》卷一九八）然后，褚遂良说，假如不是犯了什么不赦之罪，就不应该把他摒弃；如果是因为他年迈体衰，陛下可以暗示他主动致仕。若非如此，只是因为一些小过失，希望陛下不要抛弃跟随数十年的元勋老臣。

褚遂良的谏言句句在理，当然给足了双方面子，所以李世民很快就把房玄龄召回了朝廷。

但是，并不是李世民每次把房玄龄"赶"回家去，都有和事佬出来打圆场。例如，房玄龄这次复职没多久，就再一次"避位还家"，而史书还是没有说明具体原因，但记载了这次复出的过程。

这个过程很简单，但很微妙。

李世民再次把房玄龄"谴归"后，一连过了好几天，始终没人来劝谏，他不免有些着急。

由于朝中政务烦冗，李世民绝不允许把房玄龄晾太久，可他一时又找不到什么好听的理由公开让房玄龄复职……

该怎么办？

李世民毕竟是聪明人，他很快就有了办法。

这一天，李世民忽然告诉侍臣，说他要去芙蓉园游玩。芙蓉园位于长安东南角的曲江，要去那里必然要经过房玄龄的宅邸。房玄龄得知消息后，立刻命子弟洒扫门庭。子弟问其故，房玄龄笑着说："皇上随时会驾到！"

片刻之后，龙辇果然"顺道"来到了房府的大门口。然后，唐太宗李世民就"顺便"进来看望赋闲在家的房玄龄，最后又"顺带着"用御辇把房玄龄接回了皇宫。

综观李世民跟房玄龄玩的这些"政治游戏"，我们不难解读出这样一些内涵：

首先，不管是身为皇帝的李世民还是身为宰相的房玄龄，他们心里都很清楚，要把贞观的政治局面玩好、玩大，要想建功立业、青史留名，他们两个人就谁也离不开谁。从这个意义上说，他们是"伙伴"关系；但是，"君就是君，臣就是臣"，这个界限到任何时候都是不能模糊的，所以他们之间更主要的还是"主仆"关系。

在这两重关系之下，情况就变得有些微妙而复杂。

作为皇帝的李世民，一方面，李世民必须给予房玄龄最尊崇的地位和官爵，对他寄予最大的信任，赐给他人臣所能享有的最高恩典（如把女儿高阳公主嫁给房玄龄的次子房遗爱，又让弟弟韩王李元嘉娶了房玄龄的女儿当王妃），以此加强双方的情感纽带和利益联结。

这些都属于"恩"的范畴，目的是赢得房玄龄对皇帝的绝对效忠。

另一方面，李世民又必须经常玩一些"小动作"，时不时把房玄龄"谴归私第"，晾在一边。这么做的目的有三：一、检验自己对权力的掌控程度，以防被暗中坐大的"权臣"架空；二、借此显示皇权的威严，让房玄龄懂得"君与臣之间有一道永远不能跨越的界限，保持一个适当的距离对双方都有好处"；三、提醒房玄龄，"虽然你很重要，但是你千万不要以为朝廷离了你就不转了！你应该始终保持戒骄戒躁、谦虚谨慎的态度，永远不能骄傲自大、忘乎所以"。

这些都属于"威"的范畴，目的是让房玄龄时刻牢记——"我是君，你是臣；政事第一，友情第二"。

其次，对于房玄龄而言，或许一开始对李世民的帝王术还比较陌生，所以在贞观初年一被批评就吓得惶惶不可终日，可他后来就逐渐明白了——皇帝手中的那把"钟馗利剑"尽管看上去有些可怕，可它通常只是起一种威吓作用的；只要你忠心不改、恪尽职守，那把剑就不会真的往你身上招呼。

正因为房玄龄后来全盘领会了唐太宗试图传达给他的信息，所以他自然而然就有了两种准备。

一方面，房玄龄虽然仍旧对他的本职工作兢兢业业，但时刻有着被皇帝"谴归私第"的心理准备。他不但再也不会被皇帝的批评吓得寝食难安，而且就算被停职也权当是度假，因为他知道皇帝离不开他、朝廷离不开他，所以不管怎么"谴归"他都能很快官复原职，一点也不用担心。

另一方面，房玄龄也深深懂得自己所享有的一切荣宠和恩泽都是天子的赐予，假如稍有不慎，随时有可能被天子全盘收回，所以必须时刻保持临深履薄、戒慎恐惧之心，越是皇恩浩荡，越要谦逊辞让。总而言之，一句话——"为官要尽职，做人要低调"。

有一件事可以充分说明房玄龄的这种"觉悟"。

贞观十三年（公元639年），时任左仆射的房玄龄又被李世民加封为太子少师，不仅肩负国之重任，而且更兼辅弼少主之责。对此，房玄龄大为惶恐，不断上表请辞仆射之职。李世民当然没有批准，而是下诏对房玄龄进行了勉励。房玄龄没办法，只好硬着头皮答应下来。到了太子拜师那天，东宫举行了隆重的仪式，一切都已准备停当，可房玄龄却"深自卑损，不敢修谒，遂归于家"。房玄龄深感自己不够资格，所以不敢去东宫接受太子礼拜，只好躲在家里，始终不愿露面。

房玄龄的谦卑赢得了时人的一片赞誉。《旧唐书》称："有识者莫不重其崇让。"

这一切当然也被李世民看在了眼里，所以他对房玄龄越来越感到满意。

贞观十六年（公元642年），李世民又晋封房玄龄为司空，仍旧让他总揽朝政，并且监修国史。房玄龄再次上表请辞，李世民又下诏勉励他说："昔留侯让位，窦融辞荣，自惧盈满，知进能退，善鉴止足，前代美之。公亦欲齐踪往哲，

实可嘉尚。然国家久相任使,一朝忽无良相,如失两手!公若筋力不衰,无烦此让。"(《旧唐书·房玄龄传》)

这段话看上去好像是普通的慰勉之词,实则大有深意。所谓"自惧盈满,知进能退,善鉴止足",其实正是李世民对臣下的一种要求。假如做臣子的都能具备这样的美德,或者说都能谙熟这样的游戏规则,那皇帝自然就没有什么放心不下的。换言之,臣子越是谦让,皇帝反而会更加信任他,越敢把权力交给他。所以,李世民才会毫不避讳地说了一句大实话:"朝廷一天没有好宰相,就像失去了左膀右臂一样!"

正是由于对房玄龄的信任,当贞观十九年(公元645年)李世民御驾亲征高句丽的时候,他才会命房玄龄留守长安,把朝政大权全部委托给他,让他"得以便宜从事,不复奏请"(《资治通鉴》卷一九七)。

这实际上就是赋予了房玄龄"皇权代理人"的身份和权力。

那么,面对李世民交给房玄龄的无上信任和权力,房玄龄又是怎么做的呢?

有一天,房玄龄正在留守衙门办差,有人突然闯进来,口口声声说要告密。房玄龄问他告谁的密,那人说:"告你的密!"

房玄龄一听,连想都没想就立刻命人准备车马,把这个告密者直接送到了前线的天子行在。

李世民听说留守送来了一个告密者,刚开始颇为诧异。以房玄龄的能力而论,他是不可能随随便便把"皮球"踢给皇帝的,更何况此时皇帝还在前线打仗。所以,李世民断定,若非出于某种特殊原因,房玄龄是绝不会这么做的。

李世民转念一想,马上就猜出了答案。

李世民随即命人持刀列队,然后接见告密者并问他要告谁,那人回答说:"房玄龄。"

李世民冷笑一声:"果然!"当即喝令左右,二话不说就把那个告密者腰斩了。

事后,李世民给房玄龄下了一道手诏,责怪他不够自信,还说:"更有如是者,可专决之!"(《资治通鉴》卷一九七)

这又是一个典型的"按照规则来玩的政治游戏"。

作为房玄龄,虽然被皇帝赋予了专断之权,但是碰上这档子事,他是万万不能专断的。实际上,这件事是把房玄龄推到了一个极为尴尬的境地,那就是——

要恪尽一个留守的职责,还是要谨守一个臣子的本分。

如果房玄龄选择前者,自作主张把这个人杀了,那固然是尽了留守的职责,可皇帝过后一旦知道了这件事,会不会对房玄龄起疑心呢?会不会觉得房玄龄过于独断专行,因而对他产生不满和戒备呢?

完全有这种可能。

所以,房玄龄宁可挨骂,也必须把事情交给皇帝处理。这么做,一来可以证实自己的清白,二来可以表明自己的忠诚,三来还能够向皇帝传递出这样的信息——无论在任何情况下,他都会谨守人臣本分,若遇到必须由皇帝亲自处理的事情,他也绝不会越俎代庖。

作为皇帝的李世民,他内心对房玄龄这种做法其实是很满意的。李世民之所以在听到告密者的回答时会说出"果然"二字,是因为他猜出了告密者的来意;而他之所以能猜出告密者的来意,恰恰是因为他了解房玄龄的性格,也知道房玄龄这么做的用心所在。

可即便李世民觉得房玄龄这么做是对的,表面上也必须"责怪"房玄龄,并且重申对他的授权和信任,这样才能展示一个皇帝用人不疑的胸怀。

总之,君臣双方其实都明白是怎么回事,但都要按照游戏规则把属于自己的那个角色演好。所以,从这个角度说,"政治是聪明人之间玩的游戏"。

十五 / 魏徵：不想当忠臣的人

在中国历史上，有资格被誉为"千古一帝"的皇帝肯定不多，就算能找出几个，大半也都有争议；如果一定要找一个共识最多、争议最少的，那恐怕就非唐太宗李世民莫属了。

但是，即便李世民能当之无愧地获此殊荣，也并不表明他就是完美无瑕的。

无论李世民如何天赋异禀、才智过人，他身上也难免会有一些人性的弱点。

换句话说，李世民之所以能够成为中国历史上屈指可数的杰出政治家，并不是因为他没有弱点，而是在于他有一个办法对治自己身上的弱点。

这个办法说起来也很简单，就是两个字——纳谏。

"纳谏"这种事，说起来简单，做起来却很难，因为人都是爱面子的，没有谁喜欢被人批评。就算是一个普通人，也不愿意整天被人说三道四、指手画脚，更不要说一个至高无上的皇帝了，通常更听不进任何不和谐之音。

然而，李世民偏偏就愿意听。

不但愿意听，而且还对此求之若渴、甘之如饴！

这并不是说李世民天生就是一个受虐狂，而是因为他深知——"兼听则明，偏信则暗""人欲自照，必须明镜，主欲知过，必藉忠臣""明主思短而益善，暗主护短而永愚"……

鉴于隋朝二世而亡的历史教训，李世民一直具有非常强烈的忧患意识。他认为，倘若当皇帝的都像隋炀帝那样"好自矜夸，护短拒谏"，那么结果就是"人臣钳口"，最终必然"恶积祸盈，灭亡斯及"。所以，早在贞观元年（公元627年），李世民就一再对大臣们强调："前事不远，公等每看事有不利于人，必须极言规谏。"（《贞观政要》卷二）

在李世民的极力倡导和鼓励下，贞观群臣谏诤成风，人人勇于进言。其中，对李世民影响最大、对贞观善政贡献最多、在历史上享有"第一诤臣"之美誉的人，无疑就是魏徵。

魏徵曾经有过一个奇怪的言论。

他说，他不想当忠臣。

不想当忠臣，难道还想当奸臣？

不。魏徵说，他想当一个"良臣"。

贞观元年（公元627年），当魏徵在朝堂上公然说出这番话的时候，李世民大为诧异："忠臣和良臣有什么区别吗？"

魏徵说："所谓'良臣'，应该像稷、契、皋陶那样，身获美名，君受显号，子孙传世，福禄无疆；而所谓'忠臣'，只能像龙逄、比干那样，身受诛夷，君陷大恶，家国并丧，空有其名。从这个意义上说，二者区别大了！"

李世民恍然大悟，"深纳其言"，当即赐给魏徵五百匹绢。

魏徵的这番言论乍一听很有颠覆性，其实只是说明了这样一个道理——当臣子的固然要对君主尽忠，但这种忠不应该是"愚忠"，而是"巧忠"。也就是说，进谏并不是以一味蛮干、面折廷争为美，而是要讲究力度、角度、限度，以君王乐于接受为前提，以刚柔相济、恰到好处、切实可行为美。

《菜根谭》中有一句话说："攻人之恶勿太严，要思其堪受；教人之善勿过高，当使其可从。"魏徵的进谏有时候就颇能体现出这种中道的智慧。

例如，贞观二年（公元628年），李世民曾经用一种颇为自得的口吻对大臣们说："人们都说天子至尊无上，所以无所忌惮，可朕就不是这样子。朕总是上畏皇天之监临，下畏群臣之瞻仰，兢兢业业，犹恐上不合天意，下不符人望。"

李世民所说的固然是实情，可像他这样自己说自己的好，未免就有点"矜夸"的味道，而且潜意识里也是希望博得群臣的赞美。

这个时候，魏徵发话了。他说："此诚致治之要，愿陛下慎终如始，则善矣。"（《资治通鉴》卷一九二）

魏徵这话听上去像是在赞美，实际上却是在针砭。

其实，这句话强调的是"慎终如始"这四个字，而这就等于是说——"陛下能这样子当然好，但是最好能够保持下去。假如不能持之以恒，现在高兴未免太早"。

李世民是个聪明人，当然不会听不出这层弦外之音。

这样的进谏可谓寓贬于褒，既挠到了皇帝的痒处，又点到了皇帝的痛处，实在是含蓄而巧妙。

类似的对话在贞观五年（公元631年）还有一次。当时国内安定、天下丰稔、东突厥又彻底平定，整个大唐帝国一片欣欣向荣，李世民又对侍臣说："今中国幸安，四夷俱服，诚自古所希！然朕日慎一日，唯惧不终，故欲数闻卿辈谏争也。"

这一次，李世民的话就说得比较全面了，他一方面为自己取得了"自古所希"的历史功绩而自豪，但另一方面也表示了戒慎恐惧之心。

所以，魏徵就说："内外治安，臣不以为喜，唯喜陛下居安思危耳。"（《资治通鉴》卷一九三）

魏徵并不对这种"天下大治"的喜人形势歌功颂德，而是对皇帝"居安思危"的谨慎态度表示赞赏。这种发言显然要比纯粹的附和之词高明许多。

正是由于魏徵的谏言往往既委婉又能击中要害，所以李世民才会评价说："人言魏徵举动疏慢，我但觉妩媚。"（《旧唐书·魏徵传》）

当然，魏徵的谏言并不都是这么委婉"妩媚"的。

如果每次进谏都拐弯抹角，那最后就算不流于阿谀谄媚，也会变得庸庸碌碌。倘若如此，那魏徵也绝不可能被李世民所倚重，更不可能以"诤臣"之名享誉后世。

所以，该据理力争的时候，魏徵也绝不含糊。

史称魏徵"犯颜苦谏"的时候，"或逢上怒甚，徵神色不移，上亦为之霁威"（《资治通鉴》卷一九三）。意思是说，每当李世民被魏徵的谏言刺激得怒不可遏的时候，魏徵总是毫无惧色，最后李世民也不得不收起帝王的威风，把自己的怒火强压下去。

有两则小故事颇能说明李世民对魏徵的这种"忌惮"之情。

有一次魏徵离京去祭扫祖墓，回来的时候听说皇帝打算去终南山游玩，连仪仗队和随从都已整装待发，可后来却无故取消了。于是，魏徵就问皇帝有没有这回事。李世民尴尬地笑着说："当初确实有这个想法，但是怕你生气，只好作罢了。"（《资治通鉴》卷一九三：上笑曰："初实有此心，畏卿嗔，故中辍耳。"）

还有一次，有人进献了一只漂亮的鹞鹰，李世民非常喜欢，就让它站在自己的手臂上；但正在逗弄玩耍时，忽然看见魏徵走了进来，情急之下赶紧把鹞鹰塞进了怀里。魏徵其实早就看在了眼里，可他嘴上却不说，故意在奏事的时候把时间拖得很长，而等到他告辞离去时鹞鹰早已活活闷死在李世民的怀里了。

魏徵平常的谏诤一般都会讲究方式方法，可要是碰到至关重要的大事也会与太宗面折廷争。

魏徵和李世民之间最激烈的一次言语交锋，发生在贞观六年（公元632年）春天。

当时，大唐王朝四海升平、国泰民安，所以满朝文武都一再劝请太宗前往泰山封禅。"公卿百僚，以天下太平，四夷宾服，诣阙请封禅者，首尾相属。"（《册府元龟》卷三十五）

所谓"封禅"，是帝王祭告天地的一种大典。由于泰山是"五岳之首"，所以封禅大典都在泰山举行——于泰山设坛祭天曰"封"，于泰山南麓的梁父山辟基祭地曰"禅"。在古代中国，"泰山封禅"既是太平盛世的象征，也是帝王功业鼎盛的标志，但并不是所有帝王都有资格获此殊荣。在唐朝之前，秦始皇、汉武帝以及东汉的光武帝等少数几个自认为建立了丰功伟业的帝王，才敢举行封禅大典。

对此，李世民内心当然也是满怀渴望。

但是当百官劝请时，李世民一开始还是谦虚地推辞了一下。他说："诸位贤卿皆以封禅为帝王盛事，但朕不这么看。如果天下安定，家家户户丰衣足食，就算不封禅，又有什么损失？昔日秦始皇封禅，而汉文帝不封禅，后世难道以为文帝之贤不如始皇吗？况且即使是祭拜天地，又何必一定要登泰山之巅、封数尺之土，才算表达出对天地的诚敬呢？"

群臣都知道这只是皇帝的客套话，所以还是极力劝请。

后来，李世民就顺水推舟地答应了。虽然皇帝表面上似乎有点勉强，可大家都知道，其实皇帝心里还是很乐意的。

就在皇帝和满朝文武其乐融融地探讨具体的行程安排和相关事宜的时候，魏徵忽然表情严肃地站了出来，坚决表示反对。

李世民脸色一沉，问："你不赞成朕封禅，是不是认为朕的功业还不够高？"

魏徵说："够高。"

李世民又问："那是不是德不够厚？"

魏徵说："够厚。"

"是不是社稷还不安定？"

"已经安定。"

"是不是四夷尚未臣服？"

"都已臣服。"

"是不是庄稼还没有丰收？"

"丰收了。"

"是不是祥瑞还没有呈现？"

"呈现了。"

"既然如此……"李世民冷笑着说，"那为何还不能封禅？"

魏徵从容自若地回答道："陛下虽然已经拥有这六项成就，但是，我朝承隋末大乱之后，户口凋零，仓廪空虚，陛下一旦车驾东巡，千乘万骑，每到一处，地方州县必定难以承受各种负担。更何况，陛下举行封禅大典，四夷君长必定前来共襄盛举，可如今自伊水、洛水以东，至于东海、泰山，村庄寥落，人烟断绝，道路萧条，进退艰阻，极目所见，千里蛮荒。这岂非引戎狄至我腹地，然后示之以虚弱吗？再者说，即使给予四夷君长厚重的赏赐，也未必能满足他们远道而来的愿望；纵然免除百姓几年的捐税赋役，也未必能弥补他们的损失。为了博得一个封禅的虚名，却遭受一些实实在在的损害，这对陛下又有什么好处？"

李世民听完，不得不表示赞赏，立即停止了封禅的动议。"太宗称善，于是乃止"（《贞观政要》卷二），然而他在感情上其实是不太情愿的。

碰巧，几天后黄河两岸的几个州突然爆发了严重的洪涝灾害，满朝文武再也不敢提"封禅"半个字，于是封禅之事就此不了了之。可是，在李世民内心深处，他其实一直也没有放弃封禅的想法。"终太宗世，未行封禅，然帝意亦非遂终止也。"（《魏郑公谏录》卷二）

魏徵这次谏诤虽然得到了李世民的采纳，但此事多少还是伤及了皇帝的自尊心。所以，那些日子，李世民一直看魏徵不顺眼，再也不觉得他"妩媚"了。

有一天，可能魏徵又因什么事情触怒了唐太宗，所以散朝之后李世民怒气冲天地回到宫中，咬牙切齿地说："找个机会一定要杀了这个乡巴佬！"

长孙皇后大为惊愕，连忙问皇帝说的是哪个乡巴佬。

李世民脸色铁青地说："就是魏徵！他经常在朝堂上当众羞辱我。"

长孙皇后听完，一声不响地退回寝殿，片刻后就一身凤冠霞帔地来到皇帝面前。李世民大吃一惊，问她怎么回事。长孙皇后说："臣妾听说，君王英明，臣子一定正直；如今魏徵之所以敢直谏，正是由于陛下的英明，臣妾怎么能不道贺！"

李世民本来也没想杀魏徵，他这么说其实只是发泄发泄而已，但现在皇后又给了他这么大一顶高帽，他当然更没有理由生气了，于是就把连日来的不愉快全都抛到了九霄云外。

长孙皇后实在是一个既贤淑又聪慧的女人。

长孙皇后此举不但保全了魏徵，而且维护了皇帝的尊严，诚可谓一举两得！

古代有一种传说，说龙的咽喉部位"有逆鳞径尺，人有撄之，则必杀人"（《史记·韩非列传》）。其实，意思就是说绝大多数帝王都容不得臣子进谏，所以历朝历代因犯颜直谏、触逆龙鳞而被帝王诛杀的臣子不知凡几。

然而，贞观一朝却人人敢于犯颜直谏，其中的主要原因就在于唐太宗李世民确实具有从谏如流的见识和气度。魏徵之所以在谏诤上表现得最为突出，也是因为他知道唐太宗求谏的诚意和决心要远远大于历代帝王，因此必然需要像他这种知无不言、言无不尽的诤臣。

从这个意义上说，魏徵的谏诤行为也不完全是出于他的正直和勇气，而是在相当程度上基于一种精明而准确的判断。

关于这一点，魏徵自己就曾经当着李世民和其他大臣的面坦言："陛下导臣使言，臣所以敢言。若陛下不受臣言，臣亦何敢犯龙鳞、触忌讳也！"（《贞观政要》卷二）

这确实是一句大实话。

可想而知，以魏徵那套"只当良臣，不当忠臣"的为官之道和处世哲学来看，假如李世民是一个猜忌刻薄的昏聩之君，那魏徵到头来也只能是一个明哲保身的平庸之臣。

所以，换言之，李世民只要有成为明君的愿望，魏徵必定就有成为诤臣的动力，他们二者是相互需要、相互成就的。用李世民自己的话说，他们的关系就如同鱼和水——"君臣相遇，有同鱼水，则海内可安"；又像是金矿与良工——"公独不见金之在矿，何足贵哉？良冶锻而为器，便为人所宝。朕方自比于金，以卿为良工"（《贞观政要》卷二）。

如果我们问李世民的"千古一帝"是怎样炼成的，那么从他自己的譬喻中或许就能找到某种答案。

当然，李世民即便是一个天赋异禀、才智过人的皇帝，但最初他也只是像金子蕴藏在矿石中一样体现不出任何价值，只有经过"良工"耐心细致的斧凿敲打，日复一日地千锤百炼，最终才能把他身上的杂质和瑕疵一一敲打掉，让矿石中的黄金绽放出璀璨的光芒。换言之，假如没有诤臣的监督、约束和针砭，李世民即使天赋再高、能力再强，最终也可能毫无建树，甚至有可能重蹈隋王朝之覆辙，沦为像隋炀帝杨广那样的亡国之君。

正如《菜根谭》所言："欲做精金美玉的人品，定从烈火中煅来；思立掀天揭地的事功，须向薄冰上履过。"李世民的明君之路，又何尝不是这么走过来的！

魏徵一生对李世民的谏言无数，其中有一句原出自《荀子》的话（《荀子·王制》："君者、舟也，庶人者、水也；水则载舟，水则覆舟。"）曾经被后人广为传诵，成为后世引用频率最高的一句政治格言。这句话就是，"君，舟也；人，水也。水能载舟，亦能覆舟！"

在李世民二十三年的帝王生涯中，这也许是时刻萦绕在他耳旁、倏忽不敢忘怀的一句话。

贞观十七年（公元 643 年）正月，魏徵病殁。李世民"亲临恸哭，废朝五日，赠司空、相州都督，谥曰文贞"，并且亲自撰写了墓志铭，书于碑石之上。

随后的日子，李世民一直沉浸在绵长的哀思之中。

魏徵的离世不仅让李世民失去了一个臣子，更是让他失去了生命中最重要的一位良师益友。

在一种难以排遣的寥落和寂寞中，李世民不禁对侍臣发出了一番感叹，这番话从此也和他们君臣二人的名字一起，永远镌刻在了青史之上，令无数后人感慨和深思——

"夫以铜为镜，可以正衣冠；以古为镜，可以知兴替；以人为镜，可以明得失。朕常保此三镜，以防己过。今魏徵殂逝，遂亡一镜矣！"（《旧唐书·魏徵传》）

十六 / 长孙皇后：成功男人背后的女人

都说，"一个成功男人的背后，肯定站着一个女人"。

这句话绝对是至理名言。

李世民当然算是一个成功的男人，而长孙氏无疑就是他背后的那个女人——一个优秀的女人。

古人经常用"母仪天下"这个词来形容皇后，意思是作为皇后的这个女人，其修养、德行、智慧、才情、气度、仪容都应该成为普天之下所有女性的典范和表率。

然而，纵观中国历史，我们却不无遗憾地发现——有资格配得上这个称号的皇后，实在是寥若晨星、屈指可数！

在历史上为数不多的好皇后中，长孙氏绝对是其中非常出众的一位。

她是一个绝对有资格称得上"母仪天下"的女人。

在这个世界上，大多数男人都热衷于追求权力，这一点应该是毋庸置疑的。而相当一部分女人在这方面似乎也不遑多让。

所以，有哲人说："男人通过征服世界而征服女人，女人通过征服男人而征服世界。"

在男人看来，一旦得到权力自然就会得到一切；而在女人看来，一旦征服了男人自然就会得到权力。中国历史上有好几个垂帘听政的皇后，相信她们都会对这句话深有同感。

可是，这句话在长孙氏身上却不太适用。长孙氏既不热衷于征服男人，也不热衷于征服世界。

长孙氏唯独热衷的事情只有一件，就是辅佐他的男人征服世界！

当我们翻阅史籍后不难发现，长孙皇后身上最值得后人称道的第一个优点就是——尽力辅佐，但绝不干政。

长孙氏还是秦王妃的时候，就在政治上为李世民提供了很大的助力。当时，李世民正和太子李建成、齐王李元吉斗法，但在后宫这条战线上显然落于下风，于是长孙氏便"孝事高祖，恭顺妃嫔，尽力弥缝，以存内助"，为李世民最终成功夺嫡创造了许多有利条件。"玄武门事变"当天，长孙氏更是和李世民一起站在了第一线，既解除了李世民的后顾之忧，更坚定了李世民及其麾下将士的信心和斗志。（《旧唐书·文德皇后长孙氏传》："太宗在玄武门，方引将士入宫授甲，后亲慰勉之，左右莫不感激。"）

　　正是由于一路走来，长孙氏能够与李世民一起栉风沐雨、同生死共进退，所以李世民登基之后对长孙氏更为倚重，时常想和她讨论朝政，可长孙氏却说："'牝鸡之晨，唯家之索'，妾妇人，安敢豫闻政事！"（《资治通鉴》卷一九一）李世民坚持要和她讨论，可长孙氏却始终保持沉默。

　　长孙氏不但自己绝不干政，而且她也极力避免让自己的亲族掌握太大的权力。

　　在中国历史上，很多朝代的衰亡都和外戚擅权有直接关系，如两汉在这方面就表现得非常典型。长孙氏从小在舅父高士廉的影响下熟读经史，自然对此深怀戒惧。所以，在贞观元年（公元627年）七月，当李世民准备擢升长孙无忌为宰相的时候，长孙氏就极力劝阻，并对李世民说："妾既托身紫宫，尊贵已极，实不愿兄弟子侄布列朝廷。汉之吕、霍可为切骨之诫，特愿圣朝勿以妾兄为宰执。"（《旧唐书·文德皇后长孙氏传》）

　　可李世民不听，执意任命长孙无忌为尚书右仆射兼吏部尚书、左武候大将军。

　　如果长孙皇后不再表示反对而默认了这件事，那人们似乎就有理由怀疑——她先前的劝阻只不过是一种欲迎还拒、故作谦让的作秀罢了。

　　然而，长孙皇后绝不是作秀。诏书一下达，长孙皇后私下里立刻去找他的兄长长孙无忌，坚决反对他接受任命。长孙无忌没办法，只好向李世民一再请辞。最后，搞得李世民也很无奈，只好改授他"开府仪同三司"的荣誉衔。至此，长孙皇后才如释重负。

　　长孙兄妹有一个同父异母的兄长，叫长孙安业，比他们兄妹年长许多，是一个"嗜酒无赖"的纨绔子弟。当长孙兄妹尚且年幼之时，他们的父亲长孙晟亡故，长孙安业立刻把兄妹二人赶出了家门，让他们去投靠舅父高士廉。

当时，长孙安业当然不会想到，被他赶出家门的这两个孩子日后居然飞黄腾达了，一个成了帝国的宰相，另一个成了天下最有权势的女人——皇后。

同时，令长孙安业更想不到的是，当长孙氏得势之后，不但没有因为以前的事情报复他，反而以德报怨，屡屡让皇帝对他"厚加恩礼"，最后还让他当上了京城的监门将军。

可惜，长孙安业终究是一个不懂得惭愧和感恩的小人。

贞观元年（公元627年）十二月，长孙安业居然恩将仇报，丧心病狂地参与了一次未遂政变，以至于把自己推向了灭亡的边缘。

当时，心怀异志的利州都督义安王李孝常因事入朝，暗中联络右武卫将军刘德裕和监门将军长孙安业等人与他们"互说符命"，准备利用他们手中掌握的禁军发动政变。不料，未及行动，他们的阴谋便全盘败露。以李孝常为首的团伙当即被一网打尽，全部被捕入狱。

这其中当然也包括长孙安业。

毫无疑问，等待他们的只有死路一条。按说这回长孙安业绝对是咎由自取、罪有应得，任凭天王老子来也救不了他，可是居然还是有人真想救他一命。

这个人就是长孙皇后。

不过，长孙皇后之所以想救长孙安业，绝不是简单地出于妇人之仁，而是有着更深层的考虑。她流着眼泪对李世民说："安业之罪，诚当万死！但是天下人都知道，他曾经对臣妾做过绝情之事，如今一旦将他处以极刑，天下人必然认为是臣妾想报复他，这对于朝廷的名誉恐怕会有损害。"

李世民觉得有道理，随后便赦免了长孙安业的死罪，将他流放嶲州（今四川西昌市）。

从长孙安业的事情上，我们不难发现，长孙皇后身上确实具有许多优秀的品质。首先，对长孙安业不计前嫌、以德报怨，这足以表明她的善良和宽容；其次，当不知好歹的长孙安业竟然又"以怨报德"的时候，长孙皇后能够再次替他求情，这就不仅仅是善良所能概括的。这里体现的是一种智慧——一种顾全大局的智慧。

如果说李世民是一块蕴藏在矿石中的金子，那么善于对他进行"斧凿"的良工绝不仅仅魏徵一人。

除了朝中有很多善谏的大臣之外，在后宫还有长孙皇后，她也是时常对李世民进行规谏的一大"良工"！

李世民扬言要杀魏徵的那一次，我们就已经领略了长孙皇后的聪明和善巧，而下面这则故事同样可以表明这一点。

有一次，李世民得到了一匹骏马，喜欢得不得了，就命宫人好生饲养。没想到，刚养了几天，这匹马突然无病而暴死。李世民勃然大怒，立刻下令要杀了这个宫人。

为了区区一匹马而杀人，这显然有损于李世民的明君形象。于是，长孙皇后当即站出来劝谏。

这一次，长孙皇后还是用了一个巧妙的手段，并不直接进谏，而是给李世民讲了一个故事。

故事说的是春秋时期，齐景公也因喜爱的马死了，要杀养马人。当时，三朝老臣晏子（晏婴）就指着那个养马人的鼻子破口大骂："你犯了三宗罪你知不知道？第一宗罪，好好的马被你养死了；第二宗罪，害得我们的国君为马而杀人，百姓听说了，一定骂我们的国君不仁；第三宗罪，四方诸侯知道这事，也一定会轻视我国……"等晏子骂完这些话，旁边的齐景公很自觉，一句话也没说就把那个养马人放了。

说完这个故事，长孙皇后对李世民说："陛下肯定从史书中读到过这个故事，莫非是把它忘了？"

李世民听完后，反应和齐景公如出一辙，马上就赦免了那个宫人。

类似这样的劝谏还有很多。例如，李世民有时候一生气，难免会迁怒宫人，往往因为一些小事就要治他们死罪。每当此时，长孙皇后总是装出一副比皇帝更生气的样子，让皇帝把这些犯了错的宫人交给她处置。然后，皇后便将他们暂时拘押，事实上是把这些宫人暗中保护了起来。等过了一些日子，李世民的气消了，长孙皇后才慢慢分析个中道理给他听，证明那些宫人其实是无罪的，从而多次避免了滥杀无辜。史称："由是宫壸之中，刑无枉滥。"（《资治通鉴》卷一九四）

正是因为有长孙皇后这样的贤内助屡屡帮李世民矫正错误、弥补缺失，所以李世民才会颇为感慨地对房玄龄说："皇后庶事相启沃，极有利益尔。"（《贞观政要》卷二）

很显然，有长孙皇后和魏徵这一内一外两大良工的"斧凿"和"敲打"，李世民这块矿石中的金子想不发光都难。

长孙皇后在后人的心目中之所以能成为皇后的楷模，李世民夫妇之所以能成为历史上著名的"模范夫妻"，其主要原因不仅是长孙皇后能够在政治上尽力辅佐李世民，更是因为在生活上他们的伉俪情深也足以让后人感动。

大约在贞观七年（公元633年），李世民患上了"气疾"（呼吸道疾病），将近一年都没有痊愈，而长孙皇后一直守候在李世民身边，日夜悉心照料。由于担心李世民的病情不能好转，所以此时的长孙氏做出了一个令人意想不到的举动。

长孙皇后把一包毒药藏在了衣带中，对亲近的侍女说："皇上若是有什么三长两短，我绝不独自求生！"（《资治通鉴》卷一九四：常系毒药于衣带，曰"若有不讳，义不独生"。）

更让人感动的是，长孙皇后自己其实是一直抱病在照顾李世民的，因为她本人恰恰也是从小就患有气疾。贞观八年（公元634年），长孙皇后陪李世民一起上九成宫避暑养病。有一天下半夜，柴绍等人突然上山，向李世民报告了一起突发事件（具体是什么事件，史书无载）。李世民大为震惊，当即全副武装到前殿询问事件的详情。长孙皇后意识到事态严重，立即决定带病跟随。左右极力劝阻，长孙皇后却说："皇上如此震惊，我岂能心安！"

或许是因为这次半夜出宫感染了风寒，再加上紧张和焦虑，长孙皇后的病情突然加重，从此一病不起。太子李承乾向长孙皇后建议说："所有该服用的药物都用过了，您的身体还是没有好起来，不如奏请父皇大赦囚犯，同时度化一些人出家，也许可以得到冥福的庇佑。"

长孙皇后不以为然地说："生死有命，不是人力所能改变。若行善一定有福，那我从没做过坏事，又何必担心？若行善无效，何福可求？'大赦'是国家大事，而佛法是异国之教，对政治不见得有什么助益，何况皇上从来也不信这个，岂能以我区区一介妇人而乱了天下之法？假如一定要照你的话做，我还不如速死！"

可李承乾没有听从长孙皇后的话，还是认为自己的办法肯定有效，可又不敢上奏皇帝，只好私下去找房玄龄。房玄龄转而上奏李世民。李世民也觉得未尝不可一试，于是准备大赦。长孙皇后得知后极力反对，李世民最后只好作罢。

贞观十年（公元636年）六月，长孙皇后病重不治。弥留之际，她给李世民留下了这样一些遗言：

第一，要求起用房玄龄——"玄龄事陛下久……苟无大故，愿勿弃之。"

第二，再次强调不要让自己的亲族掌权——"慎勿处之权要，但以外戚奉朝请足矣。"

第三，要求薄葬——"愿勿以丘垄劳费天下，但因山为坟，器用瓦木而已。"

第四，最后的谏言——"愿陛下亲君子，远小人，纳忠谏，屏谗慝，省作役，止游畋，妾虽没于九泉，诚无所恨！"（《资治通鉴》卷一九四）

讲完这些，长孙皇后取出一直藏在衣带中的毒药，最后说了一句："臣妾在陛下卧病的那些日子，发誓以死跟随陛下，绝不像吕后那样！"（西汉的吕雉在汉高祖刘邦死后，打击刘姓宗室，极力扶植外戚，擅权揽政，历时八年，史称"吕氏之祸"。）

六月二十一日，长孙皇后崩于立政殿，年仅三十六岁。

长孙皇后生前曾经编纂了一本有关古代妇女言行得失的书，共三十卷，名为《女则》。但是，长孙皇后只是将其作为自己立身处世的准则，并不是想以此博取声誉，所以一直叮嘱宫人不要告诉李世民。直到长孙皇后去世后，宫人才把这本书交给了李世民。

李世民睹物思人，泫然泪下，悲恸不已，对近臣说："皇后此书，足以垂范百世！朕非不知天命而为无益之悲，但入宫不复闻规谏之言，失一良佐，故不能忘怀耳！"（《资治通鉴》卷一九四）

无论从哪一个方面来看，长孙皇后的早逝对李世民而言都是一个莫大的损失。至于晚年的李世民之所以在政治上和生活中都犯下许多错误，未能做到"慎终如始"，或许其中一个很重要的原因就是"外无魏徵的犯颜直谏，内无长孙皇后的拾遗补阙"。假如长孙皇后能够伴随李世民走得更远一点，或者共同走完人生岁月，那么我们似乎有理由相信——李世民"千古一帝"的形象一定会更加完美，而贞观的历史无疑也会更加璀璨！

十七 / 最具世界主义色彩的朝代

英国著名历史学家汤因比曾经说过,"假如让他再活一次,重新选择出生的城市,他会舍弃二十世纪的伦敦,选择七世纪的长安"。

一个精研世界历史、遍览东西方文化、一生中阅"城"无数、见多识广的老人,为什么会对一座中国古代的城市如此情有独钟呢?在皇皇数千年的世界历史上,长安究竟拥有怎样独特而崇高的地位,又有着怎样引人瞩目、亘古长存的魅力呢?

下面,就让我们回到一千多年前的唐朝,一起走近那座光芒四射的城市……

唐朝的长安是当时世界上最大的一座城市,也是世界历史上第一个达到百万人口的大都市。它东西长9721米,南北宽8651米,全城周长36.7公里,面积约84平方公里,比明清时期的北京城大1.4倍,是古代罗马城的7倍。长安城内共有三个建筑群:位于北部正中的是宫城,为皇帝和皇族所居;宫城南面是皇城,面积比宫城略大,是中央政府机构所在地;宫城和皇城之外是外郭城,为居民区和商业区。

整座长安城规模宏伟,布局严谨,结构对称,排列整齐。外城四面各有三个城门,贯通十二座城门的六条大街是全城的交通干道。纵贯南北的朱雀大街则是一条标准的中轴线,它衔接宫城的承天门、皇城的朱雀门和外城的明德门,把长安城分成了东西对称的两部分,东部是万年县,西部是长安县,东、西两部各有一个商业区,称为东市和西市。城内南北十一条大街,东西十四条大街,把居民住宅区划分成了整整齐齐的一百一十坊,其形状近似一个围棋盘。

长安的每条街道都笔直而宽广,其宽度达到了令人咂舌、近乎奢侈的地步。例如,南北主干道朱雀大街的宽度就有150多米,而今天中国的"第一街"——北京长安街最宽的地段也没有超过120米。再如,位于宫城与皇城之间的承天门横街,宽度更是达到441米,堪称"人类有史以来最宽的街道",其气势之雄伟令人叹为观止！

　　这些宽阔平坦的街道两侧大多种有整排的槐树和榆树，而宫城与皇城中则遍植梧桐和垂柳，整座城绿树成荫、风景宜人，既繁华热闹，又不失幽雅和静美。

　　贞观八年（公元 634 年），唐太宗李世民在长安东北部的龙首原上初建了大明宫。龙首原地势高耸，可以俯瞰整座长安城，故而大明宫的气势远比太极宫更为煊赫。龙朔二年（公元 662 年），唐高宗李治又对大明宫进行了扩建，使其功能更为完备，规模更为宏大。从此，大明宫取代了太极宫，成为唐朝历代皇帝的起居和听政之所。

　　大明宫是当时世界上规模最为宏大、规制最为严整、规划最具特色的宫殿建筑群，其周长 7.6 公里，面积 3.2 平方公里，比明清紫禁城大了 4.5 倍；宫城四面有十一座城门，东、西、北三面都有夹城，南部有三道宫墙护卫；目前已探明的殿、台、楼、亭等基址共有四十余处。在大明宫的中轴线上，自南而北依次是含元殿、宣政殿和紫宸殿，大明宫就是以这三个宫殿群为中心组成的。其中，含元殿是大明宫正殿，是唐朝皇帝举行朝会大典以及阅兵、献俘等重大仪式的殿宇；此殿殿基高达 15.6 米，面阔 75.9 米，进深 41.3 米，面积 3134.67 平方米，比现存世界上最大的木结构宫殿——故宫太和殿的面积还大 1.3 倍。

　　在含元殿主殿的两翼即东南和西南方向，分别建有比主殿位置突出的翔鸾阁和栖凤阁，两阁相距 150 米，各以曲尺形廊庑与主殿相连。整组建筑两翼突出、主殿缩进，呈"凹"字形；而主殿前是左右两条各长 78 米的蜿蜒迤逦而上的"龙尾道"。

　　在整个含元殿建筑群的前方，是一个南北宽 615 米、东西长 750 米的大型广场，总面积达 461 250 平方米，比今天北京的天安门广场还大，相当于六十多个标准的现代足球场。

　　站在这样一个气势磅礴的广场上仰望巍峨壮丽的含元殿，任何人都会为之怦然动容、心潮澎湃！

　　"九天阊阖开宫殿，万国衣冠拜冕旒。"（王维）

　　哪一个中国人心中，没有这样的一个唐朝！

　　哪一个中国人心中，没有这样的一座长安！

　　走在长安车如流水马如龙的宽衢大道上，遇见的绝不仅仅唐朝人。

随时会遇见的可能有突厥人、西域人、波斯（伊朗）人、大食（阿拉伯）人、拂菻（东罗马）人、日本人、新罗人、天竺（印度）人、真腊（柬埔寨）人、骠国（缅甸）人……他们中有元首、大臣、使节、士兵、商人、学者、留学生，还有僧侣、艺术家、医生、工匠、歌姬，甚至有"色黑如墨、唇红齿白"的昆仑奴，可谓形形色色，不一而足。

在公元7世纪和8世纪，要感受什么叫作"国际性大都市"，必须来长安；要感受什么叫作"对外开放""与时俱进"，也要来长安；要了解当时的东西方和亚洲各国在政治、经济、文化各方面交流的盛况，更要来长安。

当时，大唐帝国是世界上最先进、最文明、最发达的国家，而大唐帝京长安则是整个亚洲的经济和文化中心。历史学家向达先生说，在唐朝，"一切文物亦复不间华夷，兼收并蓄。第七世纪以降之长安，几乎为一国际的都会，各种人民，各种宗教，无不可于长安得之"（向达《唐代长安与西域文明》）。

汤因比说："长安是旧大陆文明中心所有城市中最具世界意义的城市，在这方面超过了同时代的君士坦丁堡，唐帝国和中国文明不仅为朝鲜，而且为更远的日本所赞赏和效仿，这显示了中国的威望。"

据统计，唐朝曾先后与世界上三百多个国家和地区有所交往。为了接待各国使节和来宾，唐朝专门设立了鸿胪寺，由当时朝中的"国际政治专家"担任主管官员。长安城中甚至有专供外国人长期居住或定居的"番坊"。有很多外国留学生到唐朝读书之后，进而参加科举考试，最后终身在唐朝为官。例如，日本人阿倍仲麻吕，中国名字叫晁衡，于唐玄宗开元五年（公元717年）来到长安的太学就读，当时年仅十九岁，完成学业后留在唐朝任职，历任左补阙、秘书监、左散骑常侍等职。

晁衡在长安与著名诗人李白、王维结成了好友。唐天宝十二年（公元753年），晁衡作为唐朝回访日本的使者，与日本遣唐使一起返回日本。不料，途中遇险，船只漂到越南，以至于友人们误以为晁衡已经遇难，极为悲伤。为此，李白写下了一首《哭晁卿衡》："日本晁卿辞帝都，征帆一片绕蓬壶。明月不归沉碧海，白云愁色满苍梧。"后来，晁衡又辗转回到了长安，一直到唐代宗大历五年（公元770年）去世，前后在中国一共生活了五十三年。

有一些外国使臣出使唐朝后也留了下来。例如，波斯大酋长阿罗撼，于唐高宗显庆三年（公元658年）出使中国后便留在唐朝为官，此后又以唐朝使者的身份出使拂菻（东罗马）等国，因功被授予右屯卫将军、上柱国、开国公，位尊爵显，并一直在中国活到了九十五岁高龄。

英国著名汉学家李约瑟说过："唐代确是任何外国人在首都都受到欢迎的一个时期。长安和巴格达一样，成为国际间著名人物荟萃之地。"（《中国科学技术史》第1卷）

除了留学生和使节，在唐朝定居数量最多的就是商人。唐朝专门设立了互市监和市舶司管理对外贸易。当时，长安、洛阳、扬州、广州、泉州、兰州、凉州、敦煌都成了唐朝对外贸易的重要城市。贞观时，西域各国"入居长安者近万家"，而各国商人在长安"西市"开店经商、长期居住的也有数千家之多。广州是当时世界上最大的贸易港口，有唐一朝，曾有大量的外商在广州定居，从事各种贸易活动，仅唐朝末年的黄巢起义，死于战乱的外商就有十二万人以上。

为了适应国际交往的需要，唐朝的对外交通相当发达。陆路方面，从长安出发，经河西走廊，出敦煌、玉门关西行，直达中亚、西亚、东欧，这就是著名的陆上"丝绸之路"。海路方面，可由登州（今山东蓬莱）、楚州（今江苏淮安）或明州（今浙江宁波）出海，前往朝鲜半岛和日本；由扬州、明州、泉州或广州出发，经越南海岸，在马来半岛南端穿越马六甲海峡，过印度洋，可到达斯里兰卡、印度等地；再越过阿拉伯海，可到达阿曼湾、波斯湾，并可远至红海，抵达埃及和东非的港口，这就是著名的"海上丝绸之路"。

通过陆地和海上这两条"黄金通道"，世界各地的人们纷纷来到中国。

贞观十七年（公元643年），东罗马皇帝波多力遣使来唐，献赤玻璃、绿金精等物，而唐太宗则回书答礼，赠绫、绮等丝织品。东罗马的皇帝、贵族和妇女都极其喜爱中国的丝织品，拂菻（东罗马）也成了唐朝丝织物传入其他国家的重要转输地。

公元7世纪初叶，伊斯兰教创传人穆罕默德统一了阿拉伯半岛。穆罕默德本人对中国文化非常向往，曾对他的弟子说："学问虽远在中国，亦当求之。"唐高宗永徽二年（公元651年），大食（阿拉伯）遣使与唐通好；在此后一个半世纪的时间里，大食遣使来唐共达三十六次。因此，唐朝文化大量传入阿拉伯世界，其中最重要的就是造纸术。

后来，中国的造纸术又从这里传入了欧洲，极大地推动了东西方文明的交流。唐朝后期，火药的主要成分——"硝"也传入阿拉伯，阿拉伯人称之为"中国雪"。与此同时，阿拉伯的天文、历法、数学、建筑、医学也对唐朝产生了一定影响。阿拉伯的医学是近代欧洲医学的基础，而其外科医术就是在这时候传入了中国。

公元7世纪中叶，波斯为大食所灭，波斯王卑路斯及其子泥涅斯，先后定居长安，客死中土。当时，许多波斯商人也流亡到了唐朝，纷纷在长安落脚。长安、洛阳、扬州、广州等地都有波斯商人开设的"胡店"，以经营宝石、珊瑚、玛瑙、香料、药材驰名。通过贸易活动，波斯的菠菜、波斯枣传入唐朝，而唐朝的丝绸、瓷器、纸张也传入了波斯。

印度、巴基斯坦、孟加拉国，当时统称天竺。唐初，中天竺的戒日王征服了五天竺，统一了印度半岛，随即遣使与唐通好。从此，天竺与唐朝的贸易往来日益频繁。印度半岛东西两岸常有唐朝商船泊港，天竺商船也到广州、泉州进行贸易。唐朝输往天竺的商品有麝香、纻丝、色绢、瓷器、铜钱；天竺输入的物品有宝石、珍珠、棉布、胡椒。中国的纸和造纸术传入印度，从此结束了印度用白桦树皮和贝叶写字的时代。唐太宗也派人到中天竺学习制糖技术，据说学成归来后制出的糖的颜色和味道比印度原产的还好。

由于佛教经典的翻译，在唐朝产生了与佛教密切相关的变文。敦煌、云冈、麦积山、洛阳龙门石窟的壁画、雕塑，都受到印度北部犍陀罗艺术风格的影响。此外，天竺的天文、历法、医学、音韵学、音乐、舞蹈、绘画、建筑，都对唐朝产生了一定的影响。唐朝"十部乐"中便有天竺乐，舞蹈中也有天竺舞的成分。

唐初，朝鲜半岛上，高句丽、百济、新罗三国鼎立，都同唐朝有所往来。高宗时期，唐朝先后出兵平灭了百济和高句丽，新罗遂于唐高宗上元二年（公元675年）统一了朝鲜半岛，此后与唐的关系进一步发展，贸易往来十分频繁。新罗商人运至唐朝的牛黄、人参、海豹皮、朝霞绸、金、银等物，占唐朝进口物产的首位，同时他们也从中国带回丝绸、瓷器、茶叶、书籍等物品。

新罗曾派遣大批留学生到长安学习，其中在唐朝的外国留学生数量最多的就是新罗人。唐文宗开成五年（公元840年），学成归国的新罗学生一次就有一百零五人；甚至不少新罗学生还参加唐朝的进士科考，中举后就留在唐朝为官。

从贞观十三年（公元639年）起，新罗就相继设立医学、天文、漏刻博士，专门研究唐朝的医学、天文、历法。公元675年，新罗开始采用唐朝历法。公元8世纪中叶，新罗仿效唐朝的政治制度改革了从中央到地方的各级行政机构。唐德宗贞元四年（公元788年），新罗采用了科举考试制度选拔官吏，以《左传》《礼记》《孝经》为主考科目，此外又根据唐律改订了刑律。新罗原来没有文字，到公元7世纪中叶新罗学者薛聪创造了"吏读"法，用汉字作音符来标注朝鲜语的助词、助动词等帮助阅读汉文，推动了文化的普及和发展。唐文宗太和二年（公元828年），新罗使者带回了茶叶种子，开始种茶。唐末五代，雕版印刷术传入新罗（参见施建中主编《中国古代史·下册》）。

有唐一朝，与中国交往最为密切、受唐朝影响最深的国家，当属日本。

当时，日本仍处于奴隶制向封建制过渡的时期，对唐朝繁荣昌盛的文化和发达的物质文明无比向往、高度崇拜。日本人迫切希望能过上"像汉人那样灿烂的文化生活"，于是不断向中国派出遣唐使、留学生、学问僧。从唐太宗贞观四年（公元630年）到唐昭宗乾宁元年（公元894年）的二百六十四年间，日本先后派出遣唐使十三次，派船迎送唐朝使者六次，共计十九次，其中实际到达长安为十五次。唐初，遣唐使团不超过二百人，可从公元8世纪初起人数已多达五百五十人以上。

日本遣唐使给唐朝带来了珍珠绢、琥珀、玛瑙、水织绨等贵重礼品，唐朝回赠高级丝织品、瓷器、乐器、文化典籍。日本遣唐使团将中国的典章制度、天文、历法、文学、书法、宗教、音乐、美术、舞蹈、医学、建筑、雕刻、工艺美术、生产技术、生活习俗带到日本，推动了日本政治、经济、文化、教育、科技的全面发展，对日本社会产生了巨大而深远的影响。

日本留学生中最知名的是吉备真备，学问僧中最知名的是空海。吉备真备回到日本后，用汉字楷体偏旁创造了"片假名"；学问僧空海不仅将中国大乘佛教的密宗学说带回了日本，而且用汉字草体偏旁创造了"平假名"，使日本文化逐渐走上了独立发展的道路（参见施建中主编《中国古代史》下册）。

中国僧人东渡日本传播唐朝文化，最著名的是鉴真和尚。

鉴真，俗姓淳于，扬州人，对大乘佛教的律宗造诣精深，在扬州大明寺讲律传戒。应日本圣武天皇之请，鉴真东渡日本传法，经六次努力，历尽艰险，终于在唐天宝十三年（公元754年）到达日本。其时，鉴真已经年近七旬，双目失明，可他不仅将中国佛教的律宗传到了日本，而且还向日本人传授了佛寺建筑、雕塑、绘画、医药等各种知识。日本现存的唐招提寺，便是鉴真主持修建的。鉴真在日本整整居住了十年，圆寂后葬在招提寺。

公元7世纪以前，日本没有固定都城；直到公元694年，日本才兴建了藤原京；此后又于公元710年修建了平城京，公元794年修建了平安京。这些都城的设计理念、城市布局和建筑风格，无一例外都是模仿唐朝的长安城。例如，这些都城中均有"朱雀大街""东市""西市"等，甚至连建筑用的砖瓦纹饰也和唐朝长安城的如出一辙。

基本上可以说，当时的日本的京城俨然就是"山寨版"的长安城。

除了上述国家之外，唐朝与南亚的林邑（越南）、真腊（柬埔寨）、骠国（缅甸）、尼婆罗（尼泊尔）、狮子国（斯里兰卡），以及中亚的吐火罗（阿富汗）等国都有广泛的商业联系与外交往来。

在长达几个世纪的文化交流中，南亚的佛学、医学、历算、语言学、音韵学、音乐、舞蹈、美术，东亚的音乐、舞蹈，西亚和西方世界的祆教、景教、摩尼教、伊斯兰教等，如八面来风地纷纷传入中国，对中国文化产生了深远的影响。

美国汉学家伊佩霞说："与二十世纪前中国历史上任何其他的时代相比，初唐和中唐时期的中国人自信心最强，最愿意接受不同的新鲜事物。这个时期的中国人非常愿意向世界敞开自己。"

英国历史学家韦尔斯说："第七、八世纪，中国是世界上最安定最文明的国家。当时的欧洲人民尚处于茅舍坞壁的宗教桎梏之境，而中国人民的生活却已经进入安乐慈爱、思想自由、身心愉悦的境域。"

唐太宗李世民说过这么一句话："自古皆贵中华、贱夷狄，朕独爱之如一。"（《资治通鉴》卷一九八）正是因为以李世民为首的唐朝君臣能够具有如此博大的胸怀，公元7世纪初到8世纪中叶的唐朝才能成为中国历史上最自信、最开放、最宽容、最大气、最具生机和活力、最具世界主义色彩的一个时代。

这就叫兼收并蓄，博采众长；这就叫海纳百川，有容乃大！

十八 / 玄奘西行：信仰的力量

公元642年，五天竺的最高领袖戒日王向当时的印度全境发布了一道敕命——他要在曲女城（今印度北方邦卡瑙季）举行一场规模空前的"无遮大会"，即大型的佛教经义辩论会。会议邀请了十八个国王，还有各国的大小乘佛教僧人三千多人、著名的佛教圣地那烂陀寺的僧人一千余人，以及婆罗门教和其他宗教的僧人二千余人，几乎集中了当时五天竺的所有政治和宗教精英。

邀请这些人与会的目的只有一个，那就是——与一个来自中国的僧人进行自由辩论。

大会正式举行那天，整座曲女城人山人海、万头攒动、锣鼓喧天。除了被邀请的代表外，云集于此的还有各国的大臣、卫兵、侍从，以及慕名而来的社会人士。会场内外"或象或舆，或幢或幡，各自围绕，……若云兴雾涌，充塞数十里间"（《大慈恩寺三藏法师传》），场面之盛大隆重可谓前所未有。

人们蜂拥进入会场后，看见高坛的宝床上静静地坐着一个面目清癯、肤色白皙的僧人，在会场的门楼前高悬着两部用大字书写的大乘佛教论著——《会宗论》和《制恶见论》。

这位僧人就是论主（佛教用语，指论的作者），他写的这"两部论"就是本次大会的论题。与会的人都可以就这"两部论"的任何一个论点进行质疑，进行辩论和驳难。戒日王命人在会场前宣布：大会为时十八天；在此期间，任何人只要能从这"两部论"中找出一个字不合义理，并且将论主驳倒，这个中国僧人就要当场被砍掉脑袋，向众人谢罪。（《大慈恩寺三藏法师传》："若其间有一字无理能难破者，斩首相谢。"）

如果不是对自己的学识、智慧和辩才充满自信，绝不敢做出如此承诺、夸下如此海口！

可是，这个中国僧人真有那么厉害吗？

要知道，在座的这些人绝非等闲之辈——"诸贤并博蕴文义，富瞻辩才"

(《大慈恩寺三藏法师传》)。也就是说，五印度最有学问、最有智慧、对佛法造诣最为精深的人都在这里了，难道以他们多年的修行和深厚的学养，果真挑不出这个中国僧人一个字的毛病？

这几乎是不可能的！

然而，不可能的事情最后还是发生了。

在这十八天里，不断有人站出来挑战，提出了尖锐的问题，进行了激烈的辩难。但这个中国僧人始终神色自若，从容应对，引经据典，侃侃而谈。最后，挑战者无不理屈词穷，一一败下阵来。到大会结束时，确实没有一个人能攻破他的学说，驳倒他的立论。与会的众多高僧大德无不心服口服，对这个中国僧人佩服得五体投地。

戒日王非常高兴，当即赐给这个中国僧人大量的金银和法衣，在场的十八个国王也纷纷供养（佛教用语）各种珍宝。按照印度惯例，无遮大会得胜的论主可以乘坐璎珞庄严的大象游行各地，接受人们的礼敬和瞻仰。可是，对于这些赏赐、供养和尊贵的礼遇，这位中国僧人全都婉言谢绝了。

人们本来就对这位精通三藏、智慧如海的中国僧人已经敬佩不已，而此刻他对名利的这种淡泊超然的态度越发赢得了人们的崇敬。随后，这位中国僧人的美名就传遍了五印度，大乘僧众盛赞他为"大乘天"，小乘僧众尊称他为"解脱天"。

这位来自东土大唐、名震五天竺并最终在世界佛教史上写下辉煌一页的中国僧人，就是玄奘。

玄奘，俗姓陈，名祎，洛州缑氏（今河南偃师）人，世称"唐三藏"（"三藏"是指佛教的经藏、律藏、论藏；此称号意谓对佛教典籍的精通，只是一种泛用的尊称，并非玄奘专名）。玄奘生于隋开皇十六年，即公元596年（玄奘生年多有异说，此处从梁启超之说），祖上历代为官，父陈惠曾任隋朝江陵县令，后辞官归隐，潜心儒学。

玄奘十一岁时，跟随他的二兄、已出家的长捷法师进入洛阳净土寺修学佛法，不久便熟习《法华经》《维摩经》。隋大业四年（公元608年），大理寺卿郑善果奉旨到洛阳度僧，年仅十三岁的玄奘闻讯前往。素有"知士之鉴"的郑善果见其容貌俊逸、器宇不凡，就问玄奘是否想出家，他说是。郑善果又问玄奘为何出家，他答："意欲远绍如来，近光遗法。"郑善果大为赞叹，对身边的人说："若度此子，必为释门伟器，但恐果与诸公不见其翔翥云霄、洒演甘露耳！"（《大慈恩寺三藏法师传》）

当时，玄奘的年龄尚幼，本来是不能出家的，可郑善果却破格收了他，将年少的玄奘剃度为僧。

郑善果预料到这个少年终将成为"释门伟器"、一代高僧，可他无论如何也不敢想象，自己此刻的这个决定竟然会深刻影响此后一千多年中国佛教的历史。

玄奘出家后，很快就精通了《大涅槃经》《摄大乘论》等重要的大乘经论。大业十四年（公元618年），天下分崩离析，熊熊战火燃遍中原，洛阳更是首当其冲。为了躲避战乱，同时也为了进一步深造，玄奘离开洛阳，前往天下的名山大寺参学，先是到了成都，后来又辗转荆州（今湖北江陵）、扬州、相州（今河南安阳）、赵州（今河北赵县）等地，于贞观元年（公元627年）来到长安。

将近十年间，玄奘遍访名师、究通各家，此时已成为备受赞誉的一介高僧。但是，在多年参学的过程中，玄奘逐渐发现众多名师对佛法的理解异说纷纭、歧义互见，而考诸现有各种佛典译本却又颇多矛盾抵牾之处，令人无所适从，于是萌生了前往天竺求取更多佛学原典，尤其是大乘经典的强烈愿望。

恰逢当时中天竺（古印度五天竺之一，五天竺分为东天竺、南天竺、西天竺、北天竺、中天竺）的僧人颇密多罗来到长安，他向玄奘介绍了著名佛教圣地那烂陀寺（在今印度比哈尔邦巴特那县）的学术规模，以及天竺高僧、该寺住持戒贤法师弘讲《瑜伽师地论》的盛况。这更加坚定了玄奘西行的决心，他便立即向朝廷上表，要求前往天竺求取佛学经典。可由于当时出国之禁甚严，玄奘的申请被驳回了，但是玄奘始终没有放弃"誓游西方，以问所惑"的决心和信念，一直做着各种准备工作。

贞观元年（公元627年）八月，长安和关东地区爆发了严重的霜灾和饥荒，朝廷便同意灾民可以前往各地自谋生路。玄奘意识到时机成熟，终于做出一个大胆的决定——混在难民队伍中偷越国境，西行求法。（玄奘西行的时间，普遍认为是贞观三年，此处依据梁启超在《中国历史研究法》中的相关考证，确定为贞观元年。）

此行前途未卜，生死难料。

出发的这一刻，除了简单的行囊和一腔求法的理想之外，玄奘什么都没有。

没有人知道，十九年后，这个孑然一身的"偷渡客"竟然会带着震古烁今的伟大成就载誉归来，不仅受到举国上下的盛大欢迎，而且得到唐太宗李世民的主动面见。

没有人知道，玄奘迈出长安的这一步——是在书写一页"前无古人后无来者"的历史！

玄奘茕然西去的背影，显得寂寞而苍凉……

走向天竺的这一路，充满了常人难以想象的艰辛。

一路上虽然没有"白骨精"和"盘丝洞"，没有"牛魔王"和"火焰山"，没有魑魅魍魉和"九九八十一难"，但是有一望无际的大漠黄沙，有荒无人烟的戈壁荒滩，有关卡盘查、官吏缉捕的困扰，有缺水断粮、迷失方向的危险，所有这一切都足以让玄奘葬身在没有人知道的地方，或者迫使他心生懊悔、黯然东返……

然而，这一切都没有挡住玄奘的脚步。

早在迈出长安的那一刻起，玄奘就已发出宏大的誓愿——

此行不求财利，无冀名誉，但为无上正法。

若不至天竺，终不东归一步。

宁可就西而死，岂能归东而生？（《大慈恩寺三藏法师传》）

这就是信仰的力量！

正是这样一种单纯而伟大的信仰，使玄奘能够克服一切艰难险阻，甚至蔑视死亡的威胁，顽强地走向自己生命中的圣地……

玄奘从长安启程，经秦州（今甘肃天水）、兰州、凉州（今甘肃武威）、瓜州（今甘肃安西东南），出玉门关外五烽（五道重兵把守的关卡），进入"上无飞鸟，下无走兽，复无水草"的八百里戈壁——莫贺延碛，在克服了四天五夜滴水未进的困难之后，终于穿越这个可怕的死亡地带，经伊吾（今新疆哈密市）抵达高昌（今新疆吐鲁番东）。

高昌国王麴文泰盛情接待了玄奘，但执意要求他留在高昌讲经说法，否则就要把他遣送回唐朝。玄奘无奈，只好以绝食相抗，"水浆不涉于口三日"。最后，麴文泰终于被玄奘的至诚所感动，提出两个放行的条件：一、与他约为兄弟；

二、求法归来后在高昌停留三年。

玄奘同意了。麹文泰大喜，当即"为法师度四沙弥以充给侍，制法服三十具；以西土多寒，又造面衣、手衣、靴、韈等各数事；黄金一百两，银钱三万，绫及绢等五百匹，充法师往返二十年所用之资；给马三十匹，手力二十五人"（《大慈恩寺三藏法师传》）。此外，为了玄奘能顺利西行，麹文泰还专门准备了二十四封国书，命护送的大臣交给沿途的二十四国国王，每书奉送大绫一匹为礼物；并且还亲手写了一封辞义谦恭的信，随信献上"绫、绡五百匹，果味两车"，请求西突厥统叶护可汗致信其势力范围内的西域诸国为玄奘法师提供尽可能的帮助。

就这样，玄奘离开高昌，过焉耆、龟兹等国，翻越凌山（葱岭北部），到达碎叶城（今吉尔吉斯斯坦托克马克西南），面见了统叶护可汗。随后，在统叶护可汗致所经诸国的信件和护送使节的帮助下，玄奘顺利经过西域诸国，过铁门关（今乌兹别克斯坦南部），入吐火罗（今阿富汗北部），而后沿今巴基斯坦北部，过克什米尔，进入了北天竺。

贞观五年（公元631年）秋天，玄奘终于抵达朝思暮想的佛教圣地——那烂陀寺。在这里，玄奘拜戒贤为师，潜心学习梵语，研习各种大小乘经论，尤其专攻印度法相宗（唯识论）代表作《瑜伽师地论》，历时五年。此后，玄奘遍访五天竺，足迹留在了印度各地。

贞观十五年（公元641年），玄奘重回那烂陀寺。此时，玄奘的学业已经粲然大成，戒贤命其升座为众讲解大乘唯识经典。在此期间，玄奘著有《会宗论》，会通了印度大乘"瑜伽""般若"二宗，将唯识与中观学说相互融贯，自成一家。此外，由于当时南天竺的小乘僧人著有《破大乘论》攻击大乘学说，负面影响很大，于是玄奘应戒日王之请又撰写了破除小乘见地的《制恶见论》。

从此，玄奘在印度声名鹊起。

贞观十六年（公元642年），玄奘又在戒日王举办的曲女城无遮大会上挫败了五天竺所有的论敌，其盛名更是如日中天，几乎取代戒贤，成为全印度造诣最深、声誉最隆的佛教思想界领袖。

玄奘意识到自己的使命已经圆满完成，遂于贞观十七年（公元643年）告别了戒贤法师和戒日王返回中国。经过两年的时间，在贞观十九年（公元645年）正月二十四日，玄奘终于回到了阔别将近二十年的长安。

和玄奘一起回到中国的，是六百五十七部具有高度学术价值的梵文佛典。

玄奘大师的西行求法，前后历时十九年，行程共计五万里，堪称世界中古史上一次艰难而伟大的探险之旅、朝圣之旅，也是意义最为深远的一次学术和文化之旅！

玄奘回到长安的时候，受到了朝野上下隆重而盛大的欢迎，一切与他当年"偷越国境"时寂寞而苍凉的境况相去不啻霄壤。

然而，玄奘还是当年的那个玄奘，信仰还是当年的那个信仰。

唯一不同的，只是外在的评价和世人的目光。

贞观十九年（公元645年）二月，玄奘去洛阳面见了唐太宗。唐太宗对玄奘极为赞叹和欣赏，劝他还俗从政，玄奘力辞。于是，唐太宗就请玄奘把西行路上的所见所闻记录下来。随后，玄奘在弟子辩机的协助下，用一年时间完成了价值不可估量的《大唐西域记》。

这是一部当之无愧的世界名著。

《大唐西域记》记述了玄奘西行途中所历所闻的一百五十个国家的政治经济、语言文化、宗教信仰、历史沿革、地理形势、水陆交通、气候物产、风土人情，等等，不但是当时中国人了解外部世界不可多得的一部著述，而且成为后世研究中古时期中亚和印度历史、地理及中西交通的弥足珍贵的第一手史料。

众所周知，印度在哲学和宗教方面拥有灿烂的成就，可他们的历史从来都是一笔糊涂账。对此，马克思甚至声称："印度社会根本没有历史！"（马克思《不列颠在印度统治的未来结果》）因此，要研究印度古代史，《大唐西域记》就是一部谁也绕不过去的重要著作。

回到长安后，玄奘就着手翻译带回来的佛学典籍。唐太宗全力支持玄奘的译经事业，命房玄龄在弘福寺为他组织了一个规模完备的译场，并"广召硕学沙门五十余人"做他的助手。贞观二十二年（公元648年），玄奘译出了一百卷的《瑜伽师地论》，唐太宗御笔钦赐《大唐三藏圣教序》。同年，太子李治为亡母长孙皇后祈福所建的大慈恩寺竣工落成，玄奘奉命成为住持，进入该寺继续译经。

唐高宗龙朔三年（公元663年），年已六十八岁的玄奘终于译出了多达六百卷的《大般若经》，而他的生命也在彪炳千秋的译经事业中走到了终点。

唐高宗麟德元年（公元664年）二月五日夜，玄奘大师在宜君山的玉华寺圆寂，终年六十九岁。

出殡之日，莽莽苍苍的白鹿原上出现了一支一眼望不到头的送葬队伍。

这里有朝廷官员，有佛教僧人，可更多的是自发为大师送行的长安百姓。史称："（玄奘）归葬于白鹿原，士女送葬者数万人。"（《旧唐书·玄奘传》）

玄奘从回到长安的第二十七天起就开始翻译佛典，一直到去世前的二十七天他才搁下手中的译笔，诚可谓鞠躬尽瘁，死而后已！

十九年间，玄奘带领弟子们共译出佛教经论七十五部、一千三百三十五卷，计一千三百万言。

由于玄奘大师对梵文造诣精深，而且学术态度极为严谨，所以由他主译的这批卷帙浩繁的佛教经典，无论是在名相的辨析安立、文义的精确畅达，还是在翻译体例的制定、矫正旧译的讹谬方面都取得了超越前人的成就，从而在中国译经史上开辟了一个崭新的纪元。因此，后世将玄奘与姚秦的鸠摩罗什、萧梁的真谛、开元时代的不空，并称为"中国佛教史上的四大翻译家"。

尤其值得一提的是，在这四个人中，其他三个都是外籍僧人：鸠摩罗什祖籍天竺、生于龟兹，真谛是西天竺人，不空是南天竺人，只有玄奘是唯一的中国人。

梁启超说："自古至今，不但中国人译外国书，没有谁比他多、比他好，就是拿全世界人来比较，译书最多的恐怕也没有人在他之上。""法相宗（唯识宗）的创造者是玄奘，翻译佛教经典最好最多的是玄奘，提倡佛教最用力的是玄奘。中国的佛教，或只举一人作代表，我怕除了玄奘，再难找到第二个。"（《中国历史研究法》）

伟大的时代才能诞生这样伟大的人物。

在古代中国，"盛世修书"一贯被视为国家富强、文明昌盛的重要标志，而玄奘大师西行求法、"盛世译经"的壮举，又何尝不是为贞观时代增添了一笔不可多得的文化财富，又何尝不是从宗教和文化的层面彰显了唐王朝的盛世荣光！

十九 / "天可汗"时代：贞观武功

公元 7 世纪初，大唐帝国无疑是世界上最强大的国家。

从贞观元年（公元 627 年）起，唐太宗李世民就引领着大唐帝国走上了一条励精图治的强国之路，短短十余年间就呈现出一派盛世景象——无论是政治的清明、经济的繁荣、文化的昌盛，还是社会的稳定、民生的富庶、人口的增长，无不显示出唐帝国在文治方面所取得的骄人成就。

然而，文治的昌盛并不必然带来国家的强大。

对此，作为一个从血与火的战场上走过来的帝王，作为一个曾经用刀剑荡平群雄、鼎定天下的创业之君，李世民比任何人都清楚——要缔造一个繁荣而强大的帝国，既要有一袭"崇文"的华服，更要有一根"尚武"的脊梁。

换言之，李世民所追求的不仅是"垂衣天下治，端拱车书同"（李世民《重幸武功》）的皇皇文治，同时更憧憬着"指麾八荒定，怀柔万国夷"（李世民《幸武功庆善宫》）的赫赫武功！

就在李世民执政的第四个年头，即贞观四年（公元 630 年），一个"威震四夷，功盖八荒"的时代就在他的憧憬和仰望中訇然降临——这就是令无数后人热血沸腾、心驰神往的"天可汗"时代。

第一个被唐朝征服的对手，是曾经盛极一时的东突厥。

从南北朝时期起，东突厥就是历代中原王朝最强大的敌人。到隋大业年间，东突厥在始毕可汗执政时期臻于全盛——"东自契丹、室韦，西尽吐谷浑、高昌诸国，皆臣属焉。控弦百余万，北狄之盛，未之有也。高视阴山，有轻中夏之志"。

大业末年，中原板荡，天下分崩，东突厥的百万铁骑伺机屡屡入寇；兵锋所到之处，城郭宫室焚毁殆尽，财帛子女为之一空。当时的逐鹿群雄如薛举、刘武周、梁师都、李轨、窦建德、王世充、刘黑闼、高开道等人，都曾依附在东突厥的羽翼之下。就连唐高祖李渊"晋阳起兵"时，也不得不忍辱负重向其北面称臣。

唐帝国建立之后，颉利可汗（始毕可汗之子、处罗可汗之弟）"承父兄之资，兵马强盛，有凭陵中国之志"，多次倾巢南侵，深入唐朝腹地。"高祖以中原初定，不遑外略，每优容之，赐与不可胜计"，而颉利却越发变本加厉，"言辞悖傲，求请无厌"。（《旧唐书·突厥传》）

如此强大的外患一天不铲除，唐王朝就一天也不得安宁。

有道是"风水轮流转"，从贞观元年（公元627年）起，曾经兵强马壮、嚣张跋扈的东突厥终于露出了衰亡的征兆。

一方面，东突厥境内连续几年遭遇空前严重的自然灾害，"其国大雪，平地数尺，羊马皆死，人大饥"。另一方面，颉利可汗又宠信佞臣，引发了政治上的动荡，导致原本臣属于东突厥的薛延陀、回纥、拔也古等北方诸部相率反叛。此外，颉利和他的侄子、封藩于幽州北面的突利小可汗又素来不睦，双方的矛盾冲突日趋激烈，最终甚至刀兵相见，致使突利不得不于贞观二年（公元628年）四月向李世民呈上密表，请求归降。

在此情况下，以杜如晦为首的许多大臣纷纷主张趁此机会荡平东突厥。但唐太宗李世民却没有大举出兵，因为他考虑到自己登基未久，当务之急是内政完备，还不宜发动大规模对外战争。当然，这并不等于李世民会无所作为。

李世民决定，趁东突厥自顾不暇之机，先用最小的代价斩断其左膀右臂。

为此，李世民一边派兵接应突利，一边命夏州长史刘旻、司马刘兰成攻击盘踞在朔方（今陕西横山县）的梁师都。

梁师都是隋末群雄中割据时间最长的一个。自从大业十三年（公元617年）起，梁师都就在东突厥的支持下长期活跃在唐帝国的北部边境，而且不遗余力地充当东突厥的打手，始终是唐王朝的肘腋之患。

刘旻和刘兰成接获命令后，第一步是派遣轻骑兵深入梁国境内，不断进行袭扰，并摧毁其农田庄稼，使其人心惶惶；第二步，他们发动了"间谍战"，派出大量间谍潜入朔方，造谣生事、上下撺掇，成功离间了梁师都与群臣的关系，致使其文武官员纷纷叛逃归降唐朝。

当刘旻和刘兰成意识到时机成熟后，他们遂上表请求出兵。李世民当即派遣柴绍和薛万均率部进围朔方，于贞观二年（公元628年）四月末平定了梁师都。

· 十九／"天可汗"时代：贞观武功 · 159

贞观二年（公元628年）冬，叛离东突厥的北方各部共同推举薛延陀的首领乙失夷男为可汗。李世民得知后，随即采取"远交近攻"的战略，立刻遣使对其进行册封，并赐其"鼓纛"（巨鼓和大旗），正式承认了薛延陀的独立。

很显然，李世民这么做目的就是要让东突厥陷入腹背受敌的困境。

面对如此不利的战略形势，颉利可汗大为惶恐，遂于贞观三年（公元629年）遣使向唐朝称臣，并要求迎娶唐朝公主。

然而，李世民已经不给颉利可汗机会了。

这一年十一月末，李世民任命兵部尚书李靖为北伐统帅，率张公谨、李世勣、丘行恭、柴绍、薛万彻、卫孝节等人兵分六路，共计十余万人，从各个方向大举进攻东突厥。

贞观四年（公元630年）正月，年届六旬的李靖冒着严冬大雪，亲率一部精锐骑兵长途奔袭，以迅雷不及掩耳之势直捣颉利可汗的王庭——定襄（今内蒙古和林格尔县）。颉利可汗猝不及防，被李靖一举击溃，只好率余众逃往阴山，不料半路又遭到李世勣的阻击，部众伤亡殆尽，最后与残部逃至阴山以北的碛口（今内蒙古四子王旗西北）。

随后，颉利可汗一边召集逃散的部众，一边遣使向唐太宗李世民谢罪称臣，企图以此麻痹唐军，等实力恢复后伺机再战。

对于颉利可汗的诈降意图，李世民当然是洞若观火。于是，李世民一边派遣使臣唐俭前去与颉利可汗周旋，一边密令李靖继续进兵，不让颉利可汗有丝毫喘息之机。

就在颉利可汗以为他的缓兵之计已经得逞之时，唐军前锋苏定方火速进抵碛口，突然杀进突厥大营，同时李靖大军亦紧随而至。颉利可汗被迫再度逃亡，前往灵州（今宁夏宁武市）西北投奔他的侄子沙钵罗。

三月，唐军张宝相部进逼沙钵罗大营，生擒颉利可汗。

至此，东突厥彻底覆灭，北起阴山、南抵大漠的广袤土地全部归入唐帝国的版图。此次出征，唐军前后斩杀突厥骑兵数万人，收降部众数十万。自北朝以来数百年间一直对中原王朝构成强大威胁的边患，至此宣告终结。

贞观四年（公元630年）三月，"四夷"君长齐集长安，一起向唐太宗李世民敬献了史无前例的尊号——"天可汗"。

一个彪炳千秋的"天可汗"时代从此拉开序幕。

在唐朝与西域诸国之间,有一条地形狭长的交通要道,称为"河西走廊"。从长安往西北方向出发,经过河西走廊,出玉门关,可到达西域;再穿过西域,可直抵中亚、西亚诸国,甚至远抵欧洲大陆。这条贯穿欧亚大陆的重要交通线和贸易通道,就是著名的"丝绸之路"。

吐谷浑就位于河西走廊的南侧,扼守着"丝绸之路"的咽喉。

贞观初年,吐谷浑可汗慕容伏允年事已高,将朝政大权委于宰相天柱王,对其言听计从。天柱王是一个"鹰派"人物,倾向于对外扩张。在天柱王的影响下,吐谷浑采取了"阳奉阴违"的做法,表面上经常遣使朝贡,背地里又频频入侵唐朝的西北边境,曾先后纵兵大掠兰州、鄯州(今青海乐都县)、廓州(今青海化隆县西)等地,严重威胁唐朝边境与"丝绸之路"的安全。

贞观八年(公元634年)五月,李世民遣使对慕容伏允严加谴责,并命他亲自到长安朝见。慕容伏允不仅拒绝入朝,而且再度纵兵入寇,甚至扣押了出使吐谷浑的唐朝使臣。李世民连续派遣多批使者与吐谷浑交涉,"谕以祸福",但慕容伏允始终置若罔闻。

这一年十月,忍无可忍的"天可汗"终于出手了。

李世民命段志玄出兵,对吐谷浑发动突然袭击。段志玄迅速击溃了吐谷浑的边境部队,并向纵深追击了八百余里。然而,深入吐谷浑的国境之后,段志玄却担心粮草不继,于是下令撤兵。

唐军的第一次西征就这样无功而返。

如此结果,当然令李世民很不满意。贞观九年(公元635年),李世民再度任命六十四岁的李靖为西征军统帅,以李道宗、侯君集担任副统帅,下辖六大兵团,大举进攻吐谷浑。

慕容伏允很清楚,以吐谷浑的国力和兵力而言,绝对不可能与强大的唐军抗衡;如果硬着头皮与其正面对决,无疑只有死路一条,所以唯一的办法只有一个字——拖。

慕容伏允采取的具体战略就是:首先,大幅度向吐谷浑西部的山区和沙碛地带后撤,保存实力,避敌锋芒;其次,利用吐谷浑国境的广袤和纵深拖长唐军的战线,让唐军在寻找对手主力的过程中疲于奔命,使其行军作战和后勤补给同时陷入困境；最后，凭借高原地区恶劣的自然环境挫尽唐军的锐气，再利用各种复杂地形进行阻击，并从各个方向出动小股部队进行袭扰，最终拖垮唐军。

所以，当李靖的主力兵团刚刚抵达鄯州（今青海乐都县），慕容伏允就丢弃了他的王庭伏俟城，带着军队一撤两千里轻装进入了沙碛地带（今青海柴达木盆地）。

临走之前，慕容伏允下了一道命令，把青海湖沿岸的广袤草场全部焚毁，给唐军留下了千里赤地和一片焦土。

这是一记狠招。

慕容伏允想把唐军的战马活活饿死。

对于慕容伏允这种自作聪明的打法，李靖不禁冷笑。

针对敌方的图谋，李靖制订了一个"兵分两路，迂回包抄，大举扫荡"的宏大战略——北路由他亲自指挥，率领李大亮兵团和薛万均、薛万彻兵团，沿青海湖南岸由北向南作战，扫荡盘踞在大非川（今青海共和县西南切吉平原）一带的吐谷浑主力；南路由侯君集、李道宗两路兵团组成，直插吐谷浑的大后方，进攻黄河源头的吐谷浑各部落据点；最后在大非川与李靖兵团会师，完成南北夹击、包抄合围之势，全歼吐谷浑军队主力。

这是一场名副其实、艰苦卓绝的远征。按照李靖的战略部署，唐朝的两路大军必须在世界上海拔最高的地区——平均海拔四千米以上的青藏高原，深入吐谷浑境内数千里，克服种种恶劣的自然条件，穿越复杂而陌生的地形，并在缺乏粮草和后援的情况下进行远距离作战，其艰难和危险的程度可想而知。

这对于所有出征的将士——上自六十四岁的统帅李靖、下至每一个普通士兵来说，都是一场勇气、耐力和意志的考验。

由李靖率领的北路兵团，先后在曼头山（今青海湖南岸日月山）、牛心堆（今青海湖南岸）、赤水原（曼头山西）大破吐谷浑军队，而后又长驱直入，连战连捷，一共俘虏了二十个亲王，缴获各种牲畜二十多万头；稍后，执失思力又在居茹川（茶卡盐湖附近山川）击退了吐谷浑军队的反击。

北路兵团在李靖的指挥下以所向披靡之势横扫青海湖南岸，只用了不到一个月的时间，就悉数歼灭了盘踞在这一带的吐谷浑主力。

在南路，侯君集和李道宗兵团遭遇了比北路更大的困难，因为南面都是高海拔地区，平均海拔起码要比青海湖沿岸高出一千米以上。将士们不但要克服严重的高原反应，而且所经之地都是荒无人烟的千里冰川，将士们只好"人吃冰、马啖雪"（《资治通鉴》卷一九四），克服了种种常人难以想象的艰难险阻。

不过，令人欣慰的是，辛苦总是有回报的。

南路兵团进抵乌海（今苦海，位于鄂拉山口西南）时，终于发现了一支吐谷浑的大股部队，其首领是吐谷浑的亲王梁屈怱。

好些日子没打过仗的唐军将士大为兴奋，于是人人奋勇争先。经过一番激烈厮杀，生擒梁屈怱，同时缴获了大量牲畜。

获得充分的补给之后，唐军继续向黄河上游挺进，从星宿川（今黄河源头的星宿海）一路打到柏海（今青海鄂陵湖和扎陵湖），连战连捷，彻底摧毁了吐谷浑在黄河源头一带的军事力量。

最后，南路兵团胜利班师，与李靖率领的北路兵团会师于大非川。

此次远征，南北两路大军历尽千难万险，奔袭数千里，大小几十战，终于将吐谷浑军队的有生力量歼灭殆尽，完全实现了李靖预期的战略目标。

此时，慕容伏允已经穿过柴达木盆地的戈壁荒漠，越过阿尔金山脉，一口气逃到了突伦川（又称图伦碛，今新疆塔克拉玛干沙漠）。唐军稍事休整之后，李靖就发出了追击的命令，前锋将领契苾何力率一千轻骑直奔突伦川。时值盛夏，沙漠地带又严重缺水，唐军将士个个嘴唇干裂、头晕目眩，最后没办法只好杀了心爱的战马生饮其血。

就是靠着这种坚毅顽强的精神，唐军再次跨越数千里，追上了慕容伏允。贞观九年（公元635年）五月，走投无路的慕容伏允被亲兵所杀。

至此，吐谷浑宣告平定。

唐朝平定吐谷浑后，李世民又把目光投向了西域。

"西域"是一个统称，泛指今天的青海、新疆以及中亚的东部地区，涵盖的范围十分广阔。在西域之内，分布着大大小小数十个国家和部族，诸如西突厥、吐谷浑、党项、高昌、焉耆、龟兹、疏勒、于阗、罽宾、康国等，其中势力最为强大且唯一能够与唐帝国抗衡的国家无疑就是西突厥。

贞观中期，高昌（今新疆吐鲁番市东）在西突厥的支持下，屡屡拦截西域各国入唐朝贡的使者以及"丝绸之路"上的过往商旅，并多次出兵侵掠邻国焉耆。在多次警告无效的情况下，李世民于贞观十四年（公元640年）命侯君集出兵攻灭了高昌。

同年九月，唐朝在高昌故地设置西州，并在交河城（今新疆吐鲁番市）设置安西都护府，从而确保了"丝绸之路"的安全与畅通。

唐帝国在西域的强势介入自然引起了西突厥的恼怒和不安。西突厥一贯将西域诸国视为自己的势力范围，绝不甘心就此放弃这个经营已久的"后花园"。

所以，围绕着西域诸国的控制权，唐朝随即与西突厥展开了一场激烈的较量。

贞观十六年（公元642年）九月，西突厥突然发兵入侵伊州（伊吾）。唐安西都护郭孝恪将其击退，并重创处月、处密二部落。

两年后，原本一直亲附唐朝的焉耆与西突厥重臣阿史那屈利联姻，从而倒向了西突厥。贞观十八年（公元644年）八月，郭孝恪征得朝廷的同意之后，率部征讨焉耆，生擒其国王龙突骑支。但是，阿史那屈利不久便在焉耆重新扶植了一个亲西突厥的傀儡政权。

此后的几年里，唐朝接连对高句丽和薛延陀用兵，暂时无暇顾及西域。到了贞观二十一年（公元647年），随着一个新契机的出现，李世民当即决定大举出兵，彻底解决西域问题。

这个契机源于西域的另一个国家——龟兹。

龟兹位于塔里木盆地的北部、焉耆的西面，有大小城池八十余座，算是西域诸国中实力较强的一个国家。就像其他的西域国家一样，龟兹一直在西突厥与唐帝国之间采取骑墙策略，一方面对唐朝"岁贡不绝"，另一方面又"臣于西突厥"，打算"两边讨好，两边都不得罪"。可是，在郭孝恪征讨焉耆时，龟兹却犯了一个严重错误，不但"遣兵援助"焉耆，而且"自是职贡颇阙"。（《旧唐书·龟兹传》）

龟兹之所以援助焉耆，很可能是出于唇亡齿寒的担忧；而它之所以从此对唐朝的朝贡锐减，估计是对唐朝强硬的西域政策心存不满。

贞观二十二年（公元648年）九月，李世民命阿史那社尔为统帅，会同安西都护郭孝恪，集结铁勒十三部、东突厥、吐蕃、吐谷浑的骑兵部队共计十余万人，联兵进讨龟兹。

十月，阿史那社尔率大军兵分五路，以犁庭扫穴之势横穿焉耆国境，兵锋直指龟兹。焉耆国王薛婆阿那支丢弃王城，望风而逃，准备投奔龟兹。阿史那社尔遣兵追击薛婆阿那支，将其捕获、砍杀，然后另立其堂弟先那准为新国王，并命其对唐朝修藩臣礼、按时朝贡，从而在焉耆重建了一个亲唐政权。

焉耆不战而败，龟兹举国震恐，各地守将纷纷弃城而逃。唐军如入无人之境，顺利拿下龟兹都城伊逻卢城（今新疆库车县），生擒国王布失毕。龟兹国相那利逃脱了唐军的追捕，从西突厥搬来救兵，大举反攻郭孝恪驻守的伊逻卢城。最后，郭孝恪寡不敌众，与长子郭待诏一起壮烈殉国。

唐军随后重新夺回伊逻卢城，擒获龟兹国相那利。此后，阿史那社尔率领大军如同秋风扫落叶一样，接连攻克了龟兹的五座大城，同时招降了七十余座小城，彻底占领了龟兹全境。

唐朝成功征服龟兹之后，史称"西域震骇"，"西突厥、于阗、安国争馈驼马军粮"（《资治通鉴》卷一九九），以此表示对唐朝的臣服之意。

此役的胜利，标志着在与西突厥争夺西域的较量中，唐朝"笑到了最后"。

阿史那社尔在龟兹立下一块石碑，把大唐远征军取得的赫赫武功永远镌刻在了碑石之上，然后班师凯旋。

在唐朝经营西域的这段时期，唐太宗李世民也一直没有放弃对帝国北疆的经略。

尽管东突厥早在贞观四年（公元630年）便已被彻底平灭，可是代之而兴的薛延陀却趁"北方空虚"之机强势崛起，雄霸漠北，麾下足足有"胜兵二十万"。

李世民知道，如果不采取措施对其进行遏制，薛延陀必将成为唐帝国的一大劲敌。

贞观十二年（公元638年）九月，薛延陀的真珠可汗命他的两个儿子分别统辖其国的南部和北部。李世民立刻意识到这是分化其势力的一个良机，随即遣使册封他的两个儿子为小可汗并"各赐鼓纛"，"外示优崇，实分其势"（《资治通鉴》卷一九五）。

为了更有效地防范薛延陀，李世民册封东突厥降将阿史那思摩为新可汗，命其率部返回漠南重建东突厥。贞观十五年（公元641年），阿史那思摩北渡黄河，建牙帐于定襄故城。同年十月，真珠可汗命其子乙失大度率二十万人横穿大漠，直扑定襄。阿史那思摩无力抵挡，一溜烟逃回了长安。

十一月，李世民迅速做出了反击薛延陀的战略部署。唐帝国一共出动十几万兵力，在东起营州、西至凉州的数千里战线上分成五路出击，与薛延陀拉开了决一死战的架势。其中，兵部尚书李世勣率部进驻朔州，迎战薛延陀军队的主力。乙失大度担心被围歼，立刻掉头北逃。李世勣遴选了六千精锐，在背后紧追不舍。

乙失大度逃至诺真水（今内蒙古艾不盖河），发现李世勣兵少，随即列阵迎战。两军开战后，唐军一度失利。但李世勣却镇定自若，一面与敌交战，一面派薛万彻率数千骑兵绕到敌军后方袭击他们的备用马匹。薛延陀军的士气顿时一落千丈，人人无心恋战。唐军乘胜追击，砍杀三千余人，生擒五万余人，大获全胜。

乙失大度率残部穿越大沙漠时，又碰上了暴风雪，结果又有大部分士兵与马匹活活冻死。当乙失大度逃回王庭时，二十万大军只剩下不到二万人。

贞观十九年（公元645年）九月，真珠可汗卒，两个儿子为了争夺汗位大打出手，结果嫡出的小儿子杀了庶出的长子并自立为多弥可汗。

多弥可汗为了稳定政局，大肆清除异己，培植个人势力，弄得举国上下人心惶惶。不久，回纥、仆骨、同罗等部落一起发动兵变。多弥可汗被打了个措手不及，薛延陀陷入空前混乱。

贞观二十年（公元646年）六月，李世民命李道宗、阿史那社尔等人数路并进，大举北伐薛延陀。薛延陀举国震恐，诸部大乱。多弥可汗逃亡途中被回纥所杀。至此，这个继东突厥之后称雄大漠十余年的薛延陀，终于在唐帝国的致命打击下彻底灭亡。

贞观二十一年（公元647年）正月，唐太宗李世民下令在漠北设立六个羁縻都督府、七个羁縻都督州，合称"六府七州"。

同年四月，唐朝设置燕然都护府（治所在今内蒙古乌拉特中旗），统辖六府七州。

唐帝国从此走上了全盛的道路。

在唐帝国开疆拓土的过程中，我们看见了一种强悍而勇武的血性，也看见了一种自强不息、拼搏进取的精神。

"天可汗"时代虽然已经离我们远去，可它却变成了一座历史的丰碑。

无论世事如何变迁，无论岁月如何久远，"天可汗"时代的精神必将在华夏子孙的血脉中传承，"天可汗"时代也是民族记忆中不朽的骄傲与荣光！

二十 / 李承乾谋反案

李承乾是李世民的嫡长子，武德二年（公元619年）生于太极宫承乾殿，遂以此殿命名。

李承乾从小聪慧明敏，深受李世民喜爱。武德九年（公元626年）李世民登基，时年八岁的李承乾被立为太子。贞观九年（公元635年），太上皇李渊驾崩，李世民为高祖守孝，朝廷政务皆由太子李承乾决断。据说当时年仅十七岁的李承乾就"颇识大体"，把国家大事处理得井井有条。从那以后，李世民便对太子李承乾非常信任，"每行幸，常令太子居守监国"（《旧唐书·恒山王承乾传》）。

贞观初期，李世民对太子李承乾还是比较满意的。可惜好景不长，差不多从贞观十年（公元636年）起，李承乾身上的纨绔习气就逐渐显露出来了。李世民察觉后，一再对东宫辅臣于志宁、孔颖达等人说："太子生长深宫，百姓艰难，耳目所未涉，能无骄逸乎？卿等不可不极谏！"（《资治通鉴》卷一九四）

在李世民看来，太子李承乾生长在深宫之中，不知民间疾苦，有一些骄奢习气也在所难免，只要东宫大臣尽力辅佐、严加劝导，相信太子还是可以成器的。

然而，太子李承乾却未曾体会李世民的一片苦心。

李承乾知道东宫辅臣们受父皇重托，必定会对他严格管教，所以就跟辅臣们玩起了阳奉阴违的"变脸"把戏。

由于从小接受了正规的宫廷教育，所以李承乾颇有几分学识，而且口才一流。凡是在公开场合，李承乾总是正襟危坐，开口闭口都是孔孟之道和忠孝节义，说到紧要处甚至会做出一副慷慨激昂、声泪俱下之状，令辅臣们悚然动容、啧啧称叹。可私下里，李承乾却终日"与群小相褻狎"，沉湎于声色犬马，把所有圣贤学问全都扔到了爪哇国。

每当料到辅臣们要来进谏，李承乾都会主动出去迎接，一见他们到来，便大行跪拜之礼，然后"引咎自责"，用最严肃最诚恳的态度进行深刻的自我批评，把辅臣们精心准备的一大套说辞全都堵在了嗓子眼，搞得他们一脸窘迫，"拜答不暇"。

因为李承乾深谙"变脸"绝技，所以在他当太子的早期，朝野舆论一致认为他是一个贤明的储君。李承乾自以为储君之位稳如泰山，因此越发肆无忌惮。

不知从什么时候起，李承乾忽然迷恋上了外邦的文化，尤其喜欢突厥习俗。

于是，李承乾开始说突厥语，穿突厥衣服，还挑了一批面貌酷似突厥族的人把他们每五人编为一个"迷你型"部落，让他们头梳小发辫，身穿羊皮袄，在东宫的草地上牧羊，旁边还插上一杆绣有五个狼头的大纛。李承乾甚至自己住到了帐篷里面，每天亲自杀羊，烤熟了以后就拔出佩刀，割成一块一块与左右分享。

干完这些，李承乾还是不过瘾。有一天，李承乾忽然对左右说："我假装是可汗，现在翘了辫子，你们仿效突厥的风俗来给我办丧。"说完两眼一闭，往地上一倒，当即一动不动。于是，左右侍从便骑马围着李承乾的"尸体"，一边转圈一边号丧，并依照突厥风俗纷纷割破自己的脸，以表对"去世可汗"的沉痛悼念之情。

玩得兴起时，李承乾常常眉飞色舞地扬言说："有朝一日我继承了天下，定要率数万骑兵到金城（今甘肃兰州市）以西打猎，然后把头发散开去当突厥人，投靠阿史那思摩，只要给我一个将军当，我就绝不会落于人后。"

在李唐的宗室亲王中，高祖李渊的第七子汉王李元昌也是一个"活宝"。李元昌和李承乾臭味相投，经常在一块玩打仗的游戏：各自统领一队人马，披上铠甲，手执竹枪竹刀冲锋厮杀，以至于手下人个个刺得浑身是血，可他们却不亦乐乎；要是有人不愿参与游戏，就会被绑在树上毒打，以致被活活打死。李承乾宣称："使我今日作天子，明日于苑中置万人营，与汉王分将，观其战斗，岂不乐哉！"又说："我为天子，极情纵欲，有谏者辄杀之，不过杀数百人，众自定矣。"（《资治通鉴》卷一九六）

"纸终究是包不住火的"，太子李承乾种种荒诞不经的言行很快就让于志宁、孔颖达等辅臣们知悉了。他们吓坏了，赶紧苦口婆心地对太子进行劝谏。

可太子李承乾一个字都听不进去。

李承乾在玩火自焚的道路上越走越远，有个人不禁看在眼里、喜在心头。
他就是魏王李泰。
李泰在李世民的儿子中排行第四，却是嫡出（长孙皇后所生）的次子；也就是说，假如太子李承乾被废黜，他就是理所当然的继任者。李泰生于武德三年（公元620年），从小"善属文""多艺能"，深得唐太宗李世民欢心。贞观二年（公元628年），年仅九岁的李泰便遥领扬州大都督一职，此后又兼任雍州牧、左武侯大将军、鄜州大都督、相州大都督等重要职务，于贞观十年（公元636年）改封魏王。

从贞观十年（公元636年）起，随着太子李承乾的日渐堕落和屡教不改，李世民日益失望，于是内心的天平便逐渐朝魏王李泰倾斜。因为李泰喜好文学，所以李世民就特准他在魏王府中开设文学馆，任他自行延揽天下名士。于是，许多政治嗅觉比较灵敏的朝臣立刻意识到——这是皇帝有意释放的一个政治信号。

当年的秦王李世民不也是通过文学馆延揽人才、树立声望，继而才取代李建成的太子之位并最终登上天子宝座的吗？

皇帝既然发出了这种政治信号，有心人当然要对魏王李泰趋之若鹜了，于是"士有文学者多与，而贵游子弟更相因籍，门若市然"（《新唐书·濮恭王泰传》）。

由于李泰身形肥胖，行动不利索，李世民就格外开恩，特许他入宫朝谒时可以乘坐小轿。这样的宠遇在满朝文武和所有的皇子中都是绝无仅有的。李泰是一个聪明人，当然不会辜负李世民对他的信任和宠爱。贞观十二年（公元638年），李泰大开馆舍，广延才俊，开始大张旗鼓地编纂《括地志》。

《括地志》是一部大型的地理学著作，正文五百五十卷，序略五卷，全面记述了贞观时期的疆域区划和州县建置，博采经传地志，旁求故志旧闻，详载各政区建置沿革及山川、物产、古迹、风俗、人物、掌故等，在当时无疑具有很强的现实意义和政治意义。

贞观十六年（公元642年）正月，此书历三年而成，魏王李泰毕恭毕敬地将其上呈天子。李世民龙颜大悦，命人将书收藏于宫中的秘阁，对李泰和参与修撰的人大加赏赐。

自从李泰开始编纂《括地志》以来，李世民给魏王府的钱物赏赐就逐年逐月地增加，其数量远远超过了太子李承乾；到贞观十六年（公元642年）初，赏赐达到了高峰。《括地志》完成后不久，李世民又命李泰入居武德殿，以便于"参奉往来"。

对于这些做法，褚遂良和魏徵等人深感不安，遂上疏直谏，表示强烈反对。

李世民迫于大臣压力，不得不在赏赐上有所节制，同时收回了让李泰入居武德殿的成命。

尽管褚遂良和魏徵等人一直在竭力遏制魏王李泰的夺嫡势头，可毕竟有皇帝在背后替其撑腰，所以李泰在李唐朝廷的"人气指数"还是不断攀升，许多朝臣和权贵自然也是纷纷向他靠拢。

李世民曾先后派遣黄门侍郎韦挺、工部尚书杜楚客（杜如晦之弟）等人出任魏王府的总管大臣，而这两个人也就顺其自然地成为魏王李泰的利益代言人。他们十分卖力地替李泰穿针引线，不惜以重金贿赂当朝权贵，极力称赞魏王贤明，并说只有魏王才是最有资格的皇位继承人。当然，权贵们为了寻找日后的政治靠山，自然也乐意把他们的筹码押在获胜概率更高的魏王李泰身上，其中就有柴绍之子、驸马都尉柴令武和房玄龄之子房遗爱等人。

短短几年间，李泰就在唐帝国的政治高层中缔结了一个以他为核心的"魏王党"，其政治目标非常明确，就是两个字——夺嫡。

可是，"世上没有不透风的墙"。

李泰暗中结交朋党的行径，很快引起了李世民的反感和警觉。

在这件事情上，李泰显然太过操切了。无论哪朝哪代，一个藩王如果对储君之位表现出太过露骨的欲望，而且为了实现夺嫡野心又在朝中拉帮结派，大肆树立朋党，那就肯定会触犯皇帝的大忌。

尽管李世民一直对魏王李泰钟爱有加，也不是没有让他取代太子李承乾的想法，可在"八字还没一撇"的情况下，李泰就表现得如此锋芒毕露和迫不及待，终究还是让李世民感到了深深的不快——"你李泰的手未免伸得太长了"。

再者，自从李世民透露出废立之意后，以魏徵、褚遂良为首的朝廷重臣就极力反对，这也给李世民造成了非常大的政治压力。所以，大约从贞观十六年（公元642年）下半年起，李世民的态度就发生了重大转变，逐渐打消了废立之心。

这一年八月，李世民在一次朝会上问群臣说："当今国家何事最急？"褚遂良马上答道："今四方无虞，唯太子、诸王宜有定分最急。"（《资治通鉴》卷一九六）

所谓"宜有定分"，实际上就是劝告唐太宗李世民彻底打消废长立幼的想法，从而杜绝魏王李泰的夺嫡之心。李世民深以为然，随后便任命魏徵为太子太师，让他一心一意辅佐太子李承乾。

众所周知，魏徵是贞观群臣中最以"忠直"著称的人，同时更是嫡长制最坚定的拥护者,把他派去给太子当首席座师一方面固然是希望把李承乾打造成合格的储君,另一方面也是试图以此"绝天下之疑"。

换言之,就是让魏王李泰死了当太子的这条心。

尽管太子李承乾这些年来的所作所为让李世民很不满意,可他依然没有放弃。

如果太子李承乾能够痛改前非,李世民还是希望把他扶上帝位。

然而,太子李承乾终究是一个扶不起的阿斗。

就在李世民刚刚回心转意、放弃废立之念的同时,东宫就爆出了一桩令人不齿的丑闻。

事情源于一个叫称心的乐童。"称心"这个名字是太子李承乾起的,顾名思义就是此男童让太子颇感"称心如意"。史书称,这个小男孩"年十余岁,美姿容,善歌舞",所以深得李承乾宠爱。

宠爱到什么程度呢?

宠爱到了"与同卧起"的程度。

在中国历史上,演绎这一幕"断背山"情节的绝非李承乾一人。其中,远有卫灵公与弥子的"分桃"典故、魏昭王与龙阳君的"龙阳之好";近有汉哀帝与董贤的"断袖"之风、陈文帝与韩子高的"男后奇谈"……历朝历代,有这种同性恋倾向和恋童癖行为的帝王将相可谓不胜枚举。

但是,别人有十个称心可能都没问题,而李承乾只要拥有一个称心就足以把他害死,因为眼下他的屁股正坐在一个火山口上,底下的夺嫡潜流正暗潮汹涌,随时可能喷发。在这样的危急时刻,李承乾的这些龌龊勾当又怎么可能不被对手刻意曝光呢?

很快就有人把事情捅到了皇帝那里,李世民勃然大怒,当即把称心逮捕诛杀,并且把太子李承乾骂得狗血喷头,恨不得马上就把他废了。

可是,李承乾不但没有洗心革面、痛改前非,反而在东宫为称心建了一座灵堂,供起一尊塑像,朝夕焚香祭奠,并暗中为称心追赠官爵。

此外,李承乾又连续几个月赌气不上朝,还"命户奴数十百人专习伎乐……昼夜不绝",以致"鼓角之声,日闻于外"。(《旧唐书·恒山王承乾传》)

对于太子李承乾的所作所为,李世民当然是忍无可忍,屡屡流露出了废黜之意。李承乾知道自己已经彻底丧失了唐太宗李世民的信任，于是他思来想去最后决定孤注一掷——发动政变。

李承乾暗中组织了一个一百多人的刺杀团，头目有左卫副率封师进、刺客张师政、纥干承基三人。刺杀团的任务首先是干掉李泰，其次是伺机刺杀唐太宗李世民。

为了保证政变成功，李承乾又秘密联络了一帮王公大臣，其中有汉王李元昌、开国元勋侯君集、东宫侍卫贺兰楚石（侯君集的女婿）、禁军将领李安俨、驸马都尉杜荷（杜如晦之子，娶李世民的女儿城阳公主）、开化公赵节（赵母是李世民的姐姐长广公主）等人，他们歃血为盟，发誓同生共死。杜荷对李承乾说："我最近仰观天象，发现有变化之兆，我们应该立即采取行动，殿下只要声称突发重病、生命垂危，皇上一定亲来探视，到时候计划必能成功！"

就在太子集团蠢蠢欲动之际，齐王李祐起兵造反的消息传到长安，李承乾冷笑着对纥干承基等人说："东宫的西墙，距大内不过二十步，我们要是想干大事，岂能轮到他一个小小的齐王！"

然而，李承乾万万没有料到，他的"大事"最终就是坏在这个齐王李祐身上。

李承乾及其党羽还没来得及动手，一场灭顶之灾便已从天而降。

齐王李祐是李世民的第五子，贞观十年（公元636年）授齐州（今山东济南市）都督。与太子李承乾一样，这个李祐也是一个飞鹰走马的纨绔子弟，偏偏唐太宗李世民派来辅佐他的长史权万纪又是一个性情偏狭、极端严厉之人。于是，李祐和权万纪便经常"死磕"，双方矛盾愈演愈烈，最后李祐一怒之下杀了权万纪。由于担心唐太宗追究，加之左右的怂恿，李祐索性起兵造反。

但是李祐毕竟不是一个做大事的人，所以叛乱很快就被平定。李祐被押赴长安赐死。

李祐败亡后，朝廷按照"连坐"之法穷究他在长安的余党，事情竟然牵连到了太子李承乾的手下纥干承基。有关部门立刻将纥干承基逮捕，关进了大理寺监狱，准备处以死罪。死到临头的纥干承基为了自保，不得不主动上告，把太子集团的政变阴谋一股脑儿全给抖了出来。

齐王李祐刚刚伏诛，太子李承乾谋反案又旋即爆发！

在如此接踵而来的重大打击面前，李世民顿时心如刀绞、五内俱焚。

贞观十七年（公元643年）四月，李世民召集了长孙无忌、房玄龄、萧瑀、李世勣等宰辅重臣，以及大理寺、中书省、门下省的主要官员，对太子李承乾谋反案进行会审。

审理结果，此案证据确凿，太子李承乾"反形已具，罪无可赦"。

尽管这样的结果早在李世民的意料之中，可事到临头李世民还是感到了无比的心痛和无奈。李世民神情黯然地问大臣们："该如何处置承乾？"

群臣面面相觑，没人敢发话。

"太子谋反"是帝国政治中最严重、最恶劣、最敏感的事件，这种事情谁敢替皇帝拿主意？

朝堂上一片沉默。

最后，终于有一个小官站了出来，打破了这种难挨的沉默。

这个人叫来济，是隋朝名将来护儿的儿子，时任通事舍人。来济对皇帝说："陛下不失为慈父，太子得尽天年，则善矣！"（《资治通鉴》卷一九七）他的意思很明白，就是希望保住太子李承乾一命。

这样的答案当然也是李世民想要的。

四月六日，李世民颁下诏书，废黜太子李承乾，将其贬为庶民，囚禁在右领军府，不久后将其流放黔州（治所在今四川彭水县）。李承乾在这边瘴之地度过了两年生不如死的岁月，于贞观十九年（公元645年）抑郁而终。

处置完李承乾，接下来就轮到他那帮党羽了。李安俨、杜荷、赵节等人全部被斩首，但是李世民对另外两个人却想网开一面。

一个是汉王李元昌。李世民打算饶他不死，无奈群臣极力反对，只好将李元昌赐死于家中。

另一个就是侯君集。刚刚逮捕侯君集时，李世民就对他说："朕不想看到你在公堂上遭刀笔吏的侮辱，所以亲自审问你。"但是，不管李世民怎么审，侯君集就是拒不认罪。最后，侯君集的女婿贺兰楚石跳了出来，把老丈人与太子暗中勾结、策划政变的经过一五一十地向朝廷揭发了。对此，侯君集无话可说，只好低头认罪。

李世民念在侯君集跟随自己多年，而且是开国功臣，打算法外开恩，饶他一命。然而，满朝文武却一致反对。李世民没办法，只好将侯君集斩首，家产抄没，妻儿流放岭南。

太子李承乾出局后，魏王李泰踌躇满志，自以为储君之位非他莫属。实际上，唐太宗李世民确实也属意于李泰。在李世民看来，无论从哪一方面来看，他一直都觉得这个儿子最像自己——有志向、有韬略、有智慧、有才情，由这样一个儿子来继承帝业，应该是没有什么放心不下的。更何况，李泰是嫡次子，眼下太子李承乾既然已经废了，由李泰来继任储君就是理所当然、名正言顺的事情，相信那些一贯坚持嫡长制的朝臣们也没什么话可说了。

基于这样的考虑，李世民终于向李泰当面承诺——准备立他为太子。

与此同时，李世民也就此事与朝臣们进行商议。但是，大大出乎李世民意料的是，朝臣们在新太子的人选上却产生了重大分歧。

大臣们分成了两派：中书侍郎岑文本、黄门侍郎刘洎等人力挺魏王李泰；而司徒长孙无忌、谏议大夫褚遂良等人却提出了另一个人选——年仅十六岁的晋王李治。

褚遂良甚至在私下里警告唐太宗李世民，如果一定要立魏王为太子，晋王的人身安全必定会受到威胁。换言之，一旦魏王日后当上天子，李承乾和李治很可能都会被他斩草除根。

李世民不得不承认——褚遂良的担忧是有道理的，以李泰的性格和手段，他完全有可能在当上皇帝后铲除所有政治上的异己。

犹豫再三之后，李世民终于决定放弃魏王，改立晋王。随后，李世民便在朝会上当众宣布："承乾悖逆，泰亦凶险，皆不可立。"

贞观十七年（公元 643 年）四月七日，李世民亲临承天门，下诏册立晋王李治为太子。随后，李世民对宰执大臣们公开表态："我若立泰，则是太子之位可经营而得。自今太子失道、藩王窥伺者，皆两弃之，传诸子孙，永为后法。且泰立，则承乾与治皆不全；治立，则承乾与泰皆无恙矣。"（《资治通鉴》卷一九七）

数日后，李世民下令解除了魏王李泰的雍州牧、相州都督、左武候大将军等一应职务，降爵为东莱郡王，而原魏王府的官员凡属李泰亲信者全部流放岭南。

不久，李世民又改封李泰为顺阳王，将其迁出长安，徙居均州的郧乡县（今湖北郧县）。其实，虽名曰改封，实则与流放无异。

永徽三年（公元 652 年），郁郁不得志的李泰卒于郧乡，年仅三十三岁。

在这场波谲云诡、惊心动魄的夺嫡大战中，铤而走险的太子李承乾和处心积虑的魏王李泰最终两败俱伤，反而意外地促成了晋王李治这匹"政治黑马"的最终胜出。

这个结果真是大大出乎人们的意料。

正应了那句老话——"鹬蚌相争，渔翁得利"。

未来的唐高宗李治，显然就是这样一个幸运的"渔翁"。

二一 / 亲征高句丽：李世民的"滑铁卢"

隋唐之际，朝鲜半岛上共有三个国家：高句丽、新罗、百济。

高句丽，又简称高丽（隋唐史书称"高丽"，而史学界称"高句丽"，以与后来的王氏高丽相区分），即高氏高丽，是中国古代东北少数民族扶余人于西汉末期建立的一个政权，其疆域东西跨度三千一百里，南北跨度两千里，大抵包括今辽宁东部、吉林南部和朝鲜半岛的北部与中部。

值得一提的是，古代高句丽与后来的王氏高丽根本不是一回事，无论从历史渊源、疆域范围还是从民族构成来看，二者之间都毫无本质联系。古代高句丽是中国古代东北少数民族建立的政权，其领土有三分之二在辽东，即今天中国的辽宁省东部，而其朝鲜半岛的地盘实为扩张所得。王氏高丽则是在古代高句丽灭亡两百多年后创立的王朝，其创立者王建也根本没有高句丽人的血统。据王建在《十诫书》中自称："朕赖三韩山川阴佑，以成大业。"可见王建是三韩人，与古代的高句丽人毫无关系。（所谓三韩人，是朝鲜半岛南部古代居民的总称，包括马韩、辰韩、弁韩三支。三韩人是后来朝鲜半岛居民的主要来源。）

朝鲜半岛的另外两个国家——新罗和百济，分别位于半岛南部的东面和西面，国土面积比高句丽小，实力稍弱。三个国家长期处于三足鼎立的状态，相互之间矛盾重重，经常爆发战争。

尽管它们自两汉以迄魏晋南北朝，一直都向中原王朝称臣纳贡、接受册封，可自从隋文帝时代起，高句丽就开始屡屡挑战隋朝宗主国的地位，不但"驱逼靺鞨，固禁契丹"，出兵入寇辽西，而且南征新罗和百济，大有强力扩张之势。

于是，有隋一朝便先后对高句丽发动了四次规模浩大的远征。隋文帝杨坚曾发兵三十万讨伐，但因瘟疫流行、粮草不继和自然灾害等被迫撤兵，结果未及与高句丽交战便损失了十之八九的士兵。到了隋炀帝时代，好大喜功的杨广更是连续三次亲征高句丽，仅第一次出动的军队就多达一百一十三万余人，后两次据称也都在百万人以上,然而结果却出乎所有人的意料——隋炀帝的三次远征全部铩羽而归。

最后一次尽管取得了表面上的"胜利",可付出的代价却极为惨重。

更让世人料想不到的是,隋炀帝杨广三征高句丽竟然成了隋帝国由盛而衰的致命拐点。短短几年后,一度繁荣强大的隋王朝就因国力耗尽、民变四起而轰然崩塌。

武德年间,高句丽与唐帝国之间有过一个短暂的蜜月期。双方曾经交换战俘,高句丽还于武德七年(公元624年)遣使上表,奉唐正朔,在国内颁行唐朝历法。唐高祖李渊也分别对高句丽、新罗和百济进行了册封。

然而,好景不长,从武德末年开始,高句丽便又故态复萌了,不但频频阻挠新罗和百济从陆路对唐的朝贡,而且不时出兵侵扰新罗和百济。即位之初的唐太宗李世民不愿轻启战端,于是积极施展外交手段,遣使对三国(高句丽、新罗、百济)进行调解。高句丽表面上做出谢罪与和解的姿态,暗地里却一直秣马厉兵、积极备战,并于贞观五年(公元631年)在边境线上修筑了一条长一千余米的长城,东北起于扶余城(今吉林四平市),西南直达渤海的入海口。

在贞观初期和中期,由于唐帝国对内实行休养生息的政策,对外积极经略漠北和西域,所以暂时无暇顾及辽东。但是,李世民一直密切关注着高句丽的一举一动,他曾经对朝臣说:"高丽本是汉朝四郡之地,只是后来国家不武,以致沦为异域。倘若我们发精兵数万进攻辽东,高丽必以倾国之兵相救,到时候再派一支海军从东莱直趋平壤,海陆夹击,要攻取高丽并非难事。只是如今中原地区仍然凋敝,我不忍心发动战争,让百姓受苦。"

由此可见,一旦时机成熟,李世民必定要征服高句丽,完成隋朝两代帝王未尽的事功。

贞观十六年(公元642年),高句丽国内爆发政变,其东部总督泉盖苏文杀了国王高建武,拥立高建武的侄子高藏继位,然后一手把持军政大权,成了高句丽王国的实际统治者。

贞观十七年(公元643年)九月,新罗遣使向唐朝告急,说百济悍然出兵攻占了新罗的四十余座城池,并与高句丽结盟,新罗危在旦夕,请求唐朝火速发兵救援。李世民立刻遣使前往高句丽,对高句丽发出了严厉警告。不料,泉盖苏文却始终坚持强硬立场，对唐帝国的严厉警告完全不予理睬。

李世民勃然大怒："泉盖苏文弑君篡权、逆天虐民，今又违我诏命、侵暴邻国，不可不讨伐！"

随后，唐太宗李世民做出了一个让满朝文武大为惊愕的决定——他要御驾亲征，讨平高句丽。

大臣们纷纷劝谏，但李世民决心已定，谁劝都没有用。

贞观十八年（公元644年）十一月，经过一年多的战争准备，李世民亲率长孙无忌、李世勣、李道宗、张亮等，共率水陆大军十万余人，兵分两路进军辽东。

贞观十九年（公元645年）三月到六月初，是这场战争的第一阶段。在此期间，唐军势如破竹、所向披靡，接连攻克高句丽在辽东的几座军事重镇：盖牟城（今辽宁抚顺市）、卑沙城（今辽宁大连市）、辽东城（今辽宁辽阳市）、白岩城（今辽宁灯塔市西）。此外，唐军还数度击溃泉盖苏文派来的援军，沉重地打击了高句丽军队的士气。

初战告捷之后，踌躇满志的李世民将目光转向辽东的最后一座军事重镇——安市城（今辽宁海城市），而只要拿下它，唐军就可扫平辽东半岛，继而跨过鸭绿江，一举夺取平壤。

贞观十九年（公元645年）六月中旬，李世民率领远征军迅速南下，于二十日包围了安市城。

在辽东境内的所有高句丽据点中，安市城的情况最为特殊。严格来讲，它现在处于半独立状态。

当初，泉盖苏文发动政变、大权独揽后，高句丽各地方的守将和城主都慑于其淫威不得不屈服，唯独安市城主拒不承认泉盖苏文的新政权。泉盖苏文勃然大怒，数度发兵攻打。由于安市城城防坚固，加上安市城主英勇善战、指挥有方，所以屡屡将政府军击退。泉盖苏文没辙，最后只好放弃，任凭安市城变成了一个没有归属的"独立王国"。

但是，此时此刻，泉盖苏文却不能再对安市城置之不理了，因为辽东的其他重镇均已陷落，只剩下这座安市城可以阻遏唐军的兵锋。虽说安市的南部还有建安、后黄、银城、乌骨等城池，可这些地方的防御都相当薄弱，根本经不起唐军一击。换句话说，安市一旦失陷，唐军就可以轻而易举地跨过鸭绿江，直捣平壤。

所以，泉盖苏文决定不惜一切代价保住安市城——保住这辽东的最后一道屏障。

就在唐军进围安市城的次日，泉盖苏文就命令北部总督高延寿、高惠真，统领高句丽、靺鞨兵共计十五万人，大举救援安市城。

十五万人是什么概念？

那是倾国之师，是高句丽王国目前可以动用的所有机动兵力和后备部队。

毫无疑问，唐帝国的远征军与倾国而来的高句丽军队必将在安市城展开一场大决战。

安市城的存亡将对这场战争产生决定性的影响。

李世民很清楚——安市城是一颗硬钉子，要拔下它并不容易。

所以，一开始，李世民曾打算绕过安市城，先把南部的建安城打下来。可李世勣却不同意皇帝的战略，他的理由是：建安在南，安市在北，唐军的补给中转站在辽东城，如果绕过安市进攻建安，那么后方的运输线很容易被安市守军切断；反之，如果先攻下安市城，则建安城唾手可得。

李世民尊重李世勣的意见，遂决意攻打安市城。

当高延寿的救援大军火速向安市城推进的时候，李世民对当前的形势做出了三种判断。他说："现在高延寿有三种战略选择：第一，率领大军前进，与安市城的守军互为掎角之势，占据险要地形，派出靺鞨骑兵抄掠我们的牛马，一旦我们进攻受挫，要撤退又受阻于沼泽，就会陷入困境，这是上策；第二，救出安市城的军民，然后撤退，这是中策；第三，自不量力，与我们在战场上一决胜负，这是下策。诸位等着瞧，高延寿必出下策，要生擒他易如反掌。"

与此同时，高句丽军中的一个谋士也正在向高延寿献策："李世民对内扫除群雄，对外制伏戎狄，是一个雄才大略的皇帝，如今倾国而来，我们不是他的对手。而今之计，只有坚壁清野，避其锋芒，做好打持久战的准备，然后派出奇兵切断唐军的补给线，一旦唐军的粮食告罄，求战不得，欲归无路，我军便可大获全胜。"

很显然，这个谋士的策略正是李世民所说的上策。

可惜的是，刚愎自用的高延寿根本听不进去。

高延寿断然拒绝了谋士的建议，毅然挥师西进，决意与李世民一决雌雄。

当高句丽援军距离安市城四十里地的时候，李世民担心他们不敢前进，于是命阿史那社尔率一千名突厥骑兵去诱敌深入。阿史那社尔与高句丽军刚一交锋，就佯装败北。高句丽士兵大喜，互相喊着说："唐军太容易对付了！"于是争先恐后地追击，直抵安市城南八里，然后紧靠山麓扎营列阵。

李世民随即亲自到高句丽军营附近做了一番侦察，然后遣使给高延寿送了个口信，说："泉盖苏文强臣弑主，所以我前来问罪，至于交战，本来就不是我的意愿。我大军深入你们国境，粮食供应不上，所以先夺你们几座城池，等你们政府恢复藩臣的礼节，自然会将城池还给你们。"

很显然，这是李世民有意释放的烟幕弹。

高延寿果然中计，随后便放松了警惕。

李世民连夜召开军事会议，抓住战机进行决战部署。他命李世勣率领步骑混成兵团一万五千人，抢占西面的山头；又命长孙无忌率精锐部队一万一千人，从山北峡谷秘密行军，迂回到高句丽大军的后方；而他本人则亲率四千人坐镇北山，将总指挥部设置于此，从这里俯瞰整个战场，以战鼓、号角及各种旗帜作为指挥作战的信号。

六月二十二日清晨，李世勣率部悄悄占领了西岭。当薄雾逐渐散去，高句丽军队才赫然发现唐军早已在他们身边摆出了一个攻击阵型。

高延寿大惊失色，立即下令军队准备作战。

可是，一切都已经来不及了。

此刻，长孙无忌的奇兵已经穿过峡谷进入了预定战场，并且掀起漫天尘埃，向指挥部发出了信号。

李世民一见，即刻命鼓手和旗手发出进攻的指令。刹那间，唐军各部以排山倒海之势从各个方向对高句丽军营同时发起了攻击。高延寿根本弄不清唐军到底有多少兵力，更不知道唐军的作战意图，他试图分兵抵御，可是军营长达四十里，战前又毫无准备，所以根本来不及对十五万士兵发出不同的作战指令。

唐军各部就像几把尖刀从各个方向猛然插入高句丽军营。高延寿的部下们得不到主帅的指令，只能硬着头皮各自为战。十五万人瞬间变成了十五万只无头苍蝇。在唐军的猛烈攻击下，猝不及防的高句丽军队全线崩溃，十五万大军被杀了二万多人，余众作鸟兽散，只剩下不足四万人跟着高延寿逃进深山，依险固守。长孙无忌按照原定计划，毁坏了后方河流的所有桥梁，彻底切断了高延寿的退路。

随后，李世民命令各军守住各个山口，把这支残敌团团围困。

六月二十四日，高句丽军队的最后一点军粮告罄。高延寿、高惠真意识到大势已去，只好带着余众三万六千八百人向唐军投降。

高延寿全军覆没，令高句丽举国震惊。

位于安市城后方的后黄城、银城等地（均在今辽宁岫岩县北）的高句丽军民有如惊弓之鸟，纷纷弃城而逃，一口气跑过了鸭绿江。

安市彻底成为一座孤城。

然而，就是这座孤城，却成了李世民军事生涯中的"滑铁卢"。

李世民万万没有想到，他很快就将在这座安市城遭遇与隋炀帝杨广如出一辙的命运。

安市城的防御超乎寻常的坚固，而安市军民的抵抗也出人意料的顽强。

唐军围攻了一个多月，安市城依旧岿然不动。每当李世民的御驾经过安市城下的时候，城上守军就擂鼓喊叫，肆意取笑大唐天子，气焰极为嚣张。

看着李世民一阵青一阵白的脸色，李世勣愤然提议——"克城之日，男子皆坑之！"（《资治通鉴》卷一九八）这个可怕的消息很快传遍了安市城。城中军民越发同仇敌忾，人人抱定与城池共存亡的决心。安市城全民皆兵，对唐军的抵抗也更加顽强。

战事陷入了胶着状态，一转眼时节已近深秋。

辽东早寒，如果再这么拖下去，等到草木干枯、河水结冰的时候，唐军的后勤补给势必更加困难，到时候大量的士兵和战马很可能不是战死在沙场上，而是冻死在雪地里。

怎么办？

关键时刻，高句丽降将高延寿、高惠真向唐太宗李世民献计："安市城全民皆兵，不易攻拔，不如绕过安市，直取乌骨城。乌骨城主年已老迈，大军定可朝至夕克，进军途中的其他小城也会望风而逃，只要收取这些城池里的粮食辎重，大军的供给就不会匮乏，而后乘胜前进，平壤指日可下！"

这个计划得到了绝大多数将领的支持。他们说："我军在南部还有张亮的四万海军，可命他即刻向乌骨城进军，与主力会师，攻占乌骨城，然后渡过鸭绿江，直取平壤。"

李世民略微沉吟后，很快同意了绕道计划。

可就在这个时候，长孙无忌发言了，他说："天子亲征，跟诸位将军不同，不能抱着侥幸之心去冒险。如今安市、建安的守军还有十余万众，如果绕过它们攻打乌骨，万一两城军队倾巢而出，袭击我们的后背怎么办？所以，臣以为应该先破安市、后取建安，然后长驱而进，这才是万全之策。"

在此，"是否要绕道"已经成为整个高句丽战争中最具决定性的一步棋。

如果不采用绕道计划，一意要拔下安市城这颗硬钉子，就得面临辽东早寒的威胁；假如进入冬天还拿不下安市城，那么李世民只能选择撤兵，此次远征就会功亏一篑。

如果绕过安市直取平壤，看上去是一个出奇制胜的妙招，但是唐军的运输补给线势必更加漫长；万一平壤不像人们想象的那样防御薄弱，而是跟安市城一样又臭又硬，那么唐军就会陷入给养匮乏、饥寒交迫、腹背受敌的困境。例如，当年的隋炀帝杨广，第一次亲征就是因为绕道深入、粮草不继而遭遇惨败的。

所以，无论哪一种战略都各有利弊，绝无万全之策。

这是一个艰难的抉择。

最后，李世民内心的天平倾向了长孙无忌。

李世民决定放弃绕道计划，在冬季来临之前拿下安市——不克安市，誓不罢休！

高句丽战争的结局就此注定。

随后的日子，唐军对安市城展开了空前猛烈的进攻。士兵们每天都发起六七轮的冲锋，各种攻城武器也都拉上去了，无奈安市城城高墙厚，抛石机抛出的巨石只能砸塌城墙上的雉堞，根本轰不倒城墙。就连被砸塌的雉堞，安市守军也马上在缺口处修筑木栅，令唐军无机可乘。

眼看天气一天比一天寒冷，胜利的希望也越来越渺茫。李道宗情急之下想出了一个办法——筑一座土山。

筑一座比安市城墙还高的土山，然后居高临下发动攻击。

随后，唐军花了整整六十天的时间，动用了五十万人次的劳力，终于筑起了一座比安市城墙还高出数丈的土山。

安市城彻底暴露在了唐军的眼皮底下。

安市军民目瞪口呆。

如果不出现什么意外，安市城转眼就会成为唐军的囊中之物。

然而，这个世界总是充满了意外。就在土山刚刚竣工的当口，令交战双方都大惊失色的一幕发生了：土山突然崩塌了一角，而且压垮了安市城的一段城墙！

就这样，原本固若金汤的安市城莫名其妙地被撕开了一个缺口。

此时，唐军只要抓住战机从这缺口处冲进去，安市城就完了。可就在这千钧一发的时刻，守卫土山的唐军将领傅伏爱却不知上哪里去了，根本不在军营，只剩下一群士兵面对这突如其来的情况手足无措。

趁唐军愣神的间隙，高句丽军队迅速组织了一支数百人的敢死队，从倒塌的缺口处冲出来，向守卫土山的唐军发起了攻击。唐军的这支部队本来人数就不多，加上将领又开了小差，士兵们无人指挥，顿时乱成一团。于是，唐军被杀的被杀，逃跑的逃跑，只不过片刻工夫就把这座耗费了两个月时间修筑的土山拱手让给了高句丽人。

高句丽军队占领土山后，立刻挖掘战壕，修筑防御工事，并派出重兵把守。

等到唐军最高统帅部得到消息，土山早已变成了高句丽人手中的一座坚固堡垒。

李世民得知消息后肺都快气炸了，马上把玩忽职守的将领傅伏爱拖出去砍了脑袋，然后对所有将领下了死命令——不惜一切代价夺回土山！

接下来的三个昼夜里，一拨接一拨的唐军士兵对这块弹丸之地发起了不间断的攻击，而高句丽军队也进行了最顽强的抵抗。

此时，谁都知道这座土山的重要性。唐军只要将其夺回，安市城立马玩完；而高句丽人只要拼死守住，安市城就能高枕无忧。

所以，双方都倾尽全力、志在必得。

这三个昼夜简直成了一场噩梦。双方在小小的土山上扔下了无数具尸体，鲜血染红了这里的每一寸土地……

遗憾的是，整整三天过去之后，土山依然牢牢控制在高句丽人的手中。

此时已经接近九月下旬，从唐军围攻安市城以来，时间已经过去了三个月。漫山遍野的草木都已枯黄，刺骨的北风在耳旁呼啸，而唐军将士们仍然穿着单薄的夏装，粮草也已逐渐告罄……这场战是无论如何也打不下去了。

除此之外，漠北的局势也在此时骤然紧张了起来。薛延陀的真珠可汗死后，他儿子自立为多弥可汗，随即蠢蠢欲动地不断派出小股部队骚扰河套地区……唐帝国与薛延陀的战争已经无法避免。

所以，无论从哪一方面来看，李世民都只能立刻从高句丽撤兵，别无选择。

这场亲征高句丽的战争，就这样以势如破竹的胜利开场，却以万般无奈的撤兵告终。

在这片辽东的土地上，此刻的李世民与三十三年前的杨广一样，播下的是信心和希望的种子，收获的却是沮丧和失败的果实。

两代帝王踌躇满志地亲征高句丽，却遭遇了如出一辙的历史命运。

对此，李世民顿有一世英名毁于一旦之感。就在班师途中，李世民忍不住仰天长叹："魏徵若在，不使我有是行也！"（《资治通鉴》卷一九八）

这场战争的失败，给李世民的内心投下了一道永远无法抹去的阴影。

从辽东回到长安之后，李世民的身体便每况愈下。痈病、风疾、重感冒等疾病交替困扰着他，逐渐耗尽了他的生命能量。

贞观二十二年（公元648年）六月，不甘失败的李世民下诏宣布，要于次年发兵三十万二征高句丽。

然而，上苍再也没有给李世民机会。贞观二十三年（公元649年）五月二十六日，李世民在终南山翠微宫与世长辞，终年五十一岁。

没能亲手征服高句丽，成了这个雄才大略的帝王一生中最大的遗憾。

二二 / 房遗爱谋反案

永徽元年，即公元650年，年轻的李治踌躇满志地开始了他的帝王生涯。与此同时，唐太宗李世民给李治留下的两个顾命大臣——长孙无忌和褚遂良——也在他们的位子上表现得兢兢业业、尽职尽责。史称长孙无忌和褚遂良"同心辅政，上（李治）亦尊礼二人，恭己以听之，故永徽之政，百姓阜安，有贞观之遗风"（《资治通鉴》卷一九九）。

永徽之初，一切看上去都很美。君臣同心，上下一致，帝国的马车在贞观时代开创的宽衢大道上笔直地向前奔驰，没有人感觉有什么不妥。

可是到了永徽三年（公元652年）十一月，长安却突然爆发了一起惊天大案。

一切都来得太过迅猛，让朝野上下的所有人都感到猝不及防。帝国的宰相长孙无忌则利用此案广为株连，大肆铲除异己，在政坛上掀起了一场前所未有的血雨腥风。

没有人会料到，这场血雨腥风的源头，居然仅仅是一起毫不起眼的"性骚扰"案。

这起被长孙无忌利用并扩大化的案件，就是唐朝历史上著名的"房遗爱谋反案"。引发这场大案的人，就是唐太宗李世民最宠爱的女儿——高阳公主。

说起这个高阳公主，当时的长安可谓无人不知、无人不晓。当时，高阳公主除了一贯明目张胆地给驸马房遗爱"戴绿帽"之外，婚外情的对象也比较特别，几乎是清一色的"世外高人"——不是和尚就是道士，基本没有世俗中人。

高阳公主的驸马是房玄龄的次子房遗爱。房玄龄还在世的时候，表面上合家安乐、太平无事，可房玄龄一去世，房家立马就热闹了：高阳公主闹着要分家，不但要和房家长子房遗直争夺财产，而且还要争夺梁国公（房玄龄的封爵，依例由长子继承）的爵位。

面对这个任性刁蛮的公主，房遗直无计可施，最后只好告到了唐太宗李世民那里。唐太宗勃然大怒，把公主叫来狠狠训斥了一顿，从此对她的宠爱大不如前。高阳公主恼羞成怒，不但对房遗直恨之入骨，连带着对皇帝李世民也怀恨在心。

这件事刚过去不久，高阳公主给驸马房遗爱"戴绿帽"的事情就被彻底曝光了。

事情坏在了公主的情人辩机和尚身上。

当时，朝廷的御史在调查一起盗窃案，不知何故牵连到了辩机，从他那里查获了一个镶金饰玉的"宝枕"——御史们大感蹊跷。

倒不是说这个枕头特别值钱，怀疑这个和尚用不起，而是因为这个宝枕是御用物品，为何会跑到一个和尚床上去了呢？

御史随即提审辩机，这个花和尚扛不住，不仅供认宝枕乃高阳公主所赠，而且老老实实交代了他和公主的奸情。御史后来还从辩机的住所查获了价值上亿的各种财物，证实均为高阳公主所赠。

此案一曝光，朝野舆论一片哗然。

公主与和尚通奸！这真是一条爆炸性的消息，要多八卦有多八卦，要多香艳有多香艳。所以，在此后相当长的一段时间里，这条消息一直在长安坊间的娱乐榜首，成了百姓们茶余饭后的笑料和谈资。

唐太宗李世民得到御史的禀报后，气得差点吐血。如此龌龊的丑闻居然发生在唐太宗最宠爱的公主身上，这对李世民无疑是一个无情的嘲讽，也是一个严重的打击。可唐太宗李世民终究舍不得拿这个宝贝女儿怎么样，只好把满腔愤怒发泄到辩机和其他人身上，即刻命人腰斩了辩机，还把高阳公主身边的十几个仆人和婢女全部砍杀。

出了这么一桩大糗事，高阳公主却丝毫没有愧悔之心。实际上，高阳公主不但没有愧悔之心，而且当她眼睁睁看着自己的情人被砍成两截后，心里更是充满了对唐太宗的怨恨。所以，后来唐太宗驾崩的时候，高阳公主的脸上根本没有半点哀容。

高宗李治即位后，高阳公主越发变本加厉、肆无忌惮。当初的辩机被砍成了两截，她立马又找了一堆辩机，其中有善于"占祸福"的和尚智勖，有"能视鬼"的和尚惠弘，还有医术高明的道士李晃，等等。这帮"世外高人"抱定"牡丹花下死，做鬼也风流"的勇气和决心，前仆后继地拜倒在高阳公主的石榴裙下；而高阳公主则是摆出一副誓将婚外情进行到底的姿态，义无反顾地奔跑在追求"性福"的大道上。

与此同时，高阳公主又不断怂恿房遗爱与大哥房遗直争夺爵位。高阳公主认为，当初的太宗皇帝李世民都管不了她，如今这个仁弱的兄弟李治更是拿她没辙，于是拼命追着房遗直死缠烂打，不达目的誓不罢休。

高宗李治被这桩无聊官司纠缠得实在受不了，干脆各打五十大板，把房遗爱贬为房州（今湖北房县）刺史，把房遗直贬为隰州（今山西隰县）刺史，打算把他们全都轰出长安，"眼不见为净，耳不听不烦"。

高阳公主一见驸马房遗爱被贬，顿时傻眼了，没想到偷鸡不成反倒蚀了一把米。对此，高阳公主愤愤不平，整天绞尽脑汁，决定要在驸马房遗爱离京赴任之前，想一个办法把大哥房遗直一举置于死地。

后来，高阳公主终于想出了一个绝招。

高阳公主认为这一次出手，房遗直就算不死也要脱层皮，梁国公的爵位就非驸马房遗爱莫属了。

然而，高阳公主无论如何也不会想到，她准备置房遗直于死地的这个阴谋竟然变成了一根导火索，莫名其妙地引发了大唐开国以来最残酷的一场政治清洗，最终不但害死了她自己，害死了驸马房遗爱，而且还给李唐朝廷的一大帮亲王、驸马、名将、大臣惹来了一场杀身流放、家破人亡的灭顶之灾……

高阳公主想出的绝招其实并不高明，却足够阴毒。

某一天，高阳公主装出一副花容失色、满腹委屈的样子跑进皇宫，向高宗李治告了御状，说房遗直非礼了她。

所谓非礼，用今天的话说就是"性骚扰"。

李治闻言，不禁大为惊愕。这房家究竟是撞了什么邪了，怎么尽出这等龌龊事呢？

高阳公主毕竟是自己的亲姐妹——天潢贵胄、金枝玉叶，如今居然被人非礼了，他这个当皇帝的兄弟当然不能袖手旁观，于是李治准备着令严加审理。

就在这个时候，太尉长孙无忌站出来了，自告奋勇地接下了这桩案子。

长孙无忌作为堂堂的当朝一品太尉、首席宰相、天子舅父，居然要亲自主审一桩"性骚扰"案，这不是杀鸡用牛刀吗？

可是，人们根本没有想到，长孙无忌要杀的并不是一只"鸡"，甚至也不仅是一头"牛"。

长孙无忌是要利用这只上蹿下跳不知死活的"鸡"，牵出躲藏在暗处的一大群"牛"！

准确地说，长孙无忌是要利用这个案子，把朝中的所有政敌一网打尽！

其实，长孙无忌等这一天已经等了很久了。

事情要从贞观十七年（公元643年）的那场夺嫡之争说起。

当时，太子李承乾与魏王李泰围绕着储君之位展开了你死我活的争夺。可是从一开始，太子李承乾就明显处于劣势，因为他私行不检，屡屡爆出丑闻，令唐太宗失望不已；而魏王李泰的夺嫡呼声则一直居高不下，因为他有志向、有韬略，聪明颖悟，多才多艺，深受唐太宗的赏识和宠爱。太子李承乾最后不得不铤而走险，企图发动政变夺取帝位，可未及动手就被唐太宗粉碎，旋即被贬为庶民，不久后流放黔州（今重庆彭水县）。

太子李承乾出局后，魏王李泰自然就将储君之位视为自己的囊中之物，因为他不仅本人聪明干练、胸藏韬略，深得唐太宗欢心，而且背后还拥有一个实力强劲的政治集团，其中包括当时的宰相刘洎、岑文本，以及一帮元勋子弟，如房玄龄之子房遗爱、杜如晦之弟杜楚客、柴绍之子柴令武等。

就在朝野上下认定魏王李泰入主东宫已经是板上钉钉的事情之时，年仅十六岁的晋王李治就像一匹政治黑马蓦然闯进人们的视野之中，而力挺他的人就是时任司徒的长孙无忌。

长孙无忌之所以坚决拥立李治，在于他年龄小，性格柔弱，易于掌控。熟悉中国历史的人都知道，当一个外戚极力拥护一个幼主继承皇位的时候，毋庸讳言其原因就是这个外戚试图在日后掌握朝政大权。

长孙无忌拥立李治的深层动机正在于此！

正是因为长孙无忌拥立晋王李治，而房遗爱却是众所周知的魏王李泰的心腹，所以长孙无忌自然就对房玄龄也产生了敌意。虽然没有证据表明房玄龄加入了魏王党，但是长孙无忌拥立晋王李治的时候，房玄龄显然也没有站在长孙无忌这一边。房玄龄表面似乎保持中立，可实际上他内心的想法和唐太宗初期一样，无疑都是倾向于魏王的。所以，从长孙无忌力挺晋王李治的那一天起，他就已经把房玄龄及其家族视为自己政治上的对立面了。

李治即位后，尽管当年的夺嫡之争已经成为如烟往事，房玄龄也早在贞观二十二年（公元648年）就已作古，可长孙无忌却始终没有忘记，房家的人曾经是魏王党、曾经是他政治上的反对派！因此，在永徽时代的头三年里，长孙无忌对房家的监视从没有一天间断过。在此期间，以房遗爱为圆心，以李唐宗室和满朝文武为半径，所有和房遗爱走得比较近的人，全都落进了长孙无忌的视线，并且一个不漏地列入了他的"黑名单"……

第一个被列入"黑名单"的人，是驸马都尉薛万彻。

薛万彻是初唐的一代名将，骁勇善战，早年追随幽州罗艺，后来成为太子李建成的忠实部下，在"玄武门之变"中曾率部与秦王李世民将士力战。李世民成功夺嫡后，念在薛万彻忠于其主，且作战英勇，遂既往不咎，仍予以重用。薛万彻果然没有辜负唐太宗的期望，在贞观年间平定东突厥、平定吐谷浑、北击薛延陀、东征高句丽等一系列重大战役中，都曾经出生入死、屡建战功。贞观十八年（公元644年），薛万彻升任左卫将军，并娶了高祖李渊的女儿丹阳公主，拜驸马都尉，此后历任右卫大将军、代州都督、右武卫大将军等军中要职。

然而，到了贞观二十二年（公元648年），薛万彻的辉煌人生就开始走下坡路了，其原因是他的副将裴行方控告他在军中"仗气凌物"，并有"怨望"之语。所谓"怨望"之语，意思就是涉及政治的牢骚话。当裴行方与薛万彻就此事当庭对质的时候，据说薛万彻理屈词穷、无法辩白，随后便被朝廷"除名徙边"，也就是开除官职、流放边疆。

薛万彻也许真的是说过一些牢骚怪话，否则也不至于在对质的时候哑口无言；可如果以为薛万彻纯粹是因为这个被贬黜流放，那就把问题看得太简单了。其实，真正的原因是朝中的政治倾轧和派系斗争。

贞观二十三年（公元649年）六月，唐高宗李治即位，大赦天下，薛万彻遇赦回京，并于永徽二年（公元651年）被起用为宁州（今甘肃宁县）刺史。如果薛万彻能因为这次流放的遭遇而深刻认识政治斗争的残酷性，从此安分守己，夹着尾巴做人，他也许可以避开最后的这场灾难。

可惜，薛万彻没有。就在被起用的这一年，薛万彻因足疾回京疗养，其间便与房遗爱打得火热，并再次"有怨望语"。薛万彻愤愤不平地对房遗爱说："今虽病足，坐置京师，鼠辈犹不敢动。"所谓"鼠辈"，意指朝廷的当权派，实际上就

二二／房遗爱谋反案 · 189

是指长孙无忌。

闻听此言，房遗爱当年被彻底粉碎的"拥立梦"再度被激活了，他带着满脸的兴奋之情对薛万彻说："若国家有变，当奉司徒、荆王元景为主！"

房遗爱所说的这个荆王李元景，是高祖李渊的第六子，时任司徒，他的女儿嫁给了房遗爱的弟弟房遗则，和房家是亲家关系。

在房遗爱的小圈子中，除了薛万彻和李元景，还有一个就是驸马都尉柴令武。

柴令武是柴绍之子，娶的是唐太宗李世民的女儿巴陵公主。当初柴令武和房遗爱都是魏王党的核心成员，魏王被废黜后，柴令武自然也是一肚子失意和怨气。唐高宗李治即位后，朝廷给了柴令武一个卫州（今河南卫辉市）刺史的职务，显然有把他排挤出朝廷之意。柴令武更加不爽，以公主身体不适、要留在京师就医为由拒绝赴任。柴令武就这么赖在京师不走了，据说还长期与房遗爱"谋议相结"。

永徽三年（公元652年）十一月，被贬黜到均州郧乡县（今湖北郧县）的魏王李泰终于在长久的郁郁寡欢中一病而殁。消息传至长安，长孙无忌发出了数声冷笑。

此时，长孙无忌意识到，收网的时刻到了。

恰恰就在这个时候，高阳公主状告房遗直非礼的案件又适时出现，于是长孙无忌心中暗喜，随即主动请缨，全力以赴地展开了对此案的调查。

从一开始，长孙无忌就根本没打算往"性骚扰"案的思路上走，而是准备不择手段地朝政治案的方向靠。所以，长孙无忌一入手，就挖出了高阳公主身上的一个政治问题——"主使掖庭令陈玄运伺宫省禨祥，步星次"。

这句话的大意是说，高阳公主曾经指使掖庭令陈玄运（内侍省的宦官），暗中窥伺宫禁中的情况和动向，并且观察星象变化。

很显然，光凭这一条，就可以给高阳公主直接扣上一个"谋反"的罪名。"禁中"是天子所居的重地，而天象的"解释权"也只能归朝廷所有，所以无论是"窥伺禁中"还是"私窥天象"，其行为都已经触犯了天子和朝廷的权威，其性质也已经属于严重的政治犯罪。

高阳公主的政治问题一曝光，案件立刻自动升级。长孙无忌顿时信心倍增——既然高阳公主都已经涉嫌"谋反"了，驸马房遗爱又岂能逃得了干系？

就在长孙无忌准备拿房遗爱开刀时，房遗直又主动站了出来，对房遗爱夫妇进行了检举揭发，把他们夫妇平日里的种种不轨言行一股脑儿全给抖了出来，令长孙无忌大喜过望。

其实，怪不得房遗直会在这种关键时刻落井下石，因为高阳公主诬告他的那个罪名实在是让他没法做人。房遗直为了保住自己的名誉和身家性命，当然要和房遗爱夫妇拼个鱼死网破。

揭发了房遗爱和高阳公主之后，房遗直知道房家被这两个丧门星这么一折腾，必定难以逃脱家破人亡的命运，止不住发出悲凉的长叹："罪盈恶稔，恐累臣私门！"意思是，房遗爱夫妇罪孽深重、恶贯满盈，恐将累及房氏一门。

房遗爱一到案，整个案件就彻底复杂化并扩大化了。长孙无忌精神抖擞，对房遗爱软硬兼施，终于从他嘴里把薛万彻、李元景、柴令武等人一个一个撬了出来。

事情到了这个地步，一切当然都是由长孙无忌说了算。换句话说，在满朝文武当中，长孙无忌想让谁三更死，那个人就绝对活不过五更。

贪生怕死的房遗爱为了自保，不仅把他的"战友"全部出卖，而且还在长孙无忌的威胁利诱之下张开血盆大口，一个接一个地咬住了一群无辜的人：他们是司空、梁州都督吴王李恪；侍中兼太子詹事宇文节；特进、太常卿江夏王李道宗；左骁卫大将军、驸马都尉执失思力。

这些位尊爵显的朝廷大员无论如何也不会想到，这个该死的房遗爱居然会咬上他们。

这些皇亲国戚和帝国重臣，仿佛就是一觉醒来便成了房遗爱的"造反"同谋，成了朝廷的阶下之囚，成了十恶不赦的乱臣贼子，更成了长孙无忌砧板上的鱼肉！

长孙无忌为什么会指使房遗爱咬上这些人呢？

原因很简单——长孙无忌不喜欢他们。

吴王李恪是唐太宗的第三子，其生母是隋炀帝杨广的女儿。史称李恪文武双全，富有才干，所以唐太宗李世民十分欣赏这个儿子。在十四个皇子中，李世民总是说只有李恪最像自己。贞观十七年（公元643年），晋王李治被立为太子后，唐太宗曾一度后悔，想废掉李治，重新立李恪为太子。长孙无忌得知后，坚决表示反对。唐太宗颇为不悦地说："是不是因为李恪不是你的外甥，所以你才反对？"

唐太宗这句话说得非常尖锐，基本上是把长孙无忌的私心一下子戳穿了。可长孙无忌却面不改色，振振有词地提出了两个理由：一、李治仁厚，最适合当一个守成之君；二、储君是国家根本，岂能轻言废立、一再更换？

唐太宗想想也有道理，只好放弃李恪，继续保持现状。

李恪听说这件事后，不禁在心里把长孙无忌的十八代祖宗都"问候"了一遍：他断然没有想到，连他那英明神武的父皇几乎已经决定的事情，都会被这个该死的长孙无忌一口推翻，你长孙无忌到底凭什么呢？

恨归恨，可李恪一点办法也没有。在贞观后期，长孙无忌确实具有很强的政治能量，这股能量甚至可以左右天子的意志——不管你服不服，这就是现实！

就这样，吴王李恪和长孙无忌结下了梁子。每逢李恪回京朝谒的时候，长孙无忌总能看见李恪像刀子一样的目光从自己脸上狠狠划过。

毫无疑问，长孙无忌讨厌这种目光，一旦有机会，他当然要让这种目光从世界上消失。

高宗李治即位后，表面上政治清明、天下太平，可长孙无忌很清楚：朝野上下有一股政治戾气在悄然涌动，这股戾气既来自残余的魏王党，也来自像吴王李恪这种"名望素高，为物情所向"的宗室亲王。

在长孙无忌看来，像吴王李恪这种人，万一哪一天振臂一呼，其结果就有可能是应者云集。

所以，长孙无忌必须防患于未然——无论在公在私，他都必须把吴王李恪除掉！

除了吴王李恪，遭长孙无忌陷害的其他三个人当然也都是他不喜欢的人。

不过，这"不喜欢"的原因却各自不同。

宇文节虽然身为宰相，和长孙无忌同朝秉政，却是房遗爱的好友，显然和长孙无忌不是一个鼻孔出气的，所以长孙无忌一直想把他挤掉，另行安插自己的人。此外，房遗爱被捕入狱后，宇文节又本着为朋友两肋插刀的精神为其多方奔走、极力营护，这无疑是在往长孙无忌的刀口上撞。长孙无忌索性把宇文节一块抓了，扔进大牢给房遗爱"当邻居"，让他们在狱中"畅叙友情"。

江夏王李道宗是高祖李渊的族侄，从十七岁起就跟随秦王李世民南征北战，灭刘武周、平窦建德、破王世充,在大唐的开国战争中"屡有殊效",立下了汗马功劳。武德中期,李道宗负责镇守帝国的北部边境,不但屡屡击退东突厥与梁师都联军的入侵,并且"振耀武威,开拓疆界,斥地千余里",因而"边人悦服",且深受高祖赞赏。

贞观年间,李道宗又与李靖等人先后平定了东突厥和吐谷浑,在大唐帝国开疆拓土的过程中建立了赫赫功勋。所以,到了贞观十八年(公元644年),唐太宗李世民才会把他与李世勣、薛万彻一起并誉为"当世的三大名将"。

然而,就是这样一个战功卓著的宗室亲王和帝国元勋,却同样逃脱不了无所不在的政治迫害。

在这起案件中,李道宗也许算得上是最无辜的一个。

从个人品质来看,由于李道宗早年曾因贪赃受贿而一度下狱,遭到罢职免官和削除封邑的严厉惩罚,所以他深刻吸取了教训,越到后来就越是谦恭自持。史称李道宗"晚年颇好学,敬慕贤士,不以地势凌人",因而深受时人称誉,"为当代所重"。

此外,从政治表现来看,李道宗既不像薛万彻那样隶属于房遗爱的小圈子,也不像吴王李恪那样被视为政治上的不安定因素,而且平日里既无"反动言论"更无"谋反"形迹,可以说是一个典型的韬光养晦、淡泊自守的人物。

但即便如此,李道宗同样逃不开长孙无忌的陷害,这到底是为什么呢?

很不幸,唯一的原因仅仅是——"长孙无忌、褚遂良素与道宗不协"。

所谓"不协",也就是双方的关系不太和谐。

在当权者长孙无忌的眼中,无论是"当世名将"的金字招牌,还是"为当代所重"的社会名望,都是苍白无物、不值一文的,只要胆敢与之"不和谐"则末日就到了。

永徽年间,长孙无忌的政治哲学基本可以化为这么一句话——不是我的朋友,就是我的敌人!

遭长孙无忌陷害的另一个人——驸马都尉执失思力,也是贞观朝的一员勇将。执失思力是东突厥人,本是颉利可汗的心腹重臣,东突厥覆灭后归降唐朝,任左骁卫大将军,娶了高祖李渊的女儿九江公主。贞观年间,执失思力在平定吐谷浑、北伐薛延陀的战争中也曾立下战功。这个人究竟是哪里得罪了长孙无忌,史书没有记载,但估计也是和李道宗一样,与长孙无忌不太"和谐",所以就一并被清洗了。

永徽四年（公元653年）二月，审理了三个多月的"房遗爱谋反案"终于尘埃落定。

在长孙无忌的压力下，高宗李治无奈地颁下了一道诏书：将房遗爱、薛万彻、柴令武斩首；赐李元景、李恪、高阳公主、巴陵公主自尽；将宇文节、李道宗、执失思力流放岭南；废李恪的同母弟蜀王李愔为庶人，流放巴州（今四川巴中市）；贬房遗直为春州铜陵（今广东阳春市）县尉；将薛万彻的弟弟薛万备流放交州（今越南河内市）；罢停房玄龄在宗庙中的配飨（以功臣身份配享于太宗别庙中的祭祀牌位）。

这个结果不仅令朝野感到极度震惊，而且同样大大出乎高宗李治的意料。

高宗李治做梦也没有想到，一个小小的"性骚扰"案居然牵出了一个这么严重的政治案件，还把一帮元勋重臣和皇亲国戚一举打入了万劫不复之地！

李治深感困惑，他不相信这些人全都参与了房遗爱的"谋反"；可是在长孙无忌威严的目光下，李治也只能怀着无比沉重的心情，在长孙无忌早已拟定的诏书上缓缓地盖下天子玉玺。

诏书颁布之前，李治决定以他微弱的力量进行最后的努力，恳求长孙无忌留下其中两个人的性命。

他们就是——荆王李元景和吴王李恪。

面对以长孙无忌为首的一帮宰执重臣，年轻的天子李治流下了无声的泪水，他用一种哀伤而无力的声音说："荆王，朕之叔父，吴王，朕兄，欲匄其死，可乎？"

"匄"，同"丐"，乞求的意思。此时此刻，早已大权旁落的李治唯一能做的事情，也只有低声下气的乞求了。

然而，天子的乞求却遭遇了死一般的沉默，因为长孙无忌面无表情、一言不发。当然，长孙无忌不开口，其他大臣就更是不敢吱声。

许久，长孙无忌向兵部尚书崔敦礼使了一个眼色，崔敦礼随即出列，用一种中气十足的声音回应了天子的乞求。

两个字——"不可"。

那一刻，李治感觉自己的天子颜面荡然无存。

一切都已无可挽回。

长孙无忌要做的事情,整个大唐天下无人可以阻拦。

该砍头的砍头,该赐死的赐死,该贬谪的贬谪,该流放的流放……

一个都不饶恕!

行刑的那一天,薛万彻面无惧色地站在刑场上,对着那些奉旨监斩的昔日同僚大叫:"薛万彻大健儿,留为国家效死力固好,岂得坐房遗爱杀之乎?"

临刑前,薛万彻从容脱下上衣,光着膀子叫监斩官快点动手。据说,刽子手慑于薛万彻的气势,手脚不停打战,以至于连砍两次都砍不断薛万彻的脖子,甚至薛万彻还厉声叱骂:"干吗不用力?"刽子手鼓足勇气砍下第三刀,薛万彻的头颅才应声落地。

吴王李恪在接到赐死的诏书后,则面朝苍天发出了一句可怕的诅咒:"长孙无忌窃弄威权,构害良善,宗社有灵,当族灭不久!"

没有人会想到,吴王李恪临死前的这句诅咒竟然会一语成谶。

显庆四年(公元659年)七月,也就是在房遗爱案爆发的短短六年后,长孙无忌也同样遭遇了家破人亡的命运。当白发苍苍的长孙无忌在偏僻荒凉的流放地黔州(今重庆彭水县)被逼自缢的时候,不知道他的耳旁会不会响起吴王李恪最后的这句诅咒?

二三 / 唐高宗：天子突围

千百年来，人们一提起唐高宗李治，眼前似乎马上就会浮现出一张苍白羸弱、畏葸无能的脸。无论是在传统史家的笔下，还是在普通百姓的眼中，李治好像从来都是一个软弱的、惧内的、毫无主见的傀儡皇帝。

据说，李治从小就熟读《孝经》，所以屡受唐太宗褒奖；母亲长孙皇后死时，他是三个同胞兄弟中哭得最伤心的一个。因此，人们很自然地给李治贴上了"宽仁孝友"的标签。稍长，李治的两个兄长——太子李承乾和魏王李泰因夺嫡之争而两败俱伤，结果年纪尚幼、性情仁厚的李治反而被长孙无忌推上了储君之位。按照长孙无忌的说法，正是因为李治仁厚，所以最适合当一个"守成之主"。其实，所谓"仁厚"，不过就是"仁弱"的代名词罢了；而长孙无忌之所以要拥立李治，无非也是为了日后能够轻而易举地掌控他。

毋庸讳言，在李治即位后的最初几年中，由于长孙无忌的政治影响力太过强大，李治确实显得非常弱势，甚至一度被长孙无忌等人架空。从某种程度上说，永徽年间的李治只能算是一个"影子皇帝"，而权倾朝野的长孙无忌则是当之无愧的无冕之王。

然而，李治并不是甘当傀儡而无所作为。从李治意识到自己被长孙无忌架空的那一天起，他就无时不在想着重新夺回天子大权，只因为长孙无忌精心编织的那张权力之网始终将他紧紧笼罩（长孙无忌权力极盛时，七个宰相有六个是他的人），才使其不得不韬光养晦、默默隐忍。

到了永徽六年（公元655年），李治苦苦等待的突围时机终于出现在他的眼前。

这就是武昭仪（名武曌，又称武则天、武媚）与王皇后的后位之争……

在初唐历史上，永徽六年（公元655年）是一个极不寻常的年份。

这一年，长安的后宫掀起了一场可怕的风暴。这场风暴不仅令高宗的后宫发生了翻天覆地的变化，而且对帝国政坛也造成了强烈的冲击，导致长孙无忌强力构建的单边政治格局开始瓦解，使得永徽朝廷首次出现了君权与相权势均力敌的博弈局面。

王皇后与武昭仪的后宫之战在永徽五年（公元654年）初发生了一个重大转折。当时，王皇后遭到武昭仪暗算，在"女婴猝死案"（参见本书《旷世女皇武则天》章）中成了主要的犯罪嫌疑人，虽然元气大伤，但由于她背后站着强势宰相长孙无忌，所以短时间内还没有被扳倒的迹象。天子李治和武昭仪就先礼后兵，于永徽五年（公元654年）底，专程到长孙府上进行"贿赂"，希望长孙无忌在皇后废立的事情上做出让步；可长孙无忌却装疯卖傻，对天子的强烈暗示视而不见，于是李治和武昭仪只好带着极度失望的心情愤然离去。

到了永徽六年（公元655年）六月，武昭仪逐渐失去了耐心，于是继"女婴猝死案"后，又对王皇后发动了一次致命的打击——控告王皇后和她母亲柳氏在暗中施行巫术。

武昭仪所控告的这种巫术称为"厌胜"，意思是因厌憎某人而制作其形象——或泥塑木雕，或画在纸上——然后刺心钉眼，系手缚足，以此诅咒对方"早日死于非命"。

当时，这是一种很歹毒的巫术，论罪也相当严重。按照《唐律疏议》，敢玩这种"厌胜"之术的人可以按谋杀罪减二等论处，倘若诅咒的对象是至亲长辈，则不可减罪，依律当斩。

没有人知道武昭仪的控告是否属实，总之天子李治未经调查就迫不及待地颁下了诏书，将皇后的母亲柳氏驱逐出宫，并严禁她再踏进皇宫一步。次月，李治又将皇后的母舅吏部尚书柳奭逐出朝廷，贬为遂州（今四川遂宁市）刺史。柳奭刚刚走到扶风（今陕西扶风县），李治又暗中授意地方官员指控他"漏泄禁中语"，于是再度把他贬到更为偏远的荣州（今四川荣县）。

至此，王皇后彻底陷入了势单力孤的境地。紧接着，李治为了让武昭仪能够向皇后之位再靠近一步，又挖空心思地发明了一个"宸妃"的名号，准备以此册封武昭仪。

此举立刻遭到宰相们的强烈抵制。唐依隋制，后宫的一品妃历来只有贵、淑、德、贤四名，如今为了一个武昭仪而特设一个"宸妃"之号，显然不合旧制，无据可依。侍中韩瑗与中书令来济以此为由，在朝会上与天子李治面折廷争,坚持认为"妃嫔有数,今别立号,不可"(《新唐书·则天武皇后传》),硬是把皇帝的旨意生生顶了回去。

谁都知道,韩瑗和来济之所以敢与天子针尖对麦芒地大干一场,无非是因为他们背后站着长孙无忌;而看上去已经彻底变成孤家寡人的王皇后,之所以还能牢牢占据皇后的宝座,也是因为她背后站着长孙无忌!

此时此刻,高宗李治强烈地意识到,如果不能利用这场后宫之战向长孙无忌的超级权威发出挑战,夺回本该属于自己的权力和尊严,那他就只能永远充当一个有名无实的傀儡天子!

永徽六年(公元655年)是李治君临天下的第七个年头,这一年他已经二十八岁。

对此时的李治而言,如果连给自己心爱的女人一个实至名归的名分都办不到,如果连选择谁来当皇后的权力都没有,那他还算什么皇帝?如果不能通过这件事情让长孙无忌认识到他李治在政治上已经成熟,完全具备了独立掌控朝政的能力,那么他还要继续夹着尾巴做人到什么时候?

所以,李治决定向长孙无忌宣战,无论如何也要把武昭仪扶上皇后之位,无论如何也要夺回自己的天子权威!

至此,这场后宫之战的熊熊战火终于从内宫蔓延到了外朝。表面上看,这是王皇后与武昭仪围绕着皇后之位展开的一场废立之争,而实际上这是天子李治与长孙无忌及其背后的宰相团围绕帝国的最高权力进行的一场政治博弈。

换言之,到了永徽六年(公元655年),这场后宫之战已经扩大升级,从女人们的战争演变成了男人们的战争,而促成这一转变的人正是高宗李治。

唐高宗李治准备向长孙无忌宣战,决心固然是很大,可当下的政治现实又不免让他有些心虚。在满朝文武当中,除了一个司空李世勣,几乎就没有一个是高宗李治的亲信;反观长孙无忌,不但牢牢掌控着整个宰相团,而且通过房遗爱案大肆清除异己、杀戮立威,使得文武百官人人俯首帖耳、个个噤若寒蝉……

在双方实力如此悬殊的情况下,高宗李治又如何打赢这场仗呢?

这不仅是天子李治的忧虑,同时也是武昭仪的忧虑。

他们不约而同地意识到,要战胜长孙无忌,唯一的办法只能是——尽快在朝中打造一支自己的政治势力。

换言之，就是要在朝中物色一批"利益代言人"，或者说扶植一帮"政治打手"，让他们在这场渐趋白热化的后宫之战和君臣博弈中为天子李治和武昭仪摇旗呐喊、冲锋陷阵，最终夺取皇后之位，并且从长孙无忌手中夺回朝政大权。

当然，"有需求就有供给"。

这个简单的经济学规律不仅适用于经济领域，也同样适用于政治领域。

就在高宗李治因势单力薄而万分焦虑的时候，朝中已经有一批素怀野心的政客，敏锐地觉察出了天子的需求——他们是中书舍人李义府、卫尉卿许敬宗、御史大夫崔义玄、中书舍人王德俭、大理丞袁公瑜等。

眼见天子李治用最短的时间就纠集了一帮"政治打手"，并且摆出一副决一死战的架势，长孙无忌、褚遂良等人意识到事态严重，连忙召集他们的人秘密举行了一个碰头会，谈论当前的政治形势。在会上，长安令裴行俭一脸义愤，声称如果让武昭仪当上皇后，"国家之祸必由此始！"（《资治通鉴》卷一九九）

就是这句"忧患之言"，为裴行俭惹来了祸端。

因为他们的一举一动早已在武昭仪的掌控之中。

秘密会议刚一开完，一直在暗中侦察的大理丞袁公瑜就把会议详情一五一十地通报给了武昭仪的母亲杨氏。

武昭仪听到这个消息后，嘴角掠过了一抹冷笑。

几天后，裴行俭就被贬出了朝廷，并且一下就被踢到了帝国最辽远的西北边陲，担任西州（今新疆吐鲁番市东）都督府长史。

裴行俭的被贬是一个强烈的政治信号，意味着高宗李治和武昭仪已经向长孙集团发出了挑战。就在贬谪裴行俭的几天后，也就是这一年的九月初一，高宗李治又忽然把许敬宗擢升为礼部尚书。众所周知，礼部主管朝廷的册封事宜，高宗李治让许敬宗担任礼部的一把手，其用意不言自明地就是冲着皇后废立去的，同时也等于是在对长孙集团进行示威。

永徽六年（公元655年）九月，高宗李治向长孙无忌等人摊牌，坚决表示要废立皇后。老谋深算的长孙无忌始终不表态，只是把他的心腹褚遂良、韩瑗、来济等人推到台前，让他们和天子"死磕"。就在双方相持不下之际，时任司空的李世勣私下对李治说："此陛下家事，何必更问外人？"（《资治通鉴》卷一九九）

李治大喜，随即下定废后的决心。

与此同时，礼部尚书许敬宗也在朝中到处放话，说："田舍翁多收十斛麦，尚欲易妇；况天子欲立一后，何豫诸人事而妄生异议乎？"（《资治通鉴》卷一九九）

意思是，一个庄稼汉多收了十斛麦子，尚且打算换掉老婆；何况天子打算另立皇后，跟别人有何相干，竟然妄加非议？

许敬宗这话虽然有点粗俗，但是话糙理不糙，尤其在武昭仪听来，许敬宗的"换妻"高论简直像歌声一样动听。为了让更多人听到这句话，武昭仪当即命左右亲信到处传播，一意要让它成为朝野上下众口一词的舆论。

数日后，宰相褚遂良被贬为潭州（今湖南长沙市）都督。

永徽六年（公元655年）十月十三日，高宗李治颁布了一道废黜王皇后和萧淑妃的诏书。

十月十九日，李治正式册立武昭仪为皇后。

永徽六年（公元655年）这场后宫之战的结果，传统史家往往把它归功于（或者归罪于）武则天的个人因素。在传统目光的解读之下，武则天纯粹是因为施展了狐媚之术迷惑高宗李治，并且处心积虑陷害皇后，不遗余力拉拢朝臣，最终才得以正位中宫；而高宗李治则被普遍描述成一个毫无主见、纯粹被武则天利用的昏庸皇帝。

事实上，这未免高看了当时的武则天，也未免低估了当时的李治。

解读历史都难以避免"事后诸葛亮"。人们往往是因为武则天日后缔造了一个女主登基、牝鸡司晨的历史事实，并且因为李治确实对日后阴盛阳衰的政治局面负有不可推卸的责任，所以才会以此倒推并从一开始就把武则天视为一个彻头彻尾的野心家和阴谋家，也才会把李治始终看成一个懦弱的丈夫和无能的皇帝。

可实际上，这是一种错误的眼光，因为它把动态的历史静态化了，也把复杂多变的人简单化和脸谱化了。

武则天固然是一个自信、坚忍、工于心计、不甘被命运摆布的人，但是在人生的不同阶段，或者说在不同的时势和情境当中，她的生命能量必然要受到不同程度的制约，尤其是在正位中宫之前，无论她有多大的野心和阴谋，其力量和手段也终归是有限的，因而不能认为她当时就已经把李治玩弄于股掌之中。

每个人的人生都是一个逐渐成长、逐渐成熟的过程，武则天当然也不例外。

从深宫中的武才人，到感业寺里的女尼，再到二度入宫的武昭仪，武则天强势的人格特征是一点一滴养成的，她巨大的生命潜能也是一步一步开发的。对于当时的武则天来说，未来如同一条迷雾中的河流，谁也不知道前面是暗礁、是激流还是深不可测的漩涡，所以她只能小心翼翼地摸着石头过河，绝不可能以一种未来女皇的姿态无所顾忌地往前冲！

武则天如此，李治亦然。

永徽初年，李治是一个踌躇满志的年轻帝王，他渴望像父亲唐太宗那样建功立业，也渴望走出父亲的阴影，缔造属于自己的时代。然而，舅舅长孙无忌却把李治视为永远长不大的幼主，不仅架空了李治，而且以他的巨大权威牢牢束缚着李治。

长孙无忌的身份是绝无仅有的——天子舅父、开国元勋、顾命大臣、当朝宰相，这些特殊身份就像一道道璀璨夺目的光环在他身上交织闪耀，令朝野上下的所有人都不敢直目而视。可想而知的是，长孙无忌身上有多少重光环，李治头上就会有多少"重紧箍"。所以，血气方刚的天子李治必然会有突围的欲望和冲动，而武则天与王皇后的后宫之战，无疑给李治压抑已久的欲望和冲动提供了一个释放的机会。

因此，在废立皇后这件事上，与其说李治是一个被炽热的爱情烧坏了头脑的男人，是一个纯粹被武则天利用和支配的昏懦之君，还不如说他是在借机消解长孙无忌的权威，并且在此过程中扶植自己的亲信，进而巩固岌岌可危的皇权。

换言之，武则天固然是利用了李治对她的宠爱夺取了皇后之位，可李治又何尝不是以"爱情的名义"夺回了一度旁落的天子大权？

说白了，谁也不比谁傻多少。

换言之，在永徽年间这场争位夺权的大战中，李治和武则天不仅是一对被火热爱情吸引到一起的恩爱夫妻，更是一对被相同利益捆绑到一起的政治拍档！

后宫大战尘埃落定之后，文武百官知道长孙无忌已经失势，所以全都站到了高宗李治和皇后武则天一边。

显庆元年（公元656年）正月，太子李忠被废为梁王、贬到梁州（今陕西汉中市），皇后武则天的长子、年仅四岁的李弘被立为太子。二月，武则天的亡父武士彟又被追赠为司徒，赐爵周国公。日后，武则天的国号"大周"，正是源于武士彟的这个爵号。

显庆二年（公元657年）春，高宗李治和皇后武则天开始对长孙一党正式发难。

许敬宗、李义府这一对忠实鹰犬再次冲锋在前。他们联名上奏，称侍中韩瑗、中书令来济与被贬在外的褚遂良暗中勾结，因而故意把褚遂良从潭州调到桂州；而桂州是军事重地，可见韩、来二人是要以褚遂良为外援，"潜谋不轨"。

八月十一日，高宗李治下诏，将韩瑗贬为振州（今海南三亚市）刺史，来济贬为台州（今浙江临海市）刺史，同时再度将褚遂良贬为爱州（今越南清化市）刺史，将柳奭贬为象州（今广西象州县）刺史。

至此，长孙一党被斥逐殆尽，只剩下一个光杆司令长孙无忌。

此时，长孙无忌比谁都清楚，贬谪流放的命运很快也会降临到自己身上。

可是，长孙无忌无能为力。

从永徽六年（公元655年）的那场君臣博弈中败下阵来之后，长孙无忌就意识到大势已去了，无论他和他的亲信们曾经建立了一个看上去多么坚固的权力堡垒，可它终究是一座沙堡。

因为，倘若没有君权的支持作为根基，外表再强大的相权，其实质也是脆弱的，除非这种相权具有取代君权的野心，而且确实也凌驾了君权。可长孙无忌显然没有这种野心和倾向，虽然自从高宗李治即位以来，他就一直表现得很强势，可他充其量只是架空了君权而已，并没有像历史上很多权臣那样完全凌驾于君权之上，或者动不动就擅行废立。

从这个意义上说，长孙无忌的权力在很大程度上是高宗李治自觉不自觉地"让渡"出去的。虽说这和李治"仁弱"的性情有一定关系，但这种"让渡"在任何政权过渡期间和新君年少的情况下都属于正常现象，并不能全然归咎于李治的弱势或长孙无忌的强势。

既然长孙无忌的权力归根结底是属于高宗李治的，那么只要哪一天李治意识到这种"权力的让渡"对自己构成了威胁，而自己也具有了收回权力的能力，各方面的助力和客观条件又已成熟，他就随时有可能把权力收归己有。

因此，长孙无忌的真正错误并不在于从高宗李治手里拿走了"太多"权力，而是在于他没有"及时"地把这些权力归还给李治。

换言之，长孙无忌把暂时由他保管的东西，误以为是他自己的了。

人生有两条真谛，一条叫该出手时就出手，另一条叫该放手时就放手。长孙无忌只知前者，不知后者，对权力过度迷恋，不懂得及时放手，最终当然要为此付出代价。

从显庆三年（公元658年）冬天到显庆四年（公元659年）秋天，高宗李治和皇后武则天联手对长孙一党进行了毫不留情的政治清洗，无论是打击范围还是打击力度都比长孙无忌在永徽四年（公元653年）制造的房遗爱案有过之而无不及。

砍头、抄家、贬谪、流放……

一个都不饶恕！

显庆四年（公元659年）四月，长孙无忌以"谋反"罪名被流放黔州（今重庆彭水县），数月后在贬所被逼自尽。

长孙无忌之死宣告了"后贞观时代"的终结。

高宗李治成功突围，唐帝国的历史掀开了新的一页……

二四 / 帝国的扩张

自从高宗李治即位的十几年来，虽然唐帝国的政治高层风云变幻，始终没有停止过权力斗争，但是这一切并没有影响到国计民生。由于高宗李治治下的唐王朝继承了贞观时代的强大国力，所以这些年里唐帝国在总体上依然保持着安定、繁荣和强盛的局面。

尤其令人振奋的是，唐朝的军事力量和国际威望也在这个时期达到了顶峰，甚至超过了唐太宗李世民时期。截至咸亨元年（公元670年）之前，高宗李治统治下的帝国疆域达至极盛，比前、后的各个时期都更为广阔，唐朝的影响力也进而扩大到中亚和东亚的大部分地区。

那么，这一页辉煌历史又是如何铸就的呢？

接下来，就让我们把目光拉回到永徽初年……

永徽二年（公元651年）春天，高宗李治刚登基不久，西域就传来了一个令人不安的消息——原西突厥降将、时任左骁卫大将军兼瑶池（今新疆阜康市）都督的阿史那贺鲁叛逃了。

此时，西突厥的在位可汗是乙毗射匮。此人才具平庸，西突厥各部早已不服其统辖，所以当阿史那贺鲁突然前来进攻时，乙毗射匮马上乱了阵脚。乙毗射匮仓促集结部众抵御阿史那贺鲁，结果一战即溃，其部众全被阿史那贺鲁吞并。

阿史那贺鲁一战平灭了西突厥可汗，其野心大为膨胀，随即在双河与千泉（今吉尔吉斯斯坦北部）一带建立了王庭，自立为沙钵罗可汗。原乙毗射匮可汗辖下的十个直属部落一齐归附。数月之间，阿史那贺鲁摇身一变就成了西突厥的头号人物，麾下拥有精兵数十万众。稍后，处月（今新疆新源县境）、处密（今新疆塔城市境）两大部落以及西域诸国，又相继投靠了阿史那贺鲁。

永徽二年（公元651年）七月，志得意满的阿史那贺鲁率部入侵庭州，很快就攻陷了庭州境内的战略要地金岭城（今新疆鄯善县西北）和蒲类县（今新疆奇台县东南），杀死并俘虏了数千唐军。

在随后的数年里，高宗朝廷先后派遣梁建方、程知节等人进行了两次西征，虽然歼灭了西突厥的一些有生力量，但始终未能平灭阿史那贺鲁。

对此，高宗李治自然是极不甘心。

显庆二年（公元657年）闰正月，也就是二次西征刚刚结束的两个月后，高宗李治就发动了对西突厥的第三次远征。

为了确保此次远征的胜利，唐军决定兵分两路，征讨与安抚并重：一路由苏定方担任统帅，征调回纥骑兵，从北线直接进攻西突厥；另一路由西突厥降将——右卫大将军阿史那弥射、左屯卫大将军阿史那步真为安抚大使，从南线西进，负责招抚他们在西突厥的旧部。

北路，苏定方率部沿金山（今新疆阿尔泰山）山脉直进，消灭了盘踞在此的处木昆、突骑施二部落。阿史那贺鲁闻讯，立刻集结十万大军，在曳咥河（今中亚额尔齐斯河）阻击唐军。

此时，苏定方的部队只有一万人。面对十倍于己的敌军，苏定方毫无惧色，他知道西突厥军队虽然人数众多，却是由十个部落构成，其中的左厢五部还曾一度反对阿史那贺鲁，而右厢五部中的泥孰部落也历来与阿史那贺鲁不睦。所以，突厥人表面上强大，实则内部矛盾重重。

苏定方一边命步兵在南部平原上密集排列，摆出了一个长枪阵，一边亲率精锐骑兵在后方的北部平原上列阵。西突厥军队依倚人数上的绝对优势，对唐军的步兵阵连续发起了三次冲锋，可是在如林的长枪面前，西突厥人付出了极大的伤亡，却始终无法撕开唐军的防线。

当西突厥军队的第三波攻击又被唐军击退后，苏定方知道其战斗力已经衰竭，立刻下令全体骑兵跟随他一起冲锋。决战时刻，西突厥十个部落貌合神离的弱点暴露无遗。在唐军的猛烈进攻下，西突厥人各自为战，互不相援，最后全线溃败。苏定方亲率骑兵深入追击了三十里，斩杀并俘虏了数万人。

曳咥河会战次日，苏定方继续勒兵追击，阿史那贺鲁自恃兵力仍然占优，于是回头再战。双方激战正酣时，右厢五部突然临阵倒戈，左厢五部也无心恋战，仓皇逃回驻地。阿史那贺鲁只好带着残部向西逃窜。

紧继苏定方大破阿史那贺鲁之后，由阿史那步真率领的南线唐军也到了左厢五部驻地，将其逼降。稍后，南路的另一路唐军阿史那弥射也利用他在西突厥原有的影响力，成功收降了处月、处密两部落。

显庆二年（公元657年）冬天，苏定方亲率主力，冒着严冬大雪长途奔袭，直逼阿史那贺鲁的王庭。阿史那贺鲁再次被打了个措手不及，一口气逃到石国西北部的苏咄城，结果被苏咄城主诱捕，旋即被交给唐军，最后被押往长安。

战后，大唐帝国在西突厥的土地上设置了昆陵都护府和濛池都护府：以阿史那弥射为昆陵都护，封为"兴昔亡可汗"，统领西突厥的左厢五部（五咄陆）；以阿史那步真为濛池都护，封为"继往绝可汗"，统领西突厥的右厢五部（五弩失毕）。两个都护府均归属安西都护府管辖，曾经强盛一时的西突厥汗国宣告瓦解。

由于西突厥汗国已经不复存在，原本臣服于西突厥的中亚各国，纷纷回过头来归附唐帝国。显庆四年（公元659年），唐朝廷又在中亚的石国、米国、史国、大安国、小安国、曹国、拔汗那、悒怛、疏勒、朱驹半等国设置了州、县、府共一百二十七个（这些国家大致分布在今新疆西部、乌兹别克斯坦、阿富汗一带）。

龙朔元年（公元661年），中亚的吐火罗、嚈哒、罽宾、波斯等十六个国家又相继归附大唐帝国。唐朝先后在这十六个国家建立了八个都督府、七十六个州、一百一十个县、一百二十六个军府，并将其全部划入安西都护府的管辖范围。至此，大唐帝国的疆域已经由西域延伸到了中亚，又从中亚进一步拓展到了西亚的伊朗高原。

显庆五年（公元660年）春天，也就是在唐帝国刚刚平定西突厥之后，高宗李治接到了来自新罗的一道奏表。

准确地说，这是一封求救信——是新罗国王金春秋发出的一封十万火急的求救信。

新罗国王在信中说，百济再度勾结高句丽屡屡入侵，已经占领了新罗的大片土地，要是唐朝再不出兵，新罗就彻底完蛋了！

看完信后，一股按捺已久的怒火终于在高宗李治的心中升腾起来。

当年唐太宗皇帝亲征高句丽失败，不久后便赍志而殁，这件事一直是高宗李治心头的一个阴影。登基之后，李治暗下决心，总有一天要出兵踏平桀骜不驯的高句丽和百济，完成隋唐三代帝王（隋文帝、隋炀帝、唐太宗）未了的心愿，以慰太宗皇帝李世民的在天之灵！

高宗李治之所以迟迟没有动手，是因为自从他即位以来，帝国高层的权力斗争就一天也没有停止过，他不得不把主要精力放在一系列的政治斗争上。同时，帝国为了征讨西突厥的阿史那贺鲁，在西线共发动了三次远征，前后历时六年，付出了相当高的战争成本，所以高宗李治一直无法腾出手来处理朝鲜半岛的事务。

这些年来，唐帝国虽然没有对朝鲜半岛发动大规模战争，但也始终没有停止过对高句丽的打击和袭扰。

自从贞观十九年（公元645年）亲征高句丽铩羽而归之后，唐太宗李世民就深刻吸取了失败的教训，他认识到——没有一支强大的海军承担运输和迂回助攻任务，单凭陆地运输和陆军作战，绝对无法取得高句丽战争的胜利。于是，李世民随后就开始大规模扩建海军，不遗余力地制造战船。很快，唐帝国就拥有了一支强大的海军力量。与此同时，李世民还制定了"有限战争"的战略，不以歼灭敌军、攻城略地为目的，而是频繁出兵，重点袭击并破坏高句丽的农耕区，以此打击高句丽的经济，为最终平灭高句丽铺平道路。

从贞观二十一年（公元647年）到显庆五年（公元660年）的十几年间，唐帝国在上述战略的指引下，从海陆两线屡屡出兵，持续不断地对高句丽发动袭扰战。帝国名将如李世勣、薛万彻、程名振、苏定方、契苾何力、薛仁贵等人，都曾先后开赴高句丽作战，对高句丽实施了沉重的打击。

然而，高句丽却始终是一副"死猪不怕开水烫"的样子。就在永徽六年（公元655年），高句丽还曾联合百济和靺鞨部落，再次悍然入侵新罗，一共占领了新罗三十三座城池。

当时，唐帝国正在对西突厥用兵。为了避免两线作战，高宗李治只好暂时隐忍，只派遣程名振和苏定方从陆路对高句丽发动了一次小规模的进攻，并在取得小胜之后就撤回，目的显然不是要与高句丽全面开战，而仅是实施一次必要的战略威慑。

也许高句丽把高宗李治的隐忍当成了懦弱，所以这一次高句丽才会再度与百济联手攻击新罗，以此向唐帝国叫板。

有人说，"上帝要让人灭亡，必先使其疯狂！"

在此刻的高宗李治眼中，高句丽和百济无疑就是这种自取灭亡的疯子。

因为这是显庆五年（公元660年），不是永徽六年（公元655年）。此时，征讨西突厥的战争已经取得圆满胜利，权倾朝野的长孙集团也已经全面垮台，高宗李治更是早已夺回一度旁落的天子之权。在此情况下，高句丽和百济居然还敢跟唐帝国叫板，这不是活得不耐烦了吗？

显庆五年（公元660年）三月，高宗李治制定了先取百济、再灭高句丽的战略，命苏定方率水陆十万大军出征百济。同年八月，唐军由海路进抵朝鲜半岛南端的熊津江口，海军立刻从正面对百济守军发动进攻，陆军则在强行登陆后迅速迂回到百济防线的后侧进行攻击。在唐军的前后夹击之下，百济军队的防线迅速崩溃，被唐军斩杀数千人，余部被迫后撤。

占领熊津江口后，唐军水陆并进，直逼百济都城。

百济国王扶余义慈自知此城难保，在唐军围城之前，便带着太子扶余隆等人逃往北部，只留下次子扶余泰留守都城。扶余泰守御无方，城中军民纷纷逾城而降。扶余泰万般无奈，只好举城归降唐军。

就这样，唐军不费一兵一卒便拿下了百济的都城。

百济都城的失陷顿时引发了"多米诺骨牌效应"，群龙无首的各城城主纷纷举城归降。稍后，走投无路的老国王扶余义慈和太子扶余隆也乖乖回来投降了唐军。

不到一个月的时间，百济的五部、三十七郡、二百座城池和七十六万户人口就全部归降。

高宗李治大喜过望，随即下诏在百济设置了五个都督府。

然而，一个立国六百多年、拥有人口将近四百万的国家，会这么轻易屈服吗？

答案是否定的。百济勇将黑齿常之很快就揭起了反旗，以破竹之势一连收复了将近二百座城池。紧接着，僧人道琛、将军福信等人也在周留城聚众起事，并从日本接回了百济王子扶余丰，拥立他为百济的新国王。

苏定方屡屡出兵镇压叛乱，无奈却被黑齿常之一一挫败。面对来势汹涌的百济复国浪潮，苏定方一筹莫展，最后只好留下中郎将刘仁愿镇守熊津都督府（原百济都城），然后撤兵回国。

至此，苏定方在百济取得的战果基本上都打了水漂，整个百济名义上是唐朝的五都督府，实则只有一座熊津城掌握在唐军手中。

随后，道琛、福信又率大军猛攻熊津。危急时刻，高宗李治紧急起用老将刘仁轨，命他火速援救刘仁愿。龙朔元年（公元661年）三月，刘仁轨率部驰援熊津，接连突破百济反抗军重兵布防的多道防线，一举解除了熊津之围。

稍后，百济的军事高层出现内讧。福信刺杀了道琛，兼并了他的部众，夺取了百济复国军的最高指挥权。随后，福信又大力召集各地的流亡部众，势力更加强大。

龙朔元年（公元661年）四月，高宗李治再命苏定方进攻高句丽。从这一年七月兵围平壤，到次年（龙朔二年，公元662年）二月，苏定方兵团对平壤整整围攻了八个月，但是这座坚城却依然固若金汤。

高宗李治又派出了一支海军前去增援苏定方，却在蛇水（今朝鲜合井江）遭到高句丽军队的顽强阻击，结果全军覆没。

平壤城下的苏定方兵团得知援军覆没的消息，顿时士气大挫。高宗知道胜利的希望已经渺茫，只好命苏定方班师。

此时，百济战场上的刘仁轨和刘仁愿已经在孤城熊津坚守了整整一年。高宗李治担心他们无法长期坚持，不得不下了一道敕书——命他们放弃熊津，撤往新罗。

高宗李治的这道敕令显然是出于对将士们的关心和体恤，但是做出这个决定却是痛苦而无奈的，因为最后这支部队一旦撤出百济，就意味着唐帝国这两年来在朝鲜半岛上付出的所有努力将全部付诸东流！

刘仁轨无法接受这个结果，他努力说服了刘仁愿和其他将士，决定苦守熊津，并设法挽救危局。

龙朔二年（公元662年）七月，在刘仁轨的计划和指挥下，熊津城中的唐军忽然主动出击，以迅雷不及掩耳之势对百济复国军发起了一场闪击战，一连攻克了支罗城、尹城、大山、沙井（均在朝鲜半岛西南部）等多座堡垒并歼灭了大量百济复国军，继而又占领了熊津城东面的一座战略要地——真岘城。

拿下真岘城是百济战争的一大转折点，因为此城位于百济与新罗的交通要道上，占据此城就等于打通了熊津与新罗的运输通道，从此唐军就可以源源不断地从新罗获得必要的粮食和给养。

随后，刘仁愿迅速上表向朝廷报捷，并要求增兵。眼见百济这盘死棋忽然走活了，高宗李治大喜过望，急命孙仁师率七千人渡海增援。

就在唐军发动反攻的同时，百济内部再次爆发了内讧。福信和扶余丰互相猜忌，最后扶余丰刺杀了福信，并清除了他的党羽，然后遣使前往高句丽和日本乞援。

孙仁师率援兵进入百济后，与刘仁愿、刘仁轨合兵一处，唐军声势大振。龙朔三年（公元663年）秋天，经过长时间休整的唐军决定对百济复国军发起全面反攻。

唐军兵分两路：孙仁师、刘仁愿会同新罗军队从陆路进攻；刘仁轨则与副将杜爽、百济降将扶余隆率海军出熊津江，在白江口与陆军会师，一同夹击周留城。

与此同时，日本应扶余丰的请求，已经出动一支庞大的海军支援百济。

这一年八月二十六日，当刘仁轨率领海军进抵白江口时，日本海军已经在此严阵以待。

中日海军在历史上的第一次大规模会战——白江口战役，就此拉开序幕。

日本海军的兵力将近四万人，拥有一千艘战船；而大唐海军的兵力大约是一万三千人，战舰一百七十艘。作为中日两国海军的首次交锋，双方都不了解彼此的实力，所以在第一天的战斗中都表现得比较谨慎。两军只是彼此发动了几次试探性进攻，试图摸清对方的战术和打法，随后便各自收兵。第一天的战斗，以日军损失几艘战舰而告终，唐军小胜。

八月二十七日，中日海军在白江口的决战正式打响。

白江口碧波万顷的海面上战船密布、千帆相连，日本海军采用既定的战术，凭借数量上的绝对优势，率先对唐军发动进攻。当一千艘日军战舰以排山倒海之势向唐军冲来时，唐军的战舰上万箭齐发，瞬间便有大量日军士兵中箭身亡。

两军接战之后，日军迅速以穿梭战术插入唐军舰队之中，凭借六比一的优势将唐军各舰团团包围。就在此刻，唐军舰船上的投射机突然抛出无数火球，全部砸向日舰。顷刻之间，日本的数百艘军舰同时燃起熊熊大火，滚滚浓烟冲天而起，海面上到处是一片鬼哭狼嚎，日军士兵纷纷跳入海中逃生，但是一个个都成了唐军弓箭手的活靶子，就算不被烧死溺死，最后也都被箭射死……

困兽犹斗的日本海军不甘失败，连续四次重整队形，前后对唐军发动了四次冲锋，但是每一次都有大量舰船被毁，众多士兵伤亡。这一天，"烟炎灼天，海水尽赤"，唐军"四战皆捷，焚其舟四百艘"（《资治通鉴》卷二〇一）。日军残部仓皇撤离白江口海面，张起船帆拼命逃回了日本。随后，唐军水陆两路并进，迅速攻克了百济反抗军的总部周留城。

这场发生在公元7世纪的中日大海战，以中国海军的全面胜利告终。

同时，白江口海战也是百济战争中规模最大的一次会战，此战的胜利宣告了百济复国运动的彻底失败。日军势力撤出朝鲜半岛后，百济国王扶余丰万念俱灰，只好流亡高句丽，而他的两个儿子扶余忠胜、扶余忠志率百济残部向唐军投降。稍后，百济猛将黑齿常之、沙吒相如等人也相继率部归降。

到此，百济全境终于重新回到唐军手中。

百济的灭亡，让北方的高句丽不可避免地产生了一种唇亡齿寒的忧惧。

乾封元年（公元666年），从泰山封禅归来的唐高宗李治得到了一个令他喜出望外的消息——高句丽权臣泉盖苏文死了。

高宗李治开始密切关注高句丽的局势。

不久，泉盖苏文的三个儿子爆发内讧，长子泉盖男生被次子泉盖男建篡夺了相位，逃亡辽东，并派遣儿子泉盖献诚前往长安，请求唐高宗发兵救援。

这无疑是征服高句丽的天赐良机！

乾封元年（公元666年）十二月十八日，高宗李治任命李世勣为辽东道行军大总管，以郝处俊、契苾何力、庞同善为副大总管，率高侃、薛仁贵、郭待封等人，分海陆两路大举进击高句丽。

这一年，李世勣已经七十五岁高龄，是灿若星辰的大唐开国名将中真正硕果仅存的老将。从大业年间开始，李世勣历经隋末的群雄混战、大唐的开国战争以及贞观时代的平灭东突厥、薛延陀之战，可谓是身经百战、军功赫赫。更重要的是，在贞观末年唐太宗李世民亲征高句丽的战争中，李世勣作为主将之一，积累了丰富的辽东作战的经验。所以，除了李世勣，没有谁更适合担任此次东征高句丽的统帅。

乾封二年（公元667年）九月，李世勣亲率陆路主力进入辽东，一举攻克高句丽在辽东的军事重镇新城（今辽宁抚顺市北），然后挥师东进，以破竹之势连下辽东十六座城池，以致高句丽举国震恐。

泉盖男建慌忙派遣军队对驻守新城的唐军发起反攻，被薛仁贵击退。稍后，高侃兵团进抵金山（今辽宁康平县东），与高句丽大军展开遭遇战。唐军失利，被迫后撤，高句丽大军乘胜追击，准备一举吃掉高侃兵团。就在此时，薛仁贵兵团突然从高句丽军队的侧翼杀出，将其截为两段。高侃兵团随即掉过头来，与薛仁贵前后夹击，高句丽军队猝不及防，随即四散溃逃。

这一战打得异常惨烈，高句丽军队一共被斩首五万余级，遭到前所未有的重创。薛仁贵与高侃挟新胜之威，又连克南苏（今辽宁西丰县南）、木底（今辽宁新宾县）、苍岩（今辽宁清原县东）三城，并与泉盖男生会师。

二月，李世勣挥师继续向高句丽纵深挺进。猛将薛仁贵在金山大捷之后，又担任前锋攻下了辽东的另一座军事重镇——扶余城（今吉林四平市）。

一听说重镇扶余城被薛仁贵一战而下，扶余平原上四十余城的守将顿时胆破，没过多久就全部望风而降。

唐军在辽东战场上所向披靡，泉盖男建大为恐慌。泉盖男建随即调集了五万大军，火速向扶余城逼近。总章元年（公元668年）二月底，两军在薛贺水（流经辽宁凤城市境）展开大规模会战，结果高句丽军队再次遭遇惨败，阵亡三万余人。

薛贺水大捷后，李世勣又乘胜东进，攻克了鸭绿江西岸的军事重镇——大行城（今辽宁丹东市）。拿下该城，意味着广袤的辽东土地已经全部落入唐军手中，平壤的门户已经轰然洞开。

总章元年（公元668年）夏天，各路唐军会师于大行城，经过数月休整之后，于八月对鸭绿江的高句丽守军发起强攻。此时，屡战屡败的高句丽军队的士气已经落到了低谷，而唐军挟数次大捷之威，士气正空前高涨。高句丽军队当然抵挡不住唐军的强大攻势，很快就全线崩溃。

唐军越过鸭绿江，进入朝鲜半岛，一鼓作气向东追击了二百余里，并顺势攻下了半岛北部的要塞辱夷城（平壤城西北）。

至此，高句丽大势已去。其他各城的守将闻风丧胆，要么弃城而逃，要么举城归降，唐军如入无人之境。勇将契苾何力担任前锋率先杀到平壤城下，紧接着，李世勣的主力也进抵平壤，随即将其团团围困。

平壤作为高句丽的都城，经过多代人的苦心经营，其防御体系可谓固若金汤。此前，苏定方曾经对平壤围攻了八个月，最后也不得不黯然收兵，可见平壤的确是一座名副其实的坚城。

然而，世界上最坚固的东西并不是城墙，而是人心。

隋唐两朝的多位帝王之所以屡屡在高句丽这个东夷小国折戟沉沙，并不仅仅是因为高句丽的城墙特别坚固，而主要是因为高句丽君臣能够团结一致，举国上下同仇敌忾。今日，平壤虽然依旧拥有坚固的城墙，但是此刻的高句丽君臣显然已经失去了拒敌的勇气和抗战到底的决心。所以，这样一座貌似坚固的堡垒，到头来也就避免不了从内部被攻破的命运。

唐军围攻平壤一个月后，高句丽国王高藏就带着泉盖男建的弟弟泉盖男产，以及高句丽朝廷的各级文武官员共九十八人，趁泉盖男建不备偷偷缒下城墙，手举白幡归降了唐军。

不久，泉盖男建的心腹，手中握有兵权的武僧信诚又派密使与李世勣接洽，表示愿意充当内应投降唐军。

总章元年（公元668年）九月十二日，信诚忽然打开城门，唐军随即蜂拥而入。李世勣命士兵攀上城墙，插上唐军旗帜，擂鼓呐喊，并且焚烧城墙四周的各个城楼，平壤城顿时陷入一片混乱。

听着惊天动地的喊杀声，看着到处燃烧的熊熊火焰，泉盖男建绝望了，他拔出佩剑，狠狠刺进了自己的胸膛……

这一天，平壤城陷，立国长达七百零五年的高句丽王国宣告灭亡。

战后，唐朝将高句丽划分为九个都督府、四十二个州、一百个县，同时在平壤设立安东都护府，统一管辖。各都督、刺史、县令的职位由一部分有功的高句丽旧将出任，另外也配备了一部分唐朝官员协同治理。薛仁贵由于在此次东征中战功卓著，被擢升为右威卫大将军，并出任安东都护，率二万人马镇守。

高句丽战争的胜利是来之不易的。

隋唐两朝、四代帝王都曾经为了征服高句丽而倾注了大量心血——隋文帝杨坚于开皇十八年（公元598年）发动三十万大军征讨高句丽，结果未及踏上高句丽国土就遭遇天灾和疾病，导致士兵死亡十之八九；隋炀帝杨广更是因为三征高句丽而耗尽国力，引发了国内风起云涌的全面叛乱，最终葬送了隋朝江山；天纵神武的唐太宗李世民一生中最大的失败，也是因为在贞观十九年（公元645年）亲征高句丽，此次失败的亲征不但拖垮了他的身体，而且沉重打击了他的精神，使他在短短几年后就抱憾而终、赍志而殁；直到唐高宗李治的时代，即便他继承了贞观时代强大的国力和丰厚的人才资本，可还是在龙朔二年（公元662年）第一次东征高句丽时遭遇了失败，并因此几乎放弃对整个朝鲜半岛的经略……如此种种，足以证明高句丽人确实具有一种出乎寻常的坚韧与顽强。

作为朝鲜半岛上的"蕞尔小国"，高句丽屡屡横挑强邻，频频遭到大军征伐，却一次又一次以弱胜强，在当时周边国家无不被唐帝国一一征服的情况下，唯独它始终屹立不倒，诚可谓绝无仅有，亦足以令人刮目相看。

如果不是泉盖苏文之死，以及后来他三个儿子为了争夺权力而爆发内讧，唐帝国征服高句丽的时间表，也许还要被大大推迟。

平灭高句丽，标志着唐王朝的军事扩张达到了一个巅峰，唐帝国的版图也至此臻于极盛。

二五 / 旷世女皇武则天（上）

唐贞观十二年（公元638年）深冬，一个大雪纷飞的早晨，已故荆州都督、应国公武士彟的次女武氏（武则天，又名武媚娘、武曌）被一驾皇家马车接进了宫中。送别女儿的那一刻，应国夫人杨氏忍不住潸然泪下，她为女儿此去的命运担忧，也为今生很可能不复相见而伤感。没想到年仅十四岁的女儿武氏却一脸从容地对她说："见天子庸知非福，何儿女悲乎？"（《新唐书·则天武皇后传》）

见天子怎知不是福分，何必像小儿女一样悲泣？

杨氏怔怔地看着自己的女儿，蓦然止住了哭泣。

那一刻，杨氏的目光中满是错愕，因为女儿让她感到了一种陌生。

要到很多年以后，杨氏才会明白女儿这句话意味着什么。

唐太宗李世民的后宫是一座姹紫嫣红、争奇斗艳的大花园，除了成百上千的普通宫女之外，还拥有四妃（一品）、九嫔（二品）、九婕妤（三品）、九美人（四品）、九才人（五品）、二十七宝林（六品）、二十七御女（七品）和二十七采女（八品）。这八级一百二十一人共同组成了皇帝的妃嫔群，制度上的名称叫"内官"，都有各自不同的分工和职能。武则天入宫后，被封为五品才人，职责是"掌叙宴寝，理丝枲，以献岁功"（《旧唐书·职官志》），即安排宫廷宴乐，伺候天子起居，管理宫女的蚕丝纺织，等等。

事后来看，武则天担任的这个"掌叙宴寝"的职务多少还是有点"近水楼台先得月"的优势，因为她毕竟经常有安排宫廷宴乐、伺候天子起居的机会。虽然史书没有明确记载武则天是否得到过唐太宗的临幸，但是从她的工作性质来看，至少在概率上曾经为唐太宗李世民侍寝的可能性还是很大的。此外，史书明载唐太宗李世民曾给武则天赐名"武媚"，这起码也算是一个旁证，足以表明李世民曾一度对武则天产生过关注和兴趣。

然而，尽管武则天很有可能得到过唐太宗李世民的临幸，可她并未因此得宠。对于唐太宗来说，像武则天这样的后宫女子就像是其百花争艳的后花园里随手摘下的一朵，只是放在鼻子边嗅了嗅，然后就随手抛弃了。从此，年轻的武则天开始了她漫长而寂寥的深宫生涯，她生命中最美丽的花样年华就这样在星移斗转、风云变幻的岁月中逐渐消逝。

贞观十九年（公元645年）冬天，唐太宗李世民在辽东战场上遭遇了他一生中最惨重的一次失败（参见本书《亲征高句丽：李世民的"滑铁卢"》章），而这一前所未有的失败给李世民的内心造成了难以治愈的创伤。与此同时，唐太宗李世民的身体也开始被各种各样的病魔缠绕。一向仁孝的太子李治对唐太宗李世民的病情满腹牵挂，他每隔一天在东宫听政，其余时间则始终待在唐太宗居住的承庆殿，"入侍药膳，不离左右"（《资治通鉴》卷一九八）。唐太宗李世民不忍心看到太子李治总是奔波于东宫和承庆殿之间，便命人在寝殿之侧安置了一座别院，专供太子休息。

就这样，才人武则天与太子李治便邂逅在了唐太宗李世民的病榻前。

从此，一桩命中注定的宫闱情缘就把他们的命运紧紧捆绑……

贞观二十三年（公元649年）五月，唐太宗李世民驾崩。按规定，没有子嗣的妃嫔必须循例出家，武则天随即被送往感业寺削发为尼。这一年，武则天二十五岁，而这原本是一个女人生命力最旺盛的年龄，可一袭冷酷的缁衣却把她饱满鲜活的身体彻底囚禁了，令她在清规戒律的樊笼中无可逃脱地干瘪和枯萎。

每当夜阑人静的时候，武则天总是铺开一纸素笺，用笔墨一遍遍倾诉着自己的爱断情伤。其中，有一首名叫《如意娘》的乐府，后来被收进了《全唐诗》中："看朱成碧思纷纷，憔悴支离为忆君。不信比来长下泪，开箱验取石榴裙。"

永徽元年（公元650年），当武则天依旧在感业寺里"看朱成碧""憔悴支离"的时候，年轻的天子李治正在以一种意气风发的姿态指点着大唐江山。如果不是在唐太宗周年忌日的时候高宗李治必须循例前往感业寺行香，如果诡谲的命运没有再度安排他和武则天邂逅，那么日理万机的年轻天子也许会把那个风情万种的才人武则天彻底遗忘，而中国历史或许也就不会出现那个空前绝后的女皇武则天。

这一年五月二十六日，新君李治在文武百官的拥护下来到感业寺行香。人群后的一个女尼忽然用力拨开挡在她前面的几个人，径直走到了天子面前。

在他们四目相对的那一刻，天子李治就像被雷电击中一样，睁大了眼睛，木立当场。

过后，李治避开众人，悄悄把武则天叫到了客堂。武则天走进客堂的时候，一眼就看见了天子脸上复杂的表情——那上面写满了激动和惊喜，同时也有一丝隐隐的尴尬和歉意。

这样的时刻，有太多的言语需要表达，有太多的衷肠需要倾诉，但是武则天却让它们全都化成了幸福而感伤的泪水，任它们在自己的脸上肆无忌惮地奔涌和流淌。

此情此景，天子李治再也无法抑制胸中沸腾的情感，两行清泪顺着他的脸颊潸然而下。

那一瞬间，李治和武则天执手相看泪眼，竟无语凝噎。（《唐会要·皇后》："上因忌日行香，武氏泣，上亦潸然。"）

天子李治在感业寺与唐太宗才人武则天相见对泣之事很快就传进了王皇后的耳中。

王皇后虽然表面上贵为皇后，可她却是一个不幸的女人，因为天子李治的宠爱几乎都在另一个女人萧淑妃的身上。由于长期得不到天子李治的宠爱，所以王皇后始终没有生育。与王皇后相反，萧淑妃则在短短几年间就生下了一子二女。

都说"母以子贵"，有了这一子二女，萧淑妃不仅后半生的荣华富贵有了保障，而且随时有可能取代王皇后。对此，王皇后一直感到岌岌可危。所以，当王皇后得知天子李治在感业寺有一段"旧情"时，心里马上有了一个计策。

王皇后随即命人暗中把武则天控制起来，并让她偷偷蓄发，然后又以皇后的身份摆出一副宽容大度的姿态，极力劝说天子李治把武则天纳入后宫。李治与武则天本已旧情复燃，王皇后的这个建议无疑给他们提供了一个再续前缘、重温旧梦的机会，于是李治欣然采纳。

永徽二年（公元651年）七月，在王皇后的秘密策划和安排下，武则天终于结束了感业寺的尼姑生涯，再度进入太极宫。

第一次入宫，武则天十四岁。

现在，武则天已经二十七岁。

从表面上看，命运绕了一大圈，仿佛又回到了原来的起点。然而，武则天知道，这绝对是一个全新的起点。

可是，有一点武则天却不得不承认，尽管她拥有天子之爱，可如今的她却没有丝毫名分，甚至比十三年前初入宫的时候还不如——当时的她至少是一个五品才人，可眼下的她只是王皇后身边的一个小小侍女。

从这个意义上说，武则天目前的起点甚至比过去的还低。

所以，武则天知道自己必须把所有的锋芒都深深敛藏。换言之，武则天必须比以往任何时候都要谦恭、谨慎，也要更加韬光养晦、低调做人；最重要的是，武则天必须把王皇后伺候得绝对妥帖，并且取得她的绝对信任。（《资治通鉴》卷一九九："武氏巧慧，多权数，初入宫，卑辞屈体以事后。"）

武则天知道，只有这样，最终才能将王皇后取而代之！

在王皇后这个"贵人"的一再荫庇和帮助下，武则天终于迎来了生命中的第一次辉煌——大约在永徽三年（公元652年）七月，她被立为二品的"昭仪"，位列九嫔之首，地位仅次于皇后和四妃。

在立为昭仪的数月之后，武则天双喜临门，生下了长子李弘。天子李治的欣喜之情溢于言表，对武则天的宠爱更是有增无减。相形之下，那个曾经垄断了天子之爱的萧淑妃，其命运则是一落千丈，几乎已被天子李治彻底遗忘。

王皇后大喜过望。可是，王皇后无论如何也不会料到，老对手萧淑妃虽然倒下了，但更为强势的对手马上又出现了。

新的对手就是王皇后一手提拔起来的武昭仪——武则天。

就在王皇后完全没有防备的情况下，这个曾经温顺而乖巧的武则天，这个看上去丝毫不构成威胁的武则天，居然明目张胆地发起了对皇后之位的挑战！于是，猝不及防的王皇后被迫与她过去的敌人萧淑妃重新联手，硬着头皮匆匆投入了战斗……

这场惊心动魄的后宫之战最初是以情报战的方式打响的。

据说，王皇后是一个不善于笼络人心的人，史书称她"性简重，不曲事上下"（《新唐书·则天武皇后传》）。因此，王皇后虽然入宫多年，但从未在后宫中培植起一支真正属于自己的势力，也没有在天子左右安插自己的耳目和亲信。

相形之下，武则天就要比王皇后高明许多。

从二度入宫的第一天起，武则天就知道，要想在这个地方站稳脚跟并且出人头地，仅仅依靠天子的宠爱是不够的，还必须拥有一个坚实而宽广的"群众基础"。所以，武则天再入宫门之后，就一直不遗余力地广结善缘，不管对方身份高低，只要是她认为有用的就一定会刻意逢迎，与其建立良好的关系。到武则天被立为昭仪并与王皇后的矛盾逐渐公开化之后，她更是加紧了笼络人心的步伐，尤其是那些被王皇后一家子轻视和冷落的人则更是倾力结交——凡是天子赏赐给她的钱物，她总是一转手就送给了那些人，自己则不留分毫。(《新唐书·则天武皇后传》："昭仪伺后所薄，必款结之，得赐予，尽以分遗。")

就这样，武则天的平易近人和慷慨大方迅速赢得了宫中各色人等的心，她的"人气指数"直线飙升——凡是跟她打过交道的人，无不被她的人格魅力深深吸引，因而都愿意为她效犬马之劳。短短几年间，武则天就成功地缔造了一张无孔不入的后宫情报网。从此，王皇后和萧淑妃的一言一行、一举一动都在武则天的眼皮底下和掌握之中，而武则天则稳稳盘踞在这张网的中央，每天听取并收集着从各种渠道传递到她手中的情报，然后一一甄别挑出对王皇后和萧淑妃不利的消息，并第一时间就告到了天子那里。

与此同时，王皇后和萧淑妃当然也是使尽浑身解数，寻找一切可能的机会对武则天进行反击。

但是，这种飞短流长、捕风捉影的情报战效果似乎并不理想，因为天子李治对女人们在背后互相使绊子这一套好像不太感冒。李治采取了装聋作哑、不闻不问的方式，不管双方说了多少对方的坏话都一概不表态，让所有谗毁之言自来自去、自生自灭。

武则天很快就意识到这样的手段实在难以奏效，要想把对手彻底打垮，似乎应该另辟蹊径，寻找更为有力的办法。

时光很快走到了永徽五年（公元654年）的年初，那时候除了长子李弘之外，武则天又给天子李治生下了一个活泼可爱的小公主。李治对这个漂亮的小公主钟爱有加，每天政务之余都会抽空过来看上一眼、抱上一抱。

当时，王皇后与武则天的矛盾已经是人所共知的事实，而且谁都知道：不能生育的皇后对连生两胎的武昭仪恨之入骨，嫉妒得要发狂，就跟她当初嫉妒萧淑妃时一样。可是，作为后宫之主，在得知武则天又产下一女之后，王皇后却不得不故作姿态，隔三岔五总要来看望一下"武昭仪和小公主"，以表关心和慰问。

王皇后每次来"慰问"的时候，出于必要的礼貌，也出于女人的天性，总不免要抱起女婴逗弄一番。

有一天，王皇后照例来看望小公主，武则天也不动声色地在一旁赔着笑脸。王皇后刚刚离去后，天子李治上完早朝也过来了。当李治掀开温暖的锦衾，抱起的却是一具冰冷的尸体。极度震惊的天子李治向周围的人发出了暴怒的质问，而武则天则猛然发出一声凄厉的哭喊，同时身形摇晃，状若晕厥。

是谁杀了小公主？

负责伺候小公主的宫女们在第一时间被叫到了天子李治面前。在天子的厉声质问下，众人异口同声地说——"刚刚只有皇后来过"。

那一刻，天子李治咆哮如雷——"皇后杀了我的女儿，皇后杀了我的女儿！"

王皇后听到这个可怕的消息时惊讶得目瞪口呆，她无论如何也想不到自己会变成一个扼杀女婴的凶手，然而所有不利的证词和怀疑的目光都在同一时刻指向了她，令她百口莫辩、无以自解。满腹冤屈的王皇后很快就清醒过来了，她确信这是心狠手辣的武则天对她实施的一个苦肉计，可她却没有任何办法证明这一点。

当然，王皇后知道，就算她说出来也没有人会相信她，因为人们宁可相信一个受到伤害的可怜的母亲，也不会相信一个被嫉妒之火烧坏了心肠的女人。

永徽五年（公元654年）的这桩"女婴猝死"案直到千百年后仍然是一个未解之谜。按照相关正史的记载，人们普遍认为是武则天亲手扼死了自己的女儿，以此嫁祸于王皇后。然而，后世史家却不断有人质疑，理由是"虎毒不食子"，尽管武则天在对付政敌的时候确实非常残忍，可是作为一个母亲，她怎么可能对自己的亲生女儿下此毒手呢？

论者从普遍人性与人之常情的角度质疑，应该说是不无道理的，但他们忽略了一个最基本的事实，那就是——武则天从来就不是一个可以按世俗规范去衡量、用常情去揣度的人物。如果一般的道德规范可以束缚武则天，那她就绝不可能成为中国历史上独一无二的女皇帝；如果世间的常情常理可以界定武则天，那她一生中大多数所作所为就通通变成不可理喻的了，又何止杀婴一事？

暂且不说武则天在后来漫长的一生中还有多少突破常规的作为，单纯从她早年的许多言行和经历来看，我们就不难看出她那非同寻常的人格特征，尤其是在她的人生遭遇瓶颈或者陷入困顿的时候，她的表现就更是迥异于常人。例如，武则天十四岁离家入宫的时候，她母亲杨氏哭得何其悲切，可她居然说出"见天子庸知非福"的话，那份镇定、乐观和自信又岂是同龄人可以比拟？又如，当年为了博得唐太宗李世民的赏识和青睐，她在驯马场上故作惊人之语，用想象中的铁鞭、铁锤和匕首"残杀"了唐太宗钟爱的狮子骢，其表现又是何等出格、出位？再如，在唐太宗的病榻之侧，她居然敢和太子李治共浴爱河，那份渴望改变命运的勇气和冒险精神又岂是常人可以理解和想象的？

所以，当武则天在通往皇后宝座的道路上遭遇障碍的时候，当她发现女儿的牺牲足以成全她对于权力的野心和梦想的时候，她为什么就不能像从前屡屡做过的那样再一次逾越人性的藩篱，再一次颠覆世俗的道德规范，毅然决然地扼住女儿的咽喉呢？

其实，对于那一刻的武则天而言，与其说她扼住的是女儿的咽喉，还不如说她扼住的是敌人的咽喉、命运的咽喉！

诚如学者胡戟所言："当时的情势之下，武则天除非施展宫廷阴谋，脚踩自己女儿幼小的尸体，否则是很难朝皇后位置进一步的。……既然没有退路，她决不安分守己听天由命。于是下毒手嫁祸于人的做法，也就是在最不合情理的情理之中了"（胡戟《武则天本传》）。

当然，不论武则天如何决绝和无情，这件事对她造成的伤痛仍然是巨大而深远的。时隔十二年后，武则天还专门为这个夭折的女儿举办了一场异常隆重的迁葬仪式，葬礼规格用的是"卤簿鼓吹"的"亲王之制"——显然已经逾制。此外，武则天还把这个夭折的女儿追封为"安定公主"，谥号为"思"——或许，这个谥号不仅表达了她对女儿的绵长哀思，而且蕴藏着另一层更深的意味。

依照有唐一代的谥法，"追悔前过曰思"。于是，我们就有理由问这样一个问题：在时过境迁的十几年后，还有什么样的"前过"值得母仪天下的武则天追悔不已的呢？

答案是不言自明的——这是武则天对这个夭折的女儿的亏欠。

事后来看，"女婴暴卒"事件无疑是永徽年间这场后宫之战最重要的转捩点。从这个时候起，高宗李治产生了废后之意，他对王皇后由冷淡变成了憎恨，而对武昭仪武则天的宠爱和信任则与日俱增，超过了以往的任何时候。（《新唐书·则天武皇后传》："后无以自解，而帝愈信爱，始有废后意。"）

永徽六年（公元655年）十月，高宗李治和武昭仪武则天在李世勣、许敬宗、李义府等大臣的襄助下，终于力挫反对派长孙无忌等人，把王皇后和萧淑妃双双废黜。随即，高宗李治册立武昭仪武则天为皇后。

这一年十一月初一，太极宫隆重举行了新皇后武则天的册封大典。当盛妆华服的皇后武则天终于出现在肃义门巍峨雄伟的城楼上时，整座太极宫霎时间钟鼓齐鸣，等待已久的人们怀着无限神往的心情纷纷把目光投向城楼。那天有风从终南山的方向吹来，人们看见皇后武则天的衣袂和裙裾在风中款款拂动，宛如一只展翅欲飞的彩翼鸟。

许多初次目睹皇后仪容的官员和藩使都不约而同地在心里发出了一声惊叹，而让他们感到讶异的是：这个新皇后的容貌虽然谈不上什么沉鱼落雁、羞花闭月，但她的气质、风韵和神采有一种超凡出尘、绝世惊艳之感，尤其是她身上自然散发出的那种摄人心魄的女性魅力，更是绝大多数妇人所没有的。

在响彻云霄的钟鼓之声中，司空李世勣和左仆射于志宁代表朝廷向武则天奉上了皇后玺绶。这一刻，武则天的眼前忽然闪现出十七年前那个大雪飘飞的冬日——想当年，十四岁的武曌只是一株含苞待放的青涩花蕊，被随意栽植在掖庭宫的某个角落里寂寞成长；而今天，三十一岁的皇后武则天已经以一种母仪天下的姿态伫立在肃义门城楼上，接受万众的顶礼膜拜。

武则天知道，自己的人生其实才刚刚开场……

二六 / 旷世女皇武则天（中）

显庆五年（公元660年）十月，也就是高宗李治刚刚从长孙无忌手中夺回大权不久，还没等他仔细品尝一下独揽朝纲的滋味，李唐皇族的遗传病——风疾就在他身上爆发了。史称李治"风眩头重，目不能视"，也就是眩晕、头痛、视力严重衰退，并伴有间歇性失明。

发病的这一年，李治才三十三岁，本来正是精力旺盛的年龄，可这个该死的遗传病却让他好像一下子老了三十岁。为此，李治大为苦恼，可是又万般无奈：每当百官奏事的时候，力不从心的他不得不经常让皇后武则天一同临朝听政，以协助他裁决政务。

就这样，刚刚正位中宫的武则天再次得到了上天的眷顾。在武则天本人都始料不及的情况下，命运之手就把她一下子推到了政治舞台的中心。

不过，武则天很快就进入了角色。

武则天天资聪颖，反应敏捷，加上深厚的文史素养，以及对政治的天然热衷和高度悟性，这一切都使她在处理政务的时候显得从容不迫、游刃有余。高宗李治对皇后武则天的表现非常满意，"由是始委以政事，权与人主侔矣"（《资治通鉴》卷二百）。

从此，武则天开始顺理成章地与高宗李治分享帝国的最高权力。

在随后的几年中，高宗李治的健康状况始终不见改善，所以武则天干政的机会越来越多，而她的政治野心也随之不断膨胀。此时，高宗李治不无悲哀地发现——当年那个"屈身忍辱，奉顺上意"的武则天已经不见了，取而代之的是一个从头到脚都生长着权力欲望的女人，而这个女人非但不再顺从他、尊敬他，反而一步一步架空了他，甚至已然凌驾于他之上！

悲哀之余，高宗李治感到了一种强烈的愤怒。（《资治通鉴》卷二〇一："（武则天）及得志，专作威福，上欲有所为，动为后所制，上不胜其忿。"）

一切都和当年的长孙无忌如出一辙。

不，是比当年的长孙无忌有过之而无不及！

麟德元年（公元664年）冬天，忍无可忍的高宗李治密令宰相上官仪起草诏书，准备废黜皇后武则天。关键时刻，武则天的宫廷"情报网"再次发挥了生死攸关的作用。武则天得到密报后，立刻去找高宗李治，迫使他收回成命，并且处死了上官仪。这场有惊无险的废后风波过后，武则天反而获取了更大的权力。史称："自是，上（唐高宗）每视事，则后（武则天）垂帘于后，政无大小皆预闻之。天下大权，悉归中宫；黜陟生杀，决于其口。天子拱手而已，中外谓之二圣。"（《资治通鉴》卷二○一）

至此，一个"二圣临朝"的时代掀开大幕。

这一年，武则天四十岁。

上元元年（公元674年）八月，武则天玩了一个"追尊祖宗"的把戏，给李唐的历代祖宗都加上一些尊贵的字号，然后以"避先帝、先后讳"为由，尊高宗李治为"天皇"，自称"天后"。"皇后"与"天后"一字之差，却让武则天从古往今来的众多皇后中脱颖而出，成了独一无二的"天"字头皇后，"只此一家，别无分店"。

说是为了避讳，貌似很谦虚，其实谁都看得出来，"天后"绝对要比"皇后"尊贵得多，因为"后为坤德"，皇后再怎么尊贵也绝不能和"乾""天"扯上关系。可如今武则天居然自称"天后"，这显然已经突破了宗法礼教的限制，把自己与至高无上的天子完全并列了！

变身"天后"的这一年，武则天五十岁。

这是继麟德元年"二圣临朝"之后，武则天在通往女皇的道路上迈出的又一大步。

上元二年（公元675年），随着高宗李治身体的日渐衰弱，更随着武则天在政治上的日益强势，一个异常敏感而微妙的问题就突出地摆在了李唐王朝面前。

那就是——万一重病缠身的高宗李治驾鹤西去，唐帝国的最高权力将落入谁的手中？是天后武则天，还是太子李弘？

此时的李弘已经二十四岁，早已成年，而且是法定的皇位继承人。在正常情况下，高宗李治一旦宾天，当然应该由太子李弘入继大统。这本来是毫无疑问的，可它之所以变成一个问题，则是因为武则天早就把太子李弘当成了政治上的对手。

生性仁厚的太子李弘从小到大对专横冷酷的武则天一直心怀反感，所以母子之间的关系非常紧张，屡有抵牾。早在麟德元年（公元664年），废太子李忠（王皇后的义子）被赐死于黔州，死后暴尸荒野，无人收葬。太子李弘得知后，深感哀怜，立刻上表请求高宗李治收葬这个异母兄长。此事令武则天非常不快，尽管她表面上也不得不跟着高宗李治和其他人一起称赞太子李弘仁厚，可实际上从这个时候起她就对这个颇有主见的儿子开始生出不满和警惕了。

到了咸亨二年（公元671年），又一个敏感事件的发生，导致太子李弘与母亲武则天的矛盾冲突迅速趋于尖锐并且完全公开化了。

这个事件是由萧淑妃的两个女儿——义阳公主和宣城公主引发的。

那一年，由于关中饥荒，高宗李治和武则天率文武百官前往东都就食，让太子李弘留在京师监国。一个偶然的机会，太子李弘忽然发现义阳、宣城二公主自从她们母亲萧淑妃死后一直被幽禁在掖庭冷宫。这个意外发现让李弘大为惊讶，同时也产生了强烈的恻隐之情。当时，义阳公主大约二十七八岁，宣城公主也已二十四岁，由于唐朝女子出嫁的高峰年龄段都在十五岁左右，所以二位公主显然已属大龄女子了。

有鉴于二位公主这么多年来一直受到不人道的待遇，而且早已过了适婚年龄，所以太子李弘立刻上奏，请求高宗李治和武则天为她们选择夫婿，让她们出嫁过上正常人的生活。

看见太子李弘的奏疏后，高宗李治当即应允，可武则天却勃然大怒。

众所周知，萧淑妃是武则天当年的死敌，她和王皇后的结局之悲惨，朝野上下有目共睹并且记忆犹新。所以，这么多年来，尽管大家明知道萧淑妃的两个女儿受到了不公正待遇，可始终没有人敢替她们说话。

可人们万万没有料到，在时过境迁的多年之后，居然会有人站出来帮两个落难公主求情；而更让人出乎意料的是，这个人居然是武则天的亲生儿子李弘……

这真是一个绝妙的讽刺！

在武则天看来，太子李弘这么做，摆明了是在以他的慈悲仁义衬托她的冷酷无情，更摆明了是在挑战她这个母亲的权威！

然而，武则天毕竟是一个城府极深的女人，不管她心里如何翻江倒海，表面上还是不动声色。面对太子李弘的上疏，武则天拿出了一副宽宏大度的姿态，当即把义阳、宣城二公主许配给了高宗李治的两个近身侍卫。

整个事件以武则天再一次妥协退让、太子李弘又一次如愿以偿而告终。表面上看来，这样的状态什么问题都没有；可事实上，经过这个"请嫁二公主"事件之后，武则天与太子李弘的母子关系已经濒临破裂的边缘。史称，太子李弘"由是失爱于天后"（《资治通鉴》卷二〇二）。

也许就是从这个时候起，太子李弘的悲剧就已经注定了。

上元二年（公元675年）四月，高宗李治忽然对太子李弘表示，准备将皇位内禅于他。

这个突如其来的消息对武则天而言，不啻于晴天霹雳。

后来发生的事情众所周知——上元二年（公元675年）四月，唐帝国的太子李弘随高宗李治、武则天从幸东都，忽然暴亡于合璧宫绮云殿。

太子李弘死后，朝廷在第一时间以高宗李治名义发表了"官方声明"，宣称李弘是因"沉瘵婴身""旧疾增甚"而自然死亡。然而，大多数史料却认为李弘是被武则天鸩杀。例如，《资治通鉴》称："太子薨于合璧宫，时人以为天后鸩之也。"此外，《旧唐书·肃宗诸子列传》《唐会要·追谥皇帝》这两种史料都记载了中唐名臣李泌与唐肃宗的一段谈话，明确认为是武则天鸩杀了太子李弘："孝敬皇帝，为太子监国，而仁明孝悌。天后方图临朝，乃鸩杀孝敬。"

《新唐书》的记载也毫不含糊。该书的《则天武皇后传》直截了当地说："后（武则天）怒，鸩杀弘。"《高宗本纪》也说："己亥，天后杀皇太子。"《孝敬皇帝传》称："后（武则天）将骋志，弘奏请数拂旨。上元二年，从幸合璧宫，遇鸩，薨。"

太子李弘死后，唐帝国的储君位子并没有虚悬太久。

上元二年（公元675年）六月，也就是太子李弘暴亡的两个月后，有个人立刻补上了这个空缺。

他就是高宗李治和武则天的次子——雍王李贤。

相对于多愁善感、体弱多病的故太子李弘而言，新太子李贤的出现顿时让朝野上下有一种眼前一亮的感觉，因为李贤和他那病恹恹的大哥李弘截然不同，他身体强健、文武双全，是一个标准的"阳光男孩"。

不过，此时的李贤并不知道，无论他过去的生命有多么阳光，在未来的日子里，他很快就将被一团巨大的阴霾所笼罩，因为他坐上了大哥李弘曾经坐过的位子，所以他必然也要面对李弘曾经遭遇的命运。

一场新的噩梦开始了……

随后的日子，武则天摆出一副严厉的面孔，开始对李贤进行调教。她命北门学士送给了李贤两本书，其中一本是《少阳正范》，专门教他怎么做一个好太子；另一本是《孝子传》，专门教他怎么做一个乖儿子。与此同时，武则天还不断写信给李贤，对他的种种过失和缺点大加数落，最重要的当然是指责他不孝。

然而，武则天断然没有料到的是，李贤不仅把她送的书扔到了一边，把她的谆谆教诲全都当成了耳旁风，而且还用一种意想不到的方式对她进行了强有力的还击。

李贤的还击就是——写书，因为他很快召集了一帮学者开始撰写《后汉书注》。

在浩如烟海的文史典籍中，李贤为什么单单选择了这部《后汉书》呢？

原因很简单，整个东汉一朝最显著的历史特征，莫过于"太后临朝"和"外戚擅权"。而今，李贤专门挑出这部书来作注，摆明了就是要跟武则天叫板。

仪凤元年（公元676年）十二月，李贤的《后汉书注》大功告成。此举至少达到了三个目的：第一，向朝野上下显示自己的才学，进而提升自己的政治威望；第二，效法当年的秦王李世民和如今的武则天延揽学士，建立自己的政治班底；第三，以此对母后武则天进行坚决的反击。

看着李贤得意扬扬地捧出他的《后汉书注》，武则天的愤怒可想而知。

武则天断然没有想到——眼下的李贤居然会比当初的李弘走得更远，对她的挑衅和攻击也更为有力、更加明目张胆！

这是武则天绝对无法容忍的。

调露二年（公元680年）八月，武则天等待已久的时刻终于到来。

此前不久，东宫的谏官、司议郎韦承庆上书劝谏太子李贤，劝他不要过度纵情声色、嬉戏宴游，应该"博览经书以广其德，屏退声色以抑其情"（《旧唐书·韦思谦传》）。

可令人遗憾的是，太子李贤却对此置若罔闻，依然我行我素。

说起李贤的私生活，本来也没什么大问题。唐代享乐之风盛行，王公贵族的生活更是惯以飞鹰走马、嬉戏宴游为主题。李贤不是前太子李弘，他从小并没有受到严格的储君教育，私生活自然要比太子放纵一些，这其实也无可厚非。更何况，李贤也并非不学无术的纨绔子弟，他的才学修养在王公贵族中还是属于上乘的，否则也不会受到高宗李治的一再褒扬，更不可能拿出《后汉书注》这样的学术著作。

然而，尽管李贤的私生活基本没什么问题，可还是在某方面让人抓了小辫子。

那就是李贤的性取向。

李贤虽然已经是三个孩子的父亲，可他的性取向依然是"男女通吃"，并极度宠爱一个叫赵道生的户奴，时常与其同床共寝、出双入对且赏赐极厚。谏官韦承庆所批评的"纵情声色"，主要就是针对此事。熟悉中国历史的人都知道，古代贵族男子经常有这种"断袖之风""龙阳之好"，所以就算李贤有双性恋的倾向也没什么大不了的。但是，问题在于——现在的李贤不是普通贵族，而是堂堂的唐帝国储君；既然是这样的身份，他当然不能随心所欲，而必须比别人更为检点。

贞观年间的太子李承乾就是因为宠幸娈童称心，才被矢志夺嫡的魏王泰抓住了把柄，一状告到了唐太宗李世民那里而最终被废黜。可见有唐一朝，对这方面的要求还是比较严格的。如今，李贤当上了太子，还一如既往地把"亲密爱人"赵道生带在身边，这不啻于给自己埋下了一颗定时炸弹；尤其是他现在正处于和天后武则天激烈交锋的非常时期，就更应该爱惜自己的羽毛。

可李贤毕竟太年轻了，他似乎没有意识到——在你死我亡的政治角斗场上，任何一个细微的破绽最终都有可能导致严重的政治后果！

如今，李贤既然露出了这么大一个破绽，精明过人的武则天当然不会轻易放过。于是，武则天立刻命人对太子李贤发出指控，旋即立案审查。武则天亲自点名，命不久前刚刚升任宰相的薛元超、裴炎，会同御史大夫高智周，组成三司"合议庭"开始对李贤的审查。

按照唐制，只有性质特别严重的大案要案，才需要由中书、门下两省长官会同御史大夫共同审理。现在，武则天搞出这么一个"豪华阵容"，摆明了就是要把这个普通的"风化"案弄成大案，就像当初的长孙无忌硬是把一起"性骚扰"案弄成了震惊朝野的"谋反"案一样。

此次的两位主审官——薛元超和裴炎，又恰恰是武则天一手提拔上来的；由这两个一心想要创造政绩的亲信来审案，李贤当然是在劫难逃了。

薛元超和裴炎首先从李贤的"情人"赵道生身上打开了突破口。有司把赵道生逮捕归案后，还没有动用大刑，赵道生就一五一十全招了，声称太子李贤唆使他刺杀了术士明崇俨（此人是武则天心腹，曾公开散布对李贤不利的政治谣言）。赵道生一招供，案件的性质突然就严重了，直接从毫不起眼的"风化"案变成了富有政治色彩的"教唆杀人"案。但是，据此还不足以彻底整垮太子李贤，于是主审官们再接再厉，又从东宫的马坊中搜出了几百副崭新锃亮的盔甲。至此，案件再度升级，从"教唆杀人"案又变成了"谋反"案。武则天非常满意，马上为此案定调，宣称"太子谋逆，其罪当诛"。

武则天已经把绞索套上了太子李贤的脖子，而此时长年躲在深宫中养病的高宗李治才如梦初醒。李治慌忙要求武则天手下留情，宽宥太子李贤的过失。然而，一切已经来不及了。武则天严词拒绝了天子李治的请求，说："为人子怀逆谋，天地所不容；大义灭亲，何可赦也！"（《资治通鉴》卷二〇二）

武则天声色俱厉，一副得理不饶人的样子；而高宗李治则只能低声下气，苦苦请求。最后，处理结果相对折中：太子李贤免于一死，但废为庶人，押往长安幽禁；那几百副惹来滔天大祸的盔甲在洛水桥当众焚毁。一年后，李贤又被流放到了离京师二千多里的巴州（今四川巴中市），在那个边瘴之地度过了生命中的最后几个春秋。

太子李贤被废后，武则天趁机发动了一场大规模的政治清洗。几位支持太子李贤的宰相先后被罢黜，其他一些与太子友善的宗室亲王和朝臣也遭受株连，或贬谪或流放，被驱逐殆尽。与此同时，在此案中立下大功的两位主审官则在一年后再次荣升：裴炎升为侍中，薛元超升为中书令。

至此，一度与武则天分庭抗礼、激烈争锋的太子李贤被彻底打入了万劫不复之地，他在朝中的势力也被全部肃清。武则天以她的心机和铁腕，又一次铲除了权力之路上的障碍，在天下人面前牢不可破地树立起了她的无上权威！

调露二年（公元680年）八月二十三日，即太子李贤被废的第二天，高宗李治和武则天的第三子——英王李显（原名李哲）被立为太子。

有唐一朝，民间长期流传着一首政治歌谣名为《黄瓜台辞》，相传为李贤所作："种瓜黄台下，瓜熟子离离。一摘使瓜好，再摘使瓜稀。三摘犹自可，摘绝抱蔓归！"

如今，武则天这个"种瓜人"已经亲手摘下了两个"瓜"。

接下来，武则天还会"三摘"吗？

开耀元年（公元681年）闰七月，高宗李治的病情进一步恶化。眼看高宗李治已经时日无多，武则天自然要郑重考虑其身后事。

准确地说，武则天必须确保在高宗李治宾天的时刻，自己还能牢牢掌控唐帝国的政局。

为此，武则天决定想办法让高宗李治离开长安，东幸洛阳。

长安是关陇集团的发祥地，是李唐旧势力盘根错节的老巢，在这里武则天难免会受到掣肘，无法放开手脚。东都洛阳则不同，那是武则天经营多年的"根据地"，只有在那里，她才能自如地掌控一切。

顺利地把高宗李治弄到洛阳之后，武则天接下来要做的，就是以最快的速度重组宰相班底。

永淳元年（公元682年）四月二十二日，高宗李治和武则天刚刚抵达洛阳；二十四日，武则天就以闪电速度提拔了四个官员入相——他们是郭待举、岑长倩、郭正一、魏玄同。加上此前已经拜相的裴炎和薛元超，整个宰相班底基本上已经掌握在武则天手中。

永淳二年（公元683年）十二月初四深夜，唐高宗李治崩于东都洛阳的贞观殿，享年五十六岁。

高宗李治留下遗命，由宰相裴炎辅佐朝政，同时留下了一份政治遗嘱——命太子李显于柩前即皇帝位，并强调"军国大事有不决者，兼取天后进止"。

十二月十一日，二十八岁的太子李显正式登基，是为唐中宗；同时尊天后武则天为皇太后。李显虽然在名义上成了皇帝，可仍然处于服丧期间，因此朝政大权自然还是掌握在武则天手中。

然而，按照皇家守丧"以日易月"的规定，民间服丧一月，而李显只需服丧一天，所以最迟在新年到来之际，武则天就必须归政于新君。

武则天除非真有"还政于君"的心思，否则她就必须在这短短二十天的时间里，利用手中短暂的过渡性权力全面控制局势，以便在新君李显脱下丧服之后，仍然能够把唐帝国的最高权柄牢牢抓在自己手里。

时间异常紧迫，可武则天还是以一副胸有成竹、举重若轻的姿态，不慌不忙地出手了。在短短二十天之间，武则天一共完成了四项意义重大的政治举措：一、安抚李唐宗室；二、调整宰相班底；三、控制禁军；四、镇抚地方。

这样，武则天已经做好了全面夺权的准备。接下来，新皇帝李显又将面临怎样的命运呢？

二七 / 旷世女皇武则天（下）

公元684年，注定是李唐王朝的多事之秋。

这一年，朝廷先后更换了三个年号：嗣圣、文明、光宅。频繁改元的背后，是一段波谲云诡、变幻莫测的历史。朝野各种势力在这一年里竞相登场，展开了一幕幕有声或无声的博弈和厮杀。武则天则独自一人站在权力金字塔的顶端，"眼观六路，耳听八方"，"翻手为云，覆手为雨"，把各式各样的对手一个个打入万劫不复之地，或者径直推入死亡的深渊……

第一个被武则天从天堂打入地狱的对手，就是她的第三子——唐中宗李显。

新年的正月初一，刚刚脱掉丧服的新君李显就迫不及待地改元嗣圣、大赦天下，同时册立太子妃韦氏为皇后。

然而，此刻的李显却不无郁闷地发现——尽管他已经贵为皇帝，可母后武则天丝毫没有"还政于君"的意思；而更让他感到悲哀的是——满朝文武，宫廷内外，几乎都是他母后的党羽，放眼所及根本就没有一个可以让他信赖的人。

李显愤怒了——"既然让我当这个天子，你就要给我天子的权力！"

李显开始愤而行使自己的天子权力了。就在册立韦后的同一天，李显就把韦后的父亲韦玄贞从小小的普州参军（正九品下）一下子提拔为豫州刺史（从三品）。正月十日，李显又把韦后的一个远亲、时任左散骑常侍的韦弘敏任命为太府卿、同中书门下三品，让他一步跨入了宰相的行列。

很显然，血气方刚的中宗李显既不想当傀儡天子，也不想当光杆司令，所以他必须培植自己的政治势力。如今，既然满朝文武没有一个人值得他信赖，那他当然只能倚重外戚了。

又过了几天，李显再次做出了一个令人瞠目结舌的举动——宣布要将岳父韦玄贞从尚未坐热的刺史交椅上再度擢升为侍中，并且还想把乳母的儿子提拔为五品官。

面对新天子李显任性而鲁莽的惊人之举，顾命大臣兼宰相裴炎顿时有一种啼笑皆非之感。当然，尽管裴炎很了解新君李显此时此刻的心情，可他对李显的行为却不可能抱有丝毫同情。职是之故，裴炎十分坚决地把天子李显的旨意顶了回去。

李显勃然大怒，忍不住指着裴炎的鼻子咆哮："我就算把整个天下送给韦玄贞又有何不可？何况一个小小的侍中？！"

最后，李显的首度帝王生涯，就在这句没头没脑的气话中悄然画上了句号。

裴炎看着暴跳如雷的天子李显，什么话也没说，一转身就去晋见皇太后武则天，并把天子的话原封不动地向其做了汇报。

武则天的嘴角掠过一丝冷笑。

武则天比谁都了解这个儿子——李显，她知道以他的能耐不可能在天子的位子上坐太久，迟早有一天他自己就会露出马脚，然后乖乖滚下台。不过，武则天没想到李显会这么沉不住气，才当了几天皇帝就犯下如此低级的错误！

当天，一个废立皇帝的计划就在武则天与裴炎的密谈中定了下来。

嗣圣元年（公元684年）二月六日，武则天命宰相裴炎和禁军将领程务挺勒兵上殿，当庭废黜了中宗李显，贬为庐陵王。那一天，当全副武装的禁军士兵不容分说地把天子李显从御榻上拖下来的时候，他还一边挣扎一边扭头大喊："我有何罪？"

帷帘后传出了武则天不容置疑的声音："汝欲以天下与韦玄贞，何得无罪？"（《资治通鉴》卷二〇三）

蓦然听见这句话，刚才还在拼命挣扎的李显顿时像泄了气的皮球一样瘫软下来，任由士兵把他架出了大殿。

目睹这突如其来而又惊心动魄的一幕，百官们面面相觑，整座乾元殿鸦雀无声。

一个由唐高宗李治亲自指定的继承人，一位登基还不到两个月、实际当政不过三十六天的皇帝，就这样说废就废了。武则天似乎连一根小指头都没动过，一场不流血的政变就这样在转瞬之间宣告完成！

二月七日，即唐中宗李显被废次日，武则天的第四子豫王李旦就以一个普通亲王的身份被直接册立为皇帝，是为唐睿宗；同日，改元文明，大赦天下，并册立睿王妃刘氏为皇后、六岁的嫡长子李成器为皇太子。然而，李旦虽然挂了一个皇帝的头衔，可只不过是个"政治花瓶"，一切政务皆由皇太后武则天处置；而李旦更被安置在别殿里，不得参与政事，实际上形同软禁。

二月八日，武则天将高宗李治所立的皇太孙李重照废为庶人；将中宗李显的岳父韦玄贞流放钦州（今广西钦州市）。

二月九日，武则天派遣左金吾将军丘神勣前往废太子李贤的流放地巴州（今四川巴中市），表面上是让他监视李贤，其实是暗示他逼李贤自尽。

二月十二日，武则天亲临武成殿，由皇帝李旦率王公大臣向武则天重上太后尊号，正式确立了武则天"临朝称制"的合法性。从此，洛阳宫的紫宸殿上赫然升起了一道淡紫色的纱帐，在薄如蝉翼的纱帐背后端坐着一个睥睨天下、拨弄乾坤的女人——太后武则天。

这是武则天"独断朝纲"的开始。

这一年，武则天六十岁。

四月末，庐陵王李显被流放房州（今湖北房县）；几天后，再次被押往均州（今湖北丹江口市），软禁在当年魏王李泰住过的那所旧宅里。

在唐高宗李治去世后的短短几个月里，武则天以迅雷不及掩耳之势废黜李显、挟持李旦、逼杀李贤，轻而易举地排除了所有障碍，把帝国的最高权柄紧紧攥在了掌心。做完这一切，武则天才长长地松了一口气，开始回头料理高宗李治的后事，命唐睿宗李旦护送高宗李治灵柩返回长安，于八月安葬于乾陵。

随着唐高宗李治的入土，武则天顿时有了一种如获新生之感。

从这一刻开始，武则天将不再扮演别人的妻子和配角，而将彻底成为她自己命运的主人！在武则天看来，从四十六年前入宫到今天，她历经各种曲折艰险与荣辱悲欢，在你死我活的政治斗争中击败了各路对手，阅尽沧桑，几度浮沉，如今终于拥有了一个全新的起点；而蓦然回首，四十余载的岁月恍如一梦，但从今往后，她将独自伫立于仅容一人驻足的权力之巅，笑傲天下，指点江山，再也无人可以阻止她去实现改天换日、翻转乾坤的宏大梦想……

这一年九月六日，武则天宣布改元光宅，大赦天下，将东都洛阳改称"神都"，将洛阳宫改称"太初宫"，并且将所有旗帜旌幡全部改成了鲜艳夺目的金黄色。与此同时，唐朝廷的中央建制和官职名称也全部更换一新。

这次规模宏大的"改旗易帜"之后，武则天不等朝野上下回过神来，再度做出了一个令人心惊肉跳的举动——授意她的侄子、时任礼部尚书的武承嗣上表，奏请追封武氏祖先爵位，并建立"武氏七庙"。

按照礼制规定，只有皇帝才有资格建立"七庙"（祭祀七代祖先的宗庙），而如今武则天竟然做出如此明目张胆的僭越之举，到底是何居心？

面对武则天越来越出格的举动，首席宰相裴炎终于忍无可忍了。在随后举行的一次朝会上，裴炎鼓足勇气站了出来，对武则天说："太后母临天下，当示至公，不可私于所亲……独不见吕氏之败乎？"（《资治通鉴》卷二〇三）

这是裴炎自当上宰相以来，第一次和武则天公开唱反调，而且言辞激切，直接把历史上最典型的反面教材——西汉初年的"吕氏之祸"给搬了出来，实在是大出武则天意料。

武则天目光炯炯地盯着裴炎，冷然一笑："吕后是把权力交给那些在世的外戚，所以招致败亡。如今我只是追尊已故的祖先，有什么值得大惊小怪的？"

裴炎不敢直视武则天的目光，但嘴上还是寸步不让："凡事皆当防微杜渐，不可助长！"

武则天闻言，顿时怫然作色。满朝文武噤若寒蝉，人人缄默不语。

当天的朝会就此不欢而散。

鉴于裴炎的强烈反对，武则天也不得不有所收敛，随后放弃了建立"七庙"的打算，只追封了武氏的五代祖先，并且在家乡山西文水建立了"五代祠堂"。

武则天虽然在这件事情上做出了让步，但这并不意味着她会放缓"改朝换代"的步伐，更不意味着她会原谅这个公然背叛她的宰相裴炎。

当武则天正在紧张思考下一步应该如何行动的时候，扬州突然爆发了一场来势凶猛的叛乱，一下子打乱了她的步骤。

这就是震惊朝野的"李敬业兵变"。

李敬业（李敬业本姓徐，赐皇姓李姓，后在兵变事件后被剥夺皇姓而改回徐姓）是一代名将李世勣之孙，承袭了祖父英国公的爵位，时任眉州刺史，因故被贬柳州司马。李敬业为此愤懑不平，于是纠集了一批同样遭到贬谪的郁郁不得志的低级官吏，在扬州揭起了造反大旗。

李敬业打出的旗号是——"讨伐武氏，拥立李显，匡扶唐室"，自称匡复府上将兼扬州大都督,以唐之奇、杜求仁为左右长史,李宗臣、薛仲璋为左右司马,魏思温为军师,骆宾王为记室,短短十天之间便集结了十几万军队。为了加强号召力,李敬业还千方百计找到了一个相貌酷似废太子李贤的人,以他的名义号令天下。

李敬业既然打出了"讨伐武氏,匡扶李唐"的旗号,身为外戚的武承嗣和武三思自然就坐立不安了。为了防止李唐宗室与李敬业里应外合、共讨诸武,武承嗣和武三思屡屡上表,怂恿武则天找个借口处置目前资格最老的两个宗室亲王——韩王李元嘉(高祖李渊第十一子)和鲁王李灵夔(高祖李渊第十九子)。武则天拿着武承嗣和武三思的奏章试探宰相们的口风,想看看他们究竟站在哪一边。宰相刘祎之等人都保持沉默,唯独裴炎据理力争、坚决反对。

武则天心中杀机顿炽,可脸上却不动声色。于是,武则天不再言及李唐宗室之事,而是话题一转,询问裴炎有何良策讨伐叛乱。

裴炎似乎对武则天眼中的杀机浑然不觉,高声奏答:"皇帝(李旦)年长,不亲政事,故竖子得以为辞。若太后返政,则(叛乱)不讨自平矣!"(《资治通鉴》卷二〇三)

此言一出不啻于利用这场叛乱要挟武则天还政,而原本气定神闲的武则天终于按捺不住了,当众逮捕了裴炎并把他扔进了监狱。

不久,武则天下诏将裴炎斩首,并利用此案大肆株连,把平素与裴炎交好的宰相刘景先、胡元范、郭待举等人,以及战功赫赫的将领程务挺、王方翼等人或杀或贬铲除殆尽,同时迅速拔擢了一批拥戴她的朝臣。

稳定了朝中的局势后,武则天又运筹帷幄、调兵遣将,仅用了两个多月的时间就平定了"李敬业叛乱"。

公元684年岁末的一天,武则天在紫宸殿上召集文武百官,怒斥道:"朕辅佐先帝逾三十年,忧劳天下。诸卿之爵位富贵,皆拜朕之所赐;天下安宁与百姓福祉,皆赖朕之所养。先帝弃群臣而去,以社稷托付于朕,朕不敢爱一身,唯知爱天下人。为何如今公然反叛者,皆出自公卿将相?诸卿负朕何其深也!"(参见《资治通鉴·卷二三〇》)

这一刻,帝国庙堂的衮衮诸公全都俯首帖耳、鸦雀无声,唯有武则天中气十足的声音在空旷的大殿中回荡:"诸卿当中,有谁是顾命老臣,且桀骜不驯如裴炎者?有谁是将门贵种,旬日之间纠集十万亡命如徐敬业(李敬业)者?有谁是手握重兵,骁勇善战如程务挺者?此三人皆当世豪杰,不利于朕,朕能戮之!诸卿有自认才能超过此三人者,可以及早动手。如若不然,便应从此洗心革面,忠心事朕,不要再让天下人耻笑!"(参见《资治通鉴·卷二三〇》)

武则天话音未落,满朝文武齐刷刷跪伏在地,异口同声地说:"唯太后所使。"

就在武则天这番赤裸裸的教训与恐吓中,一个天地变色、乾坤倒转的时代已经无声地揭开了序幕……

垂拱二年(公元686年),为了进一步铲除异己,为武则天的"篡唐称帝"扫清障碍,武则天盛开告密之门,并擢用了索元礼、周兴、来俊臣等一大批酷吏,开始施行恐怖统治。从此,唐帝国掀起了一场前所未有的血雨腥风,朝野上下人人自危,李唐社稷风雨飘摇。(参见本书《恐怖时代:酷吏的那些事儿》章)

垂拱四年(公元688年),武承嗣在一块玉石上刻下"圣母临人,永昌帝业"八个字,命人献给武则天,声称是从洛水中打捞出来的天赐神物。"河出图,洛出书",这是圣人出现、盛世降临的标志。武则天大喜,当即把这块石头命名为"宝图"(稍后又改为"天授圣图"),随后宣布将在十二月亲临洛水举行受图大典,全国各州都督、刺史以及李唐宗室、外戚一律要在典礼举行的十天之前赶赴神都。

这一年五月,武则天自加尊号,称"圣母神皇"。不久,武则天又命人铸造了三颗神皇玉玺。所有的迹象都在表明,武则天"以周代唐"的历史性时刻马上就要到来,好似进入了倒计时状态。

接到赴洛阳参加大典的诏书时,李唐宗室的亲王们仿佛看见了自己的死亡"通知书",他们不约而同地意识到——武则天分明是要借此机会一网打尽、斩草除根!

李唐诸王绝不可能坐以待毙。随后,一个以韩王李元嘉父子、越王李贞父子为核心的"反武同盟"宣告成立。由于宗室诸王全都在各州担任刺史,具备随时募兵起事的条件,所以如果他们能够制订一个周密计划,并且统一指挥、协调行动的话,势必对洛阳形成四面合围之势,也必将从政治上和军事上对武则天形成强大的威胁。

然而,天有不测风云。在那个告密之风已经深入人们骨髓的时代,几乎没有什么秘密是可以藏得住的。就在李唐宗室联合起兵之前,他们的秘密就泄露了。

告密者正是宗室的内部成员——鲁王李灵夔的儿子李霭。

得知计划泄露后,琅邪王李冲、越王李贞先后起兵,但旋即败亡。武则天随即以李贞父子叛乱为借口,开始大肆屠杀李唐宗室。随后,韩王李元嘉、鲁王李灵夔、黄公李譔、高祖之女常乐公主、霍王李元轨、纪王李慎、舒王李元名、泽王李上金、许王李素节等人先后死于非命,其亲属亦全部流放岭南。

从垂拱四年(公元688年)八月李贞父子起兵算起,截至天授元年(公元690年)九月武则天以周代唐前夕,在整整两年的时间里,武则天以铁血无情的手段和犁庭扫穴之势,对李唐皇族及其亲党实施了一拨又一拨的清洗和屠杀,就像一只异常凶猛的燕子,几乎将原本花繁叶茂的李唐"宗枝"啄食净尽。

以《旧唐书》所载的李唐皇族子弟二百一十五人来看,自高祖武德年间迄于"武周革命"时期,共有一百一十三人遭遇非正常死亡。其中,被武则天所杀和贬死者就达六十三人,占60%;若加上流徙、削爵和潜逃者十四人,遭遇重大政治变故的比例竟然高达70%。《资治通鉴》在记述这段历史的时候,也不禁发出一声悲凉的长叹:"唐之宗室,于是殆尽矣!"随后,所有遭到镇压的李唐皇族全部被开除宗籍,并改姓"虺"(一种苟活于肮脏阴湿之地的爬虫,如毒蛇、蜥蜴之类)。

垂拱五年(公元689年)正月初一,武则天在刚刚落成的明堂(万象神宫)举行了首次祭祀大典:她身着天子衮冕,手执大珪(帝王专用的一种祭祀玉器),行初献礼,唐睿宗李旦行亚献礼,皇太子李成器行终献礼;先拜昊天上帝,次拜唐高祖、唐太宗、唐高宗,再拜魏国先王(武士彟),最后拜五方帝座;礼毕,武则天亲御则天门,大赦天下,改元永昌。

此次大飨,武则天俨然已是以一副天子的姿态在主持祭献之礼。有心人不难发现,这几乎就是一次隆重的登基预演。

永昌元年(公元689年)十一月,武则天再飨万象神宫,宣布废除沿用千百年的夏历,启用周历:以十一月为岁首正月,改永昌元年十一月为载初元年正月。按照儒家学说,夏、商、周各承天命,皆以建立正朔来表明其为天命所归。武则天自称姓出姬周,所以在此刻改行周历,显然是为其政权革命建立意识形态的基础——"正朔易则新命生,武周兴而李唐除!"

拜洛水,受宝图,建明堂,改正朔……在武周革命的蓝图上,武则天已经用正统的儒家意识形态为自己的新王朝撑起了一根擎天大柱。接下来，武则天自然就要利用佛教的意识形态，为新王朝的殿堂打造一个金碧辉煌的宝顶了。

武则天的情人和尚薛怀义，当仁不让地挑起了这项重任。在武则天的授意下，薛怀义组织了东魏国寺僧法明等人，于载初元年（公元690年）七月打造出了武周王朝的佛教圣典——四卷本的《大云经》及其注疏。薛怀义等人在经疏中盛言，圣母神皇（武则天尊号，代指武则天）"乃弥勒佛下生，当代唐为阎浮提主"（《资治通鉴》卷二〇四）。

载初元年（公元690年）九月三日，侍御史傅游艺突然率关中父老九百多人诣阙上表，声称"天无二日，土无二王"，请求神皇武则天改国号为"周"，代唐自立。

九月八日，第二波大规模"请愿"出现。洛阳百姓、番人胡客、和尚道士共计一万二千余人，齐集于宫阙之前，再度拥戴劝进。

九月九日，第三波"请愿"来势更为汹涌，共有文武百官、宗室外戚、远近百姓、四夷君长等五万余人浩浩荡荡地来到则天门下，"守阙固请"，一副不达目的誓不罢休的劲头。

就在同一天，据说有凤凰从南方飞来，先栖于明堂之巅，接着飞到上阳宫，然后又飞到左肃政台的梧桐树上；继而又有数万只朱雀，遮天蔽日从东方飞来，云集于朝堂之上……

此时此刻，武则天端坐于九重宫阙之中，聆听着百官万民山呼海啸般的"请愿"之声，目睹百鸟朝凤、凤栖梧桐的稀世祥瑞一幕幕出现，脸上终于绽放出一个等待多年的笑容。武则天十四岁进宫，二十五岁入感业寺为尼，二十七岁二度入宫，三十一岁当皇后，四十岁以"二圣"之名垂帘听政，五十岁晋升"天后"，六十岁以太后身份"临朝称制"……这一年，武则天六十六岁，历经半个多世纪的沧桑沉浮，踏着无数的鲜血和白骨，她终于走到了今天这一步。

这一步迈过去，前面就是巍巍煌煌的"武周之天"！

公元690年，即大周天授元年，这一天是农历九月九日，武则天的登基大典正式举行，中国历史上空前绝后的一代女皇就在这一天宣告诞生。

九九重阳，艳阳高照。武则天身着天子衮冕站在巍峨的则天门城楼上，粲然而无声地笑了。

二八 / 恐怖时代：酷吏的那些事儿

武则天的一生有两大污点最为后人诟病：一个是豢养男宠，另一个就是任用酷吏。虽然二者都对当时的政治生活和社会秩序构成了相当程度的污染和破坏，可要论负面影响之深、波及范围之广、造成的恶果之大，自非酷吏莫属。

初唐（高祖、太宗、高宗时代）本来是古代中国历史上一个法律体系最为完备、司法制度最为健全的时期之一，尤其在唐太宗贞观时代"宽仁慎刑"成为立法、司法的主要原则，使人的生命权在这个时代得到了最有效的保障和体现（参见本书《贞观的律法精神》章）。迄于唐高宗初年，宰相长孙无忌等人更是在《贞观律》的基础上制定了古代中国最具有典范性的一部法律——《永徽律》及《律疏》（后世合称为《唐律疏议》）。

然而，这一切优良的制度传统却在"武周革命"（公元690年）前后遭到了严重的破坏和致命的颠覆。在酷吏肆虐的十余年间，朝廷的司法制度形同虚设，所有的法律全都变成了一纸空文；君臣之间相互猜忌，朝野上下人人自危，真情贱如粪土，他人即是地狱，人与人之间最起码的信任荡然无存。在这个黑白颠倒、正邪易位的恐怖年代里，世界就像一个蓦然打开的潘多拉盒子，人性中所有最丑陋的事物都在阳光下尽情飞舞，疯狂地吞噬着一个个无辜的生命，无情地践踏着法律、道德、公序、良俗、正义、良知，以及生命的价值与尊严……

这一切的根源，就在于武则天要革李唐王朝的命，缔造她的大周天下。

换言之，武则天必须放手让酷吏制造一个人人自危的"恐怖世界"，才能让自己拥有一个为所欲为的"自由王国"！

为了顺利走向这个"自由王国"、成功登上女皇的宝座，武则天早在"篡唐登基"的四年前，便已悄然开启了一扇门。

这扇门面向天下所有人开放，它的名字叫"告密之门"。

就是通过这扇"告密之门"，酷吏们纷纷走上金銮殿，拜倒在武则天的脚下，然后踌躇满志地接过她的旨意，向李唐皇族祭起了屠刀，向所有异己势力亮出了獠牙……

从垂拱二年（公元686年）的春天起，武则天便以她那惯用的惊世骇俗的方式，面对天下人打开了一扇"告密之门"。于是，武则天发布诏书明令所有州县：凡有告密者，各级官吏皆不得过问，只负责提供车辆驿马；在旅途中，各地官府一律按五品官的礼遇接待告密者，并负责将其安全送抵神都洛阳；即便是农夫樵人，也都由武则天亲自召见，夜宿朝廷馆舍，所奏之事若得到武则天认可，则破例授予官职，就算捕风捉影查无实据，也可免于问罪；各级官吏若有敢于阻拦告密的，以该告密者所告之罪惩处该官吏。

皇太后的这道懿旨一下，就像有一股巨大的魔力瞬间攫住了帝国的万千子民，让他们即刻陷入一种空前的亢奋和癫狂之中。"于是四方告密者蜂起"（《资治通鉴》卷二〇三），人人都怀抱着一夜腾达的梦想，争先恐后、络绎不绝地向神都洛阳涌去；每一条道路、每一个驿站都挤满了上京告密的人群，让沿途的各级官吏疲于应付、焦头烂额。

令满朝文武颇为惊讶的是，在诏书颁布之后的日子里，太后武则天果然言出必行、说到做到：每天一大早，她都会精神饱满地登上紫宸殿，以一种超乎寻常的耐心和毅力亲切接见每个告密者；即便形形色色的告密者以及他们所操的方言俚语经常把武则天搞得哭笑不得，但她从来没有失去耐心，而是乐此不疲，并且对所有人都是和颜悦色，恩赏有加。直到好几年后，当席卷整个帝国的"告密风潮"渐趋消歇之时，据说武则天已经亲自接见了近万人之众。

武则天的辛苦没有白费，因为她急需的一批"特殊人才"就是乘着告密的东风来到洛阳的。

这些新时代的弄潮儿裹挟在告密者的人流中，带着异于常人的一身本领，带着出人头地的强烈欲望来到了洛阳。武则天则用一种鹰隼般锐利的目光，仿佛沙里淘金一样，一眼就从成千上万的告密者中把他们挑了出来。

胡人索元礼是最早被武则天树立起来的酷吏样板。索元礼因告密之功被擢升为游击将军，专门负责审理武则天钦定的大案要案。史称索元礼生性残忍、嗜血好杀，每审一人必牵连罗织数十百人。武则天对索元礼大为赏识，频频召见，赏赐有加，并且不断赋予他直达天听、临机独断的实权。

在索元礼示范效应的带动下，醴泉人侯思止、长安人周兴、万年人来俊臣等大批酷吏闻风继起，纷纷效法。

这帮人的发迹都充满了传奇色彩。

侯思止是个文盲，原来的职业是卖烧饼的，由于好吃懒做，后来连烧饼铺也关张了，只好去给一个将军当仆人。告密风起后，侯思止抓住时机告本州刺史裴贞与李唐宗室亲王李元名串通谋反，从而博得武则天赏识，被授予游击将军之职。按说，侯思止从一个卑贱的仆人变成一个五品将军，已经算是一步登天了，可他仍未满足，又去找武则天要官，一开口就是御史。

武则天笑问："你又不识字，如何当御史？"

早有准备的侯思止振振有词地说："神兽獬豸何尝识字？可它却能凭借本能和直觉辨别忠奸善恶！"

武则天笑了。

武则天不得不承认，侯思止是一个聪明的文盲，而这句话确实挠到了她的痒处。如今，武则天需要的不是凡事讲求程序和证据的律法官员，更不是那些满腹经纶却处处与她意志相左的朝臣，而是像侯思止这种来自朝廷之外、无知无畏、百无禁忌的人，只要他具有一种绝对效忠于她的本能，只要他能够凭直觉去对付她的敌人，文盲白丁又有何妨？

有句话说，"资源放错了位置就是废物，废物放对了位置就是资源！"

就这样，文盲侯思止得到了他梦寐以求的侍御史的职位，从此成为武则天最忠实、最得力的鹰犬之一。

周兴是雍州长安人，自幼学习法律，深谙帝国的典章律令。唐高宗时代，周兴曾以河阳县令的身份被召见，在朝堂上对答如流。高宗李治大为赏识，准备予以擢用；可周兴退下之后，就有人告诉高宗李治，说周兴不是科举出身，不便入朝任职，于是李治颇为遗憾，只好作罢。周兴不知道事情已经黄了，还带着满腔希望天天眼巴巴地等着皇帝和宰相给他封官，而宰相们都在背后笑他没有自知之明，可就是没人把真相告诉他，天天任他坐在朝堂外傻等。后来，一个叫魏玄同的宰相实在看不下去，就好心地对周兴说："你升职的事儿还要研究研究，我看你还是先回去吧。"

周兴闻言，一颗火热的心顿时跌入了冰窖，并误以为是这个叫魏玄同的宰相挡了他的升官之路，从此就牢牢记住了这个人。此后，周兴虽然也通过长期的勤勉苦干升至尚书省都事，但仍然是个不入流的芝麻绿豆官，整天只能埋首于如山的公文中忙忙碌碌、抄抄写写，出人头地的希望日益渺茫。

然而，谁也没有料到，武周革命的时代大潮转瞬来临，告密求官之风迅速席卷天下。当周兴蓦然从高高的公文堆中抬起头来时，他又惊又喜地发现——一夜腾达不再是遥不可及的梦想！周兴随即踌躇满志地加入了告密的行列，并很快就被武则天看中，旋即从芸芸众生中脱颖而出，开始了他名闻天下的酷吏生涯。

一个半辈子以法律为业、专门维护公序良俗的律法官员，到头来竟然变成了践踏法律、专以罗织陷害为业的酷吏，但这种极具颠覆性的人生经历不仅没有给周兴带来困扰，反而令他如虎添翼。在周兴看来，虽然那些律法知识不能起什么正面作用，却足以让他的罗织和刑讯手段比别人更专业、更狠毒、更致命，当然也就更加高效。周兴因其所长大展拳脚，在武周革命前夕替武则天清除了数以千计的异己和政敌，从此青云直上，历任司刑少卿、秋官侍郎、文昌右丞。

垂拱四年（公元688年）初，周兴奉命审查郝处俊（当年坚决反对武则天摄政的宰相）的孙子"郝象贤谋反"案，很快就将其满门抄斩。随后，因武则天准备全力铲除李唐宗室，命御史苏珦审理"韩、鲁诸王谋反"案，可书呆子苏珦却始终审不出个子丑寅卯，于是武则天立刻让周兴接手。周兴则不费吹灰之力就让"韩、鲁诸王"全部悬梁自尽了，死无对证，案子自然轻松搞定。人们在背后骂周兴制造冤案，周兴却扬扬自得地说了这么一句话："被告之人，问皆称枉；斩决之后，咸悉无言。"

永昌元年（公元689年），周兴终于把目光转向当年的"仇人"——宰相魏玄同。于是，周兴随便捏造了一个罪名，武则天便颁下了赐死魏玄同的敕令。有人劝魏玄同也去告密，借此表明清白。可魏玄同深知自己难逃周兴魔爪，说："人杀鬼杀，亦复何殊？岂能做告密人邪？"（《资治通鉴》卷二〇四）随即从容赴死。稍后，周兴又诬告右武卫大将军黑齿常之谋反，将其逮捕下狱。当年十月，黑齿常之不堪其辱，自缢于狱中。天授元年（公元690年），周兴又受命除掉了唐高宗李治的两个庶子——泽王李上金和许王李素节。

办完这一系列大案后，周兴不仅当之无愧地成为武周革命的一大功臣，而且俨然已是酷吏行业中的老大。

二八／恐怖时代：酷吏的那些事儿 243

在武周一朝的所有酷吏中，后起之秀来俊臣可以说是知名度最高的一个，而这不仅因为他长相俊美，堪称"酷吏之花"，更是因为他近乎天方夜谭的发迹过程和日后登峰造极的酷吏生涯。来俊臣生于一个赌徒之家，从小游手好闲、无恶不作，后来因作奸犯科身陷囹圄。当武则天向天下人发出那道鼓励告密的诏书时，正在坐牢的来俊臣仿佛在绝望中看见了一根救命稻草，他拼命摇撼铁窗厉声高喊："我要申冤，我要告密！"

狱吏不知道囚犯有没有权利告密，踌躇多日不敢处置，只好把情况上报刺史东平王李续。李续冷然一笑，只说了四个字——"杖打一百"。来俊臣被打得皮开肉绽，从此老老实实地再也不敢提告密之事。几年后，李唐宗室遭遇空前的政治劫难，东平王李续被杀。来俊臣闻讯欣喜若狂，再次摇撼铁窗，发出了比上次更为凄厉的呼喊——"我要告密！"

这回，来俊臣终于得偿所愿，被送到神都洛阳面见太后武则天。伶牙俐齿的来俊臣从容奏言，说"早在几年前便已察觉东平王李续有谋反企图，却因此遭到李续居心险恶的报复，险些命丧黄泉，如此遭遇实属人间奇冤，所幸今日苍天开眼，终于让他见到了传说中英明神武的皇太后，才得以一吐冤情、一表忠心，他这辈子也算死而无憾了"云云。

那天，武则天一直注视着来俊臣，不仅惊讶于他的容貌之美，也折服于他雄辩滔滔的口才，更被他的一腔忠心所打动。于是，来俊臣话音刚落，武则天便毫不迟疑地赦免了他过去的罪行，并即刻提拔他为侍御史。

来俊臣就此奇迹般咸鱼翻生，从阶下之囚一跃而成朝廷命官，开始了他"青史留名"的酷吏生涯。经过数年的努力奋斗，来俊臣不仅为武则天铲除了大量异己，"前后坐族千余家"（《旧唐书·酷吏列传》），而且从实践上升到理论，会同其党羽精心创作了人类历史上第一部系统阐述冤狱制造过程的经典著作——《罗织经》。

在《罗织经》中，来俊臣及其党羽不仅详细说明了制造冤狱的流程、步骤和要点，而且几乎把刑讯逼供升华成了一种"艺术"，将人性中最残忍且最富有创意的一面淋漓尽致地展现在世人面前。其中，光是各种酷刑的名目就足以令人叹为观止，如将木板绑在人犯的双手双脚上，然后用力扭绞，名为"凤凰展翅"；将人犯腰部绑住，然后向前猛拉颈上的枷锁，名为"驴驹拔橛"；命人犯跪地捧枷，然后把砖头堆积在枷上，名为"仙人献果"；将人犯绑在柱子上，用绳子拴住枷尾往后猛拽，名为"玉女登梯"。此外，书中还详细记载了十种不同款式的刑具及其应用在犯人身上后产生的效果：一曰"定百脉"——全身麻痹；二曰"喘不得"——近乎窒息；三曰"突地吼"——嗷嗷乱叫；四曰"着即承"——马上招供；五曰"失魂胆"——魂飞魄散；六曰"实同反"——供认同谋；七曰"反是实"——胡乱承认自己谋反；八曰"死猪愁"——就算是死猪也会犯愁；九曰"求即死"——但求速死；十曰"求破家"——赶紧把我们一家老小全杀了吧，也好过戴这玩意儿啊。

在来俊臣等人创造的这种登峰造极的"暴力美学"面前，骨头再硬的人犯都会浑身酥软，变成任人摆布的可怜虫。来俊臣等人每次要逼供时，往往在大刑未动之前先展览他们发明的各种刑具，并绘声绘色地描述它们的功能，结果还没把话说完人犯早已吓得屁滚尿流，"皆战栗流汗，望风自诬"。武则天对来俊臣等人的办案效率也非常满意，对他们的赤胆忠心更是赞赏有加，因而越发宠信他们，并且赋予了他们越来越大的权力。是故，"中外畏此数人，甚于虎狼！"（《资治通鉴》卷二〇三）

周兴、来俊臣等人就这样联手缔造了一个"恐怖而辉煌"的酷吏时代。

在一场比一场更为暴烈的血雨腥风中，唐帝国的江山社稷无声地倾圮，一个亘古未有的女皇时代随即喷薄而出。

金銮殿上的武则天始终面带微笑地看着这一切。

然而，周兴绝对没有想到，就在他自以为前途一片光明的时候，武则天的翻云覆雨手就已经向他的头顶罩了下来。

天授二年（公元691年），也就是武则天称帝的次年春天，曾逼杀太子李贤的酷吏丘神勣以"谋反"之名被武则天诛杀。随后，武则天又授意朝臣控告周兴与丘神勣通谋，并把收拾周兴的任务交给了刚刚崛起的酷吏来俊臣。

来俊臣深知，作为酷吏行业的"老前辈"和"领军人物"，周兴并不那么好对付。

为了收拾这个特殊人物，聪明的来俊臣想了一个特殊的办法。

于是，来俊臣在家中备下酒菜，向周兴发出了盛情邀请。周兴不知有诈，欣然赴约。入席之后，来俊臣频频劝酒，并且毕恭毕敬地向周兴请教了许多问题。

酒过三巡，来俊臣幽幽地说："最近审案，人犯多不招供，前辈有何良策？"

已然微醺的周兴将手中的酒一饮而尽,然后抹了抹嘴巴,慢条斯理地说:"这还不简单!天这么冷,你就支一口大瓮,把底下的炭火烧得旺旺的,请人犯进去暖暖身子,到时候你看他招是不招!"

来俊臣粲然一笑,眸中闪过一道亮丽而森冷的光芒,马上命手下按周兴所言支起一口大瓮,烧起了熊熊的炭火。屋内很快就热气逼人,来俊臣悠然起身朝周兴深深一揖,说:"奉旨查办周兄,烦请周兄入瓮!"

周兴目瞪口呆,扑通一声跪倒在地,拼命向来俊臣磕头:"来兄想知道什么,我都招!我全部都招!"

就这样,周兴一案迅速审结,"谋反"罪名成立。武则天念周兴有功,赦免死罪,流放岭南。但是,周兴走到半路上便被仇家砍掉了脑袋。

这就是中国历史上著名的"请君入瓮"的故事。继周兴之后,一批最先登上历史舞台的酷吏如索元礼、侯思止、傅游艺等人,纷纷被女皇武则天兔死狗烹。

然而,旧的酷吏倒下去了,新的酷吏又站了起来,而且以来俊臣为首的新一批酷吏大有"青出于蓝、后来居上"之势,无论是罗织陷害的手段,还是刑讯逼供的残酷程度,都比周兴等人有过之而无不及。

随后的日子,来俊臣迅速取代周兴,成了女皇武则天跟前的大红人,升任左肃政台中丞,所有大案都由他一手经办。短短几年内,来俊臣所破千余家,如宰相岑长倩、格辅元、乐思晦,大将张虔勖、泉盖献诚、李安静等人,都先后死于他的罗织之网。长寿元年(公元692年),宰相狄仁杰、御史中丞魏元忠等一批能臣也都被来俊臣诬告下狱,并且差一点死在他的手中;后来虽然侥幸免死,也都被贬黜为远地县令。

延载元年(公元694年),来俊臣由于杀戮太盛、仇人太多,终于被人以"贪污"罪名一状告倒,贬为同州参军。但是,武则天觉得这个人还有利用价值,所以没过多久便重新起用,擢为洛阳令。来俊臣自以为有女皇武则天罩着,从此更加肆无忌惮。来俊臣最初陷害的一般都是武则天的潜在政敌,但后来只要是他看不顺眼的都会被他拿来开刀,到最后诬告杀人甚至成了他的一种娱乐活动。来俊臣和手下人把满朝文武的名单分别写在靶子上,每天要陷害什么人,就拿起石头来掷,掷中谁就陷害谁,不管是王公贵族还是名流政要,一旦被掷中就死定了。

除了掷靶子决定陷害对象之外,还有一类人也逃不出来俊臣的魔爪——那就是拥有漂亮妻妾的人。

在来俊臣看来，只要你的妻妾长得年轻貌美——"对不起，你的死期就到了"，因为他只要见过哪个美女一眼，就会"昼夜萦怀、辗转难眠，必欲娶之而后快"。所以，那年头谁要是娶了漂亮妻妾，每天必然活得战战兢兢。例如，一个叫段简的洛阳人就天天恐惧得要死，因为他的妻子不仅姿色出众，而且又是名门望族太原王庆诜的女儿，其美名早已传遍天下。不久，段简最恐惧的事情终于来了。来俊臣假造了一道敕令，说女皇武则天已经把王氏赐给了他，要段简马上交人。可怜的段简明知有诈，但打死也不敢和这个杀人魔头理论，只好含泪把妻子王氏休了，并且乖乖地送到了来俊臣的府上。

来俊臣轻而易举就把这个名闻天下的美女弄到了手，不禁心花怒放。

可此时的来俊臣并不知道，就在他把王氏娶过门之后，死神就已悄悄攫住了他。

让来俊臣更加没有料到的是，就像他当初亲手把前辈酷吏周兴送入死亡之瓮一样，最后把他送上断头台的人也是他的一个手下酷吏。

这个人叫卫遂忠。

卫遂忠本来也是来俊臣的手下，此人聪明伶俐、能说会道，颇得来俊臣赏识，两人经常在一块喝酒。这一天，卫遂忠照例拎着几瓶好酒来到来俊臣府上，打算好好和他喝两盅，可令人意想不到的事情就在这时候发生了。

当时，来俊臣正在宴请王氏的族人，刚刚喝到兴头上，就听门人说卫遂忠来访；来俊臣觉得烦，就随口对门人说，告诉他我不在。门人照此回复，卫遂忠一听火就大了："明明里头一片觥筹交错之声，还想把老子打发走？"来之前，卫遂忠已经喝了一些酒，此时便趁着酒劲径直闯了进去，指着王氏和她家人的鼻子一通臭骂，说"王氏你算什么东西？你充其量就是我们来大哥的玩物罢了，摆什么谱啊，小心老子哪天整死你们全家"。

王氏及其家人都是养尊处优的贵族，何尝受过这等羞辱？王氏又羞又愤，当即离席；而她家人的脸上也是一阵红一阵白。来俊臣更是气得七窍生烟，立刻命人把卫遂忠绑了起来，然后劈头盖脸一顿暴打。等卫遂忠被打得半死，酒劲也过去之后，才发现自己闯了大祸，只好拼命求饶。来俊臣想反正事情已经发生了，该教训也教训了，总不能因为这事把一个忠诚能干的手下打死，所以就骂骂咧咧地把他放了。

卫遂忠本来以为这件事就这么过去了，没想到几天后一条惊人的消息就从来府传了出来，说王氏在某天夜里突然上吊自杀了。

这下卫遂忠傻眼了，他知道心狠手辣的来俊臣绝不会放过他。

卫遂忠像热锅上的蚂蚁焦灼地思考了好几天，最后终于下定决心——与其坐以待毙，不如主动出击！随后，卫遂忠找到了武承嗣，说来俊臣下一个要对付的人就是他。武承嗣一听就吓坏了，虽然他也曾经和来俊臣联手扳倒过一批大臣，可来俊臣是条疯狗——现在掉头来咬他是完全有可能的，况且卫遂忠又是来俊臣的手下，看来这条消息绝对靠谱！武承嗣如临大敌，随后马上召集武氏诸王和太平公主（薛绍死后，太平公主改嫁武攸暨，也算武家人），说来俊臣的诬陷名单中也有他们。众人大为震恐，纷纷表示要先下手为强，并团结一致地把来俊臣这条疯狗打死。会议过后，众人分头行动，太平公主找了她的四哥唐睿宗李旦，诸武找了南北衙（《资治通鉴》作"南北牙"。唐时宫中禁卫军分南衙、北衙，合称"南北衙"）的禁军将领。

就这样，一个针对来俊臣的"反恐政治联盟"迅速成立。

此时，来俊臣根本不知道自己死期已到。

万岁通天二年（公元697年）五月，"反恐政治联盟"出手了。以武承嗣牵头，众人联名，对来俊臣提出了一连串指控，如残害大臣、贪赃枉法、夺人妻女，并企图迫害宗室、篡夺君位，等等。于是，来俊臣当即被逮捕。朝臣们本来就对这个杀人魔王恨之入骨，人人必欲诛之而后快，所以案子很快审结，结案报告旋即递到武则天手上，并请求将来俊臣处以极刑。

这一年六月初三，昔日呼风唤雨、不可一世的酷吏之王来俊臣，终于被武则天下令斩首。这一天，洛阳城万人空巷，不论王公大臣还是缙绅百姓，无不欣喜若狂、奔走相告，纷纷像潮水一样涌向法场，争相目睹杀人魔王来俊臣被处决的一幕。

刽子手的刀光闪过，来俊臣那颗恶贯满盈的头颅就飞离了身躯。围观的百姓再也抑制不住心中的愤怒，就像一群疯狂的公牛一样蜂拥而上，将来俊臣扒皮抽筋、开膛破肚，并且抠出他的眼珠、掏出他的五脏六腑扔在地上踩成烂泥，最后一片一片撕下他身上的肉……须臾之间，来俊臣的尸身就只剩下一副血淋淋的骨架。

得知刑场上发生的令人毛骨悚然的一幕时，武则天惊呆了。

武则天虽然早知来俊臣民愤极大，但是大到这种程度，还是远远超出了她的想象。

因此，武则天不禁为自己最终痛下杀手而感到庆幸：假如她一意力保来俊臣，天下人的愤怒无疑将集中到她的身上，日后一旦爆发，后果真是不堪设想！

有鉴于此，武则天决定和来俊臣彻底"划清界限"，随后特地颁布了一道《暴来俊臣罪状制》，在制书中历数这个昔日宠臣的斑斑罪状，把他骂得狗血喷头，最后还掷地有声地宣布："宜加赤族之诛，以雪苍生之愤！可准法籍没其家。"（《资治通鉴》卷二〇六）就这样，武则天"旗帜鲜明"地表达了自己伸张正义、替天行道的立场。

数日后，来俊臣被满门抄斩，家产全部抄没。朝野上下人人拍手称快，互相庆贺说："从今往后，终于可以一觉睡到天亮了。"

随着来俊臣的身死族灭，一个血雨腥风的酷吏时代终于落下了帷幕。

如果从垂拱二年（公元686年）首开"告密之门"算起，到这一年（万岁通天二年，即公元697年）来俊臣伏诛为止，武则天借助酷吏实行"恐怖统治"的时间长达十一年。

然而，武则天的高明之处就在于——无论表面上多么宠信酷吏，她也只是把他们当成铲除异己和巩固政权的工具而已。所以，武则天给予他们的权力通常囿于监察权和司法权之内，很少涉及行政权。综观武周一朝为患最烈的二十七个酷吏（据《旧唐书·来俊臣传》所载），仅傅游艺因带头劝进之功而一度拜相，但时隔一年就被武则天借故诛杀，其他几个著名酷吏如周兴、来俊臣等人均未掌握相权，因而不可能从根本上左右帝国大政。职是之故，武则天才能做到"计不下席，听不出闱，苍生晏然，紫宸易主"（《资治通鉴》卷二〇五），即用最小的代价实现改朝换代的目标，避免了大规模的社会动乱。

从这个意义上说，武则天就像是一个高明的驯兽师，当她要夺取并巩固权力的时候，就毫不犹豫地驱使虎狼去撕咬猎物；而当她意识到酷吏政治已经产生了副作用之后，又能不动声色地迫使虎狼自相残杀。

进退有据，收放自如；鸟尽弓藏，兔死狗烹！就这样，一切都在她的掌控之中，一切都服从于她的政治需要。简言之，酷吏疯狂，但武则天始终清醒。

二九 / 第一男宠的悲喜人生

公元685年农历正月,六十一岁的太后武则天改元垂拱,取"垂衣拱手,无为而治"之义。

之所以做出这种"垂拱而治"的姿态,是因为武则天想放松一下高度紧绷的神经。

在刚刚过去的一年里,武则天经历了太多惊心动魄的事件:先是发动政变,废黜唐中宗李显;同时拥立唐睿宗李旦,旋即将其软禁;接着又诛杀宰相裴炎,并铲除了一批对她不满的文武官员;最后又发动三十万大军平定了"李敬业叛乱"。(参见本书《旷世女皇武则天》章)做完这一切,武则天觉得自己真的需要好好放松一下。更何况,在对女皇之位发起最后的冲刺之前,她也需要养精蓄锐,储备足够的能量。

在当时同龄的妇人当中,武则天的身体素质绝对是一流的,否则她也无法在紧张而惊险的政治生涯中始终保持旺盛的精力。这一点,武则天和去世的高宗李治恰成鲜明的对照。整个中年时期,高宗李治都是在病痛的折磨下度过的,而武则天则恰恰是从这个时期开始一再爆发出令人惊诧的强大生命力。也许就身体素质而言,武则天真的是遗传了母亲杨氏的基因——杨氏以九十二岁高龄而寿终,这在当时恐怕是相当罕见的。

然而,有时候拥有一副强健的体魄也不完全是好事。

例如,武则天就因此产生了某种烦恼——某种难以启齿的烦恼。

具体而言,就是内分泌过于旺盛,女性荷尔蒙始终处于生机勃勃的状态,雌激素亢奋过剩,因而对男女之欲也就有了强烈的需求。(在这方面,武则天恐怕也和她的母亲杨氏如出一辙——杨氏晚年曾爆出一桩惊世骇俗的"性丑闻",八九十岁高龄还与外孙贺兰敏之乱伦私通。)

武则天最大的痛苦和烦恼在于——高宗李治在整个后半生中天天与病魔厮斗,自然难以尽到丈夫的义务。

对武则天而言，一方面她自己需求旺盛，另一方面高宗李治又是个中看不中用的摆设，她的郁闷自然可想而知了。尽管这几十年里纷繁复杂的政治斗争转移了武则天的大量精力，但这并不等于她的这种生理需求会自动从生命中消失。

所以，当激烈的权力斗争告一段落的时候，当武则天在帝国的庙堂上征服所有峨冠博带的男人之后，自然就会产生另一种冲动——在一些别样的场合征服一些别样的男人，如在她那空旷孤寂的寝殿里、在她那镏金镶玉的床笫之上……

那个叫冯小宝的男宠，就在这时候走进了武则天空旷孤寂的寝殿……

冯小宝最初的职业是在洛阳的街头打拳头卖膏药。其时，神都洛阳虽然肥马轻裘、红尘万丈，却与混迹市井的冯小宝了不相干，他只能在繁华街市的某个角落，凭借强壮的身躯和粗大的嗓门吸引三三两两的眼球，有一搭没一搭地卖他的狗皮膏药，挣几把铜钱聊以糊口而已，其境遇仅仅强于乞丐。

可又有谁能想到，就是这样一个蝼蚁般卑贱的小混混，有朝一日竟会变成普天之下最为炙手可热的人物呢？

最先慧眼识"英雄"的女人是千金公主（高祖李渊的女儿）府上的一个侍女。某日，千金公主府的这个侍女从热闹的坊间经过，她一眼就瞥见了冯小宝那裸露在阳光下的黝黑强健的胸肌，而这惊鸿一瞥不禁让这个侍女芳心荡漾。于是，侍女偷偷把冯小宝带进了公主府邸，每日云雨，无尽欢畅。但是纸包不住火，终于有一天，年逾七旬的千金公主带着冲天的怒气一脚踢开了侍女的房门。

尽管眼前的一幕龌龊不堪，可千金公主的目光还是被冯小宝的身躯牢牢吸引，以至于满腔怒火也瞬间化为乌有。

于是，这场"捉奸行动"就有了一个心照不宣的结局。千金公主当即"没收"了侍女的玩伴，以示对她不守妇道、红杏出墙的惩罚。后来的日子，冯小宝因祸得福，从侍女的小小闺房转战到了千金公主的锦衾绣床上。千金公主如获至宝，可转念一想太后武则天威权日盛，不如将冯小宝慷慨转赠以博取欢心。

于是，千金公主悄悄把冯小宝带进了皇宫，并直接领进了太后武则天的寝殿。对于这份暗中渴望已久的特殊礼物，武则天自然是欢喜"笑纳"了。

至此，洛阳街头卖艺为生的冯小宝，摇身一变就成了太后武则天的枕边新宠。当然，突如其来的巨大荣宠一开始还是把冯小宝撞击得头晕目眩、无所适从，不过他很快就适应了角色，毕竟前面的两度"艳遇"已经壮了他的胆子。从此，冯小宝格外爱护自己的身体。

自从生命中有了妙不可言的冯小宝，武则天便如枯木逢春、老树开花，虽然已是迟暮之年却绽放出了少妇般的光彩，每天的心情更是舒畅无比。

武则天意识到冯小宝对她已经不可或缺，所以决定对他进行"包装"，以便长期留在身边。于是，武则天让小宝出家为僧，取名怀义，并让他当上了千古名刹白马寺的住持。从此，冯小宝自由出入宫禁，美其名曰在宫内道场诵经念佛，实则天天与太后武则天切磋"阴阳之道"。此外，鉴于冯小宝出身卑微，武则天就让他认太平公主的驸马薛绍为族叔，改姓薛。

从此，穷酸卑贱的冯小宝就变成了当朝第一大红人薛怀义。薛怀义私自剃度了一帮小流氓当和尚，每天骑着高头大马，前呼后拥着在洛阳城里呼啸来去，无论官民见了他都要绕道走，躲避不及就被当街暴打，打不死算走运，打死了活该。最惨的就是道士，一碰见薛怀义和他手下，先是抓过来劈头盖脸一顿打，然后剃光了头发硬是拉到庙里当和尚。满朝文武和名流政要，见到薛怀义都要尊称"薛师"并且匍匐礼拜，就连当朝红人——外戚武承嗣和武三思兄弟也要对他执童仆礼，为其牵马执辔，极尽阿谀谄媚之能事。

薛怀义把洛阳城闹得鸡飞狗跳，老百姓深受其害，各级官府又没人敢管。右台御史冯思勖实在看不过眼，多次将薛怀义的手下逮捕法办。薛怀义恨之入骨，就找了个机会把冯思勖堵在下朝回家的路上，命手下对其大打出手，直到把冯思勖打得奄奄一息才扬长而去。

但是，也不见得所有人都治不了这个骄横跋扈的第一男宠薛怀义。

有一次，薛怀义就狠狠地挨了一回教训。

那天，薛怀义带着喽啰大摇大摆地进宫，刚好在宫门口碰见宰相苏良嗣。唐代的宰相历来地位尊崇，号称"礼绝百僚"。因此，宰相苏良嗣自然不会给这个凭借"床上功夫"而耀武扬威的男宠薛怀义让路。但薛怀义骄横惯了，也没把宰相苏良嗣放在眼里。于是，两队人马互不相让，就在宫门口僵持着。苏良嗣勃然大怒，随即命侍卫把薛怀义抓过来，当场噼噼啪啪给了他几十记耳光。

薛怀义自从入宫以来，何曾受过此等羞辱！于是，薛怀义又急又恼，捂着火辣辣的脸颊跑到武则天面前哭诉，口口声声要太后为他做主。武则天充满爱怜地抚了抚薛怀义的脸颊，然后慢慢收回了手，淡淡地说了一句："怀义你也不要太张扬了，以后进出都走北门吧，南门是百官和宰相出入的地方，你何苦去招惹他们？"

薛怀义一脸愕然地看着武则天，既懊恼又沮丧，好长时间没有回过味来。

不过，这几十个耳光也不算白挨。过后，薛怀义就隐隐约约地意识到——自己终究只是太后武则天的玩偶而已，要想永葆荣华富贵，要想在天下人面前抬起头来，就要实实在在地干几件大事让天下人瞧瞧！

从垂拱四年（公元688年）开始，武则天就以雷霆万钧之势拉开了"武周革命"的序幕。

作为改朝换代的重要标志，这一年岁末，历史上最雄伟的一座明堂——万象神宫竣工落成。与它同时落成的，还有坐落于北面的"天堂"，堂中供奉一尊巨型佛像，据说这座宗教圣殿比万象神宫更壮观，殿高五层，站在第三层就可以俯视明堂。

主持修建这两项空前绝后的历史性工程的人就是薛怀义。

薛怀义因此功劳被武则天拜为左威卫大将军，封梁国公。

载初元年（公元690年），武则天为了打造"女主天下"的政治舆论，就授意薛怀义在佛经中为她寻找理论依据。薛怀义当仁不让，立即组织和尚法明等人，一头扑进经藏之中苦苦寻找佛经中有关"女主天下"的记载，终于沙里淘金地找到了他们需要的"经典"。随后，薛怀义等人又在旧译本的基础上杂糅新说、附会己意，炮制出了武周王朝的佛教圣典——四卷本的《大云经》及其注疏。薛怀义等人在经疏中盛言，神皇武则天"乃弥勒佛下生，当代唐为阎浮提主"。

按照佛教经典，弥勒是佛教创始人释迦牟尼的大弟子之一，释迦灭度之后，弥勒当在未来降生于阎浮提，救度众生，而后成佛。所谓"阎浮提"，又译为南瞻部洲，即指我们人类居住的这个世界。弥勒信仰在南北朝时期广泛流传于民间，自南北朝以迄隋唐，多有人利用此信仰举兵起事。如今，武则天欲神道设教，当然也要对此充分利用。但是，薛怀义等人的注疏实际上已经远远背离了佛教义理，所谓的《大云经疏》只不过是一本赤裸裸的"政治宣传手册"而已。

不过，武则天需要的正是这样一本手册。

《大云经疏》甫一出炉，武则天就迫不及待地颁行天下，同时命各州都要建一座大云寺，各寺收藏一部《大云经疏》，并且号召各地的高僧大德升座讲解，务求让天下臣民深刻领悟其精髓。

一时间，东起渤海，西止葱岭，南抵交趾，北至大漠，一座座大云寺拔地而起，一场场贯彻朝廷精神的讲经法会如火如荼地展开……至此，《大云经疏》成了人人必读之书，"女主天下"的政治舆论也被一步步推向了高潮……

永昌元年（公元689年），即武则天称帝的前一年，东突厥的骨笃禄可汗纵兵入寇，薛怀义又以左威卫大将军的身份出任新平道行军大总管，率军二十万北上抗击东突厥。不过，也是薛怀义运气好，一路上没遇到东突厥主力，只碰上了一些散兵游勇，于是不费吹灰之力就荡平了东突厥的小股部队，而后一路进至单于台并在那里勒石记功，随后班师凯旋。

得胜还朝时，薛怀义别提有多风光了。武则天不但笑容满面地为薛怀义接风洗尘、设宴庆功，而且加封他为辅国大将军、柱国，赐帛两千段。天授元年（公元690年），武则天正式登基，又进封薛怀义为右卫大将军，赐爵鄂国公，可谓权倾一时、荣宠备至。

从此，薛怀义便觉得自己是个"牛人"了。

"建明堂，造佛经，征突厥"，其中哪一样不是居功至伟、可圈可点的呢，哪一样不足以成为睥睨天下、傲视群伦的资本呢？

由于薛怀义自认为已经成功实现了"职业转型"，所以他对"面首"这份工作自然就不放在眼里了，甚至就算武则天派人来请他进宫也是爱搭不理。碰上心情好的时候就去对付一下，心情不好的话当即一口回绝。

武则天愤怒了。

不过，武则天什么也没说，而是马上找了一个男宠顶了薛怀义的缺。

这个新欢就是御医沈南璆。正所谓"近水楼台先得月"，这个玉树临风的年轻人利用为武则天调理身体的机会得到宠幸。在这位御医的悉心调理之下，年近七旬的武则天身体健朗如前，光彩依旧。据说在天授三年（公元692年）秋天，武则天居然"齿落更生"，重新长出了一口洁白如玉的新牙。为此，武则天特意大赦天下，改元长寿。

不久，武皇就给了薛怀义一次不大不小的教训——命人把他在白马寺私自剃度的一帮野和尚全部流放岭南，让他变成了一个光杆司令。

薛怀义后悔了。

此时，薛怀义终于意识到——"没了他，武皇的日子照样过得滋润；可没了武皇的宠爱，自己随时有可能丧失一切！"

为了挽回昔日的荣宠，薛怀义在证圣元年（公元695年）正月十五这天操办了一场别出心裁的庆典活动，希望以此挽回武则天的宠爱。

薛怀义带人在明堂前的空地上挖了一个五丈深的大坑，埋入一尊大型佛像，然后又在大坑上方用彩缎搭起了一座姹紫嫣红、美轮美奂的"宫殿"。元宵晚上，当武则天在文武百官的陪同下莅临庆典现场时，薛怀义一声令下，壮汉们一起拉动裹着彩缎的粗绳，于是坑中的大佛冉冉升起，一直升至上方的宫殿中，场面既神奇又壮观。薛怀义当即高声宣布，说这是佛像"自地涌出"的祥瑞。

薛怀义原以为如此奇观一定可以博得武则天的欢心和赞赏，可让他大失所望的是武则天只是面无表情地看了一会儿，然后就头也不回地走了。

薛怀义大为沮丧。

可薛怀义没有放弃希望，在正月十七这天又搞了一场献礼。这一次，薛怀义杀牛取血，用牛血亲手绘制了一幅高达二百尺的巨大佛像，将其悬挂在天津桥南，同时大设斋宴让洛阳城中的和尚尼姑和官绅百姓全都来瞻仰他的旷世杰作，最后又派人去禀报武则天声称这是他割破膝盖用自己的血一笔一笔画成的。

这天的天津桥南万头攒动、冠盖如云，唯独薛怀义最渴望的那个人迟迟没有来。

薛怀义从上午等到黄昏，一直等到夕阳西下众人皆散，还是不见那个人的身影。

薛怀义绝望了。

一股可怕的怒火突然从薛怀义的丹田烧了起来，然后一下子蹿上了他的头顶。

薛怀义飞身上马，向着宫中狂奔而去……

万象神宫的大火就是在这天夜里燃烧起来的。

据守卫宫门的禁军士兵事后回忆说，那天傍晚薛怀义像疯了一样闯进宫门，骑着快马朝明堂方向飞驰而去。由于薛怀义身份特殊，所以没人敢加以阻拦。没过多久，明堂方向的夜空就变得一片通红了。禁军们赶过去的时候，供奉巨佛的"天堂"已经全部着火了，一根根巨大的圆木喷吐着火舌从空中纷纷坠落，并且很快就把前面的万象神宫也点着了。赶到现场的人们都只能目瞪口呆地远远站着，根本不敢上去扑救，因为上去也只能白白送死。

次日凌晨，武则天来到火灾现场，看见的是她生命中最重要的两座建筑已经不复存在，昔日的神圣和庄严已然化为一地的瓦砾和灰烬。

武则天心中杀机顿炽。

随后，武则天默默地转身离开，宣布重建。

出乎所有人意料的是，武则天竟然把重建工作又交给了薛怀义。

薛怀义大喜过望，他以为武则天已经原谅他了。

可是，薛怀义错了。

证圣元年（公元695年）二月初四，也就是新明堂即将竣工的几天前，武则天忽然把薛怀义秘密约到了瑶光殿。

瑶光殿坐落在一片人工湖中央的一座小岛上，四面环水，景色宜人。当年，薛怀义初入宫时，便时常与武则天在此幽会。

这一天清晨，薛怀义策马奔驰在通往瑶光殿的长堤上。时隔多年之后旧地重游，薛怀义不禁感慨万千，他相信武则天之所以在此与他约会，显然是要旧梦重温、再续前缘了。

可薛怀义绝对没有想到，此时此刻武则天的侄子建昌王武攸宁正带着十几个武士埋伏在前面的一棵大榕树后。当薛怀义靠近时，一群手持棍棒的黑衣大汉忽然蹿出，然后十几根棍棒就劈头盖脸地落了下来……

薛怀义遮挡了几下，也哀号了几声，可在雨点般密集的棍棒打击之下，所有的动作和声音很快就都止息了。薛怀义双目圆睁，七窍流血，死状极其可怖。武攸宁随后把尸体秘密运到了白马寺，并且遵照武则天的命令将其焚毁，然后把骨灰搅拌在泥土中建起了一座佛塔。最后，朝廷又将薛怀义手下的一干侍者和僧徒全部流放边地，彻底肃清了他在白马寺的势力。

薛怀义就这么死了。

曾经炙手可热的第一男宠薛怀义就这样人间蒸发，连骨灰都没有留下。

从冯小宝入宫得势，到薛怀义被焚尸灭迹，其间相隔恰好十年。

如果人生可以从头来过，冯小宝还愿不愿意变成薛怀义？

也许这样的问题是没有意义的，因为就算没有冯小宝，也会有张小宝、陈小宝、李小宝……

薛怀义死后两年，两个比他更年轻、更貌美、更多才多艺、更乖巧听话的男宠就来到了武则天的身边——他们就是张易之、张昌宗兄弟。

当面若莲花的张易之、张昌宗兄弟在太初宫中陪着古稀之年的女皇武则天的时候，白马寺的一座佛塔下面却已经长出了离离青草……

陪伴这几株青草的，只有南来北往的风，以及白马寺终年不绝的钟磬梵唱……

三十 / 一代名相狄仁杰

神功元年（公元697年），武则天诛杀了来俊臣，一举结束了酷吏政治时代，同时起用了一批颇具时望和才干的正直官员让他们进入帝国的权力中枢，着手进行新的朝堂政治建设。

其中的代表人物就是狄仁杰。

狄仁杰，字怀英，并州太原人，生于官宦之家。从童年时代起，狄仁杰身上就有一种特立独行、不畏权贵的勇气。有一次，狄府的门人被害，县衙里的官吏前来调查案情，府里的老老少少都忙不迭地去接受问话，唯独狄仁杰拿着一本书坐在那儿一动不动。县吏心里老大不爽，就上前去命令狄仁杰接受问话。狄仁杰合上书本，没好气地说："我跟书中的圣贤对话都唯恐不及，哪有空理你们这些俗吏！"

这是史书记载的有关狄仁杰生平的第一个故事。未来的神探狄仁杰在史书中刚一亮相就与命案有关，也算是一个奇妙的巧合。作为中国历史上大名鼎鼎的神探，狄仁杰的探案故事通过千百年来的公案、话本、戏剧、小说，乃至当代影视而广为传播，几乎已经到了家喻户晓、妇孺皆知的程度。到了20世纪，狄仁杰更因荷兰汉学家高罗佩所创作的《大唐狄公案》而享誉西方，被西方读者惊呼为"东方的福尔摩斯"。

那么，真实的狄仁杰到底是什么样的呢？他是否被后世的这些虚构作品过度神化了呢？

答案是——不，历史上的狄仁杰确确实实是个神探！

高宗仪凤年间（公元676—679年），狄仁杰担任大理丞，"周岁断滞狱一万七千人，无冤诉者"（《旧唐书·狄仁杰传》）。一年之内勘断的积压案件所涉及之人犯就达一万七千人，而且事后还没一个喊冤的，这当然是不折不扣的神探了。

作为神探，最重要的素质就是智谋。在小说和影视中，我们经常可以看到狄仁杰身上那种超越常人的机敏和睿智。实际上，历史上真实的狄仁杰，其智谋比起虚构的人物似乎也不遑多让。长寿元年（公元692年），狄仁杰与魏元忠等人一起被来俊臣诬陷入狱。当时，朝廷有个不成文的规定，人犯如果一被讯问就承认谋反，可以免于死刑。所以，当来俊臣审问狄仁杰时，狄仁杰立刻就说："大周革命，万物惟新，唐朝旧臣，甘从诛戮。反是实！"意思就是说，既然大周已经代唐而兴，我身为李唐旧臣，当然只有死路一条，你说我谋反我就谋反吧！来俊臣一看狄仁杰这么老实，也就放松了警惕。随后，酷吏们也没人来找狄仁杰麻烦了，他们只等着判决下来，到时候执行就是了。

可来俊臣绝对没有想到，狄仁杰是在跟他玩心眼。

由于当时已是初春，天气逐日转暖，于是狄仁杰就跟狱吏讨了一副笔砚，然后撕下被单上的一角布帛，写明了自己的冤情，最后又拆开身上的棉衣，把帛书藏在衣服的棉絮内，交给狱吏说："天太热了，烦请把衣服交给我家人，让他们拆掉里面的棉絮，再送回来给我穿。"

狱吏拿起那件棉衣左看右看，也看不出什么毛病，于是就转交给了狄仁杰的儿子。狄仁杰的儿子狄光远也很聪明，知道父亲可能要传递什么信息，于是拆开棉衣仔细检查，果然发现了那封帛书，随即以告密为由求见武则天并将帛书当面呈上。

武则天看过后，立刻召见狄仁杰，问："你既然没有谋反，又何必承认？"

狄仁杰说："我要不承认，早就被他们打死了。"

武则天想想也是，随后就赦免了狄仁杰、魏元忠等人，把狄仁杰贬为彭泽县令，魏元忠贬为涪陵县令。狄仁杰就此躲过一劫。

狄仁杰之所以能够青史留名，被后人千古传颂，除了通达权变、智谋过人、断案如神之外，还有很重要的一方面就是他对民间疾苦的关怀和对下层百姓的体恤。在武周前期那种视人命如草芥的年代里，狄仁杰是少数几个真正能够坚守道德原则、珍爱百姓生命的官员之一。

狄仁杰一生仕途浮沉、辗转四方，历任各地的县令、刺史、都督。每到一地，狄仁杰几乎都能为官一任，造福一方，并留下一段脍炙人口的佳话。早年担任宁州刺史时，当地百姓就感怀狄仁杰的仁政，为他竖起了一块德政碑。曾有朝廷御史巡视地方，入宁州境内时，当地父老"歌刺史德美者盈路"。御史不禁感叹："入其境，其政可知也。"（《旧唐书·狄仁杰传》）回朝后，御史更是大力推荐。狄仁杰随即被征召入朝，擢为冬官（工部）侍郎。

垂拱四年（公元688年），狄仁杰随宰相张光辅讨伐越王李贞。平叛之后，朝廷命狄仁杰就任豫州刺史。当时，张光辅进入豫州后，大肆屠杀降众，并逼迫狄仁杰以州府财物赏赐将士，遭狄仁杰严词拒绝。张光辅勃然大怒："一个小小的州将，胆敢不听元帅命令？"狄仁杰也愤然而起，对张光辅说："乱河南的，原本只有一个李贞。如今一个李贞死了，没想到却有一万个李贞活了！"张光辅大声质问狄仁杰什么意思。狄仁杰面不改色地说："张公统率数十万大军对付一个乱臣，豫州百姓争相出城迎降，可官兵入城后却大肆屠杀，令无罪之人肝脑涂地，这难道不是一万个李贞活了？你放纵邀功之人，诛杀归降之众，我担心冤声沸腾，上彻于天。要是我手里有一把尚方宝剑，现在就砍断你的脖子，我虽死如归！"张光辅气得咬牙切齿，却又无言以对。

过后，豫州百姓被株连者又达六七百人，朝廷使者屡屡催促狄仁杰将他们诛杀。狄仁杰有心拯救他们，所以一再推迟刑期。但是"躲得过初一，躲不过十五"，狄仁杰思虑再三后向武则天呈上了一道密奏，说："这些人都是被牵连的，并无大罪。臣本打算公开上奏，却有替罪人求情之嫌；可要是不奏，又担心不能贯彻陛下体恤百姓之旨。所以，这道奏书写了撕，撕了又写，犹豫再三，最后还是恳请陛下能赦免他们。"狄仁杰这道奏书有两点非常聪明：一、以密奏的形式呈上，不会让武则天难堪；二、给武则天戴了一顶"体恤百姓"的高帽，让她不做好事都不行。后来，武则天果然赦免了这些人的死罪，改为流放丰州。这些人经过宁州时，当地百姓纷纷出来慰问他们，说："是我们狄公救了你们啊！"于是，众人相携至当初的德政碑前，因感念狄仁杰的恩德放声大哭，然后又设斋三日为狄仁杰祈福。到达流放地后，这些死里逃生的人所做的第一件事就是为狄仁杰立碑颂德。

万岁通天二年（公元697年），契丹叛军攻陷冀州，河北震动。朝廷命狄仁杰出任魏州刺史，抵御契丹南下。狄仁杰赴任后，发现前任刺史把城外的百姓通通驱赶入城，让他们修筑防御工事。狄仁杰很不以为然，当即把百姓全都放回田里，对前任说："贼人还很远，何必这么紧张？就算贼人来了，我自能应付，没百姓什么事。"及至叛军退却后，当地百姓随即又为狄仁杰立了一块感恩碑。

狄仁杰一生中被百姓立了多少块碑，恐怕连他自己都说不清楚。

然而古往今来，像狄仁杰这样的好官实在是太稀有了。几千年来，老百姓碰上贪官、恶官、昏官的概率，绝对要比碰上好官的概率高得多。

神功元年（公元697年）十月，在宰相娄师德的暗中举荐下，政声卓著的狄仁杰终于在幽州都督任上被征召入朝，担任鸾台（门下）侍郎、同平章事。

这一年，狄仁杰六十八岁。

这是狄仁杰第二次出任宰相。狄仁杰第一次拜相是在天授二年（公元691年），可短短三个月后就被来俊臣诬陷入狱，旋即贬为彭泽县令。此刻，狄仁杰再度以宰相身份重返朝堂，两鬓已然多出了一层岁月的风霜，但是匡复社稷、重振朝纲之志却依然在他的胸中翻涌沸腾。

当然，身为武周的宰相，狄仁杰要下手整肃的自然是武周的朝纲；但是作为李唐王朝旧臣，狄仁杰真正要匡复的却是李唐王朝的社稷。

这将是狄仁杰余生中最重要的使命！

狄仁杰首先需要做的，就是阻止武家子弟的夺嫡。

这些年来，武承嗣一刻也没有放弃过夺嫡的梦想。为了讨武则天欢心，长寿二年（公元693年），武承嗣率五千人上表"请愿"，为武皇进献尊号，称"金轮圣神皇帝"；第二年，武承嗣再接再厉，率领二万六千余人为武皇再献尊号，称"越古金轮圣神皇帝"。虽然帽子一顶比一顶更大，媚态一次比一次更足，可让武承嗣极度郁闷的是，武则天把这些高帽都笑纳了，却绝口不提"立储"之事。

武承嗣眼见姑母武则天春秋已高，而自己也一年比一年老了，急得如同热锅上的蚂蚁。圣历元年（公元698年）春，武承嗣终于铆足了劲儿对储君之位发起了新一轮攻势。

武承嗣收买了许多武则天身边的人，天天跟武则天吹风说："自古以来的天子，从没有立异姓人为储君的。"言下之意，只有武家兄弟才是太子的不二人选。

然而，武则天听完后只是笑笑，始终不肯表态。

对武则天来说，"立储悖论"始终是她无法突破的困境；又或许在她看来，引而不发、悬而不决才是人君掌控权力的最高境界，换言之，只有把人人垂涎的香饽饽——储君之位始终揣在手心里，才能永远握有主动权。

可无论如何，这香饽饽迟早有一天是要给出去的。

这件事可以拖延、可以逃避，却不能当它不存在。

所以，一天不确立储君，武则天的心里其实和别人一样——一天也不得安宁！

就在这个时候，狄仁杰上场了。狄仁杰对武则天说："文皇帝（唐太宗李世民）栉风沐雨，亲冒锋矢，以定天下，传之子孙；大帝（唐高宗李治）以二子托付陛下。陛下如今却想把江山传给外族，这难道不是违背天意吗？况且，姑侄和母子哪一样更亲呢？陛下立子，则千秋万岁后，配飨太庙，承继无穷；倘若立侄，则从没听说过侄儿做天子后，把姑母供奉在太庙里的。"

其实，狄仁杰的这套说辞和当初的李昭德如出一辙，并没有什么新意。但有些时候，把同样的道理不厌其烦地反复宣讲，却不见得是多余的。

再者说，狄仁杰的人格魅力也和李昭德不同。在女皇武则天的心目中，狄仁杰的分量非他人可比，他的话自然也更有力量。所以，狄仁杰一开口，武则天事实上已经听进了大半，可她嘴上还是不愿示弱："此乃朕之家事，贤卿不必操心。"

狄仁杰寸步不让："王者以四海为家，四海之内，哪一样不是陛下家事！君为元首，臣为股肱，本来一体，况且臣备位宰相，岂能不操这份心？"话说到这，狄仁杰索性亮出底牌，请求武则天召回流放房州的庐陵王李显，以安天下人心。

随后，老臣王及善等人也都和狄仁杰统一口径，屡屡对武皇发出劝谏。武则天更是心烦意乱，内心的天平开始朝自己的儿子这边倾斜。正所谓"日有所思，夜有所梦"，某夜武则天忽然做了一个怪梦，次日便召狄仁杰，非常困惑地说："朕梦见一只巨大的鹦鹉在空中飞翔，后来却两翅皆折，再也飞不起来，这是何故？"

狄仁杰一听，心中窃喜，表面上却一本正经地答道："武（鹉）者，陛下之姓；两翼，二子也。陛下起二子，则两翼振矣！"

武则天脸上不动声色，可心里却若有所悟。

对于这个怪诞的梦境，除了狄仁杰的解释，武则天自己实在找不到更好的解释了。所以，就是从这一刻开始，武则天彻底打消了立武家子弟为储君的念头。（《资治通鉴》卷二〇六："太后由是无立承嗣、三思之意。"）

狄仁杰一生中两度拜相，加起来的时间总共才三年多，但比武周一朝的任何一个宰相更让武则天尊重和信任，因为狄仁杰的人格魅力确实非一般人臣可比。

综观狄仁杰宦海浮沉的一生，完全可以用儒家的理想人格"三达德"来概括，那就是——"智、仁、勇"。

"周岁断滞狱一万七千人"，面对酷吏的陷害善于权变，这就是智。始终坚守道德原则，为官一任，造福一方，尤其珍爱百姓生命，这就是仁。身为刺史，为了维护百姓利益而不惜与宰相公然反目，这就是勇。

武则天一生中接触过无数朝廷官员，也曾经为了改朝换代和巩固政权而屡屡任用小人和酷吏，但是她打心眼里瞧不起这些人，往往是利用完后就毫不留情地兔死狗烹。对于像狄仁杰、娄师德、魏元忠这种德才兼备、有经有权的能臣，武则天却能发自内心地尊重他们，并最终都能予以重用。

出于对狄仁杰的尊重，武则天常称呼他"国老"而不称其名；甚至当狄仁杰因重大问题而屡屡与她面折廷争时，武则天也总能"屈意从之"。狄仁杰常以年迈多病请求致仕，武则天始终不许。每当狄仁杰上殿，武则天总是免其跪拜，说："每见公拜，朕亦身痛。"（《资治通鉴》卷二〇六）武则天还特许狄仁杰不用入朝值宿，还叮嘱百官说："除非军国大事，否则一般政务都不要去麻烦狄公。"种种殊荣，在武周一朝的文武百官中可谓绝无仅有。

久视元年（公元700年）深秋，狄仁杰与世长辞，享年七十一岁。

惊闻狄仁杰去世的噩耗时，武则天忍不住潸然泪下、悲泣不止，过了好长时间才喃喃地说："朝堂空了，朝堂空了……"从此每当朝廷遇到大事而百官又商议许久不能定夺时，武则天就会不由自主地仰天长叹："老天为何这么早就夺走了我的国老啊！"

狄仁杰虽然走了，来不及亲眼看见李唐王朝的光复，但他引荐了一大批人才进入朝廷，这些人后来都成为一代名臣。例如，唐玄宗一朝的名相姚崇（初名姚元崇），以及数年后发动政变光复李唐王朝的张柬之、桓彦范、敬晖等人，都是狄仁杰大力引荐的。有人曾经对狄仁杰感叹说："天下桃李，悉在公门矣！"狄仁杰的回答是："荐贤为国，非为私也。"（《资治通鉴》卷二〇六）

作为日后光复李唐王朝的首席功臣，老臣张柬之的起用倒是费了一番周折。武则天经常让狄仁杰荐贤举能，有一天对他说："朕非常想提拔一位奇才，国老有这样的人选吗？"

狄仁杰说："不知道陛下用他做什么？"

武则天答："欲用为将相。"

狄仁杰说："以臣看来，陛下若只是想得到文人学士，则如今的宰相苏味道、李峤等人都是合格人选。臣斗胆估计，陛下是嫌这些文臣庸碌无为，所以想另择人才，以经纬天下，不知是否？"

武则天笑了："国老深知朕心。"

狄仁杰向武则天郑重地一揖，说："荆州长史张柬之，其人虽老，真宰相才也。且长久怀才不遇，若用此人，必能尽节于国家！"

武则天微微颔首，随后便把张柬之擢为洛州司马。过了几天，武则天又让狄仁杰举荐人才。狄仁杰说："臣上次推荐的张柬之，陛下尚未起用。"武则天说："早就擢升了。"狄仁杰不以为然地说："臣推荐的是宰相，不是司马。"武则天略显难堪地笑了笑，不久就把张柬之擢为秋官（刑部）侍郎，最后果然拜为宰相。

如果不是狄仁杰的坚持举荐，寂寂无名的张柬之绝不可能在年逾八旬的时候才入阁拜相，更不可能在八十多岁高龄发动神龙政变、匡复李唐社稷。

事后来看，狄仁杰当初所说的"若用此人，必能尽节于国家"果然得到了应验。仅此一点，足以证明狄仁杰确实具有高度的识人之智，更具有惊人的先见之明。然而，当须发苍苍的张柬之在几年后的某一天突然率领士兵出现到武则天面前的时候，武则天一定会为自己当初听信狄仁杰之言提拔了这样一位"奇才"而痛悔不已，不过这已是后话了。

狄仁杰去世的一个月后，即久视元年（公元700年）十月，武则天下诏：废除实行了十一年的周历，恢复李唐王朝使用的夏历。

这是一个重大的政治信号，表明武则天已经着手准备回归李唐王朝了。

三一 / 神龙政变

公元705年农历正月，女皇武则天宣布改元神龙，同时采纳宰相崔玄暐和司刑少卿桓彦范的建言，宣布将文明元年（公元684年）以来所有在押或流放的政治犯，除扬州叛乱与诸王叛乱的魁首之外，其他人全部赦免。

文明元年（公元684年）是武则天废黜唐中宗、软禁唐睿宗、正式"临朝称制"的那一年，也是武则天全面掌控唐帝国的开始，所以这道大赦令的意义自然非比寻常：它意味着风烛残年的女皇武则天已经决意采取宽恕与和解的政治姿态，了结过去的恩怨纠葛，实现政权的顺利交接与平稳过渡。

但是，八十一岁的女皇武则天做梦也不会想到，一场旨在推翻武周政权、匡复李唐社稷的政变行动已经在紧锣密鼓的策划中了。

政变的策划者就是八旬宰相张柬之。

张柬之是个典型的大器晚成的人物。

张柬之是襄阳（今湖北襄阳市）人，生于武德末期，少时就读太学，涉猎经史，稍长进士及第，授青城县丞。按理说，这种人生起点不能算低，如果正常升迁的话，张柬之这辈子无论如何也跟"大器晚成"这四个字沾不上边。可老天爷偏偏和张柬之过不去，让他在这个小小的县丞职位上一待就待了四十多年，直到永昌元年（公元689年）武则天开制举广纳人才，张柬之才以六十多岁高龄参加贤良科的会试，终于在一千多名年轻的竞争者中脱颖而出并独占鳌头，被擢为监察御史。此后，张柬之又在朝廷奋斗了将近十年，才慢慢升到凤阁舍人的职位。

圣历年间，武则天受到东突厥默啜可汗要挟，不得不让亲王武延秀迎娶可汗之女。张柬之认为有辱国体，上疏反对，从而忤旨，被贬到外地担任刺史，后又转任荆州都督府长史。此时，张柬之已经七十多岁，本以为这辈子就这样到头了，没想到在狄仁杰的大力举荐之下，他的人生再次出现了戏剧性的转折。长安初年，张柬之重新回朝，历任洛州司马、司刑少卿、秋官（刑部）侍郎。

张柬之二度入朝的时候，狄仁杰已经去世，如果没有其他贵人的帮助，武则天不见得一定会提拔他为宰相。实际上，张柬之的第二个贵人就是姚崇。长安四年（公元704年）十月，武则天命宰相姚崇出任灵武道安抚大使，同时让他举荐朝臣为相。姚崇说："张柬之沉厚有谋，能断大事，但其人已老，陛下应该尽快擢用他。"就这样，在两位能臣良相的先后举荐之下，武则天终于让张柬之入阁为相。

这一年，张柬之已经年届八旬，虽然八十载的沧桑岁月彻底染白了老人的须发，却不曾湮灭他的匡复李唐之志。

正所"谓烈士暮年，壮心不已"。

张柬之计划的第一步，是确立政变的核心力量。刚一拜相，张柬之便在拥李唐派大臣中迅速物色了四个人，作为此次政变的核心成员，他们是宰相兼太子右庶子崔玄暐、中台右丞敬晖、司刑少卿桓彦范、相王府司马袁恕己。

之所以会选择这四个人，原因如下：

一、此次政变的主要目标就是匡复李唐社稷，因而太子李显——唐中宗李显，弘道元年（公元683年）即皇帝位，光宅元年（公元684年）被武则天废为庐陵王，圣历元年（公元698年）召还洛阳复立为皇太子——自然成为此次行动最重要的一面旗帜。但是李显身份特殊，不便亲自参与策划，所以才由身为宰相兼东宫属官的崔玄暐出面，其身份相当于太子派出的代表。

二、敬晖、桓彦范与张柬之不仅曾有过同僚之谊，相互之间知根知底，而且都是狄仁杰举荐入朝的，意气相投，立场一致。

三、袁恕己的情况与崔玄暐类似，也是因为相王李旦——唐睿宗李旦，嗣圣元年（公元684年）被立为皇帝，武周革命后降为皇嗣，圣历元年李显复太子位后被降为相王——不便亲自出面，所以就由他作为相王的代表参与其中来。

计划的第二步，也是最关键的一步，就是掌握禁军。当时，禁军力量分成两支：一支是北衙禁军，驻守皇宫的北正门玄武门，负责保卫皇帝和皇宫的安全。（唐高祖李渊武德九年六月初四，即公元626年7月2日，秦王李世民发动的那场政变，也是因为直接掌握了玄武门的禁军，才保证了政变的成功。虽然当年是在长安的玄武门，此时这里是东都洛阳的玄武门，但二者同属北衙禁军的驻地，因而其地位与作用一般无二。在日后的唐朝历史上，玄武门还将数度喋血。所以，有学者认为，在初唐历史上不止发生过一场玄武门之变，而是有"四次"玄武门之变,"神龙政变"就是其中之一。)除了北衙禁军,还有一支南衙禁军,驻守宫城以南的皇城。皇城是朝廷所在地,所以南衙禁军的职责就是保卫宰相和文武百官的安全,同时也负有保卫京师之责。

北衙禁军的最高统帅是左右羽林卫大将军,当时的右羽林卫大将军是李多祚。李多祚是靺鞨人,曾追随名将裴行俭出征西域,在唐高宗时代便已崭露头角,所以一直感念高宗李治的知遇之恩。张柬之首先找到李多祚,开门见山地说:"将军今日的富贵,是谁给的?"李多祚感怀泪下,说:"大帝(唐高宗李治)。"张柬之当即亮出底牌:"今大帝之子为二竖(二张,指张易之、张昌宗)所危,将军不思报大帝之德乎?"李多祚收起眼泪,指天盟誓:"苟利国家,惟相公处分,不敢顾身及妻子。"(《资治通鉴》卷二〇七)

成功策反李多祚后,张柬之旋即用最快的速度将一批心腹安插进了北衙禁军,分任左、右羽林将军,他们是敬晖、桓彦范、右散骑常侍李湛(李义府之子)、荆州长史杨元琰。杨元琰是张柬之的继任者,也是他的好友。当年,张柬之、杨元琰二人在荆州办理职务交接时,曾相约于长江上泛舟,当时杨元琰便慨然吐露了匡复李唐之志。所以,此次张柬之将杨元琰调任右羽林将军时,特地叮嘱他说:"杨君还记得在长江上说过的话吗?今天给你的职位,不是随便给的!"

在短短两个月的时间内,张柬之就一连做出了这么多重大的人事任命,自然引起了二张(张易之、张昌宗)的疑惧。为了避免打草惊蛇,张柬之就把他们的党羽、建安王武攸宜任命为左羽林卫大将军,从而稳住了二张(张易之、张昌宗)。张柬之之所以敢把北衙禁军的一半指挥权交给武攸宜,正是因为他事先已经在左、右羽林军中安插了多名中层将领,因此他完全有把握将武攸宜架空,让他变成光杆司令。

至此,北衙禁军基本上已经掌控在张柬之的手中,而南衙禁军则不用费张柬之任何功夫,因为其最高统帅左卫大将军正是相王李旦担任的。如果行动开始,整个皇城和外围京城的局势都可以交由相王李旦和司马袁恕己掌控,因而根本不用担心。

计划的第三步,是让太平公主负责策反武则天身边的宫女,让她们隔绝宫内外的消息,同时监视武则天和二张(张易之、张昌宗)的一举一动。据有关学者对近年出土的相关墓志的研究,当时确有一部分九品至七品的宫女参与了"神龙政变",如她们的墓志中就记载了"遂使有唐复命,我皇登基"等语。

经过这一系列周密部署,计划基本上是万无一失了。当时,姚崇推荐张柬之时曾说,此人"沉厚有谋,能断大事";如今看来,张柬之的表现果然如其所言。

一切就绪之后,张柬之等人把行动时间定在了神龙元年正月二十二日。

帝国未来的命运,将在这一天见出分晓……

政变当日,张柬之兵分三路:第一路,由他本人与崔玄暐、桓彦范、左威卫将军薛思行等人率五百多名羽林军士兵直扑玄武门,控制这个宫禁重地;第二路,派李多祚、李湛和驸马都尉王同皎(太子李显的女婿)前往东宫迎接太子李显,然后前往玄武门会合;第三路,由相王李旦及其司马袁恕己率南衙禁军控制政事堂和朝廷各部,进而逮捕二张在外朝的党羽,同时稳定整个京畿的局势。

行动开始后,这三路中只有相王李旦和袁恕己的第三路进展最为顺利。他们率兵包围政事堂后,立刻逮捕了二张(张易之、张昌宗)的三个心腹:宰相韦承嗣、房融和司礼卿崔神庆,然后迅速封锁皇城,并且全面控制了整个京师。

尽管整个政变计划滴水不漏,但是前两路却都遭遇了意想不到的困难,差一点导致整个行动的流产。李多祚这一路来到东宫后,本以为太子李显已经整装待发了,没想到事情大大出乎他们的意料。

面对这群全副武装、摩拳擦掌的政变将领,太子李显却耷拉着脑袋,脸色苍白,虚汗直冒,并且一直躲避着他们的目光。李显虽然对此次行动早已有了思想准备,而且貌似也下定了决心,但是事到临头,这个四十九岁的老太子还是感到了一阵强烈的恐惧。

已经过去二十一年了,李显似乎仍然活在被废黜的阴影中。对李显来说,那个瑰丽的"天子梦"虽说尚未死亡,可一直蜷缩在他内心最隐蔽的角落里,在年复一年的沉睡中日渐萎靡、日渐苍白;虽然偶尔打开自己的内心,往里窥探那个苟延残喘的"天子梦",但似乎总能闻到一股陈年霉味的气息。

李显既担心它在日复一日的禁锢中悄然死去,更害怕它有一天突然醒来,因为他委实不知道自己该如何面对这个昔日的梦想。

可就在今天,它居然真的被唤醒了。

多年以后,梦想归来……可李显却呼吸沉重,情怯不已。

将领们面面相觑,一下子都没了主意。看着表情游移目光闪烁的太子李显,驸马都尉王同皎首先开口了:"先帝把神圣的帝国交给殿下,却无缘无故遭到了罢黜，此事人神共愤，至今已二十一年！好不容易等到天意彰显，如今北衙与南衙同心协力，必在今日诛杀凶逆，匡复李唐社稷，愿殿下不负众望，速往玄武门！"

李显注视着王同皎，可刹那间他的眼前又闪现出了另一张脸——那是母亲武则天的脸——武则天似乎在看着他笑，可那笑容竟是如此狰狞和森冷，让他不寒而栗。

许久，李显支支吾吾地说："凶逆诚当夷灭，然而圣上龙体欠安，会不会惊吓到她？依我看，此事不妨延后，当与诸公从长计议。"

将军们再次对视了一眼，一股沮丧之感就像一盆凉水一样把他们从头浇到了脚底。宝贵的时间在一点一滴地流逝，而众人每呼吸一次，就等于是向死亡靠近一步！在这千钧一发的时刻，李湛终于忍无可忍，厉声说："诸位将军和宰相冒着族诛的危险要为社稷尽忠，殿下怎么能把他们推入死地？要罢手可以，请殿下自己出去宣布。"

李显默然良久。

其实，李显已经听出了这句话里的威胁意味。此时，在李显看来，如今一干大臣及众将士都和他一起绑成了一条绳上的蚂蚱，如果此事半途而废，众人一怒之下说不定就先把他这个太子杀了；就算他们不会这么干，但是明日等待他们的，也必将是杀头族诛的命运，而自己最好的结果很可能也是被母亲武则天下诏赐死！

往前迈一步，生死成败还在未定之天；往后退一步，今日所有参与行动的人都必死无疑！

事情的利弊明摆着，还有得选吗？

没得选了。

终于，李显恍恍惚惚地站了起来，迈着沉重而缓慢的步履朝门口走去。众人转怒为喜，马上跟着太子李显出了东宫。王同皎一下子把太子李显扶上马背，然后与众将士簇拥着他向玄武门飞驰而去。

此时，张柬之等人正在玄武门前一筹莫展。

张柬之原本以为计划天衣无缝，可偏偏缺失了最重要的一环——今日在此轮值宿卫的不仅有羽林军，赫然还有殿中监田归道和他率领的千骑。所谓千骑，名义上隶属于羽林军,但其将领由皇帝武则天直接任命,因此算是一支相对独立的军事力量,其存在意义实际上就是与羽林军相互制衡。此刻,田归道眼见张柬之带着军队杀气腾腾而来,自然是二话不说地关门据守了。

这是张柬之事先完全没有料到的,真是百密一疏、百密一疏啊!

张柬之仰头望着这座高大的玄武门,心急如焚,左右为难:想进攻,又担心武则天一旦惊觉,整个京师必然陷入一场混战;不攻,逼宫行动眼看就要功败垂成……

就在张柬之万分焦灼之际,李多祚等人终于拥着太子李显来了。

张柬之长长地松了一口气。

城门上的田归道一见太子李显驾到,知道自己不开门不行了。田归道本来也不是二张（张易之、张昌宗）一党,今日闭门据守只不过是职责所在,如今既然太子李显来了,那他当然没有理由把未来的天子拒之门外。

张柬之与太子李显一行从玄武门迅速进入宫中,担任前锋的羽林军将士径直冲到了武则天所居的长生殿。张易之、张昌宗兄弟听见外面人声扰攘,想出来看个究竟,旋即被禁军士兵砍杀于殿外的回廊下。就这样,一代绝色男宠就此仆倒在肮脏的血泊中,他们美若莲花的粉面很快就变得乌黑暗紫、恐怖狰狞……

女皇武则天猝然从睡梦中惊醒,她看见硕大的龙床周围站满了人。

这时,虽然视线模糊,让她来不及看清这些人的脸,但她马上就意识到——该来的还是来了!

"谁人作乱?"众人听见武则天慵懒而疲惫的声音从透明的锦帐中传了出来。

张柬之趋前一步,朗声道:"张易之、张昌宗谋反,臣等已奉太子之命将其诛杀!只是担心走漏消息,所以不敢先行奏报。臣等擅自在宫中用兵,罪该万死!"

武则天无声地冷笑着,把太子李显叫到了面前。

"原来是你!"

李显心头剧烈地一颤,差一点就颓然跪倒了。

"既然人已经杀了,你也可以回东宫去了。"

大汗淋漓的太子李显悄悄扭过脖子,向众人抛去求救的目光。

桓彦范立刻站了出来,说:"太子岂能回去!昔日先帝把爱子托付给陛下,现在他年龄已大，却久居东宫，天意人心，一直思念李家，群臣也念念不忘太宗和先帝之德，故奉太子诛杀贼臣。愿陛下传位太子，以顺天人之望！"

武则天脸上挂着一个寒冷的笑意，目光一直在众人之间来回逡巡，却唯独不看桓彦范，仿佛根本没听到他说的话。

许久，武则天把目光停留在李湛脸上，说："你也是杀易之的将军吗？我待你们父子不薄，才会落到今天这一步！"

李湛惭悚，无言以对。

接着，武则天又直直地盯着崔玄暐说："其他人都是因人推荐才进入中枢，只有你是朕亲自提拔的，想不到你也在这里！"

崔玄暐坦然自若地说："臣这样做，正是为了报答陛下的大德！"

武则天还想说什么，可她终究没有再说什么，只是静静地躺了回去，重新闭上了眼睛。

软禁了女皇武则天之后，政变军队迅速逮捕了张昌仪、张昌期、张同休，将他们全部斩首，随后与张易之、张昌宗的首级一起悬挂在端门前的洛水桥南岸示众。一夜之间，他们的尸体便被愤怒的百姓割尽剐光、分抢一空。

第二天，武则天被迫下诏，命太子李显监国，大赦天下。

第三天，武则天传位太子李显。

第四天，李显第二次登上皇帝宝座，大赦天下，唯张易之一党不赦；同时将周兴、来俊臣等酷吏迫害过的人全部平反昭雪，子女被发配为奴的全部释放；加授相王李旦为安国相王，任太尉、同凤阁鸾台三品，加授太平公主为镇国太平公主；武周一朝所有被发配籍没的李唐皇族全部恢复皇室身份和相应官爵。

第五天，武则天被移送上阳宫，由李湛负责警卫——实际上就是软禁，防范其垂死挣扎。

第六天，李显率文武百官前往上阳宫，向武则天进献尊号，称"则天大圣皇帝"。

第八天，神龙政变（又称神龙革命、五王政变）居功至伟的五大臣全部拜相：张柬之为天官（吏部）尚书、同凤阁鸾台三品，崔玄暐为内史（中书令），桓彦范、敬晖皆任纳言（侍中），袁恕己同凤阁鸾台三品，五人一律封为郡公；封李多祚为辽阳郡王，王同皎为右千牛将军、琅邪郡公，李湛为右羽林将军、赵国公；其他有功之臣亦相应加官晋爵。

神龙元年（公元705年）二月初四，李显下诏宣布，恢复国号为唐；郊庙、社稷、陵寝、百官、旗帜、服色、文字全部恢复李唐旧制。

神龙革命，李唐归来。

在天地之间矗立了十五年的大周王朝，终于在这一刻灰飞烟灭。

尘归尘，土归土。

一个中国历史上空前绝后的女皇时代，终于在这一刻落下了帷幕。

神龙元年（公元705年）十一月二十六日，武则天病殁于洛阳上阳宫，终年八十一岁。

武则天在临终前留下了一道遗诏：去帝号，称则天大圣皇后，与高宗李治合葬乾陵；将王皇后、萧淑妃、褚遂良、韩瑗、柳奭的亲族子孙全部赦免。

在生命的最后时刻，武则天选择了宽恕，也选择了回归——

她宽恕了过去的敌人，也宽恕了过去的自己。

她放弃了为之奋斗一生的大周王朝，也放弃了至尊无上的皇帝称号，最终以李家儿媳的身份回归到了李唐皇室的谱系之中……

三二 / 后武则天时代

神龙政变后，武周政权被推翻，唐中宗李显在张柬之等五大臣的拥立下复位，看上去一切好像都回到了正轨，然而帝国政治在表面的平静之下却酝酿着新的危机。

危机源于"君弱臣强"的政治格局。

之所以会形成这种政治局面，原因有二：一、李显第一次在位的时间很短，后来又长期幽禁房陵，所以对中枢政治的实际影响力非常微弱；二、神龙政变虽然打着他的旗号（充其量也就是旗号而已），但他对政变的实际贡献很小（甚至一度临阵退缩，差点导致政变功亏一篑）。所以，政变成功之后，李显虽然被重新拥上了天子宝座，可事实上并没有多少政治威信，朝政大权也完全掌控在五大臣手中。

为了改变这种不利局面，中宗李显走了两步棋：一、让皇后韦氏垂帘听政，借此加强自己的博弈力量；二、逐步重用武三思，以此制衡五大臣。

众所周知，五大臣之所以发动神龙政变，目的就是清除"妇人干政"和"外戚（包括男宠）擅权"这两种政治痼疾，而中宗李显的这两项政治举措都与神龙政变的政治目标背道而驰甚至针锋相对，这自然引起了五大臣的强烈不满。于是，他们屡屡上疏，坚决反对韦氏干政，并力劝中宗李显诛杀武三思。

中宗李显这么做本来就是为了对付五大臣，所以对他们的谏言当然是置若罔闻。

神龙元年（公元705年）五月，中宗李显又做出了一个令五大臣啼笑皆非的举动。李显居然声称武三思、武攸暨等人也都参与了神龙政变，因此把他们与五大臣并列为革命功臣，赏赐给他们"免死铁券"（持免死铁券者，除了谋逆大罪外，一般死罪可获十次赦免）。

这是一种非同寻常的"政治待遇"，五大臣获此殊荣实属情理之中，而武三思这些人也来凑这个热闹，确实有些不太靠谱。所以，中宗李显的诏书一颁布，五大臣就像是被人扇了一记火辣辣的耳光，马上发动文武百官联名上疏，对诸武同受赏赐之事表示了强烈愤慨，同时再次要求中宗李显贬黜诸武。

然而，尽管五大臣这一次纠集了满朝文武一起联名上疏，把"抗议行动"搞得声势浩大，但中宗李显还是没有丝毫让步。于是，"抗议行动"很快就偃旗息鼓。

知道五大臣已经黔驴技穷了，武三思开始出手反击。于是，武三思对中宗李显说："五大臣依恃自己是复辟功臣，专权跋扈，已经对帝国构成了严重威胁，必须把他们除掉！"

中宗李显问武三思有何良策。

武三思胸有成竹地说："依微臣之见，对付他们最好的策略就是明升暗降，将他们封王，同时免除他们的宰相职务，表面上不失为对功臣的尊重，实际上剥夺他们的实权。"

李显深以为然。

这一年五月十六日，中宗李显忽然在朝会上宣布：封张柬之为汉阳王，敬晖为平阳王，桓彦范为扶阳王，袁恕己为南阳王，崔玄暐为博陵王，同时全部罢相，另外赐给他们黄金绸缎、雕鞍御马，规定每月一日及十五日进宫朝见，其余时间不必上朝。

五大臣的厄运终于降临！

对此，五大臣带着悲哀而愤懑的神色面面相觑，可除了领旨谢恩之外他们别无选择。

就这样，武三思轻而易举地扳倒了五大臣。从此，"百官复修则天之政，不附武氏者斥之（贬谪流放），为五王所逐者复之（官复原职），大权尽归三思矣！"（《资治通鉴》卷二〇八）

神龙政变的胜利果实就此付诸东流，唐帝国的政治局面再次变得波谲云诡。

随后，五大臣先后被逐出朝廷，并一贬再贬，最后又全部流放：张柬之流放泷州（今广东罗定市南），桓彦范流放瀼州（今广西上思县），崔玄暐流放古州（今越南谅山市），敬晖流放琼州（今海南定安县），袁恕己流放环州（今广西环江县）；五人的宗族子弟，凡年满十六岁以上者也全部流放岭南。

武三思担心五大臣卷土重来，决定斩草除根。神龙二年（公元706年）秋，五大臣刚刚踏上流放之途，武三思便暗中派遣御史周利贞出京，命他将五大臣就地处决。周利贞曾遭五大臣贬谪，自然不会放过这个复仇的机会。

五大臣中，八十二岁的张柬之和六十九岁的崔玄暐相继死于流放途中，逃过了周利贞的魔爪，可另外三个人就没有这么幸运了。

周利贞首先追上了桓彦范，命人将他五花大绑，然后削尖竹子，把桓彦范放在竹刺上来回拖曳，直到他身上的肌肉被锋利的竹刺片片刮下并肉尽见骨，方才命人把他乱棍打死。

随后，周利贞又抓住了敬晖。周利贞故技重施，命人用刀把他身上的肉一片片剐下来。敬晖断气的时候，基本上只剩下一具血淋淋的骨架。

最后一个是袁恕己。周利贞厌倦了千刀万剐的把戏，就改为灌"野葛汁"。野葛是一种剧毒的野草，又名"钩吻"，一旦入口，犹如铁钩钩住咽喉。毒性发作后，袁恕己剧痛难忍，双手拼命抓地，指甲全部脱落，历尽折磨而死。

周利贞得意扬扬地回京复命，旋即被提拔为御史中丞。

铲除了以五大臣为首的异己势力之后，李唐王朝几乎成了武三思的天下。

看着朝堂上噤若寒蝉的文武百官，不可一世的武三思丝毫没有掩饰他的得意之情，并经常对身边的人说："我不知世间何者为善人，何者为恶人；但知与我为善者为善人，与我为恶者为恶人！"

当时，御史中丞周利贞、侍御史冉祖雍、太仆丞李俊、光禄丞宋之逊、监察御史姚绍之都是武三思豢养的得力鹰犬，人们送给他们一个绰号——"五狗"。

武三思之所以能够强势崛起，除了中宗李显的提携之外，还有三个女人也给他提供了很大的助力——她们是安乐公主、上官婉儿、皇后韦氏。

安乐公主是中宗李显的小女儿。当年武则天亲自主婚，把她嫁给了武三思的儿子武崇训，所以安乐公主也算是武家的人。安乐公主仗着中宗李显对她的专宠和溺爱，不仅卖官鬻爵、包揽刑讼，而且时常自拟诏书让李显盖印。李显也总是乐呵呵的，凡她所求无不答应。有这样一个儿媳妇，武三思在帝国政坛上当然就如鱼得水了。

上官婉儿是唐高宗时期的宰相上官仪的孙女。麟德元年（公元664年），上官仪因替高宗李治起草"废黜武后"的诏书，事泄后被武则天所杀，家属籍没。当时，尚在襁褓之中的上官婉儿随母亲郑氏一同配入掖庭为婢。上官婉儿母女虽然身份和地位一落千丈，但郑氏还是没有放松对上官婉儿的培养。在郑氏的精心调教下，上官婉儿从小就熟读诗书、博涉文史，而且工于文辞、明习吏事，在各方面都表现出了非凡的才华。

仪凤二年（公元 677 年），十四岁的上官婉儿受到武则天赏识，被免去奴婢身份，专门掌管宫中诏命，从此步入政坛。上官婉儿天生聪慧，而且善于察言观色，所以很快成为女皇武则天身边最得宠的女官。自圣历元年（公元 698 年）起，年迈的女皇武则天又让上官婉儿处理百司奏表，参决政务。从此，上官婉儿专秉内政、权势日盛，人们称其为"女中宰相"。

神龙政变后，中宗李显看上了上官婉儿的美色和才华，遂将其纳为婕妤（不久后又进封昭容），仍旧让她专掌诏命。由于早在武周时期，上官婉儿就已经是武三思的情妇，所以她当然希望武三思掌握大权，故而频频替武三思穿针引线，寻找机会让他接近中宗李显和皇后韦氏。正因为有了上官婉儿这样的红粉知己，武三思更是一帆风顺了。

通过安乐公主和上官婉儿的援引，武三思开始频频出入宫禁，而且受到了中宗李显和皇后韦氏的欢迎。

中宗李显结纳武三思，当然是出于钳制五大臣的考虑；而皇后韦氏欢迎武三思，则是因为他的到来可以给她的后宫生活增添一些新的情趣。当时，武三思时常进宫和韦氏玩一种叫"双陆"的游戏。中宗李显在的时候，就主动在旁边替他们计算输赢的筹码，三个人间时常响起一阵阵欢声笑语；而中宗李显不在的时候，韦氏就会与武三思玩另一种"游戏"。

就这样，中宗李显复位不久，这三个女人马上就和武三思结成了一个"利益共同体"。

五大臣被诛后，这个利益集团自然就成了当时政坛上最强大的势力。

当然，这三个女人客观上是帮了武三思的忙，可主观上却有各自的政治野心。

自从当上皇后，韦氏就一心沉浸在对武则天的模仿中，她的目标无疑是成为像武则天那样的女皇；安乐公主的野心和母亲韦氏如出一辙，为此她甚至要求中宗李显封她为"皇太女"，目的就是取代太子入继大统；而上官婉儿的目标则是成为名副其实的女宰相。

面对武三思和这些女人的勃勃野心，有一个人一直怀着强烈的恐惧和愤怒。

在后武则天时代的权力游戏中，这几乎是一个被遗忘的人。

他就是太子李重俊。

李重俊不是皇后韦氏所生，所以从小到大都生活在这个后娘的白眼中。如今，李重俊虽然表面上贵为太子，可几乎没人把他当一回事——中宗李显不在乎他；皇后韦氏讨厌他；武三思排挤他；那个骄纵任性的安乐公主更是经常侮辱他，总是和驸马武崇训一起当面称他为"奴"。

李重俊一直在默默地忍受这一切……

后来，当李重俊眼看着以五大臣为首的政治势力被武三思和韦氏铲除殆尽，顿时生出一种唇亡齿寒之感，因为他名义上还是帝国储君，所以武三思和韦氏迟早有一天会对他下手！

神龙三年（公元707年）七月，李重俊郁积多年的屈辱和愤怒终于爆发。于是，李重俊暗中联络禁军将领李多祚和将军李思冲、李承况、独孤祎之、沙吒忠义等人，矫诏率领三百名禁军士兵发动了军事政变。他们首先攻入武三思的府邸，杀了武三思、武崇训父子及其党羽。随后，李重俊率众直扑玄武门，准备一举诛杀皇后韦氏、安乐公主和上官婉儿，然后逼迫中宗李显退位。

中宗李显闻变，只好带着皇后韦氏、安乐公主和上官婉儿仓促逃上玄武门，命左羽林大将军刘景仁率百余名飞骑兵在城楼下驻防护驾。宫闱令杨思勖自告奋勇，带兵攻击政变军，杀了李多祚的女婿羽林中郎将野呼利，政变军士气顿挫。中宗李显趁机在城楼上向政变军喊话："你们都是朕的宿卫之士，何苦追随李多祚造反？只要你们斩杀叛贼，不必担心没有富贵！"

城楼下的士兵们面面相觑。

不过，士兵们只犹豫了短短的一瞬，他们便不约而同地把刀枪转向了自己的将军们，旋即把李多祚等人全部砍杀。太子李重俊发现大势已去，只好率残部亡奔终南山，最后被亲兵所杀。

李重俊的尸体被运回长安后，中宗李显用他的首级祭祀太庙和武三思父子，随后悬挂在朝堂之上示众。为了表达对武三思父子的哀思，中宗李显随后又追赠武三思为太尉、封梁宣王，追赠武崇训开府仪同三司、封鲁忠王。

太子李重俊败亡后，皇后韦氏和安乐公主越发肆无忌惮，开始不择手段地培植党羽、扩张势力。景龙二年（公元708年），朝野上下的人们不约而同地发现了一个奇异的景象——大唐帝国的权力舞台上忽然间裙裾飞扬、脂粉飘香。中宗李显似乎在闭目养神,而一群女人则把帝国权杖挥舞得虎虎生风、势不可当。

她们是皇后韦氏、安乐公主、长宁公主(安乐公主的姐姐)、郕国夫人(韦氏的妹妹)、上官婉儿、沛国夫人郑氏(上官婉儿的母亲),等等。这一群获得了空前权力的女人俨然组成了"第二个帝国朝廷",与大唐的吏部同时行使职权、任命各级官吏。当时,只要能凑够三十万钱孝敬这些女人,马上就有一纸任命状绕开了中书、门下两省和吏部,直接下达各部司,时人称为"斜封官"(双关语:一指任命状的封口是斜的,另一指由特殊渠道任命)。一时间,形形色色的另类乌纱在帝国政坛上漫天飘飞,有"员外官""同正官""试官""摄官""检校官""判官""知官",等等不一而足。

此后,皇后韦氏又不顾中宗李显脸面及世人耳目,大肆豢养男宠,公然秽乱宫闱。例如,散骑常侍马秦客、光禄少卿杨均等人都是韦氏的枕边新欢。

景龙三年(公元709年)春,韦氏的兄长韦温由礼部尚书升任太子少保、同中书门下三品,原武三思的鹰犬崔湜、郑愔也同时拜相。

韦氏强烈的干政野心和种种宫闱丑闻很快就成了人们谈论的焦点。景龙四年(公元710年)四月,定州人郎岌告发韦氏谋反,旋即被乱棍打死;五月,又有许州的一名军官燕钦融上疏说:"皇后淫乱,且干预朝政,致使外戚坐大;安乐公主、驸马武延秀(武崇训死后,安乐公主改嫁武延秀)、宰相宗楚客(武则天的族甥)图谋颠覆社稷!"

其实,中宗李显对于皇后韦氏的所作所为一直都很清楚,之所以一再容忍的主观原因是他性情懦弱,客观原因则是为了报答韦氏。

当年,李显一家人被流放房陵时,每当武则天派出的使臣来到房陵,满怀恐惧的李显第一个反应就是想要自杀,是妻子韦氏一次次把他从崩溃和死亡的边缘拯救了回来。韦氏总是安慰李显说:"祸福无常,大不了就是一死,我们又何必自戕!"

就是这一段相濡以沫的岁月让李显和韦氏情爱弥笃,也让李显在无形中对韦氏充满了依赖。(《资治通鉴》卷二〇八:"上在房陵与后同幽闭,备尝艰危,情爱甚笃。")

那些日子里,李显不止一次地从韦氏的目光中看到了温暖和希望。终于有一天,李显一手拉着妻子,一手指向苍天,情不自禁地说:"如果上天垂悯,让我们重见天日，我一定让你想做什么就做什么，绝不禁止！"

为了遵守当初自己的诺言，中宗李显不得不对韦氏一再宽容，然而这种宽容到最后却变成了毫无原则的纵容！面对燕钦融的奏疏，中宗李显的心情既沉重又复杂。随后，中宗李显亲自召见了燕钦融，但听完他的陈述后，李显陷入了沉默。

中宗李显明知燕钦融所奏大多符合事实，可实在横不下心来惩处韦氏。

最后，中宗李显不置可否地挥了挥手，让燕钦融退下。可燕钦融还没来得及走出皇宫，韦氏便派人把他活活打死了。

燕钦融事件让韦氏感到了不安，她发现中宗李显注视她的目光中多出了几分怨恨和不快。韦氏知道，燕钦融指控她的罪名非同小可，而中宗李显竟然不将燕钦融问罪，这实际上就是默认他说的都是事实。如此一来，韦氏的处境就不妙了。

因为李显毕竟是皇帝，尽管他一贯温柔得像一只绵羊，可"兔子逼急了还咬人"呢，更何况他是手中仍然握有生杀大权的皇帝！

韦氏思来想去，最后终于下定决心——先下手为强！

韦氏随即找来了自己的女儿安乐公主。

韦氏知道，天下没有第二个人像安乐公主这样迫切渴望她当上女皇，因为安乐公主迫切渴望当上皇太女！

在此时的韦氏和安乐公主眼中，夫君已经不再是夫君，父皇也已经不再是父皇，而是横亘在她们权力之路上的一个亟待粉碎的巨大障碍！

景龙四年（公元710年）六月初二，中宗李显吃了韦氏母女为他准备的汤饼后猝死于神龙殿，终年五十五岁。

韦氏立刻封锁了皇帝驾崩的消息，因为她必须在最短的时间内把帝国的最高权力牢牢掌握在手中！

六月初三，韦氏召集宰相入宫议事，随后紧急征调五万名士兵交由驸马都尉韦捷（娶韦后女成安公主）、韦灌（娶韦后女定安公主）、卫尉卿韦璿（韦温的族弟）、长安令韦播（韦温的侄子）、郎将高嵩（韦温的外甥）、左千牛中郎将韦琦、中书舍人韦元等人统领，实行全城戒严。

六月初四，韦氏召集文武百官，正式告知中宗李显驾崩的消息，同日大赦天下，改元唐隆，并命她的兄长韦温统领朝廷内外的所有警备力量（总知内外守捉兵马事）。

六月初七，韦氏拥立中宗李显的幼子、年仅十六岁的太子李重茂为帝，而她本人则以皇太后身份临朝听政。

在韦氏看来，走到这一步后要成为像武则天那样的女皇已经如同探囊取物那般容易了。

然而，韦氏并不知道等在她前面的不是权力的巅峰，而是身死族灭的万丈深渊。

有一个人是不会让她的野心得逞的。

这个人就是临淄王李隆基。

三三 / 乾坤再造：李隆基的华丽登场

李隆基是唐睿宗李旦的第三子，生于垂拱元年（公元 685 年）八月初五。李隆基出生的前一年，李旦刚刚被武则天推上傀儡皇帝的位子。李隆基六岁时，武则天以周代唐，正式登上女皇宝座，李旦被降为皇嗣，并受到严密监管。以当时李旦所处的政治境况而言，加之李隆基相对靠后的出生顺位，绝对没有人想到这个孩子日后会当上皇帝，更不会有人相信他将终结一个"牝鸡司晨"的时代，并在若干年后缔造一个中国历史上少有的太平盛世。

史称李隆基从小就聪明颖悟，多才多艺，"尤知音律"，而且"仪范伟丽，有非常之表"。除此之外，关于李隆基童年和少年时代的历史记载很少，但是《旧唐书·玄宗本纪》中有一个故事却颇能显示他的与众不同之处。故事发生在李隆基七岁那年，有一次李隆基带着衣甲鲜明的侍卫入朝，要去觐见祖母武则天，刚好在宫门口碰见正在当值的金吾将军武懿宗。武懿宗是武则天的族侄，一贯恃宠骄横，看见李隆基小小年纪却派头十足就想杀一杀他的威风，于是上前大声呵斥，并准备驱散他的仪仗队。没想到，李隆基却毫无惧色地走到武懿宗面前，指着他的鼻子破口大骂："吾家朝堂，干汝何事？敢迫吾骑从！"

武懿宗当场愣在那里，一句话也说不出来，只好眼睁睁地看着李隆基和他的仪仗队扬长而去。

武则天听说这件事后，惊讶于这个孙儿小小年纪却有如此过人的胆色，不仅没有责怪他，反而"特加宠异之"。

在李隆基的青少年时代，整个帝国高层的政治形势风云变幻，朝堂上无时无刻不在进行着激烈的权力斗争，而他父亲李旦身为皇嗣更是长期处于各种政治斗争的旋涡中，甚至一度险遭酷吏毒手；李隆基的生母窦德妃，于长寿二年（公元 693 年）被人陷害而遭武则天暗杀，人死后连尸骨都无影无踪，那一年他刚刚九岁。

神龙元年（公元705年），以张柬之为首的五大臣发动军事政变，一举推翻了武则天的强权统治，拥立中宗李显复位，然而帝国政治却并未像人们所企盼的那样焕然一新。随后，皇后韦氏、武三思等人很快利用中宗李显的信任窃取了帝国权柄，并将五大臣等异己势力铲除殆尽，一时间权倾朝野。神龙三年（公元707年），不愿坐以待毙的太子李重俊又发动了一场政变，虽然诛杀了武三思父子及其党羽，但后来却功败垂成，自己反被临阵倒戈的部下所杀……

李隆基成长道路上所亲身经历和耳濡目染的这一切，无不让他的心灵受到了强烈的震撼，同时也让他充分领略了政治斗争的微妙、复杂和残酷，尤其是"军事政变"这种极端的政治斗争形式更是引起了他的极大关注和思考。

景龙四年（公元710年）六月，韦氏和安乐公主毒死了中宗李显，扶立年少的李重茂为帝，由韦氏临朝听政。紧接着，宰相宗楚客、太常卿武延秀、以宰相韦温为首的诸韦子弟、司农卿赵履温、国子祭酒叶静能等人一再上疏，"共劝韦后遵武后故事"，并"称引图谶，谓韦氏宜革唐命"。（《资治通鉴》卷二〇九）

为了铺平通向女皇宝座的道路，韦氏集团积极策划，准备除掉李唐皇族最后的两个实力派人物——相王李旦和太平公主。

拥立少帝李重茂不过数日，韦氏及其党羽们便已磨刀霍霍。

李唐社稷再度被推到了悬崖边上……

中宗李显驾崩、韦氏专权的这一年，李隆基已经二十六岁。这些年来，李隆基在朝中历任右卫郎将、尚辇奉御、卫尉少卿等职，又曾在潞州（今山西长治市）担任一年多的地方官，已经拥有了较为丰富的人生阅历和政治经验。所以，当韦氏集团逐步窃取朝政大权时，李隆基也一直在不遗余力地暗中打造自己的势力集团。尤其是当韦氏毒死中宗李显、拥立少帝李重茂并且日益暴露出"篡唐"的野心时，李隆基更是意识到：要想捍卫李唐社稷，最直接、最有效的办法只有一个，那就是——发动政变，铲除韦氏集团！

鉴于神龙政变的成功经验和太子李重俊政变的失败教训，李隆基知道成败的关键就在于能否掌控宫城北门（玄武门）的军事力量。所以，李隆基一直以来都很注重结交北门禁军，特别是从潞州回到长安后更是加紧了与"万骑营"的来往，并很快和万骑营将领葛福顺、陈玄礼、李仙凫等人结成了莫逆之交。"王数引万骑帅长及豪俊，赐饮食金帛，得其欢心。"（《新唐书·王毛仲传》）

除了结交禁军，李隆基还利用他在朝中和地方任职的机会，先后结纳了一批才俊之士，如朝邑县尉刘幽求、苑总监钟绍京、尚衣奉御王崇晔等人都被他引为心腹。这些人虽然官职不高，但是对于李隆基即将采取的行动却起着重要作用。其中，刘幽求素有"学综九流、文穷三变"之称，主要是作为谋士出谋划策和居间联络；钟绍京主管皇宫北面禁苑、王崇晔有出入宫禁之权，都可以作为政变的内应。

在积极打造这支政变力量的同时，李隆基也没有忘记争取一个皇室重要人物的支持，那就是他的姑母——太平公主。

据《旧唐书》称："（太平）公主丰硕，方额广颐，多权略，则天以为类己，每预谋议。"也就是说，由于太平公主不管是身材、长相还是性格都酷似母亲武则天，武则天最疼爱这个小女儿，常常让她参与各种朝廷机密。参政的机会多了，太平公主自然能从母亲武则天身上学到很多别人学不到的东西，其政治头脑和政治经验亦绝非一般公主可比。

中宗李显复辟时，由于太平公主参与政变有功，所以被加封为"镇国太平公主"。此后，中宗李显又专门派出禁军卫队进驻太平公主的府邸负责警卫，十步一岗、五步一哨，还有全副武装的卫队日夜巡逻，警卫规格等同皇宫。如此可见，太平公主在中宗一朝的地位之高。

除了政治上的强势之外，太平公主还具有一项非同寻常的优势，那就是她的经济实力。按照唐高宗时代的制度规定，亲王一般可以获封食邑八百户，最多不能超过一千户；公主可以获封三百户，最多不能超过三百五十户。那么，太平公主的食邑有多少呢？

太平公主首次获封就远远超出了制度规定的范围，达到了一千二百户，后来又加到三千户；神龙政变后，李显论功行赏，又将她的食邑加到了五千户。此外，太平公主与薛绍生有二男二女，改嫁武攸暨后又生下二男一女，这七个儿女都有封邑，加上武攸暨名下的一千户，太平公主一家获享的封邑至少达到了八千户。

有头脑、有地位、有财力，这样的女人在帝国政坛上呼风唤雨就是顺理成章的事情了。于是，许多朝臣纷纷投靠到太平公主门下，通过她的运作和举荐步步高升。此外，民间的文人墨客和年轻士子也闻风而至，争先恐后地递帖子、拜码头、当门客。太平公主也摆出了一副"大庇天下寒士俱欢颜"的姿态，十分热情地接纳天下士人；尤其是对于那些贫寒落魄的读书人，她更是屡屡慷慨解囊、馈赠金帛。久而久之，太平公主"折节下士"的品德和事迹就在朝野上下传为了美谈。

面对这样一个强势对手，皇后韦氏、上官婉儿、安乐公主等人都颇为忌惮，"皆以为智谋不及公主，甚惮之"（《旧唐书·太平公主传》）。

对于李隆基来说，太平公主正是他所需要的政治同盟。当然，太平公主也很清楚韦氏集团一心想对付她，所以她也很愿意和这个年轻有为的侄子联手。于是，双方一拍即合，太平公主马上派自己的儿子、卫尉卿薛崇简参与了李隆基的政变计划。

经过一番周密部署，李隆基等人于景龙四年（公元710年）六月二十日夜展开行动，首先由葛福顺率领万骑营将士冲进玄武门的羽林军驻地，砍杀了韦璿、韦播和高嵩这三个负责掌握禁军的韦氏党羽，占领了玄武门。随后，政变部队兵分三路：一路由葛福顺率左翼万骑卫士攻击玄德门，另一路由李仙凫率右翼万骑卫士攻击白兽门，双方约定于凌烟阁前会师；而李隆基则率刘幽求、钟绍京和二百多名手持斧锯的工匠等坐镇玄武门。

政变开始后，寂静的太极宫突然间杀声震天。葛福顺与李仙凫迅速消灭了玄德门与白兽门的守门禁军，顺利攻进皇宫。李隆基听到信号，即刻率众杀进宫中，很快占领了太极殿。韦氏在睡梦中惊醒，仓皇逃进飞骑卫士营，旋即被士兵所杀。稍后，安乐公主、武延秀、上官婉儿也先后被杀。

次日，李隆基下令关闭宫门及长安各城门，分遣万骑搜捕韦氏余党。随后，韦温、宗楚客、宗晋卿、韦巨源、马秦客、杨均、叶静能等人相继被诛。韦氏一党彻底覆灭后，李隆基才迎接父亲相王李旦入宫辅政。当天，李隆基进封平王，任万骑卫士营总管；薛崇简进封节王；钟绍京擢升中书侍郎，刘幽求擢升中书舍人，一同参与机要。

六月二十三日，太平公主以少帝李重茂的名义发布诏书，禅让帝位给相王李旦；平王李隆基被任命为殿中监、同中书门下三品。

六月二十四日，相王李旦和太平公主等人进入太极殿。太平公主走上丹墀，对少帝李重茂说："天下人心已归相王，这不是你这个小孩子的座位。"说完提着李重茂的衣领把他带了下去。

是日，唐睿宗李旦复位，重新坐回了皇帝的宝座。可是，一个严峻的问题立刻摆在了李旦的面前，那就是——要立谁为太子？

宋王李成器是长子，按照"立嫡以长"的原则，理应由他入继大统；可平王李隆基有鼎定天下之功，若不立他，恐人心不服。

关键时刻，宋王李成器主动站了出来，他对李旦说："国家安定，则先考虑嫡长子；国家危险，则先考虑首功之人。倘若违背这个原则，天下必将失望。臣宁死也不敢居于平王之上！"一连几天，流泪请求，态度坚决。同时，朝中舆论也普遍倾向于李隆基。于是，睿宗李旦再无犹豫，于六月二十七日将众望所归的李隆基立为太子。

就像几年前的中宗李显一样，睿宗李旦虽然被拥立复辟，但是他自己不是政变的领导者。当时，中宗李显依赖的是五大臣，现在睿宗依靠的则是自己的儿子李隆基和妹妹太平公主，尤其是太平公主历次政变皆预其谋，"诛二张，灭韦氏，咸赖其力"（《大唐新语》卷九）。李旦对太平公主这个妹妹的能力原本就十分欣赏，而今自己的复位又得益于她的极力促成，所以对她甚为倚重，经常召她入宫商议大政方针。每当宰相奏事，李旦总是问两句话：一是"与太平议否"，二是"与三郎议否"。在听到肯定的答复后，李旦才着手批复，有时甚至派宰相到太平公主府上请示磋商。

自此，太平公主权势日隆。"公主所欲，上无不听，自宰相以下，进退系其一言，其余荐士骤历清显者不可胜数，权倾人主，趋附其门者如市。"（《资治通鉴》卷二○九）

太平公主的强势崛起，引起了太子李隆基深深的不安。

自从武则天拉开了"女主天下"的历史大幕，阴盛阳衰的李唐王朝就仿佛永远也摆脱不了"牝鸡司晨"的尴尬。神龙政变刚刚结束武则天的统治，可马上又来了韦氏、安乐公主、上官婉儿这一批野心勃勃的女人，如今好不容易铲除了韦后集团，比她们更有权谋也更具实力的太平公主又一手操控了朝政大权……

这就像是一个巨大的梦魇，又像是一个无奈的怪圈。

李唐王朝究竟何时才能扫除这一切阴霾，再造一个朗朗乾坤呢？

李隆基陷入了痛苦的思索。

无独有偶，自从李隆基当上太子后，太平公主也感到了严重的威胁。

太平公主对李隆基当太子她本来并不反对，因为她原本以为李隆基不过是个年少气盛的毛头小子，以自己的能力和经验完全可以驾驭他，但没想到自从他当上太子后，其英武果敢、智谋深远的性格便越发彰显。对此，太平公主大感后悔，她预料到假以时日李隆基必将成为自己的劲敌，于是决定把他从储君的位子上拉下来。随后，太平公主便四处散布舆论，声称李隆基不是长子，不应该被立为太子。说白了，太平公主就是想立一个柔弱暗昧的太子，以便她长久把持帝国权柄。

就这样，自从睿宗李旦复位后，李隆基和太平公主的明争暗斗就一天也没有停止过。

眼看李隆基和太平公主二人的矛盾冲突愈演愈烈，一直在勉力维持平衡的睿宗李旦无奈地意识到，形势再这么发展下去，自己的儿子和妹妹迟早会刀兵相见，于是决定提前退位让太子李隆基做皇帝，以绝太平公主废立之望，彻底终结这场纷争。

随后的日子，睿宗李旦一再提出逊位，但是大臣们并不支持，太平公主更是极力反对，于是他只好作罢。到了延和元年（公元712年）七月，天上出现了预示"除旧布新"的星象，睿宗李旦终于下定决心正式下诏传位太子李隆基。李隆基屡屡辞让，但睿宗李旦态度坚决。

八月初三，二十八岁的太子李隆基终于登上了天子宝座，是为唐玄宗；数日后，大赦天下，改元先天。

唐玄宗李隆基即位之初，所面临的政治形势相当严峻。当时，宰相班底中有三个是太平公主的死党，他们是左仆射窦怀贞、侍中岑羲、检校中书令崔湜。为了削弱对方的势力，时任右仆射的刘幽求向李隆基献策，决定与右羽林将军张暐联手，暗杀崔湜和岑羲。李隆基同意了刘幽求的计划。

可出人意料的是，刘幽求未及动手，张暐便在无意中把计划泄露了出去，李隆基情急之下，不得不丢卒保帅，主动向太上皇李旦"举报"了他们的暗杀计划，借此撇清干系。随后，刘幽求和张暐被逮捕下狱，本应斩首，但因李隆基向太上皇求情而改为流放。

这次交手，李隆基不但没有伤到对方半根毫毛，反而把自己的股肱大臣赔了进去，真是令他万分沮丧。

刘幽求被流放后，太平公主和李隆基又各自提拔了一个自己人进入了宰相班底。太平公主提拔了心腹萧至忠，李隆基提拔的则是兵部尚书郭元振。至此，七个宰相有四个是太平公主的人，李隆基的亲信只有郭元振和魏知古二人，另外一个宰相陆象先则保持中立。如此，李隆基明显处于劣势。

先天二年（公元713年），太平公主的势力又延伸到了禁军之中。其中，左羽林大将军常元楷、右羽林将军李慈、左金吾将军李钦等人相继投到了她的门下。

显而易见，谁掌握了禁军，谁就能控制皇宫，进而夺取帝国的最高权力——这已经为大唐开国以来的历次政变所反复证明。

至此，太平公主已经图穷匕见！

李隆基的亲信王琚、崔日用、张说等人对此忧心忡忡，力劝皇帝先下手为强。可李隆基担心时机不成熟，所以迟迟没有动手。

七月初一，宰相魏知古突然入宫，一见到李隆基就迫不及待地说："太平公主已经决定于本月四日发动政变，她的计划是命常元楷和李慈率领羽林兵突入武德殿，再由窦怀贞、岑羲和萧至忠等人率卫兵在朝衙起兵响应，一举夺取朝政大权！"

该来的终于来了。

李隆基随即果断做出了部署，于七月初三抢先下手，命龙武将军王毛仲率兵进驻虔化门，然后召见常元楷和李慈。常元楷和李慈二人根本没有料到李隆基已经全盘掌握了他们的政变计划，毫无防备地进了虔化门，立刻被埋伏在此的王毛仲砍杀。随后，李隆基的军队又以迅雷不及掩耳之势相继捕杀了贾膺福、李猷、萧至忠、岑羲。稍后，窦怀贞也闻讯自杀。

太上皇李旦听到事变的消息，慌忙躲上了承天门楼。在诛杀了太平公主的党羽后，李隆基才派宰相郭元振向太上皇李旦奏报："皇上只是下诏诛杀窦怀贞等人，没有其他意图。"

七月初四，太上皇李旦下诏宣布："自今以后，一切军国大事、政令刑赏全部交由皇帝裁决。朕方能清静无为、修身养性，以遂平生之愿。"当天，太上皇李旦就移居百福殿，彻底不再过问政事。

在唐玄宗李隆基的铁腕镇压之下，一个强大的政治集团就这样在一夕之间灰飞烟灭。

太平公主无法面对这种一败涂地的事实，她逃到终南山的寺院里整整躲了三天三夜；但是三天后，她还是万般无奈地回到了长安。

当太平公主一迈进府门，玄宗李隆基的赐死诏书就到了。

同日，太平公主的两个儿子和所有党羽全部被诛杀。薛崇简虽是太平公主长子，可他的政治队列却不在母亲那边，所以官职爵位仍然保留，并被赐姓李。

紧随流血整肃之后，玄宗李隆基着手对帝国政坛进行了全面"洗牌"——文武百官贬降的贬降，升迁的升迁，一直持续到这年年底仍然没有停止。

这一年十二月，大唐王朝改元开元。

此时，大唐王朝臣民们并不知道，这将是一个彪炳史册的年号。

在铁与血的洗礼之后，一个"牝鸡司晨"的旧时代终于终结，唐帝国重新走上了既定的轨道。年近而立的玄宗李隆基站在沧桑而雄伟的玄武门上，仿佛依稀看见了"开元盛世"的曙光……

三四 / 开元盛世：历史的巅峰

唐玄宗李隆基即位后，用雷霆手段终结了"后武则天时代"动荡不安的政治局面，巩固了岌岌可危的皇权，继而"依贞观故事"，"任贤纳谏，励精图治，革除弊政，抑奢求俭"。在一批贤相良臣的全力辅佐下，缔造了一个政治清明、经济繁荣、社会稳定、文化昌盛的太平之世，使得"贞观之风，一朝复振"（《旧唐书·玄宗本纪》），把大唐王朝一举推向了历史的巅峰。

这个"朝清道泰、垂三十年"（《全唐文》卷四六八）的皇皇盛世，史称"开元之治"。

唐代大诗人杜甫，曾经在那首脍炙人口的《忆昔》中对这个盛况空前的"黄金时代"做出了一番形象的描绘：

> 忆昔开元全盛日，小邑犹藏万家室。
> 稻米流脂粟米白，公私仓廪俱丰实。
> 九州道路无豺虎，远行不劳吉日出。
> 齐纨鲁缟车班班，男耕女桑不相失。

这样一个太平盛世的出现，首先当然要归功于贞观时代遗留下的优良的制度传统，正如中唐士人刘贲所言"太宗定其业，玄宗继其明"（《旧唐书·文苑传下》），可谓精辟地概括了"贞观之治"与"开元之治"的关系。正是有了前人奠定的坚实基业，唐玄宗君臣才能创造出如此辉煌的历史功绩。但是，历史积淀和制度遗产只是盛世出现的必要条件，而非充分条件。换句话说，历史是由人创造的，如果没有青年李隆基在韦氏专权和太平公主干政时期所采取的一系列力挽狂澜的行动，大唐帝国就有可能在"牝鸡司晨"的旧时代梦魇中继续沉沦，所谓的太平盛世——"开元之治"也只能是一个遥不可及的梦想。

其实，早在唐中宗、唐睿宗时期，朝野上下就已经发出了"依贞观、永徽故事"的呼声,史称当时"有志者莫不想望太平"(《隋唐嘉话》卷下)。然而,为政在人,无论是中宗还是睿宗,都缺乏一个"治世明主"所应具有的智慧、气度和手腕,因而当时之世朝堂几无宁日,皇权数度易手,连起码的政治稳定都谈不上,又遑论天下大治?

青年李隆基却能从错综复杂、风云变幻的历史迷局中硬是杀开一条血路,以皇室庶出的身份一举登上帝国的政治舞台,并通过不懈努力和持续奋斗而入继大统、君临天下,其魄力、胆识与韬略于此可见一斑。从这个意义上说,唐玄宗与唐太宗登上帝位的历程是颇为相似的,皆可谓"出万死而遇一生"(《贞观政要》卷一),因此他们才会深刻体悟"草创之难",从而在登基御极后"任贤受谏"、孜孜求治,最终得以开创盛世伟业。

然而,如果没有贤相能臣的辅佐,再英明的帝王也不可能以一人之力创造历史。史上多有勤政的帝王,但少有治世的明君,其主要原因要么是身边没有贤明宰相和能臣干吏,要么就是出于刚愎与猜忌之心明知有也不愿放手任用。正如中唐名相裴度所言:"纪太宗、玄宗之德,则言房、杜、姚、宋。自古至今,未有不任辅弼而能独理天下者。"(《全唐文》卷五三七)

全力辅佐唐玄宗李隆基成就"开元之治"的,就是开元初期的两位著名宰相——姚崇与宋璟。

姚崇,本名元崇,字元之,开元年间为避"开元神武皇帝"尊号改名姚崇。早在武则天当政时期,姚崇便已官至宰相,深受武则天赏识。张柬之得以在八十高龄入阁为相,便是姚崇和狄仁杰大力举荐的结果。神龙政变后,武则天被废黜,姚崇念及往日君臣之情为其一洒同情之泪引起五大臣不满,被贬为地方刺史。睿宗李旦复位后,姚崇再度拜相,旋即又因支持太子李隆基而得罪太平公主,再次被贬。

先天二年(公元713年),唐玄宗李隆基铲除太平公主后,立刻起用姚崇,任其为兵部尚书、同中书门下三品,未久又擢为中书令。复相之初,姚崇便向玄宗李隆基提出了著名的"十事要说"。这就是姚崇的"十条约法",也是他的十大施政纲领:一、施政以仁义为先;二、不谋求对外扩张;三、宦官不得干预政事;四、皇亲国戚不得担任台省要职;五、施行法纪必从亲近之人始;六、对百姓除租赋之外不得苛取;七、停止建造各种寺观宫殿;八、对臣下接之以礼;九、鼓励犯颜直谏；十、杜绝外戚干政。

当时，唐玄宗李隆基求治心切，这"约法十章"又都是切中时弊之言，自然是全盘采纳。

玄宗李隆基知道，姚崇是一个栋梁之材，只因这些年来政局紊乱、仕途颠沛，所以他一直没有机会施展才干；而如今所有的障碍既已清除，自然要给他提供一个广阔的舞台，好让他放手大干一场了。史称开元之初，"上初即位，励精为治，每事访于元之，元之应答如响，同僚唯诺而已，故上专委任之"（《资治通鉴》卷二一〇）。

然而，玄宗李隆基固然敢于"专委"放权，但姚崇刚开始还是有些放不开手脚，就算是任命一些低级官吏，他也要在朝会上一一禀报而不敢自专。有一次，李隆基听完姚崇的奏报，却仰头望着房梁，一句话也不说。姚崇再三言之，李隆基却始终保持缄默。姚崇又惊又疑，不知道自己哪里做错了，只好怏怏告退。

姚崇退下后，玄宗李隆基的心腹宦官高力士忍不住问："陛下刚开始治理大政，宰相奏事，可与不可都当面议，陛下为何一言不发？"李隆基面露不悦之色，说："朕把政务交给姚崇，有大事理当奏闻，可像这种任命郎吏的小事，他自己完全可以定夺，又何必事事来烦朕？"

高力士恍然大悟，随后便把皇帝的这个意见透露给了姚崇。姚崇闻言，所有的忧愁和顾虑一扫而光，从此大胆秉政，"独当重任"，于大小政务"断割不滞"。当时，另一个宰相卢怀慎自知才干不及姚崇，于是"每事皆推让之，时人谓之'伴食宰相'"（《旧唐书·卢怀慎传》）。有一次，姚崇家中办丧事，请了十多天假，朝堂中政务公文堆积如山，伴食宰相卢怀慎不敢决断，只好向玄宗李隆基请罪。没想到，李隆基却说："朕把天下事交给姚崇，卿等坐观其成就可以了。"

姚崇假满归来，没几天就把积压的政务全部处理掉了。众人大为叹服，姚崇亦颇为自得，他忍不住地问中书舍人齐浣说："我当宰相，比起管仲、晏子如何？"

齐浣略微沉吟，答："管、晏之法，虽不能施于后世，至少用其一生。而公所订之法，随时变更，似乎不及二人。"

姚崇又问："那么你对我作何评价？"

齐浣答道："公可谓'救时宰相'。"

姚崇大笑，把手中毛笔一掷，说："救时宰相，也殊为难得了！"

姚崇理政，善于权变，因事制宜，从不墨守成规，且办事雷厉风行，注重实效，所以"救时宰相"之誉亦可谓恰如其分、实至名归。姚崇在任四年，虽然时间不长，却开启了高效而务实的新政风，把混乱不堪的帝国政治引上了一条正常的发展轨道，为盛世的来临打下了坚实的基础。因此，姚崇博得了朝野上下的交口赞誉，人们说他"忧国如家，爱民如子，未尝私于喜怒，唯以忠孝为意"（王仁裕《开元天宝遗事》卷二）。

姚崇离任后，推荐宋璟接替了他的宰相之位。

宋璟，工于文翰，进士出身，早在武则天时期便以忠直耿介、执法严明、不阿权贵著称，时任御史中丞，曾为了弹劾二张而与武则天面折廷争。中宗李显时，宋璟担任吏部侍郎兼谏议大夫，因不满武三思恃宠擅权而获罪，被贬出朝。睿宗李旦复位后，宋璟回朝，擢任吏部尚书、同中书门下三品，但随后又因反对太平公主而再度被贬。

开元四年（公元716年）十二月，玄宗李隆基征宋璟入朝，派内侍宦官杨思勖出城迎接，而宋璟一路上竟然不与杨思勖攀谈半句。杨思勖回宫后悻悻地向玄宗李隆基禀报，而李隆基听完感叹良久。李隆基知道，宋璟这是在恪守"外臣不与内官交通"的准则，于是内心对他越发敬重。

宋璟再度拜相之后，史称他"刑赏无私，敢犯颜直谏。上（唐玄宗）甚敬惮之，虽不合意，亦屈从之"（《资治通鉴》卷二一一）。

宰相身为"百僚之长"，不仅本身要率先垂范、具备严明高洁的操守，而且更需要有知人善任的眼光和智慧，才有资格和能力领导整个庞大的文官集团。宋璟在这方面的表现尤为突出。开元六年（公元718年）冬，宋璟给玄宗李隆基呈上了一道任免官吏的奏疏，疏中称："括州员外司马李邕、仪州司马郑勉，都有才干和文采，然性喜异端、好生是非，若加重用，必有后患，但全然不用，又可惜了他们的才干，故可授予渝、硖二州刺史；大理卿元行冲素称才行兼备，初用之时，能孚众望，时间一长却颇不称职，请转任左散骑常侍（没有实职的散官），以执法严正的李朝隐代之；陆象先有丰富的行政经验，为人宽厚，又能做到是非分明，可授河南尹一职。"

"扬长避短，量才录用"，有这样一双火眼金睛替皇帝严把人才关，玄宗李隆基既不用担心官员队伍中有人鱼目混珠，也不用担心有人怀才不遇了。

唐代有不少隐士，其中固然有"视富贵如浮云"的真隐士，但也不乏以归隐山林作为升官捷径的政治投机者。有人就曾经向宋璟推荐过一个叫范知睿的隐士，称他富有文学才华，并献上其所著的《良宰论》。宋璟阅毕，却在书上写下这样的批语："观其《良宰论》，颇多阿谀之词。隐士理应直言朝政得失，岂能如此谄媚取容？若自以为文章作得好，可走科举应试之途，不应私下请托。"可想而知，在如此刚直不阿、明察秋毫的宰相面前，任何人想抱着侥幸心理走一条"终南捷径"，结果都只能是痴心妄想、自讨没趣。

与姚崇一样，宋璟担任宰相的时间也是四年。可即便宋璟离开了相位，在此后很长的一段时间里，玄宗李隆基仍然对他甚为倚重，曾当面对他说："卿国之元老，为朕股肱耳目。"宋璟也依然保持着"极言得失"的刚正风范，对朝政知无不言、言无不尽。玄宗李隆基曾亲下一道手诏，称："所进之言，书之座右，出入观省，以诫终身。"（《旧唐书·宋璟传》）

姚崇、宋璟二人相继为相，以卓越才干创造了赫赫政绩，拉开了"开元盛世"的历史大幕。对于姚崇、宋璟二人的历史功绩，司马光做出了很高的评价："崇善应变成务，璟善守法持正；二人志操不同，然协心辅佐，使赋役宽平，刑罚清省，百姓富庶。唐世贤相，前称房、杜，后称姚、宋，他人莫得比焉。"（《资治通鉴》卷二一一）

姚崇、宋璟之后，开元时期的历任宰相还有源乾曜、张嘉贞、宇文融、张说、李元纮、杜暹、韩休、张九龄等人。这些人虽然不像姚崇、宋璟那样拥有较高的声望和显赫的历史地位，但能各展所长，对盛唐的政治稳定、经济发展和社会繁荣都做出了不可磨灭的贡献。

在以农为本的古代社会，编户的数量决定了赋税收入的高低，也决定着社会经济的繁荣程度。唐朝开国之初，由于经历隋末丧乱，编户仅二百余万户，至贞观初年仍不满三百万户，永徽初年增至三百八十万户，至中宗、睿宗时期全国总户数增至六百余万户。总体而言，从唐初到开元初年，人口增长速度并不快，一百年间仅增长四百万户。

编户数量的增长之所以较为缓慢，其中一个重要原因是逃户现象严重。据说，当时"两畿户口，逃去者半"。针对这个问题，从开元九年（公元721年）起，唐玄宗李隆基君臣开始下大力气推行"括户"政策，规定各州县逃亡户口必须在百日内自首，"或于所在附籍，或牒归故乡，各从所欲"，违者流徙边州。作为配套措施，玄宗李隆基一再下令，强调刺史县令安抚百姓的职责，告诫地方"徭役须平，豪强勿恣"，同时规定凡是在"增殖户口、劝课农桑"方面做出成绩的地方官可优先铨选为京官，还对新附籍的户口实施赋税减免政策。

经过几年的努力，"括户"政策很快取得了显著成效，至开元十四年（公元726年），全国户数已达七百余万户；开元二十八年（公元740年），增至八百四十余万户。综观开元的二十几年，增长户数多达二百多万户，显然是唐朝开国以来增速最快的一个阶段。

"编户齐民"的快速增长无疑是唐朝走向盛世的重要标志。"括户"的同时，玄宗李隆基又鼓励农民开田垦荒，使得全国范围内的耕地面积显著增加。据诗人元结所言，当时四海之内，高山绝壑，到处可见繁忙的耕作景象。（参见《元次山集·问进士第三》："开元天宝之中，耕益力，四海之内，高山绝壑，耒耜亦满，人家粮储，皆及数岁，太仓委积，陈腐不可量。"）随着劳动力与耕地面积的大量增长，农业经济迅猛发展，"累岁丰稔"，"年谷屡登"，百姓安居乐业，国家财政收入大幅提高，国力蒸蒸日上，天下呈现出一派繁华富庶的局面。据杜佑在《通典》中称，自开元十三年（公元725年）唐玄宗李隆基封禅泰山之后，"天下无贵物，两京斗米不至二十文，面三十二文，绢一匹二百一十文"。开元末，"西京、东都米斛直钱不满二百，绢匹亦如之。海内富安，行者虽万里不持寸兵"。

水利是农业的命脉，作为"开元盛世"的一个侧面，唐玄宗时代在兴修水利方面也取得了超越前人的成就。据统计，贞观年间兴建的水利工程计二十六处；高宗时期三十一处；武则天时期十五处；玄宗开元时期，兴修了三十八处水利工程，加上天宝时期的八处，共计四十六处，为唐朝前期的最高数字。这些大型水利系统，最大的可灌溉几千顷田地，小的也可灌溉百余顷，至于那些小型水利工程则更是不可胜计。丰富而健全的水利设施，为农业生产和作物丰收提供了强有力的保障。

农业的大发展又迅速带动了手工业和商业的发展。当时，手工业包括纺织、印染、矿冶、金工、造船、金银铜器、陶器、木器、瓷器、玉雕、制糖、制茶、造纸、印刷、皮革等行业，并在许多行业中都涌现出了精湛的工艺和巧夺天工的艺术品。例如，闻名于世的"唐三彩"，就是在开元、天宝年间发展到了高峰。唐三彩是一种低温釉陶器，在色釉中加入不同的金属氧化物，经过焙烧形成浅黄、赭黄、浅绿、深绿、天蓝、褐红、茄紫等多种色彩，但多以黄、褐、绿三色为主，故名"唐三彩"。唐三彩的色釉有浓淡变化、互相浸润、斑驳淋漓的效果，在色彩的相互辉映中展现出动人的艺术魅力。

社会经济的高度发展自然促进了文化的繁荣。玄宗一朝，在诗歌、音乐、歌舞、绘画、书法等文化艺术的各个领域，都涌现出了一大批杰出的人才和不朽的作品，达到了后世无法逾越的高度。

唐诗是中国古代文学史上公认的巅峰，而开元、天宝年间的盛世诗坛上，更是大家辈出、群星璀璨。其中，"诗仙"李白与"诗圣"杜甫在文学史上的典范意义自不待言，除了这两位大师之外，张九龄、王维、孟浩然、王昌龄、贺知章、王之涣、崔颢、岑参、高适等人，也都是风格独具、光芒四射的人物。

在音乐、歌舞方面，唐玄宗李隆基本人就是一个造诣精深的艺术家。当时，大明宫太液池东边有一座梨花盛开的庭园，称为"梨园"。唐玄宗李隆基亲自遴选数百名具有艺术禀赋的乐工和宫人，在"梨园"共同进行教学、创作和演出，故而乐工和宫人也被称为"梨园弟子"。其中，以李龟年最为知名，后世称其为"歌圣"。玄宗李隆基本人精晓音律，善击羯鼓，尤其擅长作曲，如中国艺术史上的经典之作——大型乐舞《霓裳羽衣曲》就是由其谱写并由杨贵妃编舞演出的。开元、天宝之际，洛阳家家学胡乐，长安女子人人学圆转舞，如杨贵妃和安禄山就是跳胡旋舞的"专家"。

在绘画方面，也出现了众多名师巨匠。例如，善画仕女图的张萱、周昉，其代表作《虢国夫人游春图》《簪花仕女图》等，以端庄华丽、雍容典雅著称，展示了"回眸一笑百媚生"的唐代美女众生相；善画鞍马的曹霸、韩干，曾获杜甫赠诗歌咏；善画山水画的王维，被苏轼称为"画中有诗"；被后世尊为"画圣"的吴道子，兼擅人物、山水，尤擅佛道画，其画中人物栩栩如生、衣袂飘飘，故有"吴带当风"之说。

在书法方面，有性情豪放、嗜酒如命的张旭，相传其酩酊大醉之际便会呼叫狂走，然后落笔疾书，甚至以头发蘸墨书写，故有"张癫"雅称，后人尊其为"草圣"；在张旭之后，僧人怀素继承其笔法，亦以狂草惊世，史称其"运笔迅速，如骤雨旋风，飞动圆转，随手万变，而法度具备"，后人将张旭、怀素并誉为"癫张醉素"；有将篆、隶等笔法糅进楷书并独创"颜体"的颜真卿，他与初唐欧阳询、晚唐柳公权、元人赵孟頫被后人并誉为"楷书四大家"，和柳公权并称"颜筋柳骨"。

除了文化艺术以外，尤其值得一提的就是在科技方面做出了卓越贡献的僧一行。僧一行，俗名张遂，自幼博览经史、精通天文历法。唐玄宗时，僧一行受命主持历法修订，编成了《大衍历》，其体例结构一直为后代沿用。同时，僧一行还是世界上第一个发现了恒星移动现象的人，比英国人哈雷发现恒星移动早了一千年。僧一行又倡议测量子午线的长度，虽然测量结果并不很准确，却是世界上第一次实测子午线的记录。僧一行还与梁令瓒合作，制成了观察日月运动的"黄道游仪"、观察天象的"浑天铜仪"，而后者也是世界上最早的用机械转动的天文钟。

这就是伟大的盛唐。

这就是令无数后人心驰神往的"开元盛世"。

《旧唐书·玄宗本纪》中说："我开元之有天下也，纠之以典刑，明之于礼乐，爱之以慈俭，律之以轨仪。……庙堂之上，无非经济之才；表著之中，皆得论思之士。而又旁求宏硕，讲道艺文。……贞观之风，一朝复振。于斯时也，烽燧不惊，华戎同轨。……膜拜丹墀之下，夷歌立仗之前，可谓冠带百蛮，车书万里。……于时垂髫之倪，皆知礼让；戴白之老，不识兵戈。虏不敢乘月犯边，士不敢弯弓报怨。……年逾三纪，可谓太平！"

《剑桥中国隋唐史》也对开元时代赞誉有加："这是一个巩固的时代，一个明智地运用皇权的时代，一个克制的时代，尤其是一个没有对外进行劳民伤财和野心勃勃的冒险行动的时代。"

明清之际的著名思想家王夫之，则用八个字为这个时代做出了概括性的评价——"开元之盛，汉、宋莫及"。

三五 / 千古绝响：李白与杜甫

唐朝是一个诗的国度。

有唐一朝不满三百年，却给后人留下了将近五万首诗歌，比先秦至南北朝的诗篇总数还多出数倍。在清人编纂的《全唐诗》中，有姓名可考的诗人就有二千三百多位。唐诗不仅在数量上冠绝百代，在艺术造诣、精神内涵、思想深度和整体的质量上也是独步千古，令后人叹为观止。正如鲁迅先生所说："我以为一切好诗，到唐已被做完。"

如果说唐诗是中国文学史上光耀千秋的一顶桂冠，那么"诗仙"李白和"诗圣"杜甫无疑就是这顶桂冠上璀璨夺目的两颗明珠。时至今日，李白、杜甫的诗章依然脍炙人口，他们的盛名亦可谓妇孺皆知。如今，用搜索引擎一搜，李白的相关网页多达一千八百三十万篇，杜甫也有一千二百八十万篇，其超越时空、亘古不衰的影响力于此可见一斑。诚如韩愈所言："李杜文章在，光焰万丈长！"（《调张籍》）

李白，字太白，号青莲居士，生于武则天长安元年（公元701年）。李白的籍贯历来有两种说法：《旧唐书》说是"山东人"（当时的山东泛指崤山以东，即今天的黄河中下游地区）；《新唐书》则说他是李唐皇室的旁支、十六国时凉武昭王李暠的九世孙，若按此说，李白的籍贯应是陇西成纪（今甘肃静宁西南）。李白自己在《与韩荆州书》中有这样一句话"白陇西布衣，流落楚汉……"，故此说当可成立。

除了籍贯，李白的出生地也是一个历来争讼不已的谜。

《新唐书》称："其先隋末以罪徙西域，神龙初，遁还，客巴西。"意思是，李白的祖辈在隋朝末年因罪流放西域，直到神龙初年才潜逃回来，客居今四川阆中一带，其母就在这里生了他。此外，还有一个说法，出自范传正所撰的《唐左拾遗翰林学士李公新墓碑》。范传正是李白之子的好友，曾为李白迁墓。范传正在迁墓后新立的碑文中称，李白的祖辈因"隋末多难，一房被窜于碎叶，流离散落，隐易姓名"。郭沫若据此考证李白出生在中亚的碎叶，即今吉尔吉斯斯坦北部的托克马克市附近。对此，当今的学术界仍有争议，尚无定论，但大部分人同意此说。

据说李白出生时，其母梦见长庚星（又称太白金星），故取名"白"，字"太白"。李白曾被贺知章称为"谪仙"，身后又有"诗仙"之誉，而且生性狂放不羁、好酒任侠，一生豪迈洒脱、卓尔不群，的确颇有星宿下凡、游戏人间之态。

李白五岁时，随父母迁居绵州昌隆县青莲乡（今四川江油市）。据说，李白十岁即精通五经，曾经梦见笔头生花，"少有逸才，志气宏放，飘然有超世之心"（《旧唐书·李白传》）。当时，益州长史、素以文才著称的苏颋（开元初曾与宋璟同朝为相）对李白印象深刻，曾盛赞其才："是子天才英特，少益以学，可比相如。"（《新唐书·李白传》）然而，李白性喜纵横之术，自认为"大丈夫必有四方之志"，所以不愿在书斋中皓首穷经，更喜欢仗剑游历天下，同时也向往着入仕为官，"申管晏之谈，谋帝王之术，奋其智能，愿为辅弼，使寰区大定，海县清一"（《代寿山答孟少府移文书》）。

开元十二年（公元724年）秋，李白为了实现他的远大抱负，终于"仗剑去国，辞亲远游"（《上安州裴长史书》）。李白自峨眉山出蜀，顺江东下，渡荆门，至江陵，游洞庭，登庐山，又游历金陵、扬州等地。开元十五年（公元727年），李白在安陆（今湖北安陆市）娶了已故宰相许圉师的孙女为妻，遂寓居于此。

开元十八年（公元730年），年届而立的李白第一次来到长安，寓居终南山。那时，唐玄宗之妹玉真公主在终南山建有别馆，常有文人雅士如王维、储光羲等人在此聚会。李白与这些朝野名士广为交游，并通过玉真公主拜谒京师的王公名流，希望得到王公大臣的荐引入朝为官，然而盘桓数载，始终未能如愿，只好怏怏离去。

开元二十年（公元732年），李白沿黄河东下，先后漫游了太原、洛阳、江夏（今湖北武汉市）等地。数年后，李妻许氏去世，李白移家东鲁，寓居任城（今山东济宁市），其间经常与孔巢父、韩沔等人于徂徕山酣歌纵酒、吟诗作赋，人称"竹溪六逸"。

天宝元年（公元742年），李白南游会稽，与道士吴筠成为好友，二人结伴隐居于剡中（今浙江嵊州市）。不久，吴筠奉召入宫，旋即向玄宗李隆基推荐李白。当时，李白的诗名早已传遍朝野，尤其是时任太子宾客的贺知章在见过李白的几首诗作后，忍不住赞叹："此天上谪仙人也。"玄宗李隆基对李白的才华亦有所耳闻，遂下诏征召他入朝。

这些年里，尽管李白表面上一直在纵情山水、寻仙访道，可内心深处的建功立业之念却一刻也不曾淡忘。所以，当李白接到天子的诏书时，顿时手舞足蹈、欣喜若狂。

此时，李白仿佛看见一条光明坦荡的仕途已经铺展在自己的脚下。

"仰天大笑出门去，我辈岂是蓬蒿人！"（《南陵别儿童入京》）从当时所作的这句诗中，我们不难想见李白的兴奋与喜悦之情，亦不难想见他的自负与疏狂之态。

李白第二次来到长安，受到了玄宗李隆基的礼遇，被任命为翰林待诏。这是一个没有任何职权的侍从官，相当于天子的"高级门客"，整天被锦衣玉食供着，唯一的任务就是随时奉旨赋诗作文。就是在供职翰林待诏期间，李白奉诏写下了著名的《清平调词三首》，其中的第一首尤为后人广为传诵："云想衣裳花想容，春风拂槛露华浓。若非群玉山头见，会向瑶台月下逢。"

这是一首赞美杨贵妃的诗，纯属应景之作。可李白之所以是李白，就在于即便是应景之作，也可以被他写得如此惊才绝艳、倾国倾城，想来也足以配得上杨玉环的羞花闭月之容了。玄宗李隆基见诗，自然是龙心大悦，从此对李白宠遇更隆。据说玄宗李隆基有时候一高兴，还会亲自为李白"调理羹汤"，可谓荣宠之至。

然而，李白入仕的理想是像一个宰相那样治国经邦、济世安民，如今虽获天子荣宠，却只是一个不尴不尬、不伦不类的文学侍从，如此际遇当然令他心灰意冷、满腹不平——"安能摧眉折腰事权贵，使我不得开心颜！"（《梦游天姥吟留别》）

说到底，李白只是一个诗人。

李白终究只是一个把内心的自由愉悦看得比外在的功名利禄重得多的诗人。

所以，李白注定不可能在仕途上获得成就，也不可能实现他那远离现实的政治理想。

李白没有政客的世故、练达、能屈能伸，也看不惯官场上的虚伪和尔虞我诈，更看不惯权贵们粗鄙又傲慢的嘴脸——这样一个透明无瑕又敏感多愁的"谪仙人"，又怎么可能在复杂、阴暗、混浊不堪的官场中呼吸、生存乃至出人头地呢？

九重宫阙只能禁锢他的性灵，扼杀他的才华。

李白的世界不在这里。

于是，李白开始有意无意地放浪形骸。李白原本嗜酒，如今更是有理由把自己泡在酒池里了。随后的日子，无论是在长安的街肆坊间，还是在皇家的森严宫阙中，李白时常喝得酩酊大醉、浑然忘我，把一切世俗规范和宫禁律令全都抛到了九霄云外："人生得意须尽欢，莫使金樽空对月"（《将进酒》）；"百年三万六千日，一日须倾三百杯"（《襄阳歌》）；"人生飘忽百年内，且须酣畅万古情"（《答王十二寒夜独酌有怀》）……

就这样，李白喝着喝着，就有了又一个以"仙"命名的雅号——酒仙。当时，人们把李白和贺知章、李适之、王琎、崔宗之、苏晋、张旭、焦遂并称为"饮酒八仙人"。杜甫就曾经在《饮中八仙歌》中写道："李白一斗诗百篇，长安市上酒家眠。天子呼来不上船，自称臣是酒中仙。"

就这样，李白喝着喝着，又有了命"力士脱靴"的让人大呼痛快一幕——既然不想侍奉权贵，那不妨就让权贵来侍奉侍奉我！

史称，李白"尝沉醉殿上，引足令高力士脱靴"（《旧唐书·李白传》）。当时，高力士深获玄宗李隆基宠幸，权倾朝野，虽然硬着头皮替这个不知道是酒仙还是酒鬼的李白脱了靴子，但终究引为奇耻大辱，从此便对其恨得牙痒痒。

李白就这样把高力士往死里得罪了。

不久，高力士开始在杨贵妃跟前大肆挑拨，说李白《清平调词》中有一句"借问汉宫谁得似？可怜飞燕倚新妆"就是暗讽她的，说她像赵飞燕姐妹一样是误国误民的红颜祸水。杨贵妃一听，虽然并不尽信高力士之言，但还是对李白产生了反感，于是不断在玄宗李隆基耳边吹枕头风。

走到这一步，李白的仕途也就到头了。

"功名富贵若长在，汉水亦应西北流。"（《江上吟》）李白自知功名富贵恍若云烟，留在宫中已经毫无意义，遂"恳求还山"。玄宗李隆基当即允准，"赐黄金，诏放归"（《唐才子传》）。

李白就此结束了三年的仕宦生涯，重新"浪迹江湖，终日沉饮"（《旧唐书·李白传》)。

据说李白离京之后，曾前往华山，途经华阴县衙时，醉酒骑驴，旁若无人。当地县令大怒，把李白叫到庭下，大声质问："汝何人，敢无礼！"李白眯着一双惺忪醉眼瞧了瞧县令，也不报姓名，只说了这句话："曾令龙巾拭吐，御手调羹，贵妃捧砚，力士脱靴。天子门前，尚容走马；华阴县里，不得骑驴？"(《唐才子传》)

县令闻言，既惊且愧，连声拜谢道："不知翰林至此，恕罪恕罪！"

李白朗声长笑，飘然而去。

天宝十四年（公元755年），大唐在一派富贵浮华和歌舞升平中迎来了盛极而衰的转折点——安史之乱突然爆发。

安禄山大军倾巢南下，席卷两京（长安和洛阳）。玄宗李隆基仓皇离开长安，亡奔蜀地；太子李亨匆匆在灵武即位，是为唐肃宗。顷刻间，山河破碎，苍生涂炭，社稷危如累卵，百姓困若倒悬……

李白在战乱中避居庐山，应时任扬州节度使的永王李璘（玄宗李隆基第十六子）之邀，出任其帐下幕僚。李白此举，一来是为了求得一个安身立命之所，二来也是心存"拯济苍生"的念想，期望能在永王李璘麾下建功立业，救黎民于水火，挽国家于危亡。"试借君王玉马鞭，指挥戎虏坐琼筵。南风一扫胡尘静，西入长安到日边。"(《永王东巡歌》之十一)

然而，无情的命运再一次嘲弄了李白。

永王李璘并不是想光复李唐社稷，而是企图与肃宗李亨分庭抗礼，趁乱占据半壁江山。不久，永王李璘兵败，李白受到牵连，被判处死刑，所幸郭子仪求情，改为流放夜郎（今贵州桐梓县）。

乾元二年（公元759年），李白行至流放中途，恰逢朝廷大赦，遂放还。接到赦令时，李白惊喜交加，便作了那首脍炙人口的《早发白帝城》："朝辞白帝彩云间，千里江陵一日还。两岸猿声啼不住，轻舟已过万重山。"此诗空灵飞动，一气呵成，激情满溢，快意淋漓，后人盛赞此诗，称其"惊风雨而泣鬼神矣"（杨慎《升庵诗话》）。

遇赦之后，李白已是年近花甲、老病侵寻，可他依然在满目疮痍、伤痕累累的故国山河中执着地行走。

陪伴李白这个行吟诗人的，只有他的诗，还有他的酒。

唐代宗宝应元年（公元762年），六十三岁的李白终于走到了人生的尽头。

关于李白的结局，历来有三种说法：第一种以《新唐书》为代表，说李白病逝于安徽当涂；第二种以《旧唐书》为代表，说李白"饮酒过度，醉死于宣城（今属安徽）"；第三种说法以《唐才子传》为代表，说李白"度牛渚矶，乘酒捉月，遂沉水中"。

第一种说法是一份普通的"死亡报告"，第二种说法就有了一点与众不同的味道，而第三种说法则是典型的诗人之死，充满了浪漫主义色彩。

如果可以选择，我相信，李白一定会选择第三种结局。

然而，无论李白的结局如何、死亡于他，都绝不会是一种永远的终结，因为他本来就是一个落入凡间的谪仙人。

当李白用数十载光阴游戏完人间之后，便悄悄脱下尘世的衣裳，然后化成一道光，回到真正属于他的地方去了。李白爱过恨过，哭过歌过，给后世留下了一千多首"笔落惊风雨，诗成泣鬼神"（杜甫语）的性灵文字，然后倦了累了就回天上去了。

如若不是一个落入凡间的仙人，又怎么可能"酒放豪肠，七分酿成了月光／余下的三分啸成剑气／绣口一吐就半个盛唐"（余光中语）呢？！

也许，李白本来就不属于这个世界。

不过，好在李白留下来的诗篇，却永远属于盛唐，属于我们……

杜甫，字子美，祖籍襄阳，后徙河南巩县（今河南巩义市），生于唐玄宗先天元年（公元712年），比李白小十一岁。杜甫的祖父杜审言，是唐代"近体诗"的奠基人之一。由于有这样的家学渊源，所以杜甫早慧，七岁即能属辞作诗。

和李白一样，从青年时代起，杜甫就离家远行，过起了一种"裘马清狂"的漫游生活，遍历吴、越（今江苏、浙江）等地。开元二十三年（公元735年），杜甫回洛阳参加进士考试，不料却名落孙山。然而，杜甫不以为意，因为他觉得自己还年轻，肯定还有大把大把的机会在等待着他。

次年，二十五岁的杜甫又前往齐、赵（今山东、河北）一带游历，途经东岳泰山时，写下了那首意气风发的《望岳》："岱宗夫如何，齐鲁青未了。造化钟神秀，阴阳割昏晓。荡胸生层云，决眦入归鸟。会当凌绝顶，一览众山小。"

这是杜甫现存最早的一首诗,被后人誉为描写泰山的千古绝唱。在诗中,年轻的诗人杜甫豪情万丈地遥望泰山,相信自己总有一天会登上泰山之巅,把周围群山全都置于脚下,而这一如他相信自己总有一天会实现远大的理想,在仕途功业的巅峰之上俯瞰芸芸众生一样。

此时,杜甫踌躇满志、雄心万丈,与青年时代的李白如出一辙。

李白曾经幻想过"使寰区大定,海县清一",杜甫也一心向往着"致君尧舜上,再使风俗淳"(《奉赠韦左丞丈二十二韵》)。正是有着这样的抱负,杜甫看到奔驰的骏马就说"骁腾有如此,万里可横行"(《房兵曹胡马》),看到画中的苍鹰就说"何当击凡鸟,毛血洒平芜"(《画鹰》),一派年少轻狂、豪气干云之状。

然而,杜甫绝对不会想到,等在他前面的将是一连串不堪承受的挫折和失败。

天宝初年,杜甫前往长安,四处拜谒名流显要,献上自己的诗歌,希望通过这些贵人的援引入仕为官。可不知道为什么,杜甫所有的努力全部宣告失败,没有人向他伸出援助之手。从此,杜甫寓居长安,生活逐渐陷入困顿潦倒的境地,"衣不盖体,常寄食于人,窃恐转死沟壑"(《新唐书·杜甫传》)。

其实,这样求人引荐屡屡碰壁的遭遇,李白也曾经有过。可是,在物质生活方面,杜甫和李白却根本没有可比性。李白家境殷实,据说为了救济朋友,一年就花掉了"三十万钱",而且不管走到哪里总有人款待周济,"千金散尽还复来",日子过得潇潇洒洒。杜甫则"少贫不自振"(《新唐书·杜甫传》),原本就家无余财,再加上满世界游山玩水,就算有一些积蓄也早被他花光了。所以,长安的这些日子,杜甫只能写一些应酬献媚的诗作到处蹭饭吃,如"朝扣富儿门,暮随肥马尘。残杯与冷炙,到处潜悲辛"(《奉赠韦左丞丈二十二韵》)。

杜甫在长安一困就是十年,始终没有出头之日。

天宝十三年(公元754年),玄宗李隆基举办祭祀大典,祭拜老子、太庙和天地。杜甫抓住机会,一口气向玄宗李隆基献上了三大礼赋——《朝献太清宫赋》《朝享太庙赋》《有事于南郊赋》。这一回,杜甫总算时来运转。玄宗李隆基对杜甫的滔滔雄文颇感惊奇,随即召他入"集贤院",命宰相进一步考查他的文章学业。不久,杜甫顺利通过考试,终于被任命为京兆府兵曹参军,虽然只是个芝麻绿豆大的小官,却从此改变了那种寄人篱下、吃嗟来之食的生活。

然而,正当杜甫的生活稍有转机时,"安史之乱"爆发了,繁华富庶的盛世景象瞬间破碎，帝国的锦绣河山在叛军的铁蹄下摇晃和战栗。杜甫的命运，连同千千万万大唐臣民的命运，一同落入了黑暗的深渊。

"万国尽征戍，烽火被冈峦。积尸草木腥，流血川原丹。"（《垂老别》）

作为一个普通的生命个体，生逢乱世乃大不幸；可作为一个诗人，鲜血、死亡、离别、苦难却能从客观上给其文学生命提供最宝贵和最丰富的滋养。

"国破山河在，城春草木深。感时花溅泪，恨别鸟惊心。"（《春望》）

"穷年忧黎元，叹息肠内热。取笑同学翁，浩歌弥激烈！"（《自京赴奉先县咏怀五百字》）

就是从这个时候起，杜甫的个人境遇开始与国家忧患紧紧相连，甚至融为了一体。杜甫后半生的诗歌作品，也广泛而真实地记载了这一时期的现实生活，故而有"诗史"之称。

天宝十五年（公元756年），安禄山的叛军攻克潼关，玄宗李隆基亡奔蜀地。未久，长安陷落，太子李亨即位灵武（今属宁夏），是为唐肃宗。杜甫只身投奔灵武，不幸被叛军抓获，遣回长安。至德二年（公元757年）四月，杜甫再次冒着生命危险逃出长安，奔赴肃宗李亨临时驻地凤翔，被任命为右拾遗。此时，肃宗李亨身边的宰相房琯与杜甫是早年的布衣之交，所以杜甫甚感欣慰，觉得有这样一个官居高位的朋友在，自己的前程也不至于太过黯淡。

可杜甫万万料想不到，房琯不久便因战败而被罢相。杜甫出于交情，极力替房琯辩护，从而触怒肃宗李亨，随后被贬为华州司功参军。乾元元年（公元758年）冬，杜甫回河南老家探亲，于次年春返回华州任所，沿途所见所闻，深深刺痛了他的心灵。此时，中原大地满目疮痍，城邑荒芜、村落空虚。"寂寞天宝后，园庐但蒿藜。我里百余家，世乱各东西。存者无消息，死者为尘泥。"（《无家别》）家家户户的男人都被恶吏抓了壮丁，甚至连老翁和少年也不放过，到处是生离死别的情景、到处是家破人亡的惨象，天地无光、日月同悲，"乾坤含疮痍，忧虞何时毕？"（《北征》），"白水暮东流，青山犹哭声。"（《新安吏》）……

这一段痛苦的旅程，让悲愤莫名的杜甫用"沉郁顿挫"的诗笔写下了一系列饱蘸血泪的诗篇。其中，有一组不朽的名作——《新安吏》《潼关吏》《石壕吏》《新婚别》《垂老别》《无家别》，后世简称"三吏三别"。这组令人泣下的诗作"非亲见不能作，他人虽亲见亦不能作，公目击成诗，若有神助之，遂下千秋之泪"（王嗣奭《杜臆》）。

回到华州后，又逢关中大饥，满腔忧愤的杜甫索性辞官去了秦州（今甘肃天水市）隐居，以打柴、采橡栗为生。上元元年（公元760年），杜甫又辗转"流落剑南，结庐成都西郭"（《新唐书·杜甫传》）。所谓"结庐"，其实就是搭了一座茅草屋而已。当时，杜甫的茅屋四面漏风，碰到大雨天更是风雨交侵。可就是在这里，杜甫写下了《茅屋为秋风所破歌》，结出了"安得广厦千万间，大庇天下寒士俱欢颜"的千古名句。

唐代宗广德元年（公元763年），历时八年的"安史之乱"终于结束。听到胜利的消息时，杜甫欣喜若狂，"剑外忽传收蓟北，初闻涕泪满衣裳。却看妻子愁何在，漫卷诗书喜欲狂。白日放歌须纵酒，青春作伴好还乡。即从巴峡穿巫峡，便下襄阳向洛阳"（《闻官军收河南河北》）。

这是杜甫命途多舛、颠沛流离的一生中罕见的欢乐时刻。

多少的沉郁和哀伤，多少的悲愤和无奈，如今终于化成两行喜悦和欣慰的泪水，在刻满岁月风霜的脸庞上尽情流淌……

杜甫虽然有迫切回乡的渴望，但是当时中原兵戈未息，只好仍旧寓居成都。在滞留西南的后期，杜甫的境况略有好转。当时，一个名叫严武的官员调任剑南节度使，而严武和杜甫是世交，所以便将杜甫纳为幕僚，并奏请朝廷任他为检校工部员外郎。

然而，好景不长，严武未久病逝。时值当地发生兵乱，杜甫便于永泰元年（公元765年）带着家人离开成都，乘舟东下。大历三年（公元768年）春，杜甫穿过三峡，向江陵（今属湖北）航行时，写下了这首晚期的名作《旅夜书怀》："细草微风岸，危樯独夜舟。星垂平野阔，月涌大江流。名岂文章著，官因老病休。飘飘何所似？天地一沙鸥。"

此后的几年中，杜甫往来于岳阳、长沙、衡州、耒阳之间，大部分时间是在船上度过的。大历五年（公元770年）冬，杜甫病逝于湘江舟上，终年五十九岁。

杜甫和李白一样，一直渴望在政治上建功立业，却同样遭遇了仕途蹉跌的命运，而且一生坎坷颠沛、饱经离乱。然而，正是这样的时代境遇和个人命运，最终却造就了他们伟大而高贵的灵魂，促使他们写下了那么多惊天地泣鬼神的动人诗篇。

正所谓,"国家不幸诗家幸,赋到沧桑句便工"(赵翼《题遗山诗》)。

假如唐朝没有遭逢"安史之乱"这样的历史剧变,假如李白和杜甫果真得偿所愿,在仕途上一帆风顺、青云直上,那他们定然会觉得幸福和满足。可如此一来,这个世界恐怕只是多出了两个可有可无的太平官僚,而中国文化的宝库却会损失一笔巨大的精神财富,一部皇皇的《全唐诗》恐怕也将因之黯然失色……

作为个体生命的李白和杜甫,完全有理由感叹命运的不公;作为诗人的李白和杜甫,却也应该感谢造化的安排。千百年来,多少叱咤风云的帝王将相早已被人彻底遗忘,可他们的低声吟咏和纵情歌唱却仍然一遍一遍地在后人的心灵中回响。

那是一种千古绝响。

它永远不会再有,却也永远不会消失……

三六 / 李林甫：无心睡眠

李林甫是一个严重的失眠症患者。

说起病因，也许颇为复杂，但是其中最根本的可能只有一种，那就是——过度警觉。

在李林甫眼中，这个世界就是一座丛林，每一个幽暗的角落似乎都隐藏着敌人，仿佛随时会跳出来咬他一口，所以他要时刻小心提防。李林甫总是用尽一切手段把自己严严实实地包裹起来，直到只剩下一双眼睛和一对鼻孔，然后冷冷地窥视着丛林的每一个角落，小心翼翼地嗅着每一种危险的气息……

也许正因为此，世人对李林甫最为集中的评价就两个字——阴鸷。

可对李林甫来说，他情愿认为这是在夸他。

李林甫的阴鸷，让他在唐帝国的相位上稳稳当当地坐了十九年，任何人都无法撼动，并且把整个家族的荣华富贵一直保持到死的那一刻；让整个天下自皇太子以下的人在他面前都要敛目低眉、垂首屏息，脚下不敢随意移动半步；让天宝年间最嚣张的三镇节度使安禄山每一次见到他都要战战兢兢、汗流浃背，以至于随口说出的话总是比圣旨还更让安禄山感到敬畏；让他在出手做一件事之前任何人都别想预先揣测其意图。与此相反，李林甫对帝国每一个重要人物——上自天子、下至百官的性格特点和内心世界都了如指掌，所以他总是能左右逢源、屹立不倒……

如此种种，可以说都是"阴鸷"带给李林甫的好处。

当然，阴鸷纵然有千般好处，可还是有一点不好——它总是让李林甫活得过于紧张，使他和这个世界的关系显得不太融洽。

所以，李林甫经常失眠。

李林甫总是担心被人暗杀，他的府邸不仅四周岗哨林立，而且宅邸中到处设有重门复壁和暗道机关，每天晚上都要换好几个地方睡觉，以致连他的妻妾子女都不知道他在什么地方。

李林甫的祖上原本也是皇亲国戚，只是一代不如一代：曾祖父李叔良是唐高祖李渊的堂弟，封长平王，官至刑部侍郎，死后赠灵州总管，从二品；祖父李孝斌官至原州长史，从三品；父亲李思诲终其一生也不过是个扬州参军，正七品。正因为李林甫的父系逐代没落，难以在仕途上助他一臂之力，所以他只能把目光转向他母亲这一系。所幸李林甫的舅父姜皎仕途畅达，深得玄宗李隆基宠幸，被封为楚国公、官拜工部尚书，于是李林甫就跟飞黄腾达的舅父走得很近。开元初年，凭着这层关系，李林甫从千牛直长的小官直接升上了太子中允。

姜皎有一个姻亲源乾曜在朝廷担任侍中，掌管门下省，位高权重。于是，李林甫就刻意结交了源乾曜的儿子源洁。跟源洁厮混了一段日子后，李林甫就请源洁帮忙，求其父源乾曜授予他郎官的职务。没想到源乾曜竟然一口回绝，说："郎官必须由品行端正、有才能、有声望的人担任，哥奴（李林甫的小名）岂是做郎官的料！"

言下之意，在源乾曜眼中，李林甫就是一个品行不端、没有才能、名声不佳的人。当源洁哭丧着脸把父亲源乾曜的话原封不动地转告李林甫时，他只是微微一笑，不但一点也不生气，反而安慰源洁不必放在心上。

其实，在那一刻，李林甫的心里就像有三千道火热的岩浆在剧烈奔突，可他脸上并未流露丝毫。从后来看，这就是李林甫作为政治人物的隐忍功夫——无论遇到什么事情，无论内心是狂怒还是狂喜，都不能让其流露在脸上。

开元十四年（公元726年），李林甫几经辗转，终于一步一步迈上帝国的政治高层，升为御史中丞，正四品，手中握着弹劾百官之权，是朝廷的一个要害职位。然而，李林甫的野心远不止此，他的目标是成为一人之下、万人之上的宰相。为此，李林甫锁定了两个人物，并决定不择手段向他们靠拢。

他们是玄宗李隆基最宠幸的两个人——武惠妃、高力士。

玄宗李隆基在做临淄王的时候最宠幸赵丽妃，所以登基后立了赵丽妃所生的李瑛为太子。后来，玄宗李隆基转而宠幸武惠妃（武则天的侄女），对她所生的寿王李瑁的宠爱超过了任何一个皇子，甚至超过了太子李瑛，因此屡有立武惠妃为皇后之意。但是，大臣们却极力劝阻，说："武氏与李唐有不共戴天之仇，岂可立为国母？况且太子非惠妃所生，惠妃自己又有儿子，一旦成为皇后，太子必危。"玄宗李隆基不得已而作罢。

对于武惠妃来说，朝堂上无人援助，想立为皇后是不太可能的；而对于李林甫来说，在后宫中没有人，就无从影响玄宗李隆基，他的野心也难以实现。所以，李林甫就主动向武惠妃抛出了"橄榄枝"，和她结成了政治同盟。

为了跟高力士搭上线，李林甫则绕了一个大弯，他使出了早年混迹市井惯用的一些暧昧手段，与侍中裴光庭的妻子武氏建立了私情。这个武氏是武三思的女儿，而高力士曾经是武三思的门人，所以李林甫想通过武氏影响高力士。

毋庸置疑，在当时的长安，谁能成为武惠妃和高力士的朋友，谁就能成为天子眼前的红人。

开元二十一年（公元733年）春，裴光庭病逝。武氏还没做足丧夫之痛的样子，就急不可耐地要求高力士想办法推荐李林甫继任侍中之职。高力士虽然表示为难，没有向玄宗李隆基提出来，但他念在武氏是其旧主，所以一直在找机会用别的方式进行补偿。

不久后，玄宗李隆基让时任宰相的萧嵩物色一个人做其同僚，萧嵩便推荐了尚书右丞韩休。玄宗李隆基表示同意，可他任命韩休的诏书还未起草，高力士便第一时间通知了武氏，而武氏又立刻告诉了李林甫。李林甫随即赶在天子的诏命下达之前拜访了韩休，满面笑容地向他表示祝贺。

韩休赔着笑脸，眼中却流露出难以置信的神色。

李林甫笑得一脸神秘，那意思是说——"相信我，没错的"！

片刻之后，玄宗李隆基任命韩休为宰相的诏书果然就到了。

韩休又惊又喜地看着李林甫，仿佛这一切都是他的功劳，从此将其视为知己。

韩休这人是直肠子，他当上宰相后不但丝毫不领萧嵩的援引之情，还三番五次当着玄宗李隆基的面和萧嵩吵得面红耳赤，搞得萧嵩狼狈不堪又懊悔不迭。相反，韩休却经常在玄宗李隆基面前说李林甫的好话，说他的才能堪为宰相。

从韩休这个人身上，便足以见出人是多么感性的动物——他很容易喜欢上一个当面告诉他好事的人，却很不愿意相信有人会在背后帮他做好事。

在韩休的大力举荐下，再加上武惠妃在天子耳边夜以继日地吹枕头风，玄宗李隆基终于任命李林甫为黄门侍郎——虽然官阶仍然是正四品，属于平调，可已经是门下省的副职，能够随侍玄宗李隆基左右，可以说真正进入了帝国的权力中枢。

至此，李林甫距离宰相之位仅有一步之遥。

这年冬天，萧嵩和韩休又在朝堂上大吵了几次，以致萧嵩终于忍无可忍，遂向玄宗李隆基提出告老还乡。玄宗李隆基说："朕又没有厌恶你，你何必急着走？"萧嵩说："臣蒙受皇上厚恩，忝居相位，富贵已甚。在陛下不厌弃臣时，臣尚可从容引退；如已厌弃臣，臣生命尚且不保，怎能自愿引退？"

玄宗李隆基长叹一声，说："你且回去，待朕慢慢考虑。"

玄宗李隆基考虑的结果，就是各打五十大板，把萧嵩和韩休两个人都从宰相的职位上给贬了：萧嵩贬为尚书左丞，韩休贬为工部尚书，同时启用张九龄和裴耀卿为相。

当上黄门侍郎后，李林甫经常出入宫禁侍奉玄宗李隆基。以此职务之便，李林甫结交了宫中的许多宦官嫔妃，这些人在此之后一直源源不断地向其提供有关玄宗李隆基的一切情报。没过多久，李林甫就对玄宗李隆基的性情、习惯、好恶、心态乃至饮食起居等一切细节了如指掌，所以凡有奏答应对便总能符合其心意、满足其愿望。

开元二十二年（公元734年）五月，李林甫终于被玄宗李隆基任命为礼部尚书、同中书门下三品，与张九龄和裴耀卿同为宰相。

在幽暗曲折的丛林中穿行多年，李林甫终于抵达他梦想中的阳光地带。

玄宗李隆基在任命李林甫为宰相前，曾咨询过张九龄的意见。张九龄说："宰相关系国家安危，陛下用林甫为宰相，臣恐怕将来会成为宗庙社稷之忧。"

很显然，张九龄、裴耀卿二人和李林甫绝对不是同道中人，他们是注定无法在同一片屋檐下共存共荣的。换言之，双方迟早有人要从相位上被撵走。

开元二十四年（公元736年）冬天发生的两件事，最终决定了他们各自的命运。

第一件事是关于朔方节度使牛仙客的任命与封赏。牛仙客任职朔方时，恪尽职守、节约用度，军队的武库充实、器械精良。玄宗李隆基很赏识牛仙客的才干，准备擢升他为尚书，并且有让他入相的想法。

李林甫立刻意识到这是一个挤走张九龄和裴耀卿的机会。

以李林甫对张九龄的了解，他断定张九龄不会同意让一个武夫进入帝国的权力中枢。因此，李林甫决定支持牛仙客，并相信像牛仙客这种头脑简单、四肢发达的武夫一旦入相，肯定会成为他的应声虫。

果不其然，玄宗李隆基一提出来，张九龄立刻表示反对。继而，玄宗李隆基退了一步，表示要封赏食邑。可是，张九龄还是坚决反对说："封爵是用来赏赐功臣的，边防将领充实武库、修备兵器，是日常事务，不能称为功勋。陛下要慰勉他的勤劳，可以赐给他金帛，要是分封食邑，恐怕不太妥当。"

玄宗李隆基无语。张九龄退下后，李林甫立即向玄宗李隆基表明自己的立场："仙客有宰相之才，任尚书有何不可？九龄是书生，不识大体！"

玄宗李隆基一看李林甫表示赞成，马上转怒为喜，并在次日朝会上又提了出来。张九龄还是和玄宗李隆基对着干，坚决反对。李林甫在一旁窃喜，他知道今天有好戏看了。

玄宗李隆基勃然作色，厉声说："难道什么事都由你做主吗？"

张九龄一震，连忙跪地叩首："陛下不察臣之愚昧，让臣忝居相位，事有不妥，臣不敢不具实以陈！"

玄宗李隆基冷笑："你是嫌仙客出身寒微吧？可你自己又是什么名门望族？"

"臣是岭外海边孤陋微贱之人，比不上仙客生于中华，"张九龄说，"然而臣出入台阁，掌理诰命有年，仙客边隅小吏，目不知书，若予以大任，恐怕难孚众望。"

当天的朝会就这样不欢而散。

散朝后，李林甫没有急着离开，他踱到天子的几个近侍宦官身边随口说了一句："苟有才识，何必辞学！天子用人，有何不可！"

李林甫知道，这话很快就会落进玄宗李隆基的耳朵里。果然，数日后天子就颁下一道诏书——"赐牛仙客陇西县公之爵，实封食邑三百户"。

这样的结果无异于狠狠甩了张九龄一巴掌。

第二件事是关于太子李瑛的废立。

玄宗李隆基登基前，除了宠幸太子李瑛的生母赵丽妃之外，对另外两个妃子皇甫德仪和刘才人也是宠爱有加；可即位后，玄宗李隆基转而宠爱武惠妃，对另三个嫔妃的恩宠渐淡。于是，太子李瑛与皇甫德仪之子鄂王李瑶、刘才人之子光王李琚同病相怜，便缔结了一个"悲情三人组"——时不时聚在一起长吁短叹、怨天尤人。

"世上没有不透风的墙"，但皇宫中的墙通常比一般的墙更透风。

素来与太子李瑛、鄂王李瑶、光王李琚不睦的驸马都尉杨洄把他们的怨恨之词打探得一清二楚，然后一五一十地报告了武惠妃。武惠妃立刻抓住把柄，向玄宗李隆基哭诉说："太子暗中结党，欲图加害我母子，而且还用很多难听的话骂皇上……"

玄宗李隆基大为光火，立刻召集宰相商议，准备把太子和另外两个皇子都废为庶人。

张九龄又发话了，他引经据典、滔滔不绝地陈述反对的理由，然后斩钉截铁地说："陛下必欲为此，臣不敢奉诏！"

玄宗李隆基闻言，顿时闷声不响，脸色铁青。这一切都被李林甫看在眼里，于是他故技重施，退朝后跟一个被宠信的宦官低声说："此主上家事，何必问外人？"（《资治通鉴》卷二一四）

当然，这句话很快又传进了天子耳中。玄宗李隆基随即将太子李瑛等三人全部废黜，从此对李林甫越发宠幸，并对张九龄则日渐疏远。不久后，玄宗李隆基罢免了张九龄和裴耀卿的宰相之职，同时让李林甫取代张九龄成为中书令，兼集贤殿大学士；牛仙客被任命为工部尚书、同中书门下三品。

果然不出李林甫所料，牛仙客入相后，对他感恩戴德、唯唯诺诺。李林甫从此独霸朝纲，进而在玄宗李隆基的周围画上了一条无形的"警戒线"，其中线内是他和天子的"专属区"，任何人胆敢越雷池一步，就会让其吃不了兜着走。

李林甫自己当过言官，知道御史台的官员们经常有触红线和闯雷池的冲动，所以特意找了个机会对御史台的全体官员做了一次重要训话。李林甫说："如今英明的皇上在朝堂指引我们，我们紧跟着走还来不及，哪里需要发表什么言论！不知诸君注意到立在朝堂上的那些仪仗马了吗？如果保持沉默，就能吃到上好的饲料；要是敢自由言说，只需一声就立刻被驱逐，悔之何及啊！"

众人相顾默然。

从此，大唐朝堂万马齐喑、鸦雀无声。

除了压制言论外，李林甫还运用他高明的政治手腕扼杀了许多有能力的朝臣入相的可能。天宝元年（公元742年），玄宗李隆基曾想重用兵部侍郎卢绚，于是李林甫就对卢绚的儿子说："令尊素有清望，如今交州和广州一带缺乏有才干的官员，圣上打算派他去；如果怕去偏远的地方，难免要被降职。依我看，还不如调太子宾客或太子詹事之类的职务，这也是优礼贤者的办法。你看怎样？"卢绚闻言大为恐惧，知道调任交州、广州无异于贬谪，连忙主动提出调职。不久，李林甫就把卢绚调任太子詹事、员外同正，也就是把他划到了"编制"外，不但俸禄只有正官的一半，而且完全根除了他染指中枢权力的可能性。

这年夏天，玄宗李隆基又想复用曾被李林甫排挤出朝廷的政敌严挺之。李林甫嘴上唯唯，可心里登时一紧。当天，李林甫就对严挺之的弟弟严损之说："皇上对尊兄十分挂念，你何不上一道奏书说明尊兄得了风湿病，要求回京师就医？"严损之对李林甫感激不尽，次日就依言上了道奏书。李林甫马上对玄宗李隆基说："严挺之看来是老了，又得了风湿，应该任命他当个闲散的官，让他安心养病。"玄宗李隆基叹息了很久，最后还称赞李林甫想得周到。

在李林甫十九年的宰相生涯中，这样的事情不胜枚举。就这样，人们总是一边对李林甫心怀感激，一边不知不觉地被李林甫挤出权力核心。所以，当后来的人们弄清真相之后，就送给了李林甫四个字——"口蜜腹剑"。

天宝元年（公元742年）秋，李林甫的应声虫牛仙客死了，他随即引荐了刑部尚书、同族的李适之继任宰相。没想到的是，李适之上任半年就渐渐不把李林甫放在眼里，并且企图和太子妃的哥哥韦坚联手整垮他。韦坚擅长理财，每年替朝廷增收的赋税多达一亿，是玄宗李隆基跟前的红人，大有入相之势。李林甫顿时感到了严重的威胁。于是，李林甫一边采用明升暗降的手段把韦坚调离了财赋部门，让自己的心腹、御史中丞杨慎矜取而代之，一边耐心等待进一步行动的时机。天宝五年（公元746年）除夕，太子的密友、边将皇甫惟明由于击败吐蕃入朝献捷，自恃有功便在天子面前斗胆议论朝政，并把矛头指向了李林甫。李林甫便授意杨慎矜密切监视皇甫惟明、韦坚和李适之三人，决定将其一网打尽。

元宵晚上，杨慎矜抓住了皇甫惟明、韦坚和李适之三人秘密会面的证据，次日便向玄宗李隆基告发。李林甫也立刻向玄宗李隆基指出：这是韦坚与皇甫惟明密谋，企图拥立太子、篡位登基。顿时，玄宗李隆基暴怒，当天就把韦坚和皇甫惟明拿下诏狱，随后又贬到边地。韦坚一落马，李适之大为恐惧，不久后便上表请求退居闲职。

搞掉了李适之和韦坚，李林甫又引荐了陈希烈当宰相——此人崇尚老庄之学，为人柔顺谦和，可谓"牛仙客第二"。陈希烈上任后，李林甫享受了几年清静无争的太平日子。依照旧例，大唐开国以来的宰相，每日上朝必须到午后六刻才能退朝。李林甫则在早朝散后的巳时（上午九至十一时）便打道回府，让各省各部的待批文件和一切军国要务都送到他的府上去由他一人裁决，而另一个有名无实的宰相陈希烈只是具名而已。

天宝六年（公元747年），时任户部侍郎兼御史中丞的杨慎矜又渐渐博得玄宗李隆基青睐，李林甫决定将其铲除。由于杨慎矜是前朝隋炀帝杨广的玄孙，李林甫就让与之交好的杨慎矜的外甥、御史中丞王鉷密告其与术士往来密切，说其家中暗藏符谶，企图恢复祖先帝业。对此，杨慎矜百口莫辩。数日后，玄宗李隆基将杨慎矜和两个在朝为官的兄长全部赐死，同时株连了数十个朝臣。

就在这一年，李林甫的仕途走到了顶峰：天子不但加封他开府仪同三司，而且赏赐食邑三百户，还有众多上等的宅地、田园和别墅，以及各种奇珍异宝。岁末的那些日子，由于时近除夕，各地进贡的物品先后运送到尚书省，随后天子又全部赐给了李林甫。每当天子不上朝的时候，文武百官全都聚集到李林甫家中，御史台和尚书省无人当值，只有陈希烈一个人孤零零地坐在台省中。

正所谓"月盈则亏、器满则溢"，在那些日子里，李林甫已经隐约预感到，这也许是他一生中最后的辉煌了。

李林甫的儿子李岫也意识到了这一点。有一次，李林甫命人在后花园修筑暗道，其子李岫随同一起去视察，却忽然指着那些正在劳作的工匠对他说："父亲大人长久掌握大权，怨仇遍满天下。倘若哪天灾祸降临，想要当个像他们这样的杂役，恐怕也办不到了。"

李林甫闻言，越发生出了患得患失之心。

为了长久把持朝政，李林甫决定不择手段地堵死别人的入相之途。自唐朝开国以来，许多有能力的朝臣都是先外放为边帅，取得战功后再入朝为相的。李林甫意识到，必须未雨绸缪地封死这条"出将入相"的渠道，于是对玄宗李隆基说："文臣做将军，不敢身先士卒地抵挡敌人的弓箭炮石，不如起用那些出身卑贱但勇猛善战的胡人为边将。这些人没有显赫的门第，势单力孤，难以在朝中交结朋党，陛下果能以恩义感召他们，他们必定会替朝廷卖死命！"

玄宗李隆基认为李林甫说得很有道理，随后愈加重用安禄山这些胡将，并且不再把朝中文臣外放为边帅，而是大量起用胡人担任诸道的节度使。

此时，玄宗李隆基绝对不会料到，这样的举措是致命的。

实际上，这样的举措将促使藩镇势力迅速坐大，从而导致"强枝弱干"、尾大不掉的局面，并最终引发了"安史之乱"，把帝国从太平盛世一下子推进了万丈深渊……

在生命的最后几年里，李林甫的失眠症更加严重，每夜更换寝室的次数更为频繁。不管白天黑夜，李林甫每次出行都要带上一百多名步骑兵，分左右两翼护卫；而且还让巡防京城的金吾卫提前开道，数百步外的前行卫队所到之处，无论公卿还是庶民都必须回避。

尽管李林甫一意把持朝政，但是到了天宝末年，大唐朝堂的局面还是变得极其错综复杂。其中，外有安禄山的强势崛起，内有杨国忠的恃宠争权，而李林甫手下的王𫓯也日渐坐大，甚至原本看上去碌碌无为的陈希烈也忽然间抖擞起来，事事要和李林甫对着干……

李林甫逐渐产生了临深履薄之感，他知道自己已经老了，而对手们正处于高速成长期。在这种四面楚歌的情况下，李林甫只能采取守势，小心翼翼地游走在这些强敌之间，以自己的余威震慑对手们。

天宝十一年（公元752年）冬天，杨贵妃的堂兄杨国忠日益得宠，入相已成定局。时逢南诏军队多次侵扰西南边境的剑南道，蜀地百姓要求遥领剑南节度使的杨国忠回去镇守，李林甫趁机奏请玄宗李隆基立刻让杨国忠出发。杨国忠知道此去凶多吉少，就哭哭啼啼地去跟玄宗李隆基辞行，说这是李林甫要陷害他；而杨贵妃也一再帮堂兄杨国忠求情。于是，老迈昏聩的玄宗李隆基安慰杨国忠说："你先去走一趟，把军事防御部署一下，我掐着日子等你回来，你一回来我就任命你为宰相！"

这年十一月，把持大唐朝政将近二十年的李林甫终于死了。

但是，李林甫的故事并没有结束。

李林甫死后，玄宗李隆基以隆重的礼节将他入殓：不仅让他躺在一口宽敞舒适的贵重棺椁中，还在他嘴里放了一颗璀璨的珍珠，身旁放着御赐的金鱼袋、紫衣等物。在大唐，这些丧葬赐物代表着无上的恩宠和巨大的哀荣。至此，一生被失眠症困扰的李林甫似乎可以享受一场美妙的长眠了。

然而，结果却出乎所有人的意料。

就在次年正月，李林甫未及下葬，已入阁拜相的杨国忠就派人游说安禄山，一同指控李林甫和突厥降将阿布思共谋反叛。同时，安禄山还迫使阿布思的手下到朝堂做证；李林甫的女婿、谏议大夫杨齐宣也禁不起他们的软硬兼施，被迫做假证出卖了李林甫。老迈的玄宗李隆基面对这么多来势汹汹的指控，不得不颁下一道诏书将李林甫生前的所有官爵削除，子孙中有官职的全部罢免、流放边地，所有财产全部充公；最后还剖开李林甫的棺椁，夺去他口中的珍珠和身旁的金鱼袋紫衣，然后把他塞进一口庶民的小棺，随便埋在了长安郊外的乱葬岗上。

就这样，李林甫到死也没有享受到一场美妙的长眠……

三七 / 杨贵妃：盛世红颜的绽放与凋零

在大唐帝国由盛而衰的转折点上，有一个女人的故事千百年来一直被广为传诵。

她是中国人耳熟能详的"四大美女"之一，与西施、王昭君、貂蝉这三个不同时代的女人同列。她们还共同为后世留下了"沉鱼落雁、闭月羞花"这样美丽的典故：西施浣纱，鱼潜水中；昭君出塞，雁落黄沙；貂蝉夜舞，月隐云中；贵妃观花，牡丹垂首。

千百年来，以她为主题的各种文学艺术作品可谓不胜枚举，而在所有关于"红颜祸水""美人误国"的故事和传说中，她似乎也经常跟妲己、褒姒、赵飞燕、陈圆圆等人一同被提起、被谈论。当然，在多数情况下，她都是被唾骂、被抨击……

换言之，每当人们说起大唐盛世的衰落，必然会将她视为众矢之的。

这个女人，就是杨贵妃。

杨贵妃，名玉环，是世家大族弘农杨氏的后裔，其高祖父是隋朝名臣杨汪，后人迁居蒲州永乐（今山西永济市）。到了其父杨玄琰这一代，杨氏的门第已经衰微。杨玄琰在蜀州（今四川崇州市）担任司户，是掌管户籍、婚田的从七品小官。开元七年（公元719年），杨玉环生于蜀州，十岁左右时父母不幸双双亡故，于是她被叔父杨玄璬（时任河南府士曹参军）接到了洛阳抚养。

杨氏一族虽然家道中落，但祖上毕竟曾是名门显宦，家学渊源还在，所以杨玉环从小就受到了比较好的教育，史称"姿质丰艳，善歌舞，通音律，智算过人"（《旧唐书·杨贵妃传》）。

开元二十三年（公元735年）冬，唐玄宗李隆基在东都洛阳为寿王李瑁（唐玄宗第十八子，武惠妃所生）举行了选妃、册妃大典。时年十七岁的杨玉环以其名门望族的出身和惊艳四方的才貌，从众多的妙龄少女中脱颖而出，成为寿王妃。玄宗李隆基在册妃的诏书中盛赞杨玉环："尔河南府士曹参军杨玄璬长女（实为杨玄琰侄女）……公辅之门，清白流庆，诞钟粹美，含章秀出。固能徽范夙成，柔明自远；修明内湛，淑问外昭。"（《唐大诏令集》卷四十）

当然，此时的玄宗李隆基绝对不会想到，若干年后这个儿媳竟然会变成他自己的妃子，并将和他共同演绎一场轰轰烈烈的爱情故事。

杨玉环入宫不久，武惠妃依恃玄宗李隆基宠幸，决定帮儿子李瑁夺取太子之位，于是与宰相李林甫联手，设计除掉了太子李瑛、鄂王李瑶、光王李琚。随后，武惠妃又让李林甫频频奏请立寿王为太子，但玄宗李隆基犹豫不决，始终没有同意。武惠妃又急又怒，加之良心不安，"数见三庶人（李瑛、李瑶、李琚）作祟，怖而成疾"（《旧唐书·玄宗诸子传》），遂于开元二十五年（公元737年）病逝。

武惠妃是玄宗李隆基最宠爱的女人，而她一死则让玄宗顿时伤心欲绝，终日郁郁寡欢，虽"后庭数千，无可意者"（《旧唐书·杨贵妃传》），一副感情生活突然出现了巨大的空白的样子。

在这个微妙的时刻，最了解玄宗李隆基的"老奴"高力士决定找一个人来填补"空白"，以抚平天子的"感情伤口"。

高力士所找的这个人，就是玄宗李隆基的儿媳——寿王妃杨玉环。

那么，普天之下的美貌女子那么多，而高力士为什么偏偏选中了寿王妃杨玉环，以致让玄宗李隆基在后世蒙受"扒灰"——强占儿媳的骂名呢？

原因有四：首先，确实是因为杨玉环"姿色冠代"、绝世无双，很难再找到比她更出色的女子；其次，如同上述，后宫数千佳丽也确实没有一个能被玄宗李隆基看上，"顾前后左右，粉色如土"（陈鸿《长恨歌传》）；再次，有唐一代胡风最盛，人伦大防远比其他朝代松弛，没有那么多道德藩篱和人伦禁忌（所以，唐朝前有高宗李治立庶母武则天为后，后有玄宗李隆基纳儿媳玉环为妃，均可谓时代风气使然，不值得后人大惊小怪）；最后，武惠妃死后不久，玄宗李隆基便改立三子忠王李玙（后改名李亨）为太子，同时寿王李瑁此时已经失宠，地位远不如前，所以高力士自然可以放心大胆地替天子"横刀夺爱"，也不用担心有什么麻烦。

于是，开元二十八年（公元740年）十月，在高力士的精心安排下，杨玉环前往骊山温泉宫与玄宗李隆基相会，继而一场缠绵悱恻、千古传诵的所谓爱情故事就此拉开序幕。

这一年，杨玉环二十二岁，玄宗李隆基五十六岁。

"天生丽质难自弃，一朝选在君王侧。回眸一笑百媚生，六宫粉黛无颜色。春寒赐浴华清池，温泉水滑洗凝脂。侍儿扶起娇无力，始是新承恩泽时。"（白居易《长恨歌》）在这座云蒸霞蔚、温暖如春的温泉宫中，年过半百的唐玄宗无可救药地爱上了这个当年由他自己亲手挑中的儿媳——寿王妃杨玉环。

玄宗李隆基决意和杨玉环长相厮守，可是她毕竟是寿王妃，要如何才能冠冕堂皇地把她变成自己的女人呢？

玄宗李隆基知道，直接娶过来肯定是不行的，毕竟杨玉环是自己的儿媳，所以必须想一个巧妙的办法。

办法很快就有了。

那就是——为杨玉环在大明宫中特置一座"道观"，让她"出家"当女道士。

从此，杨玉环穿上道袍，头戴黄冠，道号"太真"，以女道士的身份自由出入宫禁，随侍玄宗李隆基左右。在后来将近一年的时间里，杨玉环一直以这个掩人耳目的身份和玄宗李隆基在一起。然后，在众人不知不觉之间，杨玉环脱下了道袍，摘下了黄冠，穿上了嫔妃的衣服，戴上了从前的金钗玉簪。此时，杨玉环的身份仍然是女道士，但是在宫中的称呼已经变成了"娘子"，地位和待遇也已形同皇后。

杨玉环有三个姐姐，据说"皆有才貌"，所以她得宠后三个姐姐亦来到长安，均获玄宗李隆基宠幸，分别被封为韩国夫人、虢国夫人和秦国夫人。于是，四个姐妹"并承恩泽，出入宫掖，势倾天下"（《旧唐书·杨贵妃传》）。

天宝四年（公元745年）八月，杨玉环在当了五年名不正言不顺的"娘子"之后，终于被玄宗李隆基正式册立为贵妃。在此之前，玄宗李隆基已经替寿王李瑁另选了一位王妃。也就是说，从这一刻开始，杨玉环与过去的寿王妃身份已经彻底割断了一切关联，而她与玄宗的"爱情故事"也终于结束了地下状态，堂而皇之地出现在了世人面前。

随着杨贵妃身份的确立，杨氏一门也随之飞黄腾达：父亲杨玄琰被追赠太尉、齐国公，母亲被追封凉国夫人；叔父杨玄珪任光禄卿，兄杨铦任鸿胪卿，堂兄杨锜任侍御史并娶武惠妃之女太华公主；另外一个远房堂兄杨钊（后改名杨国忠）不久后也由蜀地小吏而一夜飞升入朝任职，并很快受到玄宗李隆基重用，进入了帝国的权力中枢。

令人感到十分奇怪的是，杨氏满门皆随杨贵妃鸡犬升天，偏偏当年收养她的叔父杨玄璬反而被人遗忘，实在是不合情理。就算杨玄璬人已亡故，也应像杨玄琰那样被追封，怎么会被人忘得一干二净呢？

其实，并不是杨贵妃忘恩负义，而是她有难言之隐。

准确地说，是杨贵妃和玄宗李隆基共有的难言之隐。

当年，玄宗李隆基把杨玉环选为寿王妃时，诏书上明白写着"尔河南府士曹参军杨玄璬长女"，亦即把杨玉环视为杨玄璬的女儿。如今，杨玉环既然成了玄宗李隆基贵妃，那她之前作为寿王妃的那段历史就必须淡化甚至抹掉。所以，如果杨玄璬仍旧出现在推恩封赏的名单中，那无异于主动承认杨贵妃就是当年的寿王妃。试问，玄宗李隆基能这么做吗？

当然不能。

职是之故，杨玄璬就必须被遗忘、被抹掉。换言之，玄宗李隆基必须让世人相信，现在的这个杨贵妃就是杨玄琰之女，与从前的那个"杨玄璬长女"并不是同一个人。

这即便只是一种自欺欺人的做法，但对广大不知宫闱内情的百姓而言，这样的障眼法还是很有效的。

从杨玉环被立为贵妃的这一年起，杨氏一族迅速成为大唐帝国最有权势、最为煊赫的家族。韩国夫人、虢国夫人、秦国夫人及杨铦、杨锜五家"每有请托"，各地的刺史县令无不将其视为圣旨，必倾尽全力办理，巴结奉承而唯恐不及，故而诸杨府邸总是"四方赂遗，其门如市"。诸杨还在京城中竞相修建豪宅，"甲第洞开，僭拟宫掖，车马仆御，照耀京邑"；每建一宅往往耗费千万，并且相互攀比，以奢侈为尚，如果发现别家宅第比自家的更豪华，当即把新宅推倒重建，"土木之工，不舍昼夜"（《旧唐书·杨贵妃传》）。

每年十月玄宗李隆基行幸华清宫，杨贵妃随侍，高力士必为她牵马执鞭，而杨国忠及韩国夫人、虢国夫人、秦国夫人等杨氏族人亦必随行。诸杨仪仗浩浩荡荡，以杨国忠的剑南节度使大旗开道，每家一队并各穿不同颜色的衣服，相互映照，如同百花盛开，令山川一片锦绣；一路上前呼后拥、环佩叮当，队伍所过之处，珠翠玉簪、金银饰物遗落满途，俯拾即是……

《旧唐书·杨贵妃传》称："开元以来，豪贵雄盛，无如杨氏之比也！"

杨贵妃一人得宠而满门皆贵的事实，对当时重男轻女的价值观产生了很大的冲击，以致民间歌谣纷纷传唱："生女勿悲酸，生男勿喜欢"；"男不封侯女作妃，君今看女作门楣"。

当然，怪不得老百姓会如此艳羡，此时的唐玄宗李隆基对杨贵妃的宠幸的确已到了无以复加的程度，"后宫佳丽三千人，三千宠爱在一身"（白居易《长恨歌》）。宫中专门为杨贵妃织造衣物的织锦和刺绣工匠就有七百人，为她雕刻熔造各种金属器物的工匠也有数百人。此外，扬州、益州、岭南等各地官吏争相从四方进贡各种奇珍异宝和"奇服秘玩"，从而博得天子和贵妃欢心，相继加官晋爵、擢居显位。杨贵妃喜欢吃荔枝，玄宗李隆基就命专人从岭南运来，沿途驿站备有专骑专使，一站一站接力，昼夜兼程，片刻不停，因而荔枝虽跨越数千里运送，抵达长安后却依然肉鲜味美，仿佛刚刚从枝头上摘下。

唐朝诗人杜牧那首著名的《过华清宫》，写的就是飞骑千里送荔枝的故事："长安回望绣成堆，山顶千门次第开。一骑红尘妃子笑，无人知是荔枝来。"

唐玄宗李隆基对杨贵妃的专宠尽管超过了普天下的任何一个女人，但是偌大的后宫毕竟是一座千芳竞妍的大花园，有时候自然也难免会对一些较为出众的嫔妃产生好感；而杨贵妃虽然知书达理、秀外慧中，但毕竟也是一个女人，因此也就难免会因善妒打翻了醋坛子。仗着天子的深宠，杨贵妃一打翻了醋坛子便劲头十足，于是"常因妒媚，有语侵上（玄宗）"（郑綮《开天传信记》），即出言不逊，冒犯天子。

史载，玄宗李隆基因此龙颜大怒，曾先后两次把杨贵妃遣出了宫。

第一次是在杨贵妃被册封的次年，玄宗李隆基命高力士把她送回了兄长杨铦府中，相当于把她赶回了娘家。可是，早上刚刚把人赶走，玄宗李隆基下午就后悔了，但他又碍于天子颜面，不愿开口把杨贵妃接回来，于是就找借口大发脾气，"暴怒笞挞左右"。精明的高力士很清楚天子在想什么，便"伏奏请迎贵妃归院"。玄宗李隆基赶紧就坡下驴，当天夜里就命高力士把杨贵妃接回了宫中。杨贵妃回宫后"伏地谢罪"，而玄宗李隆基当然也是"欢然慰抚"，于是二人重归于好，并且"自是宠遇愈隆"（《旧唐书·杨贵妃传》）。

第二次是在天宝九年（公元750年），玄宗李隆基又把杨贵妃赶回了娘家。当时天子跟前的红人、酷吏吉温与杨贵妃关系很好，当即入宫启奏，故意正言反说："妇人智识短浅，忤逆圣情，然贵妃久承恩顾，纵然要将她治罪，也应在宫中就戮，何忍让她受辱于外？"玄宗李隆基遂令宦官前去给杨贵妃赐膳。杨贵妃哭着对宫使说："妾忤圣颜，罪当万死。衣服之外，皆圣恩所赐，无可遗留，然发肤是父母所有……"（《旧唐书·杨贵妃传》）话音未落便泣不成声，旋即剪下一缕秀发让宫使带回。玄宗李隆基一见断发，顿时又惊又怜，慌忙命高力士把杨贵妃接了回来。

唐玄宗李隆基虽然贵为皇帝，而且此时已经是六十多岁的老人，论年纪完全当得了杨贵妃的父亲，可当他和杨贵妃一起的时候，还是跟世上任何一对小夫妻没啥两样——床头吵架床尾和，而且越吵感情越深。

毋庸讳言，唐玄宗李隆基和杨贵妃的爱情，一开始肯定不是纯粹的，因为玄宗贪恋的是杨玉环的美色，而杨玉环敬畏的是天子的权威。所以，刚开始的时候，要说他们之间的感情有多么真挚、多么纯洁，那肯定是自欺欺人之谈。但是，随着他们在一起的时间一久，我们有理由相信这个年过半百的皇帝和这个二十出头的女人完全有可能超越了权色交易、年龄差距等现实因素的羁绊，从内心深处产生真正纯洁的爱情。

换言之，他们之间有一个相互重叠、同频共振的情感世界，那就是对艺术（"梨园"）的共同挚爱和强烈追求，毕竟共同的兴趣足以让他们相知相惜，而纯粹的艺术也足以让他们的灵魂在一个超越凡俗、纤尘不染的世界里翩跹共舞……

大明宫中有一个烟波浩渺的太液池，太液池北岸有一座雕梁画栋的自雨亭。唐玄宗李隆基和杨贵妃经常在此流连，或观花赏月，或饮酒赋诗，而更多的时候他们会在这里观赏并创作歌舞。例如，中国艺术史上的经典之作、由唐玄宗李隆基亲自谱曲、杨贵妃编舞并表演的大型歌舞剧——《霓裳羽衣曲》，就是诞生在这座亭子里。

与杨贵妃朝夕相伴、灵魂共舞的那些日子，唐玄宗李隆基忘记了他的帝国、忘记了他的臣民，全身心沉浸在了晶莹剔透的艺术和爱情之中……

"云鬓花颜金步摇，芙蓉帐暖度春宵。春宵苦短日高起，从此君王不早朝。"（白居易《长恨歌》）此时，大唐帝国在抵达辉煌与鼎盛的同时，也无可挽回地走向了奢靡与浮华。

就在这时候，有一个胡人来到了大明宫。

没有人想到，短短几年后，他将把歌舞升平的大唐帝国一举推入万劫不复的深渊。

这个人就是安禄山。

从开元末年起，安禄山便因"大立边功"而深获唐玄宗李隆基宠幸，被玄宗视为"万里长城，镇清边裔"。（《安禄山事迹》卷上）天宝年间，身兼平卢、范阳、河东三镇节度使的安禄山频频来朝，对唐玄宗李隆基和杨贵妃极尽阿谀谄媚之能事。滑稽的是，这个据说体重达三百多斤的安禄山却善跳胡旋舞，舞起来还"旋转如风"，颇能投唐玄宗与杨贵妃之所好。对此，唐代诗人白居易作《胡旋女》云："中有太真外禄山，二人最道能胡旋。"同时，安禄山还千方百计地向玄宗李隆基大表忠心，使玄宗始终对他重用不疑，"尤嘉其纯诚"。天宝六年（公元747年），出于对安禄山的宠幸，玄宗李隆基不仅让杨铦、杨锜和韩国夫人、虢国夫人、秦国夫人与安禄山结为兄弟姐妹，而且还欣然同意安禄山所请让他认杨贵妃作义母。

差不多从这个时候开始，安禄山便已生出谋逆之心了。

朝中不断有人向玄宗李隆基发出警告，可玄宗始终置若罔闻。

天宝十四年（公元755年），安禄山终于揭起反旗。安禄山以诛讨杨国忠为名，在范阳起兵，迅速南下攻陷东都洛阳，旋即于洛阳称帝，继而攻破潼关，兵锋直指长安。

"渔阳鼙鼓动地来，惊破霓裳羽衣曲。九重城阙烟尘生，千乘万骑西南行。"（白居易《长恨歌》）至此，唐玄宗李隆基才如梦初醒，只好带着太子李亨、杨贵妃、杨国忠等人逃亡蜀地。

天宝十五年（公元756年）六月十四日，唐玄宗李隆基一行逃到马嵬驿（今陕西兴平县西北二十三里），以龙武大将军陈玄礼为首的禁军将士突然哗变，他们认为奸相杨国忠恃宠乱政是导致安禄山叛乱的罪魁祸首，"天下以杨国忠骄纵召乱，莫不切齿"（《资治通鉴》卷二一八），故而一举诛杀了杨国忠父子。

唐玄宗李隆基惊闻将士哗变、杨国忠被杀，赶紧出面安抚。可将士们却不肯散去，而是大呼"杨国忠谋反"，并声称"贼本尚在"，一下子把矛头指向了杨贵妃。陈玄礼更是直言不讳地说："国忠谋反，贵妃不宜供奉，愿陛下割恩正法。"唐玄宗李隆基闻言，顿觉天旋地转，许久后才有气无力地说了一句："朕当自处之。"意思是，我自有分寸，你们不要得寸进尺了。

然而，已经杀红了眼的禁军将士并未善罢甘休，而是仍将驿站团团围住，不停地扰攘喧哗。唐玄宗李隆基返身入内，倚杖而立，胸中有如翻江倒海，悲伤、愤怒、悔恨、恐惧交织在一起轮番撕咬着……

随行的朝臣韦谔叩头力谏："今众怒难犯，安危只在顷刻，愿陛下速决！"

唐玄宗李隆基仍旧不甘心地说："贵妃常居深宫，安知国忠反谋？"

这时候，高力士接腔了："贵妃诚无罪，然将士已杀国忠，而贵妃在陛下左右，岂敢自安！愿陛下审思之，将士安则陛下安矣。"（《资治通鉴》卷二一八）

毕竟还是高力士这个"老奴"了解自己的主子唐玄宗李隆基，他的话一下就击中了要害——"这根本不是杨贵妃有没有参与杨国忠谋反的问题，而是将士们铁定了心要杀贵妃，陛下您应考虑是想保她还是想自保的问题"。

换言之，高力士是在敦促唐玄宗李隆基——"形势如此危急，您也只能忍痛割爱、壮士断腕了"。

至此，唐玄宗李隆基终于绝望。

唐玄宗李隆基忍痛发出赐死令，"命力士引贵妃于佛堂，缢杀之"（《资治通鉴》卷二一八）。

一代绝世红颜就此香消玉殒。

唐玄宗李隆基肝肠寸断，心如刀绞。"君王掩面救不得，回看血泪相和流。……上穷碧落下黄泉，两处茫茫皆不见。……天长地久有时尽，此恨绵绵无绝期。"（白居易《长恨歌》）

如果说盛唐是中国历史的一座巅峰，那么杨贵妃就是绝顶之上一朵灼灼绽放的盛世牡丹。从这个意义上说，杨贵妃是幸运的：正是有了富贵雍容的大唐盛世作为背景，她的爱情故事才会被渲染得如此鲜艳妖娆；正是有了歌舞升平的时代作为舞台，她的生命之舞才能摇曳得如此绚丽多姿、华美无双。

然而，杨贵妃又是不幸的，因为盛世背后就是黑暗的深渊。

《霓裳羽衣》歌舞未歇，渔阳鼙鼓已经动地而来。

刹那之间，盛世崩塌，红颜凋零。当初的艺术和爱情越是令人心醉，后来的诀别和死亡就越是令人断肠……

世人多把盛世的衰落归咎于红颜惑主、狐媚误国，却从来不曾细想：这一介红颜连自己的命运都把握不住，又怎堪为一个帝国的不幸埋单？

究其实，杨贵妃只是被迫为这个夭折的盛世充当一件华丽的殉葬品罢了。

这个盛世的崩塌太过沉重，它压垮了许多男人的肩膀和心灵，所以他们让这个曾经在盛世中风光无二、富贵尽享的女人为帝国的沉沦承担责任、付出代价，尤其是让那些因盛世不再而丧失了权力和富贵的男人们在内心深处获得些许自我的所谓平衡……

真相说破了，无非如此而已。

但是，杨贵妃又是无憾的：尽管她的结局堪称凄凉，可恰恰是这样的结局让她的故事在千百年后犹然令人唏嘘扼腕，并且生动地唤醒了无数后人的文学情感和艺术想象；尽管绝世红颜只能伴随坍塌的盛世一同凋零，但是当别人的故事都已在岁月的风尘中弥散，她却在属于她的爱情故事里永远不老……

天宝十五年（公元 756 年），杨贵妃死在了马嵬驿。

三八 / 安史之乱（上）

天宝十四年（公元755年）十一月，骊山华清宫。

每年十月，唐玄宗李隆基都会携贵妃杨玉环来此沐浴温泉，而这个习惯已经保持整整十五年了。从开元二十八年（公元740年）唐玄宗李隆基宠幸杨玉环以来，不管天下发生了什么事，每年的骊山之行都是雷打不动的。

这一年当然也不会例外。

此时的唐玄宗李隆基并不知道，这将是他与杨贵妃的最后一次骊山之行。

当时，外面的世界天寒地冻，可华清宫内却温暖如春。唐玄宗李隆基和杨贵妃一起沐浴在温泉池中，时而嬉水，时而畅游。池中热气氤氲、烟雾缭绕，美人肤如凝脂、巧笑嫣然，而此情此景尽管早已熟识，可唐玄宗李隆基还是忍不住心旌摇荡，一时间竟不知今夕何夕，亦不知人间天上……

来自太原和朔方的情报就是在这时候递进华清宫的。

两封情报都宣称安禄山要谋反，并且具言了许多反状。乍一听见这个消息，唐玄宗李隆基并不相信，因为这些年来有太多人奏言安禄山必反，可每次都被证明是捕风捉影、危言耸听。所以，唐玄宗李隆基相信，这一次肯定也是那些嫉妒安禄山的人在造谣。

然而，在接下来的几天中，来自河北、河南各郡县的加急战报就雪片般飞到了唐玄宗李隆基手上——十一月九日，安禄山兴兵十五万、号称二十万反于范阳，并大举南下，"所过州县，望风瓦解，守令或开门出迎，或弃城窜匿，或为所擒戮，无敢拒之者……"（《资治通鉴》卷二一七）。

到了这一步，唐玄宗李隆基终于清醒了。

但紧接着，却是更大的困惑——安禄山为什么要造反？

他曾经给予安禄山最大的倚重、信任和恩宠，可到头来为什么会是这样的结果？

唐玄宗李隆基感到一阵前所未有的愤恨和懊悔。

顿时，过去与安禄山"君臣相悦"的一幕幕也清晰地浮现在了眼前……

安禄山是"营州柳城杂种胡人"（《旧唐书·安禄山传》），柳城即今辽宁朝阳市。据考证，安禄山生于武则天长安三年（公元703年），父亲是西域康国胡人的后裔，母亲是突厥巫师，因祈祷战神"轧荦山"而生下他，故以轧荦山为名。后来，其母改嫁突厥人安延偃，便以安为姓，改名禄山。

安禄山的发迹史，称得上是一部传奇。

安禄山身材魁伟壮硕，肤色白皙。年轻时，在边境集贸市场上做外贸商人，据说掌握六种蕃语。不过，安禄山做生意的本事却不怎么样，所以一直没能发财。到了开元二十年（公元732年），安禄山已年届而立，还是混得一塌糊涂，可能一心急着发财，就在做贩羊生意时使用了欺诈手段，结果被人识破，以"盗羊罪"绑赴公堂。当时，幽州节度使张守珪打算把安禄山乱棍打死，于是安禄山便扯着嗓子大喊："大人不是想消灭奚和契丹吗？干吗打杀壮士？"张守珪见安禄山身形魁梧，而且颇有几分胆识，是块当兵打仗的料，于是就放了他并把他留在了自己麾下。

安禄山本来一只脚已经踏进了鬼门关，没想到一声大喊却彻底改变了人生。

从此，安禄山咸鱼翻生，否极泰来。入伍之后，安禄山屡立战功，"行必克获"，"以骁勇闻"（《旧唐书·安禄山传》），深受张守珪赏识，并很快被提拔为偏将，并被收为养子。

开元二十四年（公元736年），安禄山升任平卢讨击使，奉张守珪之命讨伐奚和契丹，却因轻敌冒进而大败。张守珪念其骁勇，不忍诛杀，就把他执送东都洛阳交给朝廷发落。当时，唐玄宗李隆基和宰相都在洛阳。张九龄亲自审问安禄山，"与语久之"，深感此人殊非善类，于是向唐玄宗李隆基奏称："禄山狼子野心，而有逆相，臣请因罪戮之，冀绝后患。"（《大唐新语》卷一）

张九龄不是神，他当然不可能预见十九年后的"安史之乱"，但是作为一个阅人无数的宰相，凭借与安禄山的一番长谈而看出他"外若痴直，内实狡黠"的秉性，倒也不是没有可能。假如唐玄宗李隆基能够采纳张九龄之言，当时就把安禄山除掉，那么后来的历史就要被彻底改写了。

只可惜，唐玄宗李隆基没有这么做。

唐玄宗李隆基因为爱惜安禄山的"勇锐"，仅将其免官，而仍令其以"白衣"

之身回军中效命并戴罪立功。

安禄山再一次死里逃生。

通过这次挫折，安禄山学乖了。同时，安禄山终于明白，光靠在战场上拼杀是没用的，即便拿命换来一官半职，一着不慎就会前功尽弃、满盘皆输，所以要想出人头地，就不仅要会打仗，更要会做人。

如何做人呢？

答案很简单——钱。

每个人都喜欢钱，那些有权的人更喜欢，所以只要你给有权的人送钱，他们自然就会喜欢你，而且乐于拿手中的权力和你交换。

从此，安禄山一边拼命打仗，一边不遗余力地贿赂朝廷派来的每一个使臣，"厚贿往来者，乞为好言"，于是"人多誉之"，"玄宗益信向之"（《旧唐书·安禄山传》）。开元二十八年（公元740年），安禄山升任平卢兵马使。次年，御史中丞张利贞为河北采访使，赴平卢（营州）视察军情，"禄山谄佞，善伺人情，曲事利贞，复以金帛遗其左右"（《安禄山事迹》卷上）。张利贞回朝后，大说安禄山的好话。玄宗李隆基越发信任，旋即加授安禄山营州都督、平卢军使等职。

天宝元年（公元742年），安禄山升任平卢节度使。次年正月，安禄山第一次到长安入朝觐见玄宗李隆基，大表忠心，遂再次加封骠骑大将军。天宝三年（公元744年，于此年改"年"称"载"），玄宗李隆基又让安禄山兼任范阳节度使。当时，朝中的宰相李林甫、户部尚书裴宽、礼部尚书席建侯都众口一词地盛赞安禄山，而这三人是玄宗李隆基最倚重的朝臣，既然连他们都赞不绝口，玄宗对安禄山的宠信就更是不可动摇了。

天宝六年（公元747年），安禄山又以平卢、范阳节度使兼任御史大夫。随着权势和地位的提升，安禄山入朝的次数越来越多，和玄宗李隆基的关系也显得越来越亲密。安禄山生性狡黠，加之应对敏捷、用语诙谐，时常把玄宗李隆基逗得开怀大笑。史称当时的安禄山"体充肥，腹垂过膝，尝自称重三百斤"，玄宗李隆基便拿他开心，问："此胡腹中何所有，其大乃尔？"

安禄山闻言，当即不假思索地说："更无余物，正有赤心耳！"（《资治通鉴》卷二一五）玄宗李隆基一听，顿时龙颜大悦。

还有一次，安禄山上殿觐见，当时太子李亨也在场，可安禄山却视若无睹，只拜皇帝，不拜太子。旁人提醒，安禄山却装作一脸懵懂地说："臣是胡人，不懂朝中礼仪，不知太子是何官？"玄宗李隆基笑着向安禄山解释："这是储君，朕千秋万岁后，将代朕君临天下。"安禄山似懂非懂地说："臣愚钝，向来唯知有陛下一人，不知道还有储君。"说完，勉强下拜行礼。

当然，谁都看得出来，安禄山这是在演戏。但是，这出戏却没人愿意拆穿，因为安禄山不可能不知道太子何谓、储君何谓，但他偏偏要装傻充愣，目的就是要拐着弯儿向玄宗李隆基表达赤胆忠心。同时，在场的人大多受过安禄山的好处，当然会帮他一起演戏。对于玄宗李隆基来说，安禄山竟然为了讨好他而不惜得罪未来的皇帝（太子李亨），这份忠心当然也是旁人莫及的。

在安禄山认杨贵妃为义母后，每次入朝，都是先拜贵妃，再拜皇帝。玄宗李隆基不解，问他何故。安禄山恭恭敬敬地说："我们胡人的习俗，都是先拜母亲，后拜父亲。"玄宗李隆基释然，对安禄山又平添了几分好感。

其实，安禄山很清楚，玄宗李隆基把杨贵妃当成了心肝宝贝，所以讨好她就等于讨好皇帝，甚至比直接讨好皇帝的效果更好。

天宝后期，安禄山权势日隆，不仅身兼河东、范阳、平卢三镇节度使及河北采访使，而且受封上柱国、柳城郡开国公、东平郡王。此外，安禄山的母亲和祖母皆赐国夫人，十一个儿子都由玄宗李隆基赐名，可谓显赫无匹、荣宠备至。

没有人料到，此时的安禄山早已"包藏祸心，将生逆节"了。史称安禄山每次入朝，"常经龙尾道，未尝不南北睥睨，久而方进，即凶逆之萌，常在心矣"（《安禄山事迹》卷上）。

人的欲望是无止境的，越是受到纵容就越是会加速膨胀。

所以，当安禄山的权势和地位逐渐接近人臣的极点时，他那颗硕大滚圆的肚子里头就再也装不下什么效忠李唐的"赤心"了，而是一颗窃夺天下的"狼子野心"。

天宝中后期，安禄山一直在暗中积蓄力量。安禄山先后蓄养了奚、契丹、同罗等族壮士八千余人，组建了自己的亲兵卫队；又罗致了高尚、严庄、张通儒、孙孝哲、史思明等一大批精明强干的文武将吏。此外，安禄山还积极畜养马匹、贮藏兵器、囤积粮草，储备各种军需物资。

安禄山之所以迟迟没有动手，一来是尚无合适的起兵借口，二来也是惮于当朝宰相李林甫的权威。史称"禄山于公卿皆慢侮之，独惮林甫，每见，虽盛冬，常汗沾衣"；"安禄山以李林甫狡猾逾己，故畏服之"。（《资治通鉴》卷二一六）

因此，李林甫只要仍然当政，安禄山就不敢轻举妄动。

天宝十一年（公元 752 年），把持帝国朝政达十九年之久的李林甫终于死了，安禄山大喜，立即加快了阴谋反叛的步伐。继任宰相杨国忠担心安禄山威胁自己的相位，却又无力制约他，于是便屡屡向玄宗李隆基奏称安禄山必反。但久已荒疏朝政的玄宗李隆基根本看不透安禄山包藏的祸心，所以始终不肯相信。次年冬，杨国忠向玄宗李隆基献策，说"要想试探安禄山是否有谋逆之心也很简单，请陛下颁一道诏书召他入朝，臣料他必定不敢来"。

可杨国忠万万没有料到，安禄山居然来了！

天宝十三年（公元 754 年）正月，安禄山一接到诏书，立刻马不停蹄地赶到华清宫觐见玄宗李隆基。杨国忠弄巧成拙，自己打了自己一个嘴巴。安禄山向玄宗李隆基哭诉说："臣本胡人，受陛下宠任，擢居高位，为杨国忠所嫉妒，欲谋害臣，臣性命难保啊！"

玄宗李隆基大为怜惜，遂"赏赐巨万，由是益亲信禄山，国忠之言不能入矣"（《资治通鉴》卷二一七）。

安禄山担心留在长安夜长梦多，不久便向玄宗李隆基辞归，以日行三四百里的速度疾驰出关、直奔老巢。"禄山既至范阳，忧不自安，始决计称兵向阙。"（《安禄山事迹》卷中）

天宝十四年（公元 755 年）十一月，安禄山突然召集众将，宣称"奉天子密诏，发兵入朝讨杨国忠"，旋即集合所部及同罗、奚、契丹等十五万众大举南下，"步骑精锐，烟尘千里"。当时，天下承平日久，"百姓累世不识兵革，猝闻范阳兵起，远近震骇"（《资治通鉴》卷二一七）。

十一月十六日，当玄宗李隆基确定安禄山的反叛已经是铁板钉钉的事实后，急召安西节度使封常清赴华清宫见驾，商讨平叛战略。封常清久镇边疆，素以骁勇善战著称，根本不把安禄山放在眼里，于是当即拍着胸脯对玄宗李隆基说："臣请求立即前往洛阳，开府库，募骁勇，不日定将逆胡首级献于阙下！"

玄宗李隆基甚感欣慰，遂于次日任命封常清为范阳、平卢节度使，让他即日开赴洛阳，募兵御敌。二十一日，玄宗李隆基匆匆返回长安，用大约十天时间完成了战略部署：

河东（今属山西）方面，以朔方右厢兵马使、九原太守郭子仪为朔方节度使，右羽林大将军王承业为太原尹，程千里为潞州（今山西长治市）长史，以"三点一线"的方式协同防御，防备叛军西进。

河南方面，一共设置三道防线：以卫尉卿张介然为河南节度使，领陈留（今河南开封市）等十三郡组建第一道防线；封常清在洛阳就地募兵六万人，构成第二道防线；以右金吾大将军高仙芝为副元帅（元帅由玄宗之子荣王李琬挂名），率五万人镇守陕郡（今河南三门峡市），作为第三道防线。

做完这一切，玄宗李隆基总算松了一口气。

在玄宗李隆基看来，这个防御计划还是比较周全的，就算不能在短时间内消灭叛军，也足以挫其锋芒，保证两京无虞了。

可是，玄宗李隆基错了。

叛军的战斗力要比玄宗李隆基想象的强大得多，而朝廷将士的战斗力却是出乎意料的脆弱。所以，这个看似严密的防御计划，很快就将被所向披靡的安禄山彻底粉碎。

十二月二日，安禄山大军从灵昌渡口（今河南延津县古黄河渡口）渡河南下，当天攻陷灵昌郡（今河南滑县）。新任河南节度使张介然刚到陈留没几天，叛军便已大兵压境，于是他仓促组织一万人登城拒守，可士兵们毫无斗志。五日，陈留太守郭纳开门出降，叛军蜂拥入城，旋即张介然被杀。第一道防线就此宣告瓦解。

十二月七日，玄宗李隆基下诏，宣布准备亲征，命朔方、河西、陇右各节度使亲率主力火速前来长安集结，限二十天之内抵达。

八日，安禄山挥师西进，迅速攻陷荥阳（今河南荥阳市），兵锋直指东京洛阳。封常清率部进驻虎牢关，准备据险而守。然而，封常清招募的这六万人都是未经训练的新兵，与身经百战的叛军铁骑交锋，无异于以卵击石。官军一战即溃，虎牢关旋即失守。封常清收集余众边打边退，却连战连败，最后连洛阳也被攻破，只好率残部亡奔陕郡。第二道防线就此崩溃。

十二日，安禄山叛军进入洛阳，大肆烧杀抢掠。封常清退至陕郡，向副元帅高仙芝奏报："累日血战，贼锋不可当。且潼关无兵，若狂寇奔突，则京师危矣。宜弃此守，急保潼关。"（《旧唐书·高仙芝传》）高仙芝素来信任封常清，此刻战况又如此危急，遂采纳他的建议放弃陕郡，仓促退保潼关。

十六日，玄宗李隆基再次强调要御驾亲征，并下诏由太子李亨监国，同时向宰相们透露了传位之意。杨国忠大为恐惧，退朝后对韩国夫人、虢国夫人说："太子素恶吾家专横久矣，若一旦得天下，吾与姊妹并命在旦暮矣！"（《资治通鉴》卷二一七）韩国夫人、虢国夫人即刻入宫找杨贵妃。杨贵妃马上去向玄宗李隆基请命，于是监国之议就此搁置，亲征计划亦随即不了了之。

此时，玄宗李隆基已是七十一岁的老人，所谓"亲征"本来就是很不现实的事，说白了不过就是做做样子、为前线将士打打气而已。如今，杨贵妃既然出面劝阻，玄宗李隆基当然就顺坡下驴，再也不提亲征之事了。

安禄山起兵不过月余，便已占领河北、河南的大部分土地，并轻而易举地击破两道防线，毫不费力地拿下东京洛阳，如此局面不能不让玄宗李隆基产生强烈的恐惧和愤怒。

接下来的日子，被恶劣情绪所左右的玄宗李隆基开始丧失理性，接连犯下不可饶恕的错误，致使战况进一步恶化，并最终导致了西京长安的沦陷。

玄宗李隆基犯下的第一个错误是临阵斩将，错杀了高仙芝和封常清。这样，第三道防线也彻底崩溃。

早在高仙芝东征之前，玄宗李隆基就派了宦官边令诚去当监军。可边令诚不但不懂军事，而且为人阴险贪鄙，几次向高仙芝索求重贿不得满足，因而怀恨在心。所以，当高仙芝采纳封常清避敌锋芒的战略，主动弃守陕郡、退保潼关时，边令诚便抓住这个把柄，入朝向玄宗李隆基打小报告，夸大封常清和高仙芝的战败责任，并声称："常清以贼摇众，仙芝弃陕地数百里，又盗减军士粮赐。"（《资治通鉴》卷二一七）

封常清确实说过"贼锋不可当"的话，可那是建立在"累日血战"基础上的正确判断，并非畏敌怯战、动摇军心；而当时陕郡无险可守，潼关的防守又薄弱空虚，所以高仙芝、封常清二人弃守陕郡、退保潼关的战略也不失为明智之举；至于说高仙芝克扣军饷，那纯粹就是造谣污蔑了。

可玄宗李隆基却听信边令诚的一面之词，旋即下诏将高仙芝和封常清斩于军中，并紧急起用正在家中养病的河西、陇右节度使哥舒翰，让他取代高仙芝的副元帅之职，率八万人进驻潼关。

河南战场一败涂地，但是河东、河北战场此时却出现了转机。以郭子仪、李光弼为首的朔方军屡屡击破叛军，大有自井陉口出太行山，直捣叛军老巢范阳之势。与此同时，颜杲卿、颜真卿（二人是堂兄弟）也在河北坚持抵抗，与河东的朔方军遥相呼应，致使原本降于安禄山的十七个郡又重归朝廷，使得安禄山在河北的实际控制区只剩下范阳、卢龙等六郡。

安禄山本欲亲自领兵进攻潼关，但迫于河东、河北的两线压力，不得不回镇洛阳。

天宝十五年（公元756年）正月，安禄山为了加强政治号召力，遂于洛阳称帝，国号大燕，改元"圣武"，设立文武百官，正式与唐朝分庭抗礼。

自唐军退入潼关，安禄山便命将领崔乾祐入据陕郡。哥舒翰接手潼关防务后，只一意加固工事，拒不出战。崔乾祐被这座"一夫当关，万夫莫开"的险关所阻，也只能干瞪眼，"数月不能进"，与哥舒翰形成相持状态。

此后，郭子仪和李光弼率部进入河北，屡屡击败燕军骁将史思明，其中仅嘉山（今河北曲阳县东北）一战便斩敌四万、俘敌千余，并切断了洛阳与范阳的联系。燕军将士无不担心老巢被占，人人惶恐不已。此时的形势对唐军大为有利，连安禄山自己也发出了"北路已绝，诸军四合，吾所有者仅汴、郑数州而已"的哀叹，一度还想放弃洛阳、回保范阳。

在这种情况下，只要潼关不失，郭子仪挥师直捣范阳，燕军军心就会瞬间瓦解，洛阳的安禄山也必将陷入四面受敌、孤立无援之境。

然而，就在这个节骨眼上，玄宗李隆基犯下了第二个致命的错误——勒令哥舒翰出战，导致潼关丢失。

当时，天下人都认为杨国忠恃宠擅权引发了叛乱，所以人人必欲诛之而后快。杨国忠眼见哥舒翰手握重兵，担心他反戈一击，遂频频怂恿玄宗李隆基——"崔乾祐兵力薄弱，应让哥舒翰出关，主动进攻陕郡，趁势收复洛阳"。玄宗李隆基颇以为然，遂连连遣使强令哥舒翰出关决战。哥舒翰万般无奈，只好挥泪出关。

六月八日，哥舒翰的前军在灵宝（今属河南）西面遭遇崔乾祐伏击，被打得丢盔卸甲，中军和后军望风而溃、争相逃命。顷刻间，十八万大军星飘云散，哥舒翰仅率百余骑逃入关中。次日，崔乾祐乘胜攻克潼关，哥舒翰被俘，旋即投降安禄山。

潼关一失，整个战局为之逆转，关中门户洞开，西京长安岌岌可危。

六月十三日凌晨，玄宗李隆基抛弃了繁华富庶的帝都长安，抛弃了他的万千臣民，带着杨贵妃、杨国忠、太子李亨、宰相等少数人，在禁军和宦官的簇拥下偷偷出城向西逃往巴蜀。

数日后，燕军兵不血刃地占领长安，大肆屠杀劫掠。远近各地官吏风闻皇帝逃亡、西京沦陷，纷纷弃城而逃。至此，整个大唐帝国到处是一片战火纷飞、山河破碎的惨象，曾经的太平盛世灰飞烟灭，唐王朝陷入空前的危机之中……

三九 / 安史之乱（下）

天宝十五年（公元 756 年）七月初，大唐太子李亨历经艰险，辗转逃至灵武（今属宁夏），数日后在随行官员的劝请下即位（是为唐肃宗），遥尊远在巴蜀的唐玄宗李隆基为太上皇，并改元至德。

安禄山虽然占领两京、建立大燕，当上了梦寐以求的皇帝，但是他骨子里仍然是一个贪婪残暴、胸无大志的武夫。安禄山既没有一统天下的胸怀，也缺乏治国安邦的才略，所以燕军官兵所到之处，除了烧杀抢掠就是暴力镇压，根本无法获得百姓的拥戴，连起码的社会秩序都建立不起来，更不用说要建立一个稳定的政权。

除此之外，大燕统治集团内部也缺乏凝聚力，君臣之间相互猜忌，文武百官争权夺利，大家都没有长远打算，只知道贪图眼前利益。

这样一个纯粹建立在暴力和阴谋基础上的政权，可以说从它诞生的那一刻起，就已经注定了夭折的命运。

所以，当唐肃宗李亨即位不久，对谋臣李泌感叹敌人太过强大、不知天下何时可定之时，李泌就胸有成竹地告诉他："臣观房所获子女金帛，皆输之范阳，此岂有雄据四海之志邪？……以臣料之，不过二年，天下无寇矣。"（《资治通鉴》卷二一九）

安禄山本来就患有眼疾，自起兵后症状日趋严重，到后来甚至完全失明。此外，安禄山身上又不知何故长出了多处恶疮，病痛的折磨让他的性情变得越发暴躁，导致他身边的人动辄得咎，轻则鞭打，重则斩杀，人人恐惧莫名。被鞭挞次数最多的人当属安禄山身边的宦官李猪儿，还有他宠信的中书侍郎严庄也未能幸免。

满怀怨恨的严庄终于忍无可忍，开始策划暗杀行动。严庄先是找了李猪儿，接着又联络安禄山的长子安庆绪。由于安禄山晚年宠幸妃子段氏和她生的幼子安庆恩，安庆绪担心自己的继承人地位被夺走，所以毫不犹豫地加入了严庄的计划。

至德二年（公元757年）正月，严庄、安庆绪、李猪儿联手杀死了安禄山，然后安庆绪即大燕皇帝位，严庄则独揽朝政大权。

得到安禄山之死的消息后，唐肃宗李亨决定发动全面反攻，收复两京（长安、洛阳）。至德二年（公元757年）二月，唐肃宗李亨自灵武进驻凤翔（今属陕西）。旬日之间，陇右、河西、安西诸道兵马纷纷集结于凤翔。

大唐帝国的反击战正式拉开序幕。

二月十一日，兵部尚书郭子仪自洛交（今陕西富县）出兵攻取河东（今山西永济市）。河东位于长安与洛阳之间，战略地位十分突出。郭子仪收复此地，既扼住了燕军的咽喉，又与长安西面的唐军遥相呼应，从东、西两侧对长安燕军形成腹背夹击之势。

四月，唐肃宗李亨擢升郭子仪为司空兼天下兵马副元帅，命其率部至凤翔，准备集中兵力一举克复长安。四月底，郭子仪部与王思礼部在咸阳西南的西渭桥会合，而后进驻潏水（渭水支流）西岸。燕将安守忠、李归仁立刻率兵屯驻长安西郊的清渠。于是，两军对峙七天七夜，唐军始终未能前进一步。

五月初六，安守忠佯装后撤，郭子仪命令全军出击。燕军以九千精锐骑兵组成长蛇阵，待唐军攻其腹部，首尾迅即变成两翼将唐军合围。此战唐军大败，伤亡惨重。

经此一役，唐肃宗李亨与郭子仪皆深感唐军的战斗力远远不及叛军，不得不遣使求援于回纥。九月，回纥的葛勒可汗派遣其子叶护、将军帝德率四千余名回纥精兵抵达凤翔。

九月下旬，兵马大元帅、广平王李俶（李亨长子）与副元帅郭子仪率领十五万大军，在长安西郊的香积寺一带与安守忠、李归仁的十万燕军展开决战。

果然，回纥的四千铁骑在这个决定性战役中发挥了关键作用。

在战斗进行到最激烈的当口，朔方左厢兵马使仆固怀恩率回纥兵击溃了燕军的精锐骑兵。燕军士气大挫，被歼灭六万余人。安守忠、李归仁与大燕的西京留守张通儒等人率残部弃城而逃，退守陕郡。郭子仪率部追至潼关，乘胜收复华阴（今陕西华县）、弘农（今河南灵宝市北）二郡。

九月二十八日，长安光复。

翌日，捷报传回凤翔，百官入朝恭贺。唐肃宗李亨泪流满面，即日遣使至蜀地奉迎太上皇唐玄宗李隆基回銮。

安庆绪惊闻长安失守，征调了洛阳的所有兵力——步骑共计十五万人，命严庄率领，火速增援陕郡。十月十五日，郭子仪在新店（今河南三门峡市西南）与燕军展开遭遇战。唐军初战不利，回纥骑兵旋即绕到燕军背后攻击，燕军霎时崩溃，严庄和张通儒仓皇逃回洛阳。安庆绪知道大势已去，遂与严庄等人连夜从洛阳逃往河北。途中，严庄故意掉队，投降了唐军，随后被唐肃宗李亨任命为司农卿。

三天后，唐军收复洛阳。

十月二十三日，唐肃宗李亨终于回到阔别了一年零四个月的长安。

这座饱受蹂躏的帝都，终于回到了大唐帝国的怀抱。

十一月初四，太上皇唐玄宗李隆基也千里迢迢地回到长安。做了四十多年的天子，唐玄宗李隆基第一次发现，他眼中的大明宫是如此美丽而又如此沧桑。

安庆绪一口气逃到邺郡（今河南安阳市），身边的骑兵剩下不到三百人、步兵不到一千人。可很快，蔡希德、田承嗣等将领纷纷来归，安庆绪又招募了河北诸郡的人马，兵力又迅速恢复到六万人。

自从安禄山死后，镇守范阳的史思明就知道庸懦的安庆绪不是唐军的对手，到两京（长安、洛阳）相继被唐军收复，史思明更是下定决心叛离大燕。

与此同时，安庆绪也料到史思明不会服他，遂命阿史那承庆和安守忠前去范阳征调史思明的军队，并伺机除掉他。史思明深知来者不善，干脆一不做二不休，把两个使臣一块绑了，随即以下辖的十三个郡向唐肃宗李亨奉上了降表。肃宗李亨大喜过望，马上封史思明为归义王，授范阳节度使，然后命他讨伐安庆绪。

史思明虽然表面上投诚，但内心并未真正归附。作为战场上的老对手，李光弼很清楚，要不了多久，史思明还会再叛。所以，李光弼向肃宗李亨献策：派一个史思明信得过的人代表朝廷前往范阳宣慰，借机杀掉史思明。

乾元元年（公元758年）六月，肃宗李亨派遣乌承恩前往范阳，准备按李光弼的计划行动。不料，乌承恩行事不秘，被史思明识破，旋即被杀，于是史思明遂再次揭起反旗。

九月，肃宗李亨决定向安庆绪发起总攻，命郭子仪、李光弼、王思礼等九大节度使，共集结步骑兵二十余万人，向邺城大举进发。可令人费解的是，肃宗李亨并没有为这二十多万大军设置一个元帅，而是设置了一个所谓的"观军容宣慰处置使"，由宦官鱼朝恩担任。

这个职务就是实际上的统帅。

肃宗李亨之所以让宦官担任如此重要的职务，是因为他担心——一旦把兵权交给大将，难保不会出现第二个安禄山！

可是，让一个久居深宫、缺乏军事经验的宦官去统率身经百战的九大节度使，这场仗能打得赢吗？

答案是可想而知的。

从乾元元年十月到次年二月，耗时将近半年，数十万大军把安庆绪团团围困在小小的邺城，却始终拿不下这块弹丸之地。安庆绪一边苦苦坚守，一边向史思明发出了十万火急的求援信。

史思明接到信后，亲率十三万大军南下，但是到了魏州（今河北大名县）就按兵不动了，因为他想坐山观虎斗，等双方两败俱伤之后再出手。

到了乾元二年（公元759年）二月，冷眼旁观的史思明对战场形势已经洞若观火，而且他发现唐军的兵力虽然庞大，却是一群号令不一、进退无据的乌合之众，因为他们的统帅是一个宦官——一个愚蠢而外行的军事盲。

史思明率军队进至邺城五十里处扎营，然后派出游击兵夜以继日地骚扰唐军，同时袭击唐军的运粮队。唐军粮草不继，军心大为涣散。这一年三月，史思明遂亲率五万精锐与唐军决战。两军刚一交战，突然间天昏地暗、飞沙走石，加之数十万唐军本来就番号错杂、军令不一，此刻更是陷入了大混乱状态。很快，大混乱又演变成了大溃逃……

最后，这场声势浩大的"邺城会战"以数十万唐军的惨败告终。

史思明打败唐军后，马上就杀了安庆绪，然后回范阳自立为大燕皇帝，改元"顺天"，改范阳为"燕京"。

乾元二年（公元759年）九月，史思明命少子史朝清镇守范阳，他自己亲率大举南征，兵不血刃地占领了洛阳，然后进围李光弼驻守的河阳（今河南孟州市）。

史思明来势汹汹、志在必得，希望速战速决。

李光弼却气定神闲、坚壁清野，一心要跟他打持久战。

史思明就这样被李光弼耗住了，这一耗整整耗了一年零四个月。史思明虽然发动了无数次进攻，却被李光弼一一击退，从而被牢牢牵制在中原战场上，根本无暇西取长安。

上元二年（公元761年）正月，鱼朝恩贪功邀宠，频频向肃宗李亨进言，说李光弼一味死守是懦弱无能的表现，应该主动出击夺回洛阳。肃宗李亨禁不住鱼朝恩的一再怂恿，犯下了跟当年的玄宗李隆基一模一样的错误，随即命令李光弼出击。

二月下旬，李光弼不得不在洛阳城外的邙山与史思明会战，结果唐军大败。李光弼只好渡过黄河，退至闻喜（今属山西）。

邙山大捷后，史思明乘胜西进，命长子史朝义为前锋，从北路进攻陕州（今河南三门峡市）。史朝义屡次进攻，都被陕城的唐军击败。史思明只好命大军退驻永宁（今河南洛宁县北）休整。史思明向来宠爱少子史朝清，本来就想找机会杀了史朝义，立史朝清为太子，而此时又见史朝义兵败，遂恨铁不成钢地对左右说："这小子怯懦无能，终不能帮我成就大事，等攻克陕州，就把他的头砍了！"

史朝义大为惶恐，于是与手下大将合谋缢杀了史思明，回师洛阳即位为帝。随后，史朝义又派人回范阳，诛杀了史朝清和他母亲辛氏。

宝应元年（公元762年），太上皇唐玄宗李隆基和唐肃宗李亨相继病逝，太子李豫即位，是为唐代宗。

史朝义尽管篡了大燕皇位，但史思明手下的那帮大将基本上都不买他的账，表面上虽然隶属于大燕，实际上却拥兵割地、各自为政。

这一年十月，唐代宗李豫任命雍王李适（唐代宗长子）为天下兵马大元帅，以朔方节度使仆固怀恩为副元帅，联合回纥骑兵及各道节度使于陕州集结，同时命潞泽节度使李抱玉自潞州（今山西长治市）南下，副元帅李光弼自经陈留（今河南开封东南）西进，三路大军从三个不同方向围攻洛阳。

十月三十日，唐回联军向洛阳郊外的燕军发起进攻并迅速将其击溃，史朝义率领全部精锐十万人出城增援。一番鏖战之后，燕军不支，节节溃退，而唐军一路追击，共斩首六万余级、俘虏二万人。史朝义见大势已去，只好放弃洛阳，带着家眷和几百名轻骑兵向东而逃。仆固怀恩旋即攻占洛阳与河阳，命他的儿子仆固场率一万多人穷追猛打。史朝义向东逃窜到了汴州（今河南开封），但他属下的陈留节度使张献诚却紧闭城门拒绝收容。史朝义万般无奈，只好亡奔濮州（今山东鄄城县）。

十一月，史朝义从濮州渡过黄河逃往河北，一路疲于奔命、节节败逃，而背后紧追不舍的唐军则连战连捷、一路奏凯。年底，史朝义逃到莫州（今河北任丘市莫州镇），唐军五路兵马将史朝义团团围困。

广德元年（公元763年）正月，史朝义屡次出城迎战，皆被击败。部将田承嗣劝史朝义突围前往幽州征调军队，由他坚守莫州，以待援兵。史朝义遂挑选五千精骑从北门突围而去。可史朝义绝对没有想到，他一出城，田承嗣就在城头上竖起了降旗。

仆固场拿下莫州后，又率领三万人马继续向北追击。

史朝义逃到范阳县（今河北涿州市）时才知道，他永远也到不了幽州城了，因为他亲自任命的范阳尹、燕京留守李怀仙已经于数日前向唐朝廷递交了降表。

前无去路，后有追兵。绝望的史朝义带着最后的百余胡骑东奔广阳（今北京西南良乡镇），广阳城门依旧紧闭。史朝义一拨马头，决定向北投奔契丹。

走到温泉栅（今河北迁安境）时，史朝义走不动了，因为一支军队堵住了他的去路。

那是李怀仙的军队。

史朝义走投无路，最后在树林中自缢身亡。

至此，历时八年的"安史之乱"终于画上了句号。

"安史之乱"是一场空前的大浩劫，把大唐从盛世的巅峰一下子推进了战乱的深渊。

究竟是什么导致了这场叛乱？

追根溯源，最主要的原因在于唐朝中央与地方的权力失衡。

自从大唐开国以来，边帅一般都是由正直忠诚、声望卓著的文臣出任，在边疆建立军功后再入朝为相，而很多少数民族将领（如阿史那社尔、契苾何力等人）无论军功再高，都必须接受朝中大臣的节制。唐玄宗时期的权相李林甫为了巩固相位，却促使玄宗李隆基一改以文臣为边帅的惯例，一律任用胡人为边镇节度使。如此一来，李林甫固然成功堵死了其他大臣"出将入相"的渠道，可同时却导致了以胡人为主的藩镇势力迅速坐大的恶果（参见本书《李林甫：无心睡眠》章）。

除了以文臣为边帅的惯例外，唐朝中央还有三条不成文的规定在制约边帅，那就是"不得长久任职，不得遥领远地，不得兼统他镇"；而有了这三条"绳索"，朝廷就能把兵权牢牢把握在中央手中，无须担心边镇尾大不掉。然而，从开元中期开始，由于国力日益强盛，玄宗李隆基油然而生"吞四夷之志"，于是不自觉地为边帅松了绑：有许多边镇节度使在一地的任职都长达十年以上；很多人开始遥领远地，如皇子中如庆王、忠王等人，宰相中如萧嵩、牛仙客、杨国忠等人；许多节度使也都兼统他镇，如盖嘉运、王忠嗣、安禄山等人。

节度使起初仅有兵权，但是到了天宝年间，玄宗李隆基又让许多节度使兼领安抚使、采访使、度支使等，致使这些人一人身兼地方的军事、行政、财赋大权，俨然成了一方的土皇帝……如此放任授权，藩镇岂有不坐大之理？帝国岂能不出现"强枝弱干"之局？"安史之乱"又怎么可能不爆发？！

"安史之乱"虽然最终得以平定，但是安禄山父子和史思明父子联手缔造的这场叛乱，却像是一把刀把二百八十九年的唐朝的历史遽然腰斩、一劈两断。

前半截叫盛唐——一百三十余年繁荣强大如日中天的盛唐；后半截叫乱世——一百五十余年藩镇割据兵连祸结的乱世。

虽然李唐王朝并未在他们手上终结，但是大唐帝国却在此后整整一个半世纪的时间里陷入了无尽的纷争和战乱之中：各地藩镇纷纷割地自专，在法令、赋税、官职任免等各方面都拒绝听从中央，动辄与朝廷兵戈相见；而各藩镇内部的权力结构也极其不稳定，士卒杀部将、部将杀主帅、主帅杀节度使，层层太阿倒持，遍地骄兵悍将……

尤其是由安禄山首开叛乱的河北诸镇，在此后的一百五十年里，始终强势割据，长期脱离中央，几成化外之邦。迄于五代，直至两宋，随着契丹与女真的相继崛起，"燕云十六州"数百年间沦于异族之手，大唐帝国的东北门户始终洞开，致使有宋一朝都始终背负着这个巨大的历史创伤……

所有这一切，追根溯源，皆肇始于"安史之乱"。

从这个意义上说，"安史之乱"不仅深刻改变了唐朝历史，也极大地影响了此后数百年的中国历史。

四十 / 唐代宗：帝国裂变

唐代宗李豫即位的第二年，史朝义败亡，历时八年的"安史之乱"宣告终结。天下百姓欢呼雀跃，唐代宗李豫也充满了激动、欣慰和喜悦。

然而，此刻的唐代宗李豫并不知道，叛乱的终结并不意味着和平的到来。

换句话说，"安史之乱"既是大唐盛世的终点，也是一个大裂变时代的起点。

具体而言，此时的大唐帝国至少面临四个方面的危机：一、宦官擅权乱政、一手遮天，严重威胁皇权；二、吐蕃趁中原战乱之机侵占了唐朝边境的大片土地，对长安形成了强大的威胁；三、平叛功臣居功自傲，一方面互相倾轧，另一方面又与代宗李豫相互猜忌，君臣关系日益紧张，随时可能引发新的叛乱；四、河北诸藩（安禄山、史思明的老巢）表面归降，实则拥兵割地，一切自专，名为藩镇，实同敌国。

代宗李豫在位的十七年，就是与这四大危机轮番做斗争的十七年。

代宗李豫为之殚精竭虑、焦头烂额，可最终还是无法让大唐帝国重现往日的辉煌……

代宗李豫即位之初，首先对付的是权势熏天的宦官李辅国。

李辅国是当年拥立肃宗李亨即位的主要功臣之一。长安光复后，肃宗李亨为了报答李辅国的拥立之功，就封他为成国公，让他专掌禁兵，并且授予他"关白、承旨"的大权。所谓"关白"，就是宰相和百官在朝会之外所上的章奏，都要先经过李辅国批阅中转；而所谓"承旨"，就是肃宗李亨所颁布的各种旨意和诏命，一律要通过李辅国转发下达。

掌握了禁军和中枢大权，李辅国便公然凌驾于文武百官之上了。朝臣们都尊称李辅国为"五郎"，连宰相李揆也对他执弟子礼，恭称他为"五父"。

后来，李辅国又兼任了兵部尚书，继而得寸进尺提出要当宰相。肃宗李亨当面不敢拒绝，只能私下授意宰相萧华出面反对。李辅国遭到阻挠，没能得逞，遂对萧华恨之入骨。不久，李辅国便迫使肃宗李亨罢免了萧华的宰相之职，让心腹元载以户部侍郎衔入相。

肃宗李亨病危期间，李辅国与颇有干政野心的张皇后展开了明争暗斗。张皇后试图拉拢太子李豫共同对付李辅国，遭到李豫婉拒。张皇后又找到越王李系，准备与他联手诛杀李辅国。不料，李辅国却先下手为强，与手下宦官程元振率领禁军，先是以保护的名义软禁了太子李豫，继而逮捕了张皇后、越王李系及一干党羽。肃宗李亨驾崩后，李辅国旋即诛杀张皇后等人，最后拥立太子李豫即位。

李辅国先后拥立了两任天子，越发骄狂。代宗李豫刚登基不久，李辅国就用一种指点江山的口吻对他说："大家（当时对皇帝的俗称）但居禁中，外事听老奴处分！"（《资治通鉴》卷二二二）

面对这样一个嚣张跋扈、不可一世的权宦，代宗李豫当然不会无所作为、任其摆布。

不过，李辅国握有禁军兵权，且有拥立之功，所以代宗李豫只好先装出一副唯唯诺诺之状，不敢直呼其名，而是恭称他为"尚父"，而且事无巨细地一律先征求"尚父"的意见。不久，代宗李豫又拜李辅国为司空兼中书令。

然而，在麻痹李辅国的同时，代宗李豫一直在寻找自己的政治同盟。

很快，代宗李豫就把李辅国的心腹宦官程元振暗中笼络了过来，并且取得了大多数禁军将领的支持。

宝应元年（公元762年）六月，即代宗李豫即位的两个月后，他突然下诏解除了李辅国的兵权并将他迁居宫外，同时让程元振取而代之。同年十月的某个深夜，李辅国突然在家中遇刺，颈上头颅和一只手臂竟然不翼而飞。代宗李豫下令追查凶手，但始终一无所获，最后不了了之。时人纷纷猜测，说这起无头公案的幕后主使其实是程元振，甚至有人猜测就是代宗李豫本人。

不管李辅国是怎么死的，反正这个飞扬跋扈的一代权宦总算是完蛋了。

但令人遗憾的是，与此同时，新一代权宦程元振却又站在了世人面前。

没有人会料到，这个程元振马上就将给大唐带来一场新的灾难……

自从安禄山起兵后，唐朝廷便将西北的精兵悉数调往中原战场平叛，导致河西、陇右等边境守备空虚，吐蕃和党项乘虚而入，西北数十州相继沦陷。数年之间，河西、陇右尽落敌手，自凤翔以西皆非唐有。

广德元年（公元763年）十月，吐蕃再次集结重兵向唐朝发起大规模进攻。边境守将频频告急，可其时正得宠擅权的程元振却置若罔闻，只将其视为一般性的袭扰，把战报一并压下，既不上奏天子，也不发兵御敌。吐蕃军队遂长驱直入，兵锋直指奉天（今陕西乾县）和武功（今陕西武功县西）。

直到吐蕃人到了眼皮底下，唐代宗和文武百官才惊闻敌人入寇的消息。一时京师震恐，唐代宗急命长子雍王李适为关内元帅，紧急起用郭子仪为副元帅，命其火速进驻咸阳组织防御。

郭子仪自从"邺城会战"失利、替鱼朝恩做了替罪羊后，便被朝廷晾在了一边，此时虽然给了他副元帅的头衔，可他手下没有一兵一卒，仓促之间也根本募集不到士兵，所以完全无法阻挡吐蕃的二十多万大军。

十月初七，吐蕃大军渡过西渭桥，兵临长安城下。

警报传来，唐代宗仓皇逃奔陕州（今河南三门峡市）。一时京师大乱，满朝文武各自逃命，禁卫六军顷刻溃散。

吐蕃人兵不血刃地占领了长安，烧杀掳掠之余，还上演了一幕闹剧：拥立广武王李承宏为皇帝，而后改年号、封宰相、设百官，忙个不亦乐乎。

十月末，郭子仪重新集结溃逃的散兵，同时征调武关（今陕西商县西北）的卫戍部队，准备对吐蕃发起反攻。

吐蕃人风闻郭子仪集结大军正向长安杀来，顿时有些惊骇，加之长安的美女、财宝也已洗劫一空，于是匆匆带上战利品呼啸而去。

敌人虽然退了，长安也收复了，但这无疑是一场令人难以容忍的奇耻大辱。

唐帝国为什么会落到这步田地？

太常博士柳伉帮唐代宗算了一笔账。他说："犬戎进犯，兵不血刃而入京师，士卒无一人力战，此将帅叛陛下也；长期宠幸宦官，终究酿成大祸，群臣无人敢言，此公卿叛陛下也；陛下方离京师，百姓公然抢夺府库，自相砍杀，此京畿民众叛陛下也；陛下自十月初一下诏各道兵马勤王，尽四十日，无一辆战车入关，此四方叛陛下也。既然内外皆叛，那么请问陛下，今日之势，是安是危？"

柳伉得出的结论是：要想铲除祸乱之源、保全宗庙社稷，就必须砍掉一个人的脑袋。

这个人就是程元振。

柳伉还说，朝廷要把宦官们手中的职权收回，把神策军的兵权交给大臣；而皇帝还要下诏罪己，宣布从此改过自新。最后，柳伉跟唐代宗打赌："倘若如此，而兵仍不至、人仍不感、天下仍不服，请将臣全家老小碎尸万段，以谢陛下！"

唐代宗深知柳伉所奏句句忠言，但又因程元振诛李辅国有功不忍杀他，只削除了程元振的官爵，将其遣回原籍。

十二月，唐代宗回到长安。

不过，还没等唐代宗缓过神来，一场新的叛乱就爆发了。

广德二年（公元764年）正月，早就和朝廷貌合神离的仆固怀恩在河东拉起了反旗……

仆固怀恩是铁勒九部中的仆骨人，祖辈于贞观末年降唐，世袭金微都督之职。天宝年间，仆固怀恩历事节度使王忠嗣、安思顺，史称其"善格斗，达诸蕃情，有统御材"，因而屡受重用。"安史之乱"爆发后，仆固怀恩追随郭子仪转战四方立下赫赫战功，其后又出面向回纥借兵，使之在收复两京的战役中发挥了巨大作用。"安史之乱"后期，仆固怀恩、仆固玚父子又与回纥联兵，一举消灭了史朝义，彻底平定了"安史之乱"。

在这场长达八年的平叛战争中，仆固怀恩率领整个家族出生入死、浴血疆场，"一门之内死王事者四十六人"，"兄弟死于阵敌，子侄没于军前，九族之亲，十不存一，纵有在者，疮痍遍身"（《旧唐书·仆固怀恩传》）。诚可谓"一门忠烈，厥功甚伟"，论及对平叛的贡献，仆固怀恩完全可以和郭子仪、李光弼相提并论。

正因为仆固怀恩功勋卓著，唐肃宗、唐代宗都不断授予其要职。到了战后，仆固怀恩已一人身兼朔方节度使、河北副元帅、单于镇北大都护、左仆射、中书令、太子少师等多个职位，并封食邑一千户；其子仆固玚也官居御史大夫、朔方行营节度使，与另一子皆封食邑五百户。

平心而论，仆固怀恩所获得的官爵和荣宠与他的贡献是成正比的，李唐朝廷并没有亏待他，而仆固怀恩本人对此应该也是比较满意的。

既然如此，仆固怀恩为何又要反叛呢？

原因就在于，仆固怀恩身上有一个毛病——器度浅狭。

器度浅狭的人一旦有了功劳，而且是天大的功劳，就必然会居功自傲。

对于一个功高权重、本来就容易招惹是非的人来说，量小和骄傲绝对是两大致命的弱点。

最先招惹仆固怀恩的，是同为平叛功臣的河东节度使辛云京。

辛云京很早就嫉妒仆固怀恩，因为他觉得这个胡人升得实在太快，几年前还只是郭子仪手下一个小小的兵马使，没想到这么快就成了朝廷的"栋梁人物"，于是大为眼红。

也许正是基于这样的情绪和心思，辛云京多次对仆固怀恩公然采取不合作态度。当初，仆固怀恩去回纥搬救兵经过太原，辛云京就让他吃了闭门羹，既不让其进城，也不出城接待；平定叛乱后，仆固怀恩送回纥出塞再次经过太原，辛云京依旧如临大敌般城门紧闭，让仆固怀恩丢尽了面子。仆固怀恩一气之下，递上表文向朝廷告状；辛云京也毫不示弱，反咬一口说仆固怀恩谋反。

仆固怀恩大怒，要求唐代宗李豫杀了辛云京。

唐代宗李豫赶紧下诏，把两个人都褒扬了一番，然后劝他们和好。

唐代宗的"和稀泥"诏书一下，仆固怀恩顿时一跳三丈高。仆固怀恩自认为功劳天下第一，可一个小小的河东节度使辛云京不仅丝毫不把他放在眼里，还信口雌黄、肆意诬陷，而皇帝居然在这种情况下和起了稀泥，这意味着什么呢？

这难道不是意味着皇帝想借辛云京牵制自己吗？

这难道不是意味着兔死狗烹的大戏已经无声地开锣了吗？

仆固怀恩忍无可忍，立刻给唐代宗李豫上了一道满腹冤屈的奏书："臣静而思之，自己有六大罪过：当初同罗部落叛乱，臣为先帝扫平河曲（今山西西北部），此罪一；臣之子仆固玢，为同罗所俘，伺机逃回，臣将其斩首，借以激励部众，此罪二；臣有女儿，远嫁外夷，为国和亲，荡平寇敌，此罪三；臣与子仆固玚不顾死亡，为国效命，此罪四；河北新附，节度使皆握强兵，臣竭力安抚，消除其之疑惧，此罪五；臣说服回纥，使赴急难，天下既平，送之归国，此罪六。臣既有此六大罪过，合当万死！纵然含恨九泉、衔冤千古，也没什么好抱怨的……古人说：'高鸟尽，良弓藏'，信非虚言！"

仆固怀恩历数自己的"六大罪"，其实就是在显摆自己的"六大功"。

唐代宗李豫看着这道怨气冲天的奏书，心里老大不痛快："是，你仆固怀恩是有功！可该给你的，朕不是全给你了吗？你如今功盖天下、荣宠备至，遭人眼红实在是情理中事。他辛云京的度量固然是小了些，可无非也就发发牢骚、造造谣而已，又没什么真凭实据，还能拿你怎样？你何须如此老虎屁股摸不得，非要朕杀了他不可？再怎么说他也是一个堂堂的节度使、一个跟你一样的有功之臣，岂能让你说杀就杀？朕要是依了你，岂不是让天下人心寒？再说了，你对'造反'一说反应如此强烈，岂不是恰好证明你心里有鬼？瞧瞧你这话怎么说的——'高鸟尽，良弓藏，信非虚言！'你这话什么意思？这不是此地无银三百两吗？"

一道奏书看完，唐代宗李豫对仆固怀恩的倚重和信任之情就全部转化成了怀疑和警惕。随即，唐代宗李豫命宰相裴遵庆前去宣慰仆固怀恩，同时要他入朝面圣。

仆固怀恩当然不肯入朝。

仆固怀恩觉得，在这种情况下天子让他入朝的目的肯定就是褫夺他的兵权，甚至会取他的性命。于是，仆固怀恩一怒之下索性反了，命其子仆固玚攻打太原。

唐代宗李豫接到战报，立刻任命郭子仪为朔方节度大使、河中节度使和关内、河东副元帅，命他率部进剿仆固怀恩父子。

仆固玚攻打太原被辛云京击败，转而围攻榆次（今属山西），可连续半个月打不下来，愤而暴打军中的汉人士兵，旋即被汉人部将焦晖等人刺杀。仆固怀恩闻讯，仓皇逃往朔方，不久便纠集朔方、回纥、吐蕃联军共计十万人卷土重来。郭子仪出兵抵御，将其击退。

永泰元年（公元765年）九月，仆固怀恩再度纠集回纥、吐蕃、吐谷浑、党项等数十万大军，兵分三路大举入侵。

不过，仆固怀恩时运不济，就在联军一路向长安疾进的中途，他忽得暴病被转移到后方，随后死于鸣沙（今宁夏中宁县）。

仆固怀恩一死，联军顿时失去联结的纽带，开始各自行动，并相互戒备。郭子仪意识到这是一个将对手分化瓦解的机会，随即单人独骑直闯回纥大营，对回纥首领药葛罗说："你们回纥有大功于唐，唐待你们亦不薄，为何背弃盟约大举来侵？我只身而来，你们要杀便杀，但是我的部下必与你们死战！"

药葛罗一脸尴尬地说："怀恩欺骗我们，说天可汗已经驾崩，说您也已去世，中国无主，我们才敢前来。而今既知天可汗在上都，令公又在此统领大军，怀恩又为天所杀，我等岂能与令公开战！"

最后，唐回双方握手言和、把盏盟誓，一场迫在眉睫的大战就这样烟消云散。

· 四十 / 唐代宗：帝国裂变 · 347

吐蕃人得到唐回结盟的消息，连夜撤兵回国。唐回联军合力追击，在灵台（今属甘肃）西郊大破吐蕃军队，斩杀万余人，并救回被掳掠的男女四千余人。

郭子仪"单骑盟回纥"的一幕，成了中国战争史上"不战而屈人之兵"的经典战例。

作为"安史之乱"的余波，仆固怀恩叛乱旋起旋灭，并未掀起太大的波澜。但是，终唐代宗之世，天下却始终处于动荡不安的状态，整个唐帝国内忧外患，几无宁日。

例如，大历三年（公元768年）六月，幽州兵马使朱希彩擅杀幽州、卢龙节度使李怀仙，自立为"留后"（相当于准节度使），但朝廷无力讨伐，只好默认，并于当年十一月被迫任命朱希彩为幽州节度使。从此，河北诸镇弑上夺权、自立自代之风大开，而天子和朝廷面对这一切，除了装聋作哑、一概默认之外，实在是一点办法也没有。

大历七年（公元772年），幽州节度使朱希彩又被其部众所杀，经略副使朱泚自立为留后，朝廷也麻木了，照例追认朱泚为幽州、卢龙节度使。几年后，朱泚入朝任职，又以其弟朱滔为幽州、卢龙留后。

大历八年（公元773年），河北四镇中据地最广、拥兵最多的魏博节度使田承嗣，公然为安禄山父子和史思明父子建立祠堂并尊其为"四圣"，同时要挟朝廷任他为宰相。朝廷又惊又怒，只好答应田承嗣的条件，然后才劝其捣毁那个"大逆不道"的"四圣"祠堂。

朝廷对河北诸藩一再优容的结果，就是令其越发骄纵、日益坐大。诸藩表面上隶属于中央，实则在行政、财税、军事等方面一切自专。唐代宗李豫除了利用他们之间的矛盾使其相互制衡和尽量遏止其公然反叛之外，实在别无良策。

在地方上是这样一个藩镇割据、频频叛乱的局面，而在朝中则是权宦与弄臣相继用事。例如，当年的权宦程元振被放逐之后，鱼朝恩就代之而起并日益骄纵，凡是朝廷政事有不提前知会他的则必疯狂叫嚣："天下事有不由我者也？"于是，唐代宗李豫忍无可忍，遂与宰相元载联手诛除了鱼朝恩。但是没过多久，自诩除恶有功的宰相元载又复坐大，从此结党营私、卖官鬻爵，致使朝廷贿赂公行、中枢政治一团糜烂。大历十二年（公元777年），唐代宗李豫下决心整肃，才下诏赐死了元载。

在整个大历年间，除了藩镇割据和中枢混乱之外，穷凶极恶的吐蕃人也几乎从未停止过对唐朝的侵扰。当每次吐蕃大举入寇时，全赖三朝元勋郭子仪和勇将浑瑊等人力战却敌，才勉强维系了岌岌可危的帝国边防。

陪伴着这个内忧外患的大唐帝国步履蹒跚地走过十七度春秋后，心力交瘁的唐代宗李豫终于在大历十四年（公元 779 年）五月病倒了。

在病榻上怀想着"开元盛世"的繁华与荣光，唐代宗李豫的心中充满了无奈与悲凉。

唐代宗李豫微语喃喃、向天祈祷，企盼大唐帝国从此远离血火与刀兵的劫难，企盼李唐社稷能够在未来的岁月里福泽绵长、帝祚永昌……

然而，唐代宗李豫并不知道，他企盼的一切永远不可能出现了。

实际上，大唐天穹早已无声地开裂，从裂缝中喷涌而出的将是长达一百多年的流血、杀戮、黑暗、纷争和死亡……

四一 / 唐德宗：失落的长安

大历十四年（公元779年）五月，唐代宗李豫长子李适即位，是为唐德宗。

唐德宗李适是带着澄清宇内的雄心壮志登上皇帝宝座的。回首大唐帝国这几十年来的政治乱象，唐德宗李适每每心潮难平，尤其是肃、代两朝长久以来对河北诸镇的妥协和纵容，更是让其愤懑难当。所以，刚一登基，唐德宗李适就对河北诸镇摆出了一副强硬姿态，一意要结束藩镇割据的局面，决心把恩威刑赏、生杀予夺的大权收归朝廷，让帝国重新回到中央集权的轨道上来。

建中二年（公元781年）正月，成德节度使李宝臣卒，其子李惟岳自立为留后（唐代节度使、观察使缺位时设置的代理职称），并要求朝廷任他为节度使。

唐德宗李适冷笑着回了两个字——不准。

天子的强硬态度让河北诸藩大为惊愕：自"安史之乱"以来，河北诸道的节度使任免事实上一直采取"世袭"方式，而朝廷始终睁一眼闭一眼，早已默认了他们的这项特权；可现在唐德宗李适却一反常态，一口回绝了李惟岳的要求，这意味着什么呢？

河北诸藩不约而同地意识到，唐德宗李适很可能是想从李惟岳身上开刀，目的是剥夺他们世袭的特权。为了维护他们的共同利益，同时也为了试探唐德宗李适，魏博节度使田悦等人屡屡上表替李惟岳说情，可唐德宗李适态度非常坚决，还是驳回了他们的请求。

眼见唐德宗李适态度坚决，河北诸藩紧急磋商，决定先下手为强。

建中二年（公元781年）五月，成德、魏博、淄青、山南东道四镇联合发动叛乱，唐德宗李适急命淮西节度使李希烈、河东节度使马燧、神策军兵马使李晟、幽州节度使朱滔等人出兵平叛。战争打响后，朝廷军节节胜利，李希烈最先平定了山南东道，紧接着朝廷军又在徐州大破淄青和魏博的军队。然后，在建中三年（公元782年）正月，马燧和李晟又大败田悦军，斩敌二万余级，俘虏三千多人；至闰正月下旬，李惟岳又被麾下将领王武俊刺杀，首级旋即传送京师。至此，黄河以北大致平定，只剩下魏博的田悦、淄青的李纳还在负隅顽抗，德宗朝廷基本上已经稳操胜券。

然而，由于朱滔和王武俊不满于唐德宗李适对地盘的划分，随即掉过头来与魏博、淄青联兵，重新与朝廷对抗。顿时，形势逆转，唐德宗李适紧急征调朔方节度使李怀光开赴前线支援马燧。

建中三年（公元 782 年）六月底，李怀光因贪功冒进，在惬山（今河北大名县北）遭遇惨败，叛军声势重振。当年十一月，叛乱诸藩全部称王：朱滔自称"冀王"，田悦自称"魏王"，王武俊自称"赵王"，李纳自称"齐王"。至此，大唐帝国仿佛在一夜之间进入了"战国"时代。

然后，诸藩设坛祭天，共推朱滔为盟主。朱滔自称"孤"，田悦、王武俊、李纳自称"寡人"；他们居处的厅堂改称"殿"，他们的政务公文改称"令"，所有的属下上书称为"笺"；他们的妻子称"妃"，他们的长子称"世子"；以他们所统治的各州为府，设立留守兼元帅；设立东西曹，视同中书、门下省，设置左右内史，视同侍中、中书令；其余各级官员的设置一律仿照中央政府，只是名称略有差异。

消息传来，唐德宗李适怒不可遏。十二月底，更让人意想不到的消息接踵而至——淮西节度使李希烈在河北诸藩的劝进下，也拉起反旗自称"天下都元帅、建兴王"。

唐德宗李适万万没有料到，这场志在削藩的战争非但没有达成预期的目的，到头来反而催生了一大帮分疆裂土的"草头王"。

建中四年（公元 783 年）正月，唐德宗李适命哥舒翰之子、左龙武大将军哥舒曜会同各道征讨李希烈，但随后被李希烈围困在了襄城（今属河南）。后来的几个月里，双方进入了相持阶段，朝廷军在河南、河北两个战场上都没能取得任何进展，整个战局一片混沌。

日渐陷入泥潭的战争，首先带来的就是庞大的军费开支。其时，河东、泽路、河阳、朔方四军长期驻扎在魏县（今河北大名县西南）与河北诸镇相持，而神策军及永平、宣武、淮南、浙西乃至剑南、岭南的十余镇军队，皆环绕在淮宁战区周围与李希烈相持。这些军队的日常粮饷和后勤补给本来就已经给朝廷造成了沉重负担，加上旧制规定"各道军队只要离开本镇，一切费用全部由中央的财政总署供给"，唐德宗李适为了表示对参战将士的体恤又额外补贴一份"酒肉钱"，同时各军本道给予士兵的每月粮饷又照发不误，这样一来等于所有出征将士每人都能得到相当于平时三倍的军饷，而这对于原本捉襟见肘的中央财政无异于雪上加霜。更有甚者，各道军队还利用这些政策漏洞大发其财，总是频频借故离境，但一出本道边境便按兵不动，实际上并未参战，却照样享受三倍军饷。

唐德宗李适无奈地发现，这场令人诅咒的战争不但使得整个帝国泥足深陷，而且也正在把帝国拖垮。

建中四年（公元 783 年）六月，判度支（财政总监）赵赞奏请唐德宗李适，随后出台了两项新税法——"税间架"和"除陌钱"。所谓"税间架"，实际上就是房产税，规定每栋房屋以两根横梁的宽度为"一间"，上等房屋每年每间征税二千，中等一千，下等五百。于是，税务官员拿着纸笔算盘挨家挨户实地勘算，若有瞒报者，每隐瞒一间杖打六十，举报者赏钱五十缗（一缗一千钱）。"除陌钱"则相当于交易税，无论公私馈赠还是各种商业收入，每缗征税五十钱；若是以物易物，亦当折合时价按照相同税率征收；隐瞒一百钱的，杖打六十、罚钱两千，凡有举报，赏钱十缗，由偷漏税者承担。

新税法颁布实施后，固然在一定程度上缓解了财政压力，可民间却一片怨声载道。

就在唐德宗李适暗自庆幸军费终于有了着落的时候，一场让他心胆俱裂的兵变已悄然而至……

这一年八月，李希烈亲率三万精锐猛攻襄城，哥舒曜向朝廷告急。唐德宗李适慌忙调派援军，却又被李希烈一一击溃。眼看中原战场连连失利、东都洛阳岌岌可危，唐德宗李适只好征调关内的泾原军队紧急增援襄城。

十月初，奉调出关的泾原节度使姚令言率领五千士兵经过京师。由于在天寒地冻中跋涉多日，这支军队显得疲惫不堪。行经京师时，官兵们几乎都怀有一个共同的期待，那就是希望朝廷能给他们一份优厚的赏赐，没想到京兆尹王翃却仅给他们准备了一顿简单的饭菜。于是，士兵们开始发出抱怨，紧接着就出现了骚动。有人踢翻了饭菜，咒骂道："我们就要死在敌人手上了，可连饭都不让我们吃饱，凭什么让大伙拿小命去对抗白刃？听说皇宫中有琼林和大盈两座宝库，金银布帛堆得像山一样高，不如去把它劫了再说！"

士兵们一呼百应，立刻披上铠甲、扛起军旗，锣鼓喧天地涌向长安城。其时，节度使姚令言正在宫中辞行，闻讯疾驰出宫，在长乐阪（长安东面）遇上了哗变士兵。马上有人搭弓上箭朝姚令言射击，姚令言抱着马鬃突入乱军中，大声喊道："你们犯了大错！东征立功，还怕没有荣华富贵吗？为什么干出这种灭族的事来？"

　　可这样的时候，节度使的话已经没有人听了。乱兵们强行簇拥着姚令言，吵吵嚷嚷地继续向长安冲去。唐德宗李适紧急下令赐给每人两匹绢帛，可传令的使臣当即被丧失理智的乱兵们射杀；再派宦官前往宣慰，乱兵已经冲到了通化门外（长安东北第一门），还没等宣旨就被乱刀砍死了。唐德宗李适大恐，又下令装上满满二十车的金银绢帛赐给士兵们。

　　此时，乱兵已经冲入城中，喧声震天，二十车财宝也阻挡不住他们了。在唐德宗李适茫然无措的时刻，乱兵已经砸开皇宫大门蜂拥而入。于是，宦官窦文场和霍仙鸣召集了一百多名宦官侍从，拥着唐德宗李适、太子、公主、诸妃、诸王从禁苑北门仓皇出逃。

　　这是继唐玄宗和唐代宗之后，大唐天子第三次丢掉帝京。

　　这也是唐德宗自即位以来遭受的最惨重的一次失败。

　　暮色徐徐笼罩了前方的大地，也渐渐覆盖了身后的长安。唐德宗李适策马狂奔在苍茫的天地之间，全身弥漫着一种痛彻骨髓的沮丧。

　　这是一个有志中兴却无力回天的皇帝灵魂深处的沮丧，而这种沮丧注定将弥漫他的一生。

　　长安城开始了一场大暴乱。

　　乱兵们欢呼着冲进府库大肆劫掠，部分乱民也趁机冲进宫中抢夺财物，那些没能冲进宫中的就在大街上公开抢劫，各坊居民只好成立"自卫队"自保。

　　整个暴乱和抢劫活动足足持续了一夜，皇宫的所有金银财宝被洗劫一空。

　　随后，乱兵拥立赋闲在家的太尉朱泚为他们的首领。朱泚就是幽州节度使朱滔之兄，也是幽州的前任节度使。自朱滔叛乱后，朱泚便被朝廷剥夺了职权，遣归私宅，形同软禁。

　　当天夜里，朱泚在乱兵的拥护下进入含元殿，自称"权知六军"。

　　十月初四，唐德宗李适从咸阳逃到奉天（今陕西乾县）；初五，部分文武官员陆续到达，左金吾将军浑瑊也率部赶到奉天，人心才逐渐安定。

建中四年（公元783年）十月初八，朱泚进入宣政殿，自称"大秦皇帝"，翌日又册封朱滔为"皇太弟"，并遣使送信给朱滔说："三秦地区（陕西中部）不日即可平定，黄河以北，就靠你剿灭残敌了，当择期在洛阳与你会面。"朱滔接信欣喜若狂，立即将信在军府中传阅，同时通牒诸道，毫不掩饰他的志得意满之情。

伪朝既立，李唐宗室的灭顶之灾就降临了。投靠朱泚的朝臣劝他诛灭滞留在京师的李唐皇族，让天下百姓对唐室绝望，同时杀戮立威。朱泚遂下令屠杀了李唐的郡王、王子、王孙共七十七人。

惊闻长安发生兵变、唐德宗李适流亡的消息，正在河北、河南与叛军对峙的各路朝廷军不得不收缩战线，从主动进攻转入了战略防御。

十月十三日，朱泚亲率大军直取奉天（今陕西乾县），准备一举消灭唐德宗李适和他的流亡朝廷。浑瑊等人率众力战，奉天（今陕西乾县）城危在旦夕……

突然间，战乱的烽火烧遍了帝国的四面八方，而且直接烧到了天子的眼皮底下，大唐王朝陷入了自"安史之乱"平定以来最黑暗的时刻。

奉天（今陕西乾县）被围一个多月，城中粮饷全部告罄，供应皇室的粮食也只剩下最后的二石糙米。臣僚只好趁半夜敌军不备，派人偷偷缒下城头，去野地里挖些野菜来充当天子御膳。在这样的困境中，唐德宗李适内心的沮丧达到了顶点，他近乎绝望地把所有公卿将帅召集过来说："朕无德行，自陷于危亡，此乃应得；诸公并无罪错，宜早降，以救室家。"群臣闻言，全都跪地叩首，涕泪横流，表示愿为天子尽死效忠。

十一月中旬，困顿的局势终于出现转机。李怀光、李晟、马燧等纷纷率部进入关中勤王，迫使朱泚解除了奉天（今陕西乾县）之围，匆匆撤回长安。

奉天（今陕西乾县）转危为安，德宗君臣终于长长地松了一口气。但是不久之后，李怀光却因受到宰相卢杞的排挤，对国家和个人前途感到绝望，因而在长安郊外按兵不动，从此再不执行唐德宗李适克复长安的命令。

次年正月，唐德宗李适改元兴元，并颁布了一道《罪己诏》。诏书宣布：间架税、除陌钱等苛捐杂税一概罢废，并对除朱泚之外的叛乱诸藩及所有胁从者一概赦免，"待之如初"。

这道非同寻常的诏书一下，叛乱诸藩迅速做出了不同反应。王武俊、田悦和李纳均取消王号，上表请罪。李希烈尽管被唐德宗李适列入了赦免之列，可他自认为在叛乱诸藩中兵力最强、地盘最大、财用最足，所以不甘心再向李唐俯首称臣，旋即在汴州称帝，国号"大楚"。

紧接着，李怀光又与朱泚联手，在咸阳揭起反旗，并公然叫嚣："我已与朱泚联合，李适有多远就滚多远吧！"

由于李怀光近在咫尺，所以唐德宗李适不敢留在奉天（今陕西乾县），只好带着文武百官再度逃往梁州（今陕西汉中市）。

李怀光虽然扯起了反旗，可他的日子并不好过。

由于李怀光麾下的朔方将士普遍对李唐还抱有感情，所以当李怀光遣将去追杀天子的时候，三个将领故意在途中逗留延宕放走了唐德宗李适；此后李怀光准备攻打李晟，三次下达动员令将士们都不从命，他们说："如果是打朱泚，我们一定效死；要是想谋反，我们宁死不从！"

除了部卒离心之外，李怀光和朱泚的关系也在迅速恶化。

李怀光反叛之前兵多将广、实力强劲，朱泚致函尊其为兄长，并相约与他在关中称帝，"愿为兄弟之国"。后来，可当朱泚发现李怀光的部众纷纷背叛、势力日渐削弱时便又傲慢起来，竟然赐给李怀光"诏书"，以臣节相待，并打算征调他的部队。李怀光勃然大怒，可他处在李晟和朱泚的夹缝间又不敢轻举妄动，担心进攻其中任何一个都会遭到另一个的攻击。万般无奈之下，李怀光只好烧毁营寨，东走蒲州（今山西永济市）。

兴元元年（公元784年）五月，已被唐德宗李适任命为京畿、渭北等四镇节度使的李晟对占据长安的朱泚发起反攻，并从大明宫北面禁苑的苑墙突入城中。朱泚抵挡不住，带领残部一万多人向西而逃。沦陷了八个月的长安，终于回到李唐王朝手中。

朱泚向西一路狂奔，打算投奔吐蕃，可部众却沿途逃散，最后在半路上被手下大将所杀。数日后，朱泚的首级被传送至梁州的天子行在。至此，由泾师之变引发的这场重大叛乱终于尘埃落定。

兴元元年（公元784年）七月十三日，颠沛流离的唐德宗李适终于回到长安。大明宫依旧矗立在那里，默默守候着王者归来……

归来的唐德宗李适受到万千军民的夹道欢迎，他一路上都尽量保持着微笑。

那笑容仿佛在说：所有的灾难和不幸都已经过去了，让我们重建家园吧！

可事实上，此刻唐德宗李适的心头正响着另外一种声音，而那声音仿佛在说：这世上有一种东西丢了就是丢了，那是找不回来的。

唐德宗李适不知道自己到底丢了什么，可他知道肯定有什么东西丢了……

随着长安的光复，各个战场的形势也在逐步好转。

河中战场，浑瑊等人从西南反向进逼李怀光，而河东节度使马燧则从东北方向夹攻李怀光，先后收复晋州（今山西临汾市）、慈州（今山西吉县）等地，对李怀光的后方形成了重大威胁。河北战场，朱滔被打得节节败退，局面日蹙，再加上朱泚已死，朱滔极度惶恐，只好上表向朝廷请罪。中原战场上，朝廷军也开始转败为胜，先后逼降和俘虏了李希烈的手下大将李澄、翟崇辉、田怀珍、孙液等人，克复了汴州、郑州等战略要地，迫使李希烈不得不"迁都"蔡州（今河南汝南县）。

次年正月，唐王朝把年号改为贞元。从新年号的字面上看，"贞"是坚定之义，而"元"是开局之义，可见德宗君臣不仅希望帝国从此获得一个崭新的开端，而且更希望能够把这个良好的开局长久地保持下去。

贞元元年（公元785年）六月，势穷力蹙的朱滔在惶惶不安中病死，其部下刘怦在将士的拥戴下接过军政大权；七月，朝廷任命刘怦为幽州节度使，河北之乱告平。

八月，李怀光在马燧、浑瑊等人的围攻下落入了众叛亲离的境地，最后自缢而亡，河中告平。

贞元二年（公元786年）四月，身染重病的李希烈被手下大将陈仙奇毒杀，旋即陈仙奇率众向朝廷投诚；是月底，朝廷任陈仙奇为淮西节度使。七月，淮西兵马使吴少诚又杀了陈仙奇，自任为留后，朝廷只好予以默认。至此，淮西之乱告平。

尽管诸藩之乱最终都被平定了，然而我们却无奈地发现——这场席卷了大半个帝国的叛乱与其说是以唐王朝的胜利告终，还不如说是以德宗朝廷的妥协退让而草草收场。

这场叛乱之所以爆发，其因有二：一是诸镇的目无朝廷和"自代自专"；二是唐德宗李适的锐意中兴和志在削藩。可是，这场叛乱又是如何终结的呢？

恰恰是朝廷重新承认了诸镇"自代自专"的合法性，恰恰是唐德宗李适放弃了他的中兴之志和强硬立场，这一切才宣告终结。

相对于这场叛乱的起因，这种终结的方式真是一个绝妙的讽刺。

我们可以想象，倘若朱滔身死、刘怦自立之后，或者是陈仙奇杀李希烈、吴少诚杀陈仙奇之后，德宗朝廷仍然像当年拒绝李惟岳那样拒绝承认他们，那么叛乱能就此终结吗？战争能就此平息吗？

答案是否定的。

所以，从这场战争的结果来看，一方面，我们完全可以得出这样的结论——帝国表面上是胜利了，可唐德宗李适本人强力削藩、中兴李唐的志向和信念却从此荡然无存，从这个意义上说真正的失败者又何尝不是唐德宗李适呢？另一方面，那些起兵叛乱的藩镇首领虽然一一败亡，看上去好像都失败了，但是诸藩"拥兵割地，一切自专"的"潜规则"却仍然大行其道，从这个意义上说藩镇又何尝不是最终的胜利者呢？

藩镇割据的根源既然并没有被铲除，消灭几个军阀便是于事无补的。

在此后的整个贞元年间，诸藩废立自专、拥兵抗命的局面并未得到一丝一毫的改善，唐德宗李适也只能得过且过地守着这片支离破碎的江山，不敢再存任何奢望……

也许到最后，唐德宗李适会依稀想起泾原兵变的那一年，他失落的东西并不是长安，而是一种勇气、一种信念……

四二 / 唐顺宗：那一场飘风骤雨的改革

唐德宗贞元二十一年（公元805年）正月初一，李唐王朝的宗室亲王和皇亲国戚们纷纷入宫向德宗皇帝拜贺新年，整座大明宫都洋溢着过年的喜庆气氛。

那一天，唐德宗李适的脸上始终保持着一个礼貌的笑容。

可似乎很少有人注意到，唐德宗李适焦急的目光一直在朝贺的人群中来回逡巡。

其实，唐德宗李适是在寻找一个人。

但是，那个人没来——他就是太子李诵。

唐德宗李适虽然明知卧床不起的太子李诵已经不可能来看他了，可当拜年的人们依次退出之后，他的脸上还是不由自主地淌下两行清亮的老泪。

当天，唐德宗李适就病倒了。

在此后的二十多天里，唐德宗李适的病势日渐沉重。与此同时，以俱文珍为首的宦官隔绝了宫内外的消息，准备废黜因中风而瘫痪的太子李诵，另立储君。

在唐德宗李适病重的二十多天里，满朝文武没有一个人知道皇帝和太子的安危。直到正月二十三日这天，弥留中的唐德宗李适才命人传唤翰林学士郑絪和卫次公入宫草拟遗诏。可等到郑絪和卫次公进入皇帝寝殿时，唐德宗李适已经驾崩。近侍宦官说："禁中还在讨论要立谁为皇帝，还没有最终敲定。"

众人闻言面面相觑，明知这是大逆不道之言，可就是没人敢吭声。最后，卫次公忍不住站了出来，说："太子虽有疾，可他是嫡长子，朝野归心。如果实在是不得已，也要立广陵王（太子长子李淳），否则必将大乱！"郑絪等人连忙随声附和。宦官们对视一眼，不好再说什么，可他们心里却在冷笑：就太子李诵那身子骨还能当皇帝？恐怕连站起来走上金銮殿都是个大问题吧？

确实，对此时的太子李诵来讲，如何站起来并且走向那张人人觊觎的御座——的确是个大问题！

可出乎所有人意料的是，已经因风疾而瘫痪了整整一个冬天的太子李诵突然奇迹般站了起来，随即被人搀扶着登上车驾来到九仙门接见众禁军将领。

看到这一幕，那些心怀叵测的宦官们瞠目结舌，而一直忐忑不安的朝臣们则是庆幸不已。

也许，这就是意志的力量吧。

太子李诵比谁都清楚，此刻的大唐帝国没有任何一件事情比他下地行走更重要、更紧迫。

这样的信念催醒了太子李诵的意志，而这样的意志又撑起了他的身躯。

正月二十六日，太子李诵在太极殿登基，是为唐顺宗。

顽强的意志虽然支撑着唐顺宗李诵坐上皇帝的宝座，但无法使他开口说话，更无法让他在朝会上决断政务。于是，唐顺宗李诵就坐在宫中，面前垂下一道帘帷，由宦官李忠言和昭容牛氏在身边伺候，百官在帘帷外奏事，"天子批复皆自帷中出"。

这样一种局面，决定了新天子——唐顺宗李诵必然要在很大程度上依赖于他身后的谋臣集团。

所以，历史就在这一刻把几个原本默默无闻的人物迅速推到了帝国政治舞台的中心。

这个集团的核心人物，在历史上被称为"二王"。

他们就是王叔文和王伾。

这两个人是真正的平民，他们都来自帝国的东南边陲，出身寒门，资历浅薄，既无世族背景，也无政治根基。尤其让满朝文武鄙夷不屑的是，他们二人皆非进士出身。当年，他们之所以能走进长安，并且走到太子李诵的身边，皆因二人均有一技之长：王叔文善弈，是围棋高手；王伾善书，是书法高手。王叔文、王伾二人均以"翰林待诏"的身份进入东宫侍奉太子，王叔文以棋待诏，王伾以书待诏。

也许正因为来自民间，所以王叔文、王伾身上自然少了官场上的虚伪与骄奢之气，却多出了一种平民阶层特有的质朴和淳厚，因此深得太子李诵的赏识。尤其是王叔文，对于帝国的政治乱象和民间疾苦有着深切的感受和认识，并拥有很强的使命感和远大的政治抱负，所以这些年来对太子李诵影响至深，甚至在某种程度上已经成为太子的"精神导师"。

除了王叔文、王伾，这个政治集团的主要人物还有韦执谊、刘禹锡、柳宗元等。相形之下，韦执谊的资历显然要比王叔文、王伾深厚，他出身于关陇世族，自幼饱读诗书，二十岁出头即成为翰林学士，属于颇有前途的政坛新秀；而刘禹锡与柳宗元也都是饱学之士，他们二人不但是同榜进士，而且同是名重一时的文章圣手，其时皆官拜监察御史。

很显然，由这样一些人组成的政治集团绝不会缺乏朝气，更不会缺乏锐气和勇气。所以，唐顺宗李诵一上台，王叔文等人就迫不及待地启动了一场政治改革。

为了这一天，王叔文已经等待了很多年。

此刻的王叔文踌躇满志，感觉新朝的政局就像一个等待他落子的棋盘。

王叔文信心十足地开始了他的布局：先是任命韦执谊为尚书左丞、同平章事，以闪电速度把这位新秀一举推上了宰相的高位；不久，又任命王伾为左散骑常侍，仍兼翰林待诏；而王叔文本人则升任起居舍人、翰林学士。

王叔文之所以做出这样的人事安排，是考虑到他们几个人中只有韦执谊拥有较高的资历和人望，所以把他推到前台；而他本人和王伾仅是侍臣，人微言轻，难孚众望，所以只能位居幕后。但是谁都清楚，王叔文才是这个集团的领袖和灵魂人物。布局之后，他们又迅速做出分工：凡有奏议皆先入翰林院，由王叔文作出决策，再由王伾出入宫禁，通过内侍宦官李忠言和唐顺宗李诵宠妃牛昭容传达给天子，领取旨意后交付中书省，由韦执谊颁布施行。此外，刘禹锡、柳宗元、韩泰等人则在宫外搜集情报、反馈信息，相互呼应。

一场雷厉风行的改革就这样匆匆拉开了大幕。

一时之间，王叔文、王伾集团的所有成员全都摩拳擦掌、热情高涨。可他们绝对不会料到，仅仅半年之后，这场轰轰烈烈的改革就将在致命的打击下中途夭折，而这位精通黑白之道的堂堂国手王叔文也将在这盘政治棋局中遭遇他一生中最可怕的一次失败。

这次失败不仅埋葬了王叔文的政治理想，而且让他付出了生命的代价……

就像历史上曾经有过的改革一样，王叔文的改革之刃一挥起来就刺进了既得利益者的心脏。

被王叔文锁定的第一个目标是时任京兆尹的道王李实。

之所以选择道王李实，首先是因为此人一贯横征暴敛，长安百姓对其恨之入骨，打掉他就能赢得民心。其次，李实是宗室亲王、唐高祖李渊的五世孙，且是德宗朝的宠臣，从他身上开刀就等于是向天下人表明：以王叔文为首的改革集团绝不会畏惧强权，而且此次改革针对的恰恰是特权阶层。最后，给形形色色的政敌一个下马威——王叔文连恃宠擅权的宗室亲王都敢动，天下还有谁他不敢动？

这一年二月二十一日，王叔文以皇帝名义下诏，列举了京兆尹李实的一干罪状，并将他贬为通州（今四川达州市）长史。诏令一下，长安百姓无不欢呼雀跃，并且纷纷在袖子里装满瓦片和小石头，守候在李实前往贬所的必经之路上，准备砸他个头破血流。李实事先得到消息，偷偷改走小路，才侥幸逃过一劫。

王叔文紧接着采取的第二步举措是革除弊政、与民休息。二月二十四日，在王叔文的策划下，唐顺宗李诵登上丹凤门宣布大赦天下，把民众欠政府的各种捐税全部取消，同时罢停正常赋税外的各种进奉，并将贞元末年以来的诸多弊政如"宫市""五坊小儿"等全部废除。

所谓"宫市"，是一种由宦官负责的宫廷采购制度。自德宗末期实施这项弊政以来，宦官们都是打着采购之名行巧取豪夺之实。刚开始，宦官们还拿着一纸公文以低价向长安商户强行收购各种货物，后来几乎就是直接从商家和百姓手中抢夺。此外，宦官们还强行索取所谓的"进宫钱"和"车马费"，即只要宦官开口说是宫市所需之物，商家和百姓不但要免费奉上，而且还要承担运送货物入宫的费用，这已经是明目张胆地抢劫了。对此，长安百姓怨声载道，朝臣也屡屡进谏，可当年唐德宗李适却置若罔闻。

所谓的"五坊小儿"，指的是"皇家五坊"（雕坊、鹘坊、鹰坊、鹞坊、狗坊）中的差役。这些差役跟宫市宦官一样穷凶极恶，天天打着皇家招牌在长安坊间肆意敲诈勒索，百姓敢怒不敢言。

这些弊政为患多年，而今一朝罢废，长安百姓顿时一片欢腾。

然而，王叔文此举虽然维护了百姓利益，但严重触犯了宦官集团的利益。也许从这个时候起，以俱文珍为首的宦官集团就开始准备反击了。

三月十七日，王叔文以皇帝名义任命宰相杜佑兼任度支、盐铁转运使；两天后，王叔文被任命为杜佑的副手。但明眼人一看便知，王叔文才是真正的掌权者，杜佑和韦执谊一样，只是被他推到前台充门面而已。

改革派继行政权之后又如此迅速地掌握了财政大权，这不能不引起反对派的极大恐慌。手中握有禁军的宦官首领俱文珍等人一再向唐顺宗李诵施压，要求他速将广陵王李淳定为储君。唐顺宗李诵无奈，于三月二十四日命翰林学士草诏，立李淳为太子（同日改名李纯）。

四月初六，在宣政殿的太子册立大典上，满朝文武看见太子李纯风华正茂、仪表堂堂，不禁大感欣慰、相互庆贺，唯独王叔文自始至终闷闷不乐。

对于唐顺宗李诵和改革派来说，宦官集团与东宫集团的强势结合，无论如何都不是一个好兆头。

那天，王叔文一句话也没说。典礼临近结束的时候，有人听见王叔文仰天长叹，念出了杜甫祭悼诸葛亮的那句诗——"出师未捷身先死，长使英雄泪满襟"。

没有人知道，这句话最终竟然会一语成谶！

王叔文意识到，如果不能夺取宦官手中的兵权，那么刚刚燃起的改革之火就随时有可能被扑灭。五月初三，王叔文以皇帝名义任命原右金吾大将军范希朝为左、右神策京西诸城镇行营节度使，任命原度支郎中韩泰为行军司马。

此时，驻扎在长安西面的左、右神策军是中央禁军的最精锐部队，统帅权在宦官手中。王叔文显然是希望把老将范希朝推到台前取代宦官，再让心腹韩泰架空范希朝，掌握实权。

可是，王叔文这回的如意算盘是完全打错了。

军队不同于文官机构，仅凭天子的一纸任命状绝对不可能在一夜之间就获得将士的效忠。其中，一个很重要的原因是，各级禁军将领和俱文珍等宦官首领之间早已建立了根深蒂固的利益关系。所以，不要说韩泰这种年轻的文官根本无戏可唱，就算范希朝这种资历深厚的老将出马，那些禁军将领也不见得会买他的账。

很快，王叔文就会无奈地明白这一点。

五月二十三日，俱文珍等人再次胁迫唐顺宗李诵，以明升暗降的手段给王叔文加了一个户部侍郎衔，却免除了他的翰林学士一职。说起来这个翰林学士的职务并不重要，可问题是一直以来王叔文都是以此职坐镇翰林院并领导这场改革的，现在免去他的翰林学士身份也就等于把他逐出了改革派的大本营，这让王叔文等人实在难以接受。王伾立即上疏唐顺宗李诵，请求为王叔文保留该职衔；但一再上疏的最终结果只是允许王叔文每隔三五天进一趟翰林院，而复职的请求却被彻底驳回。

王叔文痛苦而愤怒地意识到——此刻的唐顺宗李诵基本上已经被俱文珍等人完全控制了。

宦官势力的强大真的是让王叔文始料未及。

接下来的日子里，更让王叔文感到痛苦和愤怒的事情接踵而来。

那并不是来自反对派的打击，而是来自改革派阵营的内部分裂——宰相韦执谊已经从战友变成了敌人。

表面上的原因是，王叔文、韦执谊二人的性格和处世方法差别太大：王叔文操切忌刻、难以容人、树敌太众，而且对改革的期望值太高、速度太快、打击政敌的手段太狠；而韦执谊性情则相对比较柔和，处世方式比较委婉，更讲究策略，但也少了一点正直，多了一些心计。

六月初，一个偶然事件使王叔文、韦执谊二人的这种潜在差异突然间转变成了公开矛盾。事情源于一个叫羊士谔的地方官。由于此人对王叔文的改革不满，所以趁着进京办差的机会，在公开场合抨击王叔文的政策。王叔文勃然大怒，决定杀一儆百，准备让皇帝下诏将其斩首，但韦执谊坚决反对。王叔文无奈，退了一步，要求将其乱棍打死，但韦执谊还是不从，只把羊士谔贬为偏远山区的县尉。王叔文怒不可遏，就在人前人后痛骂韦执谊，于是王、韦二人关系就此破裂。为此，改革派的所有成员都深感不安，可又无计可施。

差不多在此前后，有一个类似事件进一步激化了王叔文、韦执谊二者的矛盾。

那是在五月底的时候，西川节度使韦皋派他的心腹刘辟来到长安密见王叔文，准备跟他缔结一个利益共同体。韦皋这个人说起来也是有功于朝的，他曾在边境多次击败吐蕃的入侵。正因如此，所以韦皋一贯居功自傲，千方百计想扩张地盘，而这次他让刘辟来向王叔文传话，那口气照样牛气冲天。刘辟对王叔文说："太尉（韦皋的中央官职）让我向您表达区区诚意，如果把西川、东川和山南西道这三川之地统统划归太尉管辖，那他必将以死相报；倘若不给，那他也一定会用别的方式相报！"

王叔文一听，这气就不打一处来：首先，一个他本来就不齿的军阀居然找上门来跟他赤裸裸地交换利益，这不仅让他觉得荒谬，而且简直是对他的侮辱；再者，这韦皋也太狂了，说假如不把三川给他就以"别的方式相报"——这像是在商量事情吗？这根本就是在威胁恐吓嘛！于是，王叔文一愤怒，就照旧对韦执谊下达了处置刘辟的命令。

这命令还是一个字——斩！

可是，韦执谊照旧还给他一个字——不！

刘辟没完成任务，就留在京师瞎晃，打算寻找其他的突破口。随后，刘辟听说羊士谔因为得罪王叔文差点被斩了，吓得一溜烟就逃回了成都。王叔文一听刘辟跑了，就把所有的气都撒到韦执谊身上。韦执谊就跟王叔文打太极，派人去跟他道歉说："我绝不会背弃我们当初的盟约，现在我所做的一切，都是在曲线助成仁兄的事业啊！"

王叔文破口大骂，说韦执谊是在狡辩。

韦执谊也懒得再解释。

从此，王叔文、韦执谊二人势同水火。

要说韦执谊这番道歉的话其实是在狡辩，倒也并没有冤枉他。王叔文和韦执谊的性格差异固然是有而且很大，但这并不是造成他们反目的真正原因，或者说不是深层原因。

实际上，深层的原因是——韦执谊觉得自己既然已经当上了宰相，那就没必要再受王叔文的控制，说白了就是想过河拆桥。

王叔文对韦执谊的痛恨还不仅仅在于他对友情的背叛，而是他对改革事业的背叛！

在王叔文眼中，改革是理想，是信仰，是他生命的全部意义所在。

可在韦执谊眼中，改革是什么呢？是工具，是跳板，是他换取高官厚禄的投机手段。

王叔文想到这一切，除了满腔愤怒之外，只剩下一种心情——那就是孤独。

一种"举世混浊我独清，举世蒙昧我独醒"的孤独！

韦皋在王叔文那碰了一鼻子灰，不禁恼羞成怒，于是处心积虑地呈上了两道奏疏。

第一道是给唐顺宗李诵的。韦皋说："陛下积劳成疾，而又日理万机，所以御体迟迟不能康复。请暂令太子监国，恭候陛下圣躬痊愈，再令太子回到东宫。臣位兼将相，而今所言，乃职责所在。"

第二道是给太子李纯的。韦皋说："圣上把政事委托给臣子，然而所托非人。王叔文、王伾、李忠言之流，虽身负重任，但任意赏罚、败坏朝纲，而且植党营私、内外勾结。臣深恐其祸起萧墙，倾太宗之盛业，毁殿下之家邦。愿殿下即日启奏皇上，斥逐群小，使政出人主，则四方获安。"

这个韦皋显然不是一盏省油的灯。

这两道奏疏表明韦皋拥有高度敏锐的政治嗅觉。韦皋知道王叔文的唯一靠山就是皇帝，除了皇帝几乎所有人都是王叔文的敌人，所以他只要跟太子李纯站在一起并把李纯推上前去监国，那么天下要收拾王叔文的人多了去了，根本用不着他本人动手。换句话说，哪一天把"太子监国"这事做成了，哪一天王叔文就会死无葬身之地。

紧随着韦皋上疏之后，荆南节度使裴均、河东节度使严绶等人也先后上疏唐顺宗李诵，说的事跟韦皋一模一样。

就这样，反对王叔文的"统一战线"在无形中建立起来了。

此时此刻，王叔文手中剩下的最后一张牌，就只有他派去接管禁军的韩泰了。

如果韩泰能够顺利接管神策军，那么大势或许还能挽回，因为必要情况下可以用武力解决问题。然而，实际情况是，老将范希朝进入奉天的神策军指挥部坐等多日，各级禁军将领却一个也没有露面。

范希朝和韩泰就这么坐在奉天（今陕西乾县）城里面面相觑，而皇帝的任命状还揣在他们怀里，可已经变成了一张废纸。

其实，早在范希朝和韩泰从长安出发的时候，禁军将领们就已经暗中请示了俱文珍，得到的答复是——绝对不能把军队交给他们！

有了宦官这句话，禁军将领们就有底气了，于是就把老将范希朝晾在一边理都不理，更别提那个手无缚鸡之力的文官韩泰了。

最后，韩泰只好单骑返回长安。

那一刻，王叔文陷入了绝望。

所谓"屋漏偏逢连夜雨，船破又遇顶头风"，就在王叔文最艰难的时候，家中又传来噩耗——他母亲病重，即将不久于人世。

这是贞元二十一年（公元 805 年）的六月中旬，距离改革大幕正式拉开仅仅四个月，但一切便已面目全非。

对于此刻的王叔文来讲，老母亲病重的消息已经不仅仅是一种感情上的打击，而是敲响了他为官生涯的丧钟。在这种情况下，王叔文必须回家照顾老母亲，同时准备守丧，而这无异于是帮了王叔文的对手们一个大忙——他们根本不用花任何力气，王叔文自己就得乖乖地卷铺盖走人了。

六月二十日，王叔文便离开朝廷回了老家。

至于说王叔文还能不能回来，多数人表示并不乐观。

王叔文一走，韦执谊顿感浑身清爽，开始独立行使宰相职权，政令皆出己意，从此与王叔文了不相干。对此，王叔文恨得牙痒痒，天天与一帮故旧筹划着要重执朝柄，并且扬言一旦复职首先就要干掉韦执谊，然后把所有背叛改革和反对改革的人通通杀掉。

但是，这已经不可能了。说好听点，这叫一厢情愿；说难听点，这叫意淫。

改革的主心骨没了，王伾感到了一种唇亡齿寒的凄凉。于是，王伾到处奔走呼号，每天去见宦官和宰相杜佑，请求征召王叔文为相，并让他统领禁军。

可想而知，王伾的种种请求都遭到了拒绝。接着，王伾在惶惶不安中一连向唐顺宗李诵呈上了三道奏疏，结果当然都是石沉大海。

不久后，王伾便因中风被送回家中，从此再未踏进翰林院一步。

八月初四，唐顺宗李诵发布了命太子李纯登基的诏书，同时退位为太上皇。

初五，唐顺宗李诵迁居皇城外的兴庆宫，宣布改元永贞。

初六，朝廷贬王叔文为渝州（今重庆市）司户，贬王伾为开州（今重庆市开县）司马。

初九，太子李纯在宣政殿即位，是为唐宪宗。

不久，王伾即病死于贬所。五个月后，唐顺宗李诵驾崩，唐宪宗李纯随即下诏将王叔文赐死。

紧随王叔文、王伾被贬之后，改革派的其他主要成员也无一幸免：韦执谊、韩泰、柳宗元、刘禹锡、韩晔、陈谏、凌准、程异八人，相继被贬为边远各州的司马。

这个"出师未捷身先死"的改革集团，在历史上被称为"二王八司马"，而这场失败的改革被称为"永贞革新"。从贞元二十一年（公元802年）二月掀开改革大幕，到这一年七月遭遇失败，"永贞革新"历时不过半年。

"飘风不终朝，骤雨不终日。"这场改革来得有多么迅猛，败得就有多么惨烈！

　　都说世事如棋，都说政治就像一场博弈，不知道临终前的王叔文会不会发现——在世事的棋局中，在政治的博弈场上，他这位堂堂国手到头来也只是一名业余选手；更不知道他会不会发现，其实与他对弈的那个对手从一开始就是不可能被战胜的，因为那不是一个或一群具体的人。

　　那是一个帝国的沉疴。

四三 / 唐宪宗：元和中兴

自从"安史之乱"开启了藩镇割据的动荡局面后，大唐帝国的马车就晃晃悠悠地驶进了混沌无光的历史暗夜。在此后的几朝天子中，唐代宗、唐德宗均有中兴之志，却苦无回天之力；而唐顺宗在位时间不过半年，更谈不上有何作为。于是，当历经沧桑的帝国马车缓缓走到公元806年，中兴李唐的历史使命就责无旁贷地落到了唐宪宗李纯身上。

唐宪宗李纯登基时未及而立，正是风华正茂、血气方刚之年，对于帝国的政治乱象极端不满，对于四方藩镇的跋扈行为更是深恶痛绝——一切就跟他祖父唐德宗李适刚即位的时候一模一样。

然而，当年的唐德宗李适不就是怀抱着这样的理想，结果却在现实面前碰得头破血流的吗？如今的唐宪宗李纯会不会重蹈这样的历史覆辙呢？

满朝文武无不对此心怀忐忑，很少有人相信这个年轻天子真能摆平那些不可一世的跋扈藩镇。

说白了，前面几任天子倾尽全力都做不到的事情，你唐宪宗李纯凭什么又能做到呢？

似乎是为了考验唐宪宗李纯的能力和决心，他刚刚于永贞元年（公元805年）八月登基，西川节度使韦皋便于同月病逝，其心腹刘辟不经朝廷同意就自立为留后。这一幕就跟当年成德的李惟岳如出一辙。唐宪宗李纯考虑到自己刚即位，万事都无头绪，只好暂时采取安抚手段，于是任命刘辟为副节度使，代行节度使职权。刘辟以为唐宪宗李纯是颗软柿子遂得寸进尺，于元和元年（公元806年）正月上疏朝廷，公然要求兼领三川（西川、东川、山南西道）之地。

唐宪宗李纯勃然大怒，一口回绝了刘辟。刘辟二话不说，当即出兵进攻东川，把东川节度使李康团团围困在了梓州（今四川三台县）。

此时，唐宪宗李纯登基已经四个多月，当然不会再忍气吞声，旋即在朝会上提出讨伐之议。朝臣们纷纷劝阻，说蜀地山川险阻、关塞坚固、易守难攻，这仗绝对不能打。但宰相杜黄裳力主讨伐，他认为：德宗经历当年的忧患之后，对藩镇姑息迁就、委曲求全，使天下的节度使都变成了终身制，如欲重整朝纲，就该用国法制裁藩镇，否则天下就无法治理。

得到宰相杜黄裳支持，唐宪宗李纯大喜过望，立刻命神策军将领高崇文、李元奕会同山南西道节度使严砺共同出兵讨伐刘辟。

反对讨伐的朝臣们面面相觑，他们对这场战争的结局都不抱乐观。

然而，他们绝对没有想到，就是从这场征讨西川的战役开始，"元和中兴"的历史大幕已经悄然拉开。

战争一打响，朝廷军就进展顺利，势如破竹。先是在二月初，严砺打下了剑州（今四川剑阁县）；紧接着在三月初，高崇文又收复了梓州。此后，朝廷军一路向纵深推进，连克德阳、汉州（今四川广汉市）、绵州（今四川绵阳市）等地，最后于九月下旬攻陷成都。刘辟向西逃窜，在投奔吐蕃途中被擒获，随后押解到长安，与整个家族和党羽一起被斩首。

"西川叛乱"的平定是一场意义深远的胜利。自从"安史之乱"平定以来，在李唐中央与叛乱藩镇旷日持久的较量中，似乎还是第一次赢得这么漂亮，而且又是唐宪宗李纯即位以来的第一仗，意义更是非同小可。

讨伐西川的同时，朝廷又在夏绥（今属陕西）平定了杨惠琳的叛乱。就这样，两场大捷迅速恢复了中央的权威。诸藩震恐，纷纷主动上表请求入朝（实际上就是当人质），借此表明忠心。元和二年（公元807年）九月，镇海（今属江苏）节度使李琦也不得不跟着表态，命手下判官王澹为留后，然后上表请求入朝。唐宪宗李纯立即批准，同时派遣宦官前往镇海督促他进京。

可李琦本来就不是真心入朝，于是托病不肯动身。唐宪宗李纯征求宰相们的意见，武元衡说："陛下刚即位，李琦说入朝就入朝，说不入朝就不入朝，决定权都在他手上，陛下将如何号令天下？"

唐宪宗李纯觉得武元衡的想法正与自己不谋而合，遂一再对李琦施压。

李琦无可奈何，索性起兵叛乱。

唐宪宗李纯立刻下诏剥夺了李琦的官爵，命淮南（今属江苏）、鄂岳（今属湖北）、宣歙（今属安徽）等五道兵马会攻李琦，于十一月将李琦父子押解到长安，随后一同腰斩。

接连平定三藩之后，唐宪宗李纯就把目光投向了帝国的东北边陲，那里是河北三镇——成德、卢龙、魏博。

此三镇是安禄山、史思明的老巢，实力强大，割据时间长，并与南边的淮西、东边的淄青互为奥援，一有风吹草动便结成联盟对抗朝廷，是李唐朝廷的心腹之患。这么多年来，他们赋税自享、职位世袭、一切自专，基本上处于半独立状态。这样的藩镇不处理，朝廷有何威信可言？帝国有何安宁可言？

可这样的藩镇要处理，也绝不是一件容易的事。

所以，唐宪宗李纯一直在耐心地等待机会。

元和四年（公元809年）二月，成德节度使王士真卒，其子王承宗自立为留后。唐宪宗李纯马上跟几个心腹重臣商议讨伐之事，可宰相裴垍和翰林学士李绛等人却都表示反对。李绛说："河北久不服从中央，此事固然令人愤恨，可要是想一朝革除其世袭之弊，恐怕也办不到。成德自李宝臣、王武俊以来，父子相承已四十余年，无论民心还是军心都已习惯，不认为这是违背纲纪。何况王承宗现在事实上已经接管了军政大权，必定不会服从。再者，卢龙、魏博、淄青等镇也一向是传位给子弟，与成德利益一致，如果看到朝廷另行委任节度使，必定暗中结盟。此外，眼下江淮一带水灾严重，国家财政和民生都很困难，恐怕不宜轻启战端。"

唐宪宗李纯觉得大臣们说得有道理，虽然心里老大不爽，可还是忍了下来。但是到了这一年十月，王承宗又在魏博节度使田季安的挑唆下和朝廷产生了冲突，于是唐宪宗李纯忍无可忍，下诏削去王承宗的官爵，任命左神策中尉、宦官吐突承璀为统帅，率神策军与成德周边诸道共同讨伐王承宗。

从元和五年（公元810年）正月开始，各路兵马就从各个方向对成德发起了进攻，但是宪宗朝廷发动的这场声势浩大的围剿战役一直到三月始终没有取得任何实质性的进展。具有讽刺意味的是，除了与成德有宿怨的卢龙节度使刘济亲率七万大军在正月打下了饶阳（今河北饶阳县）和束鹿（今河北辛集市）之外，其他各路政府军基本上碌碌无功：河东的范希朝与义武的张茂昭推进到新市镇（今河北正定东北）就再也无法前进半步；淄青的李师道和魏博的田季安私下都和王承宗通了气，装模作样地各自打下一个县城后就按兵不动；而主帅吐突承璀亲自率领的神策军则打得最为窝囊，不但损兵折将，而且屡战屡败。这场仗再打下去，朝廷根本没有半点胜算，唯一的结果只能是丧师费财、徒劳无功。

六月，战事仍无进展，翰林学士白居易等人屡屡奏请罢兵。此时，王承宗也做出了一定程度的妥协，表示愿意把征收赋税和任命官吏的权力还给朝廷，请求准许他改过自新。

唐宪宗李纯赶紧就坡下驴，下诏"昭雪"了王承宗，并恢复了他的官爵。一场轰轰烈烈的讨伐战争就这样偃旗息鼓了。

李唐政府耗时半年多，发兵二十余万，所费七百多万缗，结果却一无所获。

元和五年（公元810年）的短暂失败并没有把唐宪宗李纯变成第二个唐德宗李适，也并未让他从此一蹶不振。在暂时沉寂的两年中，唐宪宗李纯一直在等待机会、积蓄力量。

元和七年（公元812年）七月，魏博节度使田季安因精神失常而任意杀戮，导致军政废乱；其妻元氏召集诸将废掉了田季安，立年仅十一岁的儿子田怀谏为副使接管军政，随后又命深得人心的大将田兴担任步射都知兵马使，辅佐田怀谏。

八月，田季安死。消息传到长安，唐宪宗李纯意识到时机成熟，立刻命左龙武将军薛平为郑滑（今属河南）节度使准备借此控制魏博，随后召集宰相讨论魏博问题。其时，已任宰相的李绛提出了一个令人意想不到的方案。

李绛说："臣观察两河藩镇，其驭将之策历来是分散兵权，使诸将势均力敌、相互制约；加之刑罚严苛，所以诸将互相猜忌，谁也不敢轻举妄动。此法虽善，但必须有一严明主帅，局面方可控制，而今田怀谏只是一乳臭小儿，军府大权必定人人觊觎，诸将权力不均，必起内讧。其往日分兵之策，恰成今日祸乱之源！田氏若非遭人屠戮，亦必为人所囚，何须朝廷出兵？再者，部将弑主自代，最为诸藩所恶，自代之将若不依附朝廷以求存，必为相邻诸藩碾为齑粉。故臣以为不必用兵，可坐待魏博自归。陛下只需按兵养威，届时抓住时机，以爵禄厚赏自代之将。两河藩镇闻之，定恐其麾下之将争相效法以换取朝廷赏赐，必皆恐惧，因此唯有归顺朝廷一途。此所谓不战而屈人之兵也！"

很显然，这是一个离间计。

唐宪宗李纯茅塞顿开，决定依计而行。

不出李绛所料，田怀谏因年幼无知，军政大权落入家童蒋士则之手。蒋士则小人得志，全凭个人好恶，肆意任免诸将，终于触犯了众怒。诸将遂拥立田兴为留后，杀了蒋士则，将田怀谏迁出帅府。

十月，在李绛的一再坚持和催促下，唐宪宗李纯发布了一项让河北诸藩目瞪口呆的诏命——任田兴为魏博节度使。

消息传来，原本心中惴惴的田兴简直可以说受宠若惊，因为历来自立为留后的藩将运气最好的也不过是被朝廷追认而已。田兴万万没有料到，唐宪宗李纯此番出手竟然直接让他一步到位成了节度使！

拜受诏命的那一刻，田兴千恩万谢，士兵们则欢声雷动。

数日后，李绛进一步向唐宪宗李纯提出："魏博五十余年不沾皇化，一旦举六州之地来归，形同剜河朔之腹心，倾叛乱之巢穴，如果不给予超乎其所望的重赏，则无以收拾其军心，离间其四邻。请发内库钱一百五十万缗赐之！"

唐宪宗李纯采纳了李绛的建议，并在一百五十万缗之外又无比豪气地给魏博百姓免除了一年的赋税和徭役。

田兴感激涕零，随后主动上表把各级官员的任免权交还朝廷，并从此在全境奉行朝廷法令，缴纳各项赋税。

魏博就此归顺朝廷。

成德、淄清等镇的节度使们都傻眼了，频频派人前来使尽浑身解数离间田兴，可田兴自始至终不为所动。

元和九年（公元814年）闰八月，淮西节度使吴少阳卒，他的儿子吴元济秘不发丧，接管了军政大权。唐宪宗李纯随即发兵讨伐，但是战事的进展却极不顺利，打了整整一年竟然毫无取胜的迹象。

其实，原因出在统帅身上。

被唐宪宗李纯任命为统帅的人名叫严绶，不仅毫无军事才能，而且花钱如流水。从到任的那天起，严绶拿了中央的巨额军费后只做了两件事情：一是毫无节制地犒赏士卒，借以收买人心；二是拼命贿赂宦官，构建自己的人脉。除此之外，严绶所做的唯一一件事情就是，率领八个州一万多人的部队在州境线上整整坐了一年，连仗都很少打，更不用说要向朝廷报捷了。

宰相裴度屡屡强调严绶无能，请唐宪宗李纯更换主帅。元和十年（公元815

年）九月，唐宪宗李纯终于下决心撤掉了严绶，改任宣武节度使韩弘为淮西各军总指挥。然而，韩弘与严绶半斤八两，虽然不像严绶那么会花钱，但一味保存实力，根本不愿真心打仗。

淮西大有陷入泥潭之势，而河北的成德也一点不让人省心。这一年岁末，王承宗放纵军队四处劫掠，把周边诸镇搞得寝食难安。于是，卢龙（治所幽州）、横海（治所沧州）、义武（治所定州）纷纷上疏请求讨伐王承宗。唐宪宗李纯早就想处理成德了，遂于元和十一年（公元816年）正月发六道兵马共同讨伐王承宗。

至此，李唐朝廷不得不在南北两线同时作战。此举让不少朝臣想起了唐德宗李适当年的覆辙和教训，以宰相张弘靖为首的多位大臣相继劝皇帝罢兵，待讨平淮西再回头对付成德。

可唐宪宗李纯不听，他不相信唐德宗李适做不到的事情他也一定做不到。

然而，现实是严峻的。元和十一年（公元816年）六月，从淮西前线传回一个大败仗的消息——唐邓（今属河南）节度使高霞寓全军覆没，仅以身免。

消息传来，满朝震恐，罢兵的呼声空前高涨。宰相们入朝力谏，唐宪宗李纯不以为然："胜败乃兵家常事。现在应该讨论的是用兵的方略，撤换不能胜任的将帅，及时为各参战部队调配粮饷，怎能因为一个人打了败仗就立刻罢兵？"

朝议的结果只有一个——接着打。

就这样，两场战争就这么旷日持久地同时进行着。

到了元和十二年（公元817年）五月，淮西已打了将近三年，出兵九万余人，耗去军费粮饷无数，却未建尺寸之功；而成德也打了一年多，出兵十多万，战线环绕成德边境数千里，各部相距遥远，缺乏统一指挥，且补给线过长，每次运输粮饷都要累死一大半牲口。卢龙节度使刘总打下一座县城之后就停驻在边境五里处按兵不动，光他这支军队每月耗费的开支就达十五万贯，朝廷不堪重负……

很显然，这仗再这么打下去，朝廷已无力支撑。宰相李逢吉力劝唐宪宗李纯罢兵，一切等平定淮西再说。唐宪宗李纯陷入了前所未有的痛苦和矛盾中，经过多日犹豫，不得不下令撤销了河北行营，让诸道军队各回本镇。

河北草草收兵，让唐宪宗李纯觉得丢尽了面子。在随后的日子里，尽管朝廷已经全力以赴对付吴元济，可淮西依旧固若金汤。七月底，唐宪宗李纯忧心忡忡地召集宰相们商议，李逢吉等人都认为朝廷已经师老财竭，再次建议全面停战。不过，宰相裴度却默不作声。唐宪宗李纯问裴度的意见，裴度说："臣愿亲往前线督战。"

八月，裴度从长安出发，唐宪宗李纯亲登通化门为他送行。裴度说："臣要是消灭敌人，就还有机会见到陛下；可敌人要是一日不灭，臣永远不回朝廷。"

唐宪宗李纯闻言，忍不住潸然泪下。

裴度抵达淮西前线后，很快就找到了朝廷军频频失利的主要原因——自开战以来，唐宪宗李纯就为前线的每一支参战部队都派驻了监军宦官。这些人既无军事才能，又无作战经验，却偏偏喜欢干涉主将的军事行动。每逢打了胜仗，宦官们就第一时间飞报朝廷，把功劳揽在自己身上；要是打了败仗，他们就对将领破口大骂、百般凌辱。有这样的一群人在战场上掣肘，这仗能打得赢吗？

裴度立即上疏痛陈此弊，最后促使唐宪宗李纯把这帮监军宦官全部召回了长安。

裴度的第二项决策，就是极力支持大将李愬的擒贼先擒王之计——奇袭蔡州。

李愬是德宗时代的名将李晟之子，有勇有谋，而且善待部众，所以深得将士拥戴。在与淮西的交战中，李愬利用他的影响力，先后收降了吴元济手下的多名大将，从而掌握了大量的军事情报，为袭取蔡州做了充分的准备。

经过半年多的周密部署，李愬终于向裴度请命：率领一支奇兵穿越敌军腹地，出其不意直取蔡州（今河南汝南县），生擒吴元济。

李愬计划得到了裴度的赞同和支持。

元和十二年（公元 817 年）十月十五日，一个大雪纷飞的深夜，李愬亲自率领九千精锐，分成前、中、后三军悄悄向蔡州进发，但此行除了李愬本人和几个参与绝密计划的心腹将领之外，没人知道队伍要往哪里开拔。

李愬只对将士们下达了一个命令：什么都不用问，一直往东走。

部队经过急行军，迅速占领了六十里外的张柴村，稍事休整之后再度出发。将领们满腹狐疑地追问此行的目的地，李愬才对众人说："攻击蔡州，活捉吴元济！"将领们大惊失色。

此时，暴风雪越发猛烈，旌旗冻裂，士兵和马匹接二连三地冻毙倒地。同时，天色如浓墨一般，咫尺不辨方向。自张柴村以东就是淮西腹地，通往蔡州的道路是中央军从来没有走过的，人人都觉得此去必死无疑。

然而，就是这条雪夜中的艰难道路最终通向了成功。

又经过七十余里的急行军，十月十六日凌晨时分，部队抵达蔡州城下。

李唐的政府军已经三十多年没有站在这块土地上了。

李佑等前锋将领亲自在城墙上凿孔，偷偷爬上城楼，暗杀了熟睡中的守门士兵，只留下更夫继续打更。随后，他们打开城门，迎接大军进城。到了里城，他们故技重施，再次顺利入城。

等到鸡鸣雪停的时候，李愬已经率兵突入了吴元济官邸所在的内城。

卫兵慌慌张张地冲进内室对吴元济说："官兵来了！"

吴元济还在睡觉，笑骂道："那是俘虏和囚犯闹事，等天亮把他们通通杀了。"

话音刚落，又有人冲进来报告："城池已经陷落了！"

吴元济这才骂骂咧咧地披衣起床，说："这一定是前线的士兵回来找我讨要冬装。"

吴元济来到院子，忽然听见外面人马杂沓之声，并且听见军队的传号声："常侍有令……"随即，响应的声音足有万人之众。吴元济大为惊愕，说："什么常侍（李愬中央官职为散骑常侍），怎么到这里来了？"这才仓皇组织士兵上内城抵抗。

李愬军迅速攻破了内城的第一道门，占领了武器库。十七日凌晨，又进攻南门，纵火焚烧，到了傍晚，城门倒塌。吴元济见大势已去，只好投降。

李愬雪夜袭蔡州，成为中国战争史上长途奔袭的经典战例。

十月十八日，李愬命人将吴元济押送京师。当天，淮西各州的叛军余部二万多人相继归降。就这样，脱离了李唐朝廷整整三十多年的淮西，终于克复。

十一月，唐宪宗李纯登兴安门接受献俘，斩杀了吴元济，向宗庙社稷献祭。

时隔十余年之后，唐宪宗李纯终于再次品尝到了即位初年平定三川时的那种胜利和喜悦之情。

我们知道了一个答案，唐德宗李适做不到的事情，凭什么说宪宗李纯就做不到呢？

吴元济败亡之后，河北诸藩陷入了极大的恐慌。

元和十三年（公元818年）正月，淄青的李师道遣使奉表，请求派长子入朝，并献出沂、密、海三州之地。

四月，成德的王承宗也把两个儿子送往朝廷为质，同时献出德、棣两州，并自愿将征税和官吏任免权归还朝廷。

同月，卢龙的刘总在部将的劝说下也向朝廷上表，宣誓效忠。

不久，李师道又生悔意，企图再度与朝廷对抗。唐宪宗李纯大怒，随即出动宣武、魏博、义武、武宁、横海五道兵马共同讨伐，于元和十四年（公元819年）正月将其平定。

至此，跋扈多年的河北诸藩终于向李唐朝廷俯首称臣，分裂板荡了半个多世纪的帝国终于恢复了统一。尽管这样的统一在一定程度上只是流于形式，但它仍然是"安史之乱"后李唐朝廷在藩镇事务上取得的最大成功；尽管这种表面的辉煌之下仍旧掩盖着诸多隐患，但是唐宪宗李纯已经完全有理由为此感到自豪。

在中晚唐混沌而黑暗的一百多年历史上，宪宗君臣联袂打造的这个振奋人心的时代，史称"元和中兴"。

"元和中兴"之所以能够实现，首先当然要归功于唐宪宗李纯本人的虚心纳谏和励精图治，同时也是得益于李绛、裴度、武元衡等多位宰相的尽心辅佐和群策群力。正如史家所言："宪宗嗣位之初，读列圣实录，见贞观、开元故事，竦慕不能释卷，顾谓丞相曰：'太宗之创业如此，玄宗之致理如此，既览国史，乃知万倍不如先圣。当先圣之代，犹须宰执臣僚同心辅助，岂朕今日独为理哉！'自是延英议政，昼漏率下五六刻方退。自贞元十年已后，朝廷威福日削，方镇权重。……及上自藩邸监国，以至临御，讫于元和，军国枢机，尽归之于宰相。由是中外咸理，纪律再张，果能剪削乱阶，诛除群盗。睿谋英断，近古罕俦，唐室中兴，章武（唐宪宗谥号）而已。"（《旧唐书·宪宗本纪》）

四四 / 青春皇帝：将娱乐进行到死

唐宪宗李纯虽然在平藩斗争中取得了巨大成功，让唐帝国重新回到了大一统的轨道，但令人遗憾的是他并没有把这个成功保持多久。

准确地说，唐宪宗李纯被自己的成功埋葬了。

自从元和十三年（公元818年）平定淮西之后，唐宪宗李纯就一改过去那种克己自律、忧勤惕厉的执政作风，开始贬黜贤良、进用佞臣，并大肆聚敛、纵情享乐，同时还广召天下方士，频频服食丹药。

唐宪宗李纯逐渐变得萎靡不振，性情也变得暴戾乖张，原本强健的身体更是在短短一两年内迅速垮掉了——病魔旋即攫住了他。

唐宪宗李纯患病之后，越发暴躁易怒，身边的宦官动辄得咎，被鞭笞杖打算是家常便饭，有些人甚至还无缘无故掉了脑袋。宦官们人人自危，不知道厄运何时会降临到自己头上。

与此同时，太子李恒也急得如同热锅上的蚂蚁。

太子李恒担心的倒不是唐宪宗李纯的病情，而是唐宪宗一旦驾崩，他的兄长澧王李恽会跟他争夺皇位。李恽是唐宪宗的次子，其背后的支持者是唐宪宗最宠幸的宦官——神策左军中尉吐突承璀。几年前，唐宪宗李纯打算册立李恒为太子时，吐突承璀就曾极力阻挠，同时力挺澧王李恽。后来，唐宪宗李纯还是选中了李恒，吐突承璀为此耿耿于怀。眼下唐宪宗李纯患病，吐突承璀就在背后频繁活动，铆足了劲儿想挤掉太子李恒，拥立李恽即位。

太子李恒对此忧心忡忡，但是无计可施。

对于太子李恒的忧虑，另外几个宦官都看在眼里，而他们就是吐突承璀的政敌——神策右军中尉梁守谦，以及内侍宦官陈弘志、王守澄等人。他们很清楚，天子唐宪宗李纯已经没几天可活了，一旦吐突承璀拥立澧王李恽即位，他们必将死无葬身之地。

所以，他们决定先下手为强……

元和十五年（公元820年）正月二十七日，梁守谦等人秘密开了一个碰头会。没有人知道他们到底在策划什么，只知道当天深夜，唐宪宗李纯就莫名其妙地暴亡了，年仅四十三岁。

他们对外宣称的死因是药物中毒，但是真相到底如何，满朝文武都不得而知。

数日后，梁守谦带着全副武装的神策右军士兵冲进了吐突承璀的府第，不由分说地将其砍杀；紧接着又冲进澧王府杀死了李恽，然后拥立太子李恒即位，是为唐穆宗。

唐穆宗李恒是一个胸无大志之人，守丧一个月期满后，就急不可耐地投入了声色犬马、嬉戏宴游的娱乐活动中。谏官们屡屡上疏劝唐穆宗李恒节制，可他充耳不闻。

除了纵情声色之外，唐穆宗李恒还有一个习惯让谏官们看了扎眼。

那就是"滥赏"。唐穆宗李恒出手异常阔绰，尤其是对那些倡优戏子，只要乐意就随时随地都会赏赐一大堆金帛。谏议大夫郑覃等五人实在看不下去，就一起入阁劝谏，说："金银绸缎都是百姓的血汗，除非为国家立功，否则不应滥赏。宫库目前虽有存余，但请陛下爱惜，万一将来战事又起，方能不再向百姓征收重税。"

唐穆宗李恒看了他们很久，忽然吃惊地问宰相说："这几个人是谁啊？"

宰相连忙回答——是谏官。

这"君不识臣"的一幕发生在唐穆宗李恒即位已经九个多月的时候，可由于天子大部分时间都在关注娱乐活动，所以来不及认识自己的臣子。

为了表示对谏官们直言进谏的感谢，唐穆宗李恒随后便派人去慰问他们，说："朕会照你们的话去做。"朝臣们听到都很高兴，觉得当今天子还算是从善如流的。

可他们很快就发现自己错了，因为穆宗李恒对待谏言的态度是——"虚心接受，坚决不改"。

随后的日子，唐穆宗李恒的所有娱乐活动照常进行，"滥赏"的毛病也一点没变。

唐宪宗李纯死后，原本之前在他治下老实了一阵子的藩镇就又故态复萌了。元和十五年（公元820年）十月，成德节度使王承宗卒，诸将秘不发丧，拥立其弟王承元接管军政大权。

如果承认王承元，意味着藩镇自立自专的"潜规则"从此死灰复燃；可要是不承认，势必要大动干戈。该怎么办？

唐穆宗李恒踌躇再三，最后和宰相们一起商量了一个折中的办法，对诸藩实施了一次大面积调动——调魏博田弘正为成德节度使，任成德王承元为义成节度使，调义成刘悟为昭义节度使，调武宁李愬为魏博节度使，任左金吾将军田布（田弘正的儿子）为河阳节度使，稍后又调宣武张弘靖为卢龙节度使。

在穆宗君臣看来，这是一个两全其美的办法：既保留了诸藩的节度使职位，不必和他们撕破脸面，又能斩断各节度使对原辖区的绝对控制权，消除自立自专的隐患。

可是，这个自以为高明的策略很快就遭到了藩镇的强烈抵制。

长庆元年（公元821年）七月，卢龙军队爆发兵变，绑架了朝廷任命的节度使张弘靖，拥立朱克融（朱滔的孙子）为留后。消息传到长安，唐穆宗李恒慌忙罢免了张弘靖的节度使之职，把他贬为吉州（今江西吉安市）刺史，同时将昭义节度使刘悟调任卢龙节度使。

可是，刘悟不干。

眼下的卢龙是一座火山，刘悟才不会笨到把自己放在火山口上烤。刘悟上表说："还是暂且先把节度使之职授予朱克融吧，然后慢慢再想办法。"唐穆宗李恒无奈，只好收回成命，听之任之。

七月末，河北一波未平，一波又起。成德兵马使王庭凑发动兵变，杀死从魏博调来的节度使田弘正，同时砍杀了田弘正的幕僚、将吏和一家老小三百多人，随即自任留后，并上表要求朝廷任他为节度使。

消息传来，天子和朝廷大为震恐。

田弘正是唐宪宗李纯当年抚平河北藩镇的一面旗帜，假如李唐朝廷对他被杀之事不闻不问，那不仅意味着"元和中兴"的成果将彻底付诸东流，而且无疑是在向藩镇示弱。

这年八月，唐穆宗李恒发布诏书，命魏博、横海、昭义、河东、义武一同出兵，同时起用前宰相裴度，任他为卢龙、成德两镇招抚使，准备出兵讨伐王庭凑和朱克融。

可是,叛乱诸藩根本不把朝廷放在眼里。八月,王庭凑亲自带兵猛攻深州;九月,朱克融又纵兵在易州(今河北易县)一带烧杀掳掠。

十月,裴度出兵。可刚刚打了两个月,国库就告罄了,而一贯出手阔绰的唐穆宗李恒终于尝到了自己亲手种下的苦果。唐穆宗李恒急忙问计于宰相,宰相们说:"王庭凑杀田弘正,而朱克融却留了张弘靖一命,罪有轻重,请赦免朱克融,集中全力讨伐王庭凑。"唐穆宗李恒赶紧下诏,在这一年年底任命朱克融为卢龙节度使。

此风一开,叛乱的势头便再也无法遏制了。长庆二年(公元822年)正月,魏博兵马使史宪诚发动兵变,节度使田布被迫自杀,史宪诚自立为留后。唐穆宗李恒自知无力讨伐,只好任命史宪诚为魏博节度使。

二月,李唐朝廷彻底妥协,任命王庭凑为成德节度使。

至此,河北三镇悉数脱离朝廷,重新回到了半独立状态。李唐朝廷威信扫地,"元和中兴"的胜利果实彻底付诸东流。

从这一年起直至唐亡,河北三镇再也没有被收复过。

除了藩镇割据、连年叛乱之外,朝中的政局也是一团糜烂:一边是宦官擅权、一手遮天,一边是朋党之争日趋激烈(参见本书《牛李党争:半个世纪的政治风暴》章)。可是,唐穆宗李恒却对此视若无睹,只顾个人享乐,完全无视日益混乱的朝政。长庆三年(公元823年),昏庸无能的唐穆宗李恒在纵情声色的同时又染上了一样新的毛病——追求长生,服食丹药。

一切就跟晚年的唐宪宗李纯一模一样,这种"遗传"的力量真是不可思议。

尽管此时的唐穆宗李恒刚刚二十九岁、正值盛年,可人们完全有理由相信——一旦唐穆宗走上其父唐宪宗的这条老路,其下场绝对不会比唐宪宗更为美妙。

果不其然,唐穆宗李恒不久后就开始患病了。长庆四年(公元824年)正月,年届而立的唐穆宗李恒驾崩,年仅十六岁的太子李湛在太极殿即位,是为唐敬宗。

小皇帝一上台,人们就再次见识了不可思议的"遗传"力量,因为唐敬宗李湛基本上就是唐穆宗李恒的翻版。

唐敬宗李湛首先是继承了唐穆宗李恒的慷慨。刚一登基，唐敬宗李湛就连续三天对宦官们大加赏赐，所赏赐的东西不仅有金银、绸缎、珠宝，而且还有官职——赏赐的标准依天子的心情而定。例如，今天刚赐给某个宦官绿色官服（六品、七品），明天就可能赏他红色官服（四品、五品）。

唐敬宗李湛还继承了唐穆宗李恒的"娱乐精神"。从当上天子的次月开始，唐敬宗李湛就天天打马球、游乐、宴饮、看戏，而且不停地赏赐宦官和戏子们，数量多得连史官都懒得记载。

最后一点，也是最要命的——唐敬宗和唐穆宗一样，一点也不喜欢治理朝政。所以，例行的早朝对唐敬宗李湛来讲就是一件避之唯恐不及的苦差事。登基不过才一个多月，唐敬宗李湛上朝的时间就一天比一天晚。为此，谏官们屡屡上疏劝谏，唐敬宗李湛却置若罔闻。

唐敬宗李湛是大唐开国二百余年来最年轻的天子，估计也是最荒唐的天子。

在唐敬宗李湛即位的两个多月后，还发生了一件大唐有史以来最荒唐的事情，让满朝文武都惊出了一身冷汗。

准确地说，这是一次"暴动"。

"暴动"发生的地方竟然是在皇宫之中，而策划者竟然是两个平民：一个叫苏玄明，一个叫张韶。

苏玄明是一个算命先生，张韶是宫中染坊的一个杂役，两人是好友。有一天闲来无事，苏玄明就替张韶占了一卦，说："卦象显示，你将会坐在天子的位子上，与我一同进餐。"

张韶闻言，不禁吓了一跳。可紧接着，张韶又听见苏玄明说："现在皇上每天都在打猎和玩球，经常不在宫中，如果我们趁机干一件大事，未必不能成功。"

张韶歪着脑袋回味了半天，一股"王侯将相宁有种乎"的豪情壮志在他胸中油然而生，狠狠地说了一声："好！"

于是，一场"暴动"就从这两颗朴素的脑袋和这几句简单的对话中诞生了。

苏玄明、张韶二人说干就干，迅速纠集了一百多个染工，于四月十七日这天把兵器藏在运染料的车中，准备从大明宫东面的银台门运入宫中，并在这一天夜里起事。一行人刚走到银台门，禁卫人员察觉到车载太重，将他们拦下盘问。张韶眼见事情即将败露，不得不杀了盘查人员，和徒众挥起武器大声嘶喊着冲入皇宫。

此时，唐敬宗李湛正在清思殿旁和宦官们玩马球，忽然听见外面杀声震天，顿时大惊失色。宦官们慌忙关上宫门，可变民很快便砸烂宫门、一拥而入，魂不附体的唐敬宗李湛在宦官的簇拥下仓皇逃往神策军的军营。左神策中尉马存亮一听皇上驾到，赶紧跪地迎驾，并亲自把唐敬宗李湛背进了军营，随即命大将康艺全率骑兵入宫讨贼。

变民们径直冲上了清思殿，张韶一屁股坐在天子的御榻上，一边招呼苏玄明一起吃东西，一边兴高采烈地对他说："你卜的卦可真准哪！"

苏玄明气急败坏地对张韶说："我们起事难道就为了这个？"

苏玄明话音未落，殿外便已传来禁军的喊杀声。张韶终于回过神来，急忙跳起来夺路而逃。

可他们已经无路可逃了，数百名禁军士兵已将清思殿团团包围。苏玄明、张韶和大部分党羽先后被禁军砍杀，尸体横七竖八地躺了一地。直到这天夜里，宫里的秩序才渐渐恢复。次日，躲藏在宫中的漏网之鱼悉数被禁军捕获。

这场爆发在皇宫中的平民"暴动"无异于一场荒唐的闹剧，在唐朝二百年历史上似乎还是破天荒的头一遭。不过，还好只是一场虚惊。除了宫门被砸烂几扇、御座上沾了几点染料和污渍之外，唐敬宗李湛发现自己也没什么损失，所以没过几天就把一切不愉快全都抛到九霄云外了。

随后的日子，唐敬宗李湛该怎么玩还怎么玩，一样也没耽误。

唐敬宗李湛登基的第一年，虽然讨厌上朝，可还是不敢不上，顶多就是迟到早退而已；可到了第二年，他就开始怠工，连朝也不上了，整天跟宦官佞幸们厮混在一起，寻欢作乐毫无节制，一个月上朝最多不过两三次，满朝文武连他的面都很少见到。

朝臣们心寒不已：当今皇帝非但全盘继承了先帝唐穆宗李恒的所有缺点，而且种种荒唐行径都比他有过之而无不及。

这一年冬天，唐敬宗李湛决定去骊山温泉游玩，谏官们极力劝阻，但李湛不听。左拾遗张权舆伏在紫宸殿下叩首，说："周幽王游骊山，被犬戎所杀；秦始皇葬在骊山，因此国家灭亡；玄宗在骊山广修宫室，导致安禄山作乱；先帝亦曾前往骊山，故享寿不能久长……"

唐敬宗李湛听见这一连串惊悚故事忍不住乐了，说："骊山有这么凶险吗？朕倒要亲自去证实一下，看这些话对不对。"

于是，唐敬宗李湛马上去骊山玩了一趟，回来后得意扬扬地对左右宦官说："那个磕头的说那些话根本不可信！"

年轻的天子唐敬宗李湛不相信那些子虚乌有的说法，而谏官张权舆本人也不见得会相信这些话，他不过是想借此吓吓小皇帝而已。

可是，谁也没有料到，短短一年后，张权舆随口说出的这番话就在唐敬宗李湛的身上应验了。

宝历二年（公元826年），唐敬宗李湛已经十八岁了，可他不但没比以前成熟，反而玩得比以前还疯。唐敬宗李湛声色犬马样样喜好，而且无不精通，其中尤以"打马球"和"掰手腕"最为擅长。

据说，唐敬宗李湛在这两个项目上的竞技水平已跻身当时超一流选手的行列。为此，禁军和各地官吏纷纷向朝廷进献"大力士"，以讨天子欢心。唐敬宗李湛也曾悬赏一万缗，命人招募能与他交锋的高手。

随着年龄的增长，唐敬宗李湛玩得越来越不靠谱，而且脾气也越来越暴躁：陪他竞技的那些大力士一不小心就会被流放边地，籍没家产；而他身边的一些内侍宦官动不动也会挨上一顿鞭子。

这样的情形就跟唐宪宗李纯晚年的时候如出一辙。

唐敬宗李湛身边的宦官们又恨又怕，随即暗中策划了一个行动……

这一年十二月初八，唐敬宗李湛在外面打了一天的猎深夜才回到宫中，可他还意犹未尽，又召集内侍宦官刘克明、田务澄和禁军将领苏佐明、王嘉宪等一大群人一起饮酒。

天子一通豪饮，很快就醉了；然后，他摇摇晃晃地站起来，去内室解手。

刘克明和苏佐明等人交换了一下眼色，一切心照不宣……

苏佐明跟在天子后面悄悄走进内室……忽然间，刘克明掷下一只酒杯，殿内烛光齐灭，黑暗中传出一个人重重倒地发出的闷响。

这个娱乐至死的青春皇帝——唐敬宗李湛就这样结束了年轻的生命，一个荒唐的时代也随之悄然终结。

刘克明当即伪造了一道圣旨，传翰林学士路隋草拟遗诏，命绛王李悟（唐宪宗第六子）主持军国大事。

次日，宫中发布天子唐敬宗李湛驾崩的消息，同时颁布遗诏，命绛王李悟上紫宸殿接见宰相和文武百官。

这突如其来的巨变让满朝文武面面相觑、百思不解，而时任枢密使的宦官王守澄料定——天子绝对不是正常死亡！

作为当年暗杀唐宪宗李纯的主谋之一，王守澄对唐敬宗李湛之死的内幕心知肚明。

很显然，内侍宦官刘克明等人干了和王守澄当年一模一样的事情，而他们的目的也是不言自明的，那就是拥立新君、控制朝政。

思虑及此，王守澄抢先出手了。

王守澄立刻召集右枢密杨承和、左右神策中尉魏从简、梁守谦（时人称为"四贵"）紧急磋商，随后禁军倾巢出动。

十二月初九这天，大明宫鲜血飞溅。刘克明一党猝不及防全部被屠灭，绛王李悟同时被杀。当天，王守澄等人便把江王李涵迎进了大明宫。

满朝文武还没从天子暴亡的突发事变中回过神来，眼前的一切再次令他们目瞪口呆。

江王李涵是唐穆宗李恒次子、唐敬宗李湛的异母弟，时年十八岁，仅比李湛小几个月。当一群全副武装的禁军士兵在宦官的率领下不由分说地把江王李涵拥入宫中的时候，一脸苍白的李涵根本不知道发生了什么事情，也不知道这群人到底要让他干什么。

不过，江王李涵很快就知道了，他们是要让他当天子！

直到江王李涵站在金銮殿上，看见那张空空荡荡的帝座向自己蓦然敞开怀抱的时候，他仍然不敢相信这一切都是真的。

可那的确是真的，因为江王李涵第二天一早就被宦官们拥着站到了紫宸殿的外廊，像昨天的绛王李悟一样接见宰相和文武百官。

十二月十二日，江王李涵登基为帝，更名李昂，是为唐文宗。

四五 / 甘露之变：天子与宦官的巅峰对决

唐文宗李昂从即位的第一天起，就觉得自己是一个窝囊天子。

在帝国的种种乱象面前，唐文宗李昂始终充满了无力之感：

面对割地自专的跋扈藩镇，他无力；面对无休无止的文臣党争，他无力；面对反奴为主、一手遮天的宦官集团，他更无力！

在唐文宗李昂看来，"藩镇叛乱"和"文臣党争"固然可恶，可他们毕竟还不能直接颠覆他的皇权，威胁他的生命，因此充其量只能算是肘腋之患；更让他感到最可怕也最可恨的，其实是"宦官擅权"。

自从"安史之乱"以来，宦官集团就成了帝国政坛上的一支强势力量，他们不仅一手把持宫禁大权、肆意决断朝政，而且敢于谋杀皇帝、擅行废立，几乎把大唐天子和文武百官全都玩弄于股掌之中。

为了报答王守澄的拥立之功，唐文宗李昂即位之后，不得不违心地赐予他高官厚禄，让他担任枢密使、神策中尉、骠骑大将军。所以，如今的王守澄俨然成了大唐帝国最有权势的人，不仅满朝文武唯其马首是瞻，就连唐文宗李昂也要处处看他脸色。

对此，唐文宗李昂当然是满腹愤恨。

于是，唐文宗李昂一直在寻找机会，准备铲除宦官集团。

从大和四年（公元830年）起，唐文宗李昂就开始酝酿他的计划了。当然，他不敢找那些资深的宰相合作，因为他们混迹官场多年，背景复杂，暗中难免和那些当权宦官有种种利益联结。为了安全起见，唐文宗李昂决定擢用新人来执行他的计划。

整个大和四年的上半年，唐文宗李昂焦急的目光一直在满朝文武中来回逡巡，最后终于锁定在一个叫宋申锡的翰林学士身上。

通过一段时间的仔细观察，唐文宗李昂确定这个人是可以信赖的，于是找了一个单独的机会向他发出了试探。这种试探是相当含混的，其情形就像一个内心炽热而外表矜持的窈窕淑女向她的如意郎君抛出的那种欲说还休的媚眼。不过,虽然天子的这个"媚眼"抛得有些暧昧,可聪明的宋申锡还是在第一时间就读懂了。于是,宋申锡当即表态:应该想办法逐步削弱王守澄的权力,并最终除掉他。

唐文宗李昂龙颜大悦,当即提拔宋申锡为尚书左丞,不久又擢升他为宰相。经过半年多的精心策划,到了大和五年(公元831年)春,唐文宗李昂与宋申锡终于制订了一个剪除宦官集团的绝密计划。

可是,任何一个完美的计划都需要具体的执行者。唐文宗李昂和宋申锡身为天子和宰相,当然只能在幕后策划,不宜冲锋陷阵。所以,能否找到一个可靠的执行者,就是这个计划能否成功的关键。

然而,宋申锡绝对不会想到,他找来找去最后找到的这个执行者不但一点都不可靠,而且一转身就把他和天子卖了。

被宋申锡选中的这个人名叫王璠,时任吏部侍郎。当王璠在宋申锡家中的一间密室里得知这个剪除宦官的计划时,他的额头上瞬间就沁出了冷汗,而尽管宋申锡向他郑重转达了天子的问候,并且向他描绘了未来的愿景,还做出了种种共享富贵的许诺,可王璠还是没有被宋申锡的美丽言辞所打动——因为如今的宦官太强大了,而天子又太弱小了,所以王璠无论如何也不敢把宝押在天子这一头。

从宋宅的密室走出来后,王璠甚至连起码的"思想斗争"都没有,就直奔宦官王守澄的府邸。王守澄在获悉宋申锡计划的全部内容后,找来了他最倚重的幕僚郑注商讨对策。

郑注略微沉吟,说:"王公,依您看,古往今来之人君,最忌讳的事情是什么?"

王守澄脱口而出:"谋反。"

郑注一笑:"那么再依您看,如今的宗室亲王中,谁的人望最高、最有贤能之名?"

王守澄再次脱口而出:"漳王李凑。"

漳王李凑是唐文宗李昂的异母弟。王守澄一下就明白郑注想说什么了——如果有人指控宋申锡阴谋拥立漳王李凑,再有人出面举证,那么宋申锡立刻就会死无葬身之地!

王守澄笑着对郑注说:"这事就交给你了。"

郑注随后找到了两个人：一个叫豆卢著，时任神策军都虞候，他的职责就是秘密纠察文武百官的过失，由他来提出指控，连天子都不会怀疑；另一个叫晏敬则，是专门负责为十六宅（宗室亲王的府邸群）采办物品的宦官，由他以自首的方式出面举证，证明宋申锡的幕僚王师文曾经奉宋申锡之命与他暗中结交，目的就是通过他向漳王李凑传达拥立之意。

王守澄和郑注就这么给宋申锡撒下了一个天罗地网。

宋申锡在劫难逃。

大和五年（公元831年）二月末，豆卢著突然状告宋申锡谋反，罪名就是"阴谋拥立漳王李凑为天子"。

当天，王守澄就向唐文宗李昂做了禀报。

听到消息的这一刻，唐文宗李昂惊呆了，他猛然意识到——自己半年多来苦心孤诣制订的"除阉"计划，已经在这一刻宣告流产了！因此，无论宋申锡谋反是真是假，这个人都不能再留，其原因很简单：如果宋申锡真的谋反，他固然该死；如果宋申锡是被诬陷的，那也足以证明计划已经泄露，所以王守澄才会迫不及待地对他下手。倘若真的是后者，那宋申锡就更不能留！

此时此刻，唐文宗李昂只能丢卒保车、壮士断腕，没有别的选择。

三月初，宋申锡被罢相，贬为右庶子。其时，满朝文武虽然对此案真相心知肚明，可上自宰相、下至群臣无人敢替其喊冤。

直到此刻，宋申锡才知道——王璠把自己卖了，而且顺带着把天子也给卖了！

数日后，唐文宗李昂下诏，贬漳王李凑为巢县公，贬宋申锡为开州（今重庆开县）司马。不久后，宋申锡就在贬所抑郁而终。

唐文宗李昂与宦官集团的第一次较量，就这样未及出手便彻底失败了。

时光荏苒，转眼到了大和八年（公元834年）。几年来，唐文宗李昂依然在朋党之争和宦官擅权的黑暗现实中挣扎，可就在这一年有两张新鲜面孔无意间闯入了他的视野，终于让李昂看见了一线曙光。

这两个唤起天子希望的人，就是郑注和李训。

郑注，曾是权宦王守澄的幕僚，宋申锡案的幕后策划者。大和七年（公元833年）岁末，李唐皇族的遗传病在唐文宗李昂身上暴发——他忽然中风，一下子丧失了语言功能。王守澄随即推荐医术精湛的郑注为天子治疗，于是郑注紧紧抓住这个平步青云的机会，精心配置了药方。唐文宗李昂服用后，病情大有好转，从此开始宠信郑注，不久就任命他为太仆卿。

李训，原朝中小吏，在唐敬宗宝历年间因陷害他人被流放象州（今属广西）。数年后，逢大赦回京，通过老友郑注的关系结交了王守澄。李训用重金贿赂王守澄，很快就被引荐给了唐文宗李昂。由于李训深研《易经》，工于术数，且能言善辩、富有文采，而且长得一表人才，所以唐文宗李昂对其一见倾心，将其引为奇士，宠幸日隆，不久便任命他为翰林侍讲学士。

就是这两个人的出现，重新燃起了唐文宗李昂的斗志，因为他至少从他们身上看到了三个不可多得的优点：一、和当初选择宋申锡的道理一样，他们都是"政治新鲜人"，在朝中没有过于复杂的人脉关系和利益背景，所以在权力斗争中会更加无所顾忌；二、他们出身小吏，拥有极强的出人头地的欲望，可以充分利用他们的这股野心和冲劲；三、两个人都富于心机、谋略和胆识，这在你死我活的政治博弈中无疑是至关重要的素质。

李训和郑注没有辜负唐文宗李昂的殷切期望，他们心潮澎湃地接过天子给予他们的权力和信任，斗志昂扬、义无反顾地向"暮气沉沉的旧世界"发起了猛烈的进攻。

他们的第一波攻击目标是党人。

从大和九年（公元835年）四月开始，一大批朝廷高官纷纷被贬，其中主要是牛李二党的党魁和核心成员。例如，时任镇海节度使的李德裕（李党领袖）、宰相路隋、京兆尹杨虞卿、宰相李宗闵（牛党领袖）、吏部侍郎李汉、刑部侍郎萧浣、户部侍郎李珏等，全部遭到贬谪。与此同时，李训和郑注开始扶摇直上。李训先是任国子博士，后迁兵部郎中、知制诰，仍兼翰林侍讲；郑注先是任御史大夫，后迁工部尚书，兼任翰林侍讲。

对党人发起进攻初战告捷之后，李训和郑注旋即把目标转向了宦官。

李训和郑注这两匹政坛黑马虽然是得益于宦官的援引，但这并不妨碍他们在得势之后毅然把枪口掉转过来对准宦官。

由于宦官势力太过强大，所以李训和郑注采取了一个"以毒攻毒，各个击破"的迂回战术。他们首先锁定了一个人，作为剪除宦官势力的突破口，而他就是时任右领军将军的仇士良。

仇士良在当年拥立唐文宗李昂的行动中也曾立过功,但长期遭到王守澄的压制。于是,李训和郑注向天子献计:进用仇士良,分散王守澄的权力。

这一年五月,仇士良突然被擢升为左神策中尉。王守澄虽然极为不悦,但他并没有采取任何行动,因为直到此刻他也没有意识到李训和郑注的刀子已经从背后悄悄伸了过来。

为了进一步麻痹王守澄,同时为了更快地瓦解阉党,李训和郑注计划的第二步是反过来与王守澄联手,铲除另外三个一直与王守澄明争暗斗的元老级宦官——他们就是左神策中尉韦元素、左枢密使杨承和、右枢密使王践言。这一年六月,这三个大宦官一夜之间全被逐出朝廷,分任西川、淮南和河东监军。

八月,唐文宗李昂下诏,指责这三名宦官曾分别与李宗闵和李德裕勾结、收受贿赂,故将他们全部流放。数日后,这三个人刚刚被押上流放之路,唐文宗李昂便派出使臣从背后追上了他们,宣诏将三人赐死。

这是一场狂飙突进的政治运动。

从大和九年(公元 835 年)四月到九月为时不到半年,李训和郑注联手掀起的政治飓风就已经把整个长安官场扫荡面目全非。其时,朝廷高官政要纷纷落马,朝堂几乎为之半空,只要是李训和郑注看不顺眼的人立刻会被划归牛李二党或阉党成员并遭到无情打击。与此同时,一大批帝国的基层官员和名不见经传的小人物,通过贿赂李训和郑注而被迅速拔擢纷纷进入朝廷,占据了那些突然空出来的重要职位。

李训和郑注胸有成竹地为唐文宗李昂描绘了一幅全新的政治蓝图,他们说:第一步是清洗党人,第二步是铲除宦官,第三步是收复河湟(今甘肃中西部及青海东部)失地,第四步是肃清河北的跋扈藩镇。做完这些事情,天下必致太平!

如今,党人集团已被彻底清除,而阉宦集团也已遭到重创。接下来要做的,就是对最后那几个恶贯满盈的宦官头子开刀了。

这一年九月,在李训的策划下,当年谋杀唐宪宗李纯的主要凶手、时任山南东道监军的宦官陈弘志突然被征召回朝。陈弘志奉命启程后,刚刚走到青泥驿(今陕西蓝田县南),便被李训派出的刺客杀死。

随后,李训和郑注又向唐文宗李昂献计,以明升暗降的手段进一步削弱了大宦官王守澄的权力。

与王守澄的调动相隔仅一天,唐文宗李昂便让李训以礼部侍郎衔入相。

十月初九,李训和郑注认为时机成熟,遂建议唐文宗李昂对王守澄下手。当天,唐文宗李昂派人鸩杀了王守澄——这个三度操纵天子废立、十五年来一手遮天的权宦,终于遭到了应有的下场。鸩杀王守澄后,唐文宗李昂随即发布他暴病而亡的消息,同时宣布将为他举办一场隆重的葬礼。

在李训和郑注的计划中,王守澄的葬礼是非同寻常的,因为这不是王守澄一个人的葬礼,而是整个阉党的集体葬礼!

李训和郑注准备利用这次葬礼策划一场大规模的行动,将到场的大大小小的宦官党羽一网打尽。计划主要将由郑注执行,因为他现在的职务是凤翔节度使,手中握有兵权。

王守澄的葬礼定在大和九年(公元835年)十一月二十七日举行。

然而,这一天永远不会到来了,因为另一个黑色的日子挡在了它的前面——大和九年(公元835年)十一月二十一日。

"甘露之变"在这一天爆发了。

其实,"甘露之变"本来不会发生,可就在某个关键时刻,李训葬送了唾手可得的一切,同时也改变了历史。

李训在唐文宗李昂和郑注一无所知的情况下,悄悄改变了原计划。

李训之所以改变原计划是因为"一栖不两雄",他担心郑注会夺得首功,未来将爬到他的头上,所以决定另外制订一个计划,赶在王守澄的葬礼之前把阉党全部除掉,回头再摆平郑注。

参与李训计划的人是宰相舒元舆、左金吾大将军韩约、河东节度使王璠、邠宁节度使郭行余、京兆少尹罗立言、御史中丞李孝本,行动时间定在十一月二十一日早朝,比郑注执行的原计划整整提前了六天。

对此,唐文宗李昂和郑注全都蒙在鼓里。

十一月二十一日,天刚蒙蒙亮,唐文宗李昂就已经来到了大明宫的紫宸殿。

朝会像往常一样按时开始,百官站定了班次,只等着金吾将军一如平日那样高声奏报"左右厢房内外平安",然后百官就可以奏事了。

可是,这天早朝,左金吾大将军韩约进入大殿的时候报的却不是平安而是祥瑞。

满朝文武清晰地听见韩约用一种激动的声音向天子奏称:"左金吾听事后院的石榴树上,昨夜天降甘露,臣已递上'门奏'!"(夜间宫门紧闭,凡有紧急奏章皆从门缝投入,称为"门奏"。)韩约说完,三拜九叩向天子道贺。李训和舒元舆当即出列,率领百官一起向唐文宗李昂祝贺,并邀请皇上前往观赏,以领受天赐的吉祥。

一个时辰后,唐文宗李昂乘坐銮轿出了紫宸门,登上含元殿,命宰相和百官先去"左仗"(位于含元殿左侧的左金吾院)查看。许久之后,李训和舒元舆等人才回来向唐文宗李昂奏报:"臣已经和众人查验了,恐怕不是真的甘露,应暂缓对外宣布,以免天下百姓争相道贺。"

"怎么会这样?"唐文宗李昂闻言大为失落,回头命左、右神策中尉仇士良和鱼弘志带着宦官们去重新查看。随即,仇士良等人走出了含元殿。

一切都在按计划进行。李训和舒元舆对视一眼,立刻传召河东节度使王璠和邠宁节度使郭行余上殿听旨。

按原定计划,王璠和郭行余各带着数百名全副武装的士兵等候在丹凤门(大明宫正门)外,一等李训宣旨他们就即刻带兵进入大明宫,与韩约里应外合诛杀宦官。可不知道为什么,只有王璠带着他的河东兵进来了,郭行余却是单枪匹马而邠宁兵一个也没有随他入宫。

计划开始走样了,李训感到了一丝不安,而更让李训不安的是:没带兵的郭行余前来殿下听宣了,而带着兵的王璠则远远站着一步也不敢靠近含元殿。

李训忧心忡忡地想,看来王璠和郭行余是靠不住了,一切只能看韩约的了。

此刻,含元殿左侧的金吾卫门厅内,仇士良没有看见传说中那晶莹剔透的甘露,只看见了韩约那苍白如纸的脸上一颗颗滚圆的汗珠。

为什么在这样一个大冬天的早晨,这个左金吾大将军竟然会大汗淋漓呢?

仇士良满腹狐疑地盯着韩约问:"将军这是怎么了?"

话音刚落,一阵穿堂风吹过,吹起了厅堂后侧的帐幕,仇士良无意中瞥见了一些闪闪发光的东西。

那是兵器!

随着帐幕的晃动,仇士良还听见了一些声音。

那是兵器相互撞击发出的铿锵之声!

什么也不用再问了,所谓的"天降甘露"就是一场彻头彻尾的骗局!仇士良和宦官们猛然掉头就往外跑。跑到门口时，守卫正准备关闭大门，仇士良高声怒斥，而守卫一紧张，门闩怎么也插不上。仇士良等人冲出金吾卫，第一时间跑回唐文宗李昂身边，奏称宫中已发生事变。

全乱了，计划全乱套了！李训知道，此时此刻谁能把天子攥在手里，谁就能掌控整个大明宫的局势，于是立刻呼叫殿外的金吾卫士兵："快上殿保卫皇上，每人赏钱百缗！"

仇士良当然不会让天子落入李训之手，马上对唐文宗李昂说："情况紧急，请皇上立刻回宫！"旋即把唐文宗李昂扶上銮轿，和手下宦官拥着皇帝冲出含元殿向北飞奔。李训抓住轿杆，情急大喊："臣还有大事要奏，陛下不可回宫！"

此时，京兆少尹罗立言带着三百多名京畿卫戍部队从东面杀了进来，御史中丞李孝本也带着两百多名手下从西边冲过来，他们都是来增援李训的。他们冲进含元殿后，对着那些未及逃离的宦官挥刀便砍，顷刻间便有十余人倒在血泊中，哀叫声此起彼伏。

天子的銮轿在宦官们的簇拥下摇摇晃晃地跑到了宣政门，但李训仍旧一路死死抓着轿杆不停地叫天子落轿，而早已吓得失魂落魄的唐文宗李昂又惊又怒地喝令他住口。仇士良的手下郗志荣一见皇帝发话，冲上去对着李训当胸一拳，将他打倒在地。这边还没等李训爬起来，皇帝的銮轿已经进了宣政门，宫门立刻紧闭。此时，宦官们知道自己安全了，齐声高呼万岁。

此刻，宫中的文武百官早已各自逃命、作鸟兽散。李训知道这次行动彻底失败了，急忙换上随从人员所穿的绿色低品秩官服骑马奔驰出宫，一路大声抱怨"我犯了什么罪，要被贬谪出京"，借此掩人耳目。果然，各宫门守卫一路放行，没人怀疑李训。

经此变故，仇士良已经意识到李训等人要对付的就是他们宦官，而幕后主使很可能就是唐文宗李昂本人。于是，仇士良死死地盯着唐文宗李昂，忍不住破口大骂。

唐文宗李昂浑身战栗，无言以对。

这一刻，堂堂大唐帝国的天子——唐文宗李昂在宦官面前几乎就像一个做错事的小孩一样，把头深深地耷拉了下去，一句话也说不出来。

仇士良开始反击了。

仇士良下令禁军大举搜捕"叛党"。此时，宰相舒元舆、王涯等人仍然不知道计划已经失败，正在政事堂用午膳。一名小官惊恐万状地跑进来喊："军队从内廷出来了，逢人便杀！"

几位宰相这才清醒过来，赶紧狼狈出逃。政事堂瞬间炸开了锅，门下、中书两省官员及金吾卫吏卒共计一千多人争先恐后地往外跑，把大门口挤得水泄不通。片刻后，宦官带着禁军杀到，立刻关闭大门。转眼间，政事堂内未及逃离的六百多人全部被杀。

此刻，仇士良就充分体验了杀人的快感，于是反击行动迅速升级变成了一场彻头彻尾的大屠杀。

仇士良一声令下，各道宫门相继关闭，驻扎在玄武门的所有禁军士兵全部出动，在大明宫展开了地毯式搜索以不放过任何一个"叛党"，只要不是宦官和禁军，一律在他们的屠杀之列。

这一天，大明宫变成了一座血肉横飞的屠宰场。

正在朝廷各衙门当职的大小官员，以及刚好入宫办事的各色人等，全都不明不白地成了宦官的刀下之鬼：先后有一千多人被杀，尸体纵横交错，鲜血四处流淌。各个衙门的印信、档案、图籍、帐幕、器具尽皆被毁，到处是一片惨不忍睹的凄凉景象。

这一天，恐怖与血腥的气息弥漫在大明宫的每一个角落……

大屠杀之后，仇士良又派遣千余名禁军骑兵，在城中大肆捕杀漏网之鱼，同时出城追捕逃亡者。宰相舒元舆独自骑马逃到安化门，被禁军抓获。京兆少尹罗立言躲藏在太平里家中，也同时被捕。宰相王涯徒步逃出宫外躲藏在永昌里的茶肆，也被禁军搜出，旋即押入左军军营严刑拷打。年已七十多岁的王涯禁不起酷刑，最后屈打成招，胡乱承认自己与李训合谋篡逆，企图拥立郑注当皇帝。

这份供词虽然荒谬可笑，可对仇士良来说有它就足够了，因为只要宰相承认谋反，他今天的大屠杀行动就披上了一件合法的外衣。

事变一起，惯于见风使舵的河东节度使王璠第一时间就逃回了长兴里的私宅，并即刻部署河东兵进行防守。宦官鱼弘志命禁军向王璠传话，声称宰相王涯等人已供认谋反，所以天子起用他为宰相，请他出来主持大局。王璠信以为真，出门相见，旋即被捕，也押进左军。王璠一见王涯，一开口就埋怨："你自己谋反，为何把我也牵连进来？"

满腹冤屈的王涯没想到这个反复无常的小人到了这种地步还不忘倒打一耙，气急败坏地说："还记得你当京兆尹的时候吗？当初是谁把机密泄露给王守澄的？早知今日，又何必当初？"

王璠顿时语塞。

紧接着，禁军士兵开始以执行公务为名抢劫私人财产，前岭南节度使胡证、左常侍罗让、翰林学士黎埴等大臣的府邸被洗劫一空。随后，长安坊间的流氓地痞也开始趁乱烧杀抢劫，并且互相攻击。一时间，长安到处鸡飞狗跳，尘埃蔽日，形势一片混乱……

翌日清晨，心有余悸的文武百官陆陆续续前来上朝，大家都等在宫门外。一直到太阳爬得老高，建福门才徐徐打开。百官们鱼贯而入，只见禁军士兵全部刀剑出鞘、伫立两侧，脸上依旧杀气腾腾。百官战战兢兢地走到宣政门，听见宦官传令：所有朝臣一律只能带一名随从进入内廷。

紫宸殿上已经没有了宰相和御史，百官随意站立，班位全乱套了。

脸色苍白的唐文宗李昂升殿之后，看着表情各异、班位混乱的文武百官，有气无力地问了一句："宰相怎么没到？"

仇士良重重地哼了一声，说："王涯等人谋反，已被关进监狱。"随后，召左仆射令狐楚和右仆射郑覃把王涯的亲笔供词呈给皇帝看。

唐文宗李昂接过供状，忽然做出一副既愤怒又惊愕的表情，对令狐楚等人说："这是王涯的亲笔吗？"当得到肯定的答复后，唐文宗李昂越发表现得怒不可遏，狠狠地说："果真如此，死有余辜！"

唐文宗李昂知道，他现在必须表现得越惊愕越好，因为惊愕就表明他无辜，表明他没有参与宰相们诛杀阉党的计划，这样他才能摆脱干系，以免仇士良等人一怒之下把他这个天子废掉。此时，唐文宗李昂唯一的希望就是保住自己的皇帝位子，其他的一切他都无暇顾及，也无力顾及了。

第三天，御史中丞李孝本在咸阳西面被抓获；同日，李训也在逃亡凤翔的中途被捕，首级被砍下送到京师。

第四天，满朝文武都被命令去旁观"叛党"的示众和行刑过程。神策军将李训的首级高挂在"叛党"队列的前方，后面的囚车押着王涯、王璠、舒元舆、郭行余、罗立言、李孝本等人，在长安的东、西两市游街示众，然后推到闹市中一一腰斩，最后把首级悬挂在兴安门外示众。同时，所有"叛党"的宗亲族裔，不论远近亲疏一律处死，连襁褓中的婴儿也没有放过。其中，有的妻女侥幸没有被杀的，全都充为官妓。

第五天，仇士良下了一道密敕，命凤翔监军张仲清将郑注诱杀，随后全家诛灭。

第七天，右神策军在崇义坊逮捕逃亡多日的韩约，次日将其斩杀。

尘埃落定之后，唐文宗李昂下诏封赏，宦官仇士良及所有"讨贼有功者"全部获得程度不同的升迁和赏赐。

大唐天子唐文宗李昂与宦官集团的巅峰对决，就以狂飙突进的政治运动高调开局，却以震惊天下的血腥屠杀黯然收场。关于"甘露之变"所导致的政治后果，史书作了这样的记载："自是，天下事皆决于北司（宦官），宰相行文书而已。宦官气益盛，迫胁天子，下视宰相，凌暴朝士如草芥……"

旧的宦官倒下去了，新一代的权宦又站了起来。

唐文宗李昂的头则一直耷拉着……

从"甘露之变"爆发的这一刻起，直到生命结束的那一天，唐文宗李昂再也没有在宦官面前抬起过头来。

四六／牛李党争：半个世纪的政治风暴

唐宪宗元和三年（公元 808 年）夏天，朝廷举行"贤良方正"制举考试，华州参军李宗闵、伊阙县尉牛僧孺等一批低级官吏入京赴试。这些年轻士人"初生牛犊不怕虎"，在策试中放言抨击时弊，指陈朝政缺失。主考官杨于陵、韦贯之对他们非常欣赏，于是把李宗闵和牛僧孺列为甲等。唐宪宗李纯看过试卷后，也颇为嘉许。

然而，尽管他们的大胆言论获得了天子和主考官的赞赏，可还是把宰相李吉甫得罪了。

在李吉甫看来，这些人抨击朝政就等于是在抨击他这个当朝宰辅，而天子和主考官对他们的录用和赏识也无异于是在扇他的耳光！

李吉甫愤然而起，马上去找唐宪宗李纯告状。

当然，李吉甫不会说这些考生得罪了他，而是声称本次策试的复试主考官之一、翰林学士王涯是某位考生的亲舅舅，可王涯不但不避嫌，还录取了他的外甥，这足以说明本次科考有暗箱操作、任人唯亲的嫌疑。

唐宪宗李纯虽然多少能猜出几分李吉甫的真实用心，可他刚登基不久，事事需要倚重当朝宰辅，当然不可能为此跟宰相把关系搞僵。无奈之下，唐宪宗李纯只好把主考官杨于陵、韦贯之、王涯等人全部贬谪，而李宗闵、牛僧孺等人不仅名落孙山，而且从此被划入了朝廷的黑名单。

这些因言获罪的年轻士子虽然满腔悲愤，可他们无计可施，只能自谋出路。此后，他们在各地藩镇漂流辗转，屈尊俯就地当了好些年的低级幕僚，长期得不到升迁，更不可能入朝为官……

到了唐穆宗李恒即位后的长庆元年（公元 821 年），李宗闵好不容易入朝当了中书舍人，可时任翰林学士的李德裕（李吉甫之子）却不忘旧怨，处心积虑地对唐穆宗李恒施加影响而再度把李宗闵贬出朝廷，外放为剑州（今四川剑阁县）刺史。

李宗闵从此对李氏父子恨之入骨,并发誓只要有一天东山再起,必将以其人之道还治其人之身!

俗话说,"风水轮流转"。几年后,形势果然发生了巨大的转变:李德裕遭宰相李逢吉排挤,被贬为浙西观察使,而时任御史中丞的牛僧孺又因官声清廉擢为宰相。李宗闵随之时来运转,于唐穆宗末年回朝复任中书舍人。此后,唐敬宗李湛即位,李宗闵又升任吏部侍郎。

到了唐文宗李昂即位后的大和三年(公元829年)八月,由于唐文宗急欲起用年富力强的宰相,四朝元老裴度便向唐文宗推荐了李德裕。随即,唐文宗李昂征召李德裕入朝担任兵部侍郎,准备择日拜相。

眼见老对手大有入相之势,李宗闵顿感不妙,马上暗中贿赂当权宦官,不断对唐文宗李昂施加压力,终于赶在对手之前当上了宰相,随后便将刚刚回朝的李德裕外放为义成节度使。次年正月,李宗闵又举荐数年前因不满唐敬宗李湛昏庸而主动去职的牛僧孺回朝复相。

就这样,当年被李氏父子(李吉甫、李德裕)极力打压的李宗闵、牛僧孺二人现在终于翻身做主,成了满朝文武马首是瞻的宰辅重臣。大权在握之后,李宗闵和牛僧孺开始以其人之道还治其人之身,联手实施了大规模的"政治清洗"——一大批被视为"李党"(李德裕之党)的朝臣纷纷被贬出朝廷,就连德高望重的四朝元老裴度也未能幸免而被外放为山南东道节度使。与此同时,另一批朝臣纷纷投奔到这个强势崛起的阵营中,史称"牛党"(牛僧孺、李宗闵之党)。

一场轰轰烈烈的"牛李党争"就此拉开序幕。

没有人料到,这场朋党之争最终竟然会演变成一场持续四十多年的政治风暴。

自唐宪宗时代起,历穆、敬、文、武、宣前后六朝,在将近半个世纪的时间里,唐帝国的所有高层官员几乎都卷入了这场规模空前的党派斗争。牛李二党均以正人君子自居,矢口否认自己结党,而极力抨击对方都是结党营私的卑鄙小人;只要哪一党的成员夺取了宰相之位,立马擢升本党成员占据朝廷的重要职位,而另一党随即遭到无情的报复和清洗。

在这场旷日持久的政治斗争中,国家安危、天下兴亡、百姓祸福、朝政得失全都被他们抛诸脑后,唯有赤裸裸的党派利益和个人利益成为他们立身处世的最高原则。为了抢班夺权、打击对手,这些熟读圣贤书的士大夫甚至不惜出卖人格、投靠宦官,致使阉宦集团的势力更加强大、气焰更为嚣张。

对于本来就已忧患重重的李唐王朝来讲,如此恶劣的官场斗争无异于雪上加霜。除了藩镇割据和宦官擅权之外,朋党之争无疑是倾覆大唐帝国的三大祸首之一。

李党领袖李德裕被贬出朝廷后,先是出任义成节度使,旋即又调任西川。西川是大唐帝国防御吐蕃和南诏的军事重镇,具有十分重要的战略地位,而在这个位子上最容易判断一个官员的政治和军事才能。

李德裕正是在这个西川节度使的任上充分展现了他的过人才干。其时,前任郭钊由于年老多病,给李德裕留下的是一个边备废弛、军粮短缺、士卒懈怠的烂摊子。李德裕一到任,马上修建了一座"筹边楼",作为整顿边防的军事指挥中心。随后,李德裕命人详细画出了一张南至南诏、西至吐蕃的西川战区地图。此后,李德裕每天都召见那些长期戍边、熟悉边防的老兵,详细向他们询问山川形势、城镇位置以及每条道路的远近宽狭等交通情形。不出一个月,李德裕已经对整个西川的战略形势了如指掌。

与此同时,李德裕还积极整修边塞、储存粮食、训练士卒、调整军队部署,迅速扭转了原先的不利局面,使整个西川战区的边防形势焕然一新。

所有这一切,都被远在朝廷的牛党看在眼里。

原以为把李德裕排挤出长安就意味着终结了他的政治前途,没想到他反而"在广阔天地里大有作为",这实在是出乎牛党的预料。

牛僧孺和李宗闵冷冷注视着西川,一直想找一个机会挫挫李德裕的风头和锐气。

大和五年(公元831年)九月,机会终于出现了。

起因是吐蕃的维州(今四川理县)副使悉怛谋率部向李德裕投降。李德裕认为这是削弱吐蕃的良机,立刻飞书朝廷,奏称:"臣准备派遣军队直捣吐蕃腹地,一洗我大唐长久以来所蒙受的耻辱!"奏疏交到尚书省,唐文宗李昂召集百官商议,多数朝臣一致认为应该批准李德裕的作战计划。

关键时刻,牛僧孺发言了,他说:"吐蕃的土地,四面各有万里,失去一个维州,并不能削弱他们的势力。况且近来我大唐与吐蕃两国修好,相约撤除边防警戎。大唐与西戎交往，信守盟约最为重要。如果他们以我国失信为由出兵，用不了三天，前锋骑兵就会直抵咸阳桥。到那个时候，西南数千里外就算得到一百个维州，又有什么意义？如果无端抛弃诚信，对国家只有害处，没有裨益。这种事情是连一个匹夫都不愿干的，更何况一个帝王！"

这番话说得高瞻远瞩、大义凛然。唐文宗李昂听得频频点头，觉得皇皇大唐实在不应该见小利而忘大义，遂下令李德裕逮捕悉怛谋及其部众，把人和城池全部归还吐蕃。交接的当天，吐蕃人就在边境线上把悉怛谋等人全部砍杀了。

在悉怛谋事件过去一年多之后，由于原西川监军宦官王践言回朝就任枢密使，唐文宗李昂才听到了来自牛党之外的有关这个事件的不同声音。王践言不止一次对唐文宗李昂说："当初把悉怛谋逮捕送还吐蕃，让吐蕃方面称心快意，杜绝了日后吐蕃人归降大唐的机会和可能性，实在是个下下之策。"

唐文宗李昂直到此刻才意识到，牛僧孺当时那个冠冕堂皇的建议背后，事实上仍然是党派斗争和个人恩怨的动机在作祟。与此同时，李党成员也纷纷反击，称牛僧孺此举纯粹是公报私仇，目的是妨碍李德裕为国立功。

从此，唐文宗李昂开始疏远牛僧孺。

牛僧孺内心不安，主动上表请辞，旋即外放为淮南节度使。

接下来发生的事情，就在人们的意料之中了。短短几天后，李德裕入朝就任兵部尚书，数年前失之交臂的宰相之位终于再度向他招手了。

同盟者黯然离去，老对手卷土重来，这不禁让李宗闵感到忧心忡忡。李宗闵知道李德裕随时可能入相，于是千方百计地进行阻挠。然而，李德裕这几年在西川取得的政绩是有目共睹的，此刻唐文宗李昂对他的信任和期待也是前所未有的，尽管李宗闵挖空心思地在背后搞了一系列小动作，结果还是一场徒劳。

大和七年（公元833年）二月，李德裕正式入相。唐文宗李昂在面见他的时候，有意无意地谈起了令人头疼的党争问题。李德裕毫不讳言地说："当今朝廷的士大夫，起码有三分之一以上是朋党！"

当然，李德裕自认为他和他的朋党绝对是在这三分之一以外的。

于是，李德裕回朝后立即着手的事情，便是率领他那自以为的"非朋党"们对那"三分之一"的朋党展开了新一轮的政治清洗。与此同时，一些早先被排挤出朝的"非朋党"们又在李德裕的援引下纷纷回到朝廷，而这些事情最后朝向的那个毋庸置疑的逻辑终点便是李宗闵的罢相。

六月，李宗闵被外放为山南西道节度使，与牛僧孺罢相时隔仅仅半年。

至于说李德裕这么干算不算是党争，似乎不是一个很难判断的问题。

我们相信，唐文宗李昂断不至于看不懂这些事情的真相。

然而，看得懂又怎么样呢？

当一个帝国的所有高层官员都已经深陷党争的泥潭而无力自拔的时候，当国家利益、朝廷利益和百姓利益都已经习惯成自然地在党派利益和个人利益面前让路的时候，这个孤掌难鸣的年轻天子又如何能够力挽狂澜呢？除非他不分牛党、李党，在一夜之间把帝国的所有高层官员清理一空，否则他也只能在两党恶斗的夹缝中尽力寻求一种无奈的平衡，在防止一党独大的道路上走一步看一步地艰难前行……

除此之外，唐文宗李昂还能做什么呢？

此后的日子，牛李党争愈演愈烈，朝中一片乌烟瘴气。唐文宗李昂时常哀叹："去河北贼易，去朝廷朋党难！"（《资治通鉴》卷二四五）

大和九年（公元835年），唐文宗李昂起用李训和郑注大力打击朋党，于是牛李二党均遭贬谪，朋党之争一度消歇。随后"甘露之变"爆发，朝政大权被宦官集团一手把持。开成五年（公元840年）正月，年仅三十二岁的唐文宗李昂驾崩，仇士良拥立皇太弟李瀍（后改名李炎）即位，是为唐武宗。同年九月，唐武宗李炎征召李德裕回朝复相。

会昌三年（公元843年）四月，昭义（今属山西）节度使刘从谏病卒，其侄子刘稹秘不发丧并掌管了军政大权，同时逼迫监军宦官代他上疏朝廷请立为留后。

唐武宗李炎征求宰相和百官的意见，宰相们和大多数朝臣都认为应该授予刘稹留后之职，唯独李德裕一人坚决反对并力主征伐。随后，唐武宗李炎采纳了李德裕的建议。

以往，每当河朔诸镇有节度使死亡、后人或部将企图自立，朝廷必定先派出吊祭使前往吊唁，其次再派册赠使、宣慰使前去刺探和斡旋；如果不准备承认其自立，也会先封他一个官爵，直到出现军队抗命的情况，朝廷才会出兵。所以，往往一拖就是大半年，等到战事拉开，藩镇早已做好了充分的战争准备。这次，唐武宗李炎把所有装模作样的繁文缛节和"太极推手"全部取消了，直接命令五道兵马合攻昭义。

战争打响后，刘稹就在中央军队的强大攻势下节节败退。到了会昌四年（公元844年）闰七月，刘稹的心腹将领高文端投诚，为朝廷提供了许多重大的军事情报，于是加速了刘稹的失败。八月，作为昭义镇主要税赋来源的邢、洺、磁三州又相率归降，昭义镇顿时人心惶惶，刘稹旋即被手下大将刺杀，昭义宣告收复。

昭义的成功收复为李德裕获取了空前的政治资本。在这种时候，李德裕当然不会忘记利用手中的权力继续打击他的老对手——牛僧孺和李宗闵，即便这两个人已经被打翻在地，依然还是要毫不犹豫地再踏上一脚。

随即，李德裕捏造证据，诬陷牛僧孺、李宗闵二人与刘从谏串通谋反。

唐武宗李炎勃然大怒，随后便将牛僧孺和李宗闵一贬再贬，直至流放岭南。

会昌四年（公元844年）冬天，当牛僧孺和李宗闵满面风霜地奔走在一站比一站更远的流放路上时，位极人臣、功成名就的李德裕正在他温暖如春的宰相府中赋诗饮酒，并欣赏着窗外美丽的雪景。

李德裕无限感慨，同时又怀有一丝庆幸。

李德裕庆幸和这两个老对手——牛僧孺和李宗闵斗了这么多年，自己总算笑到了最后，一切都已尘埃落定；而从今往后，自己终于可以安安心心地做一个太平宰相了！

可是，李德裕高兴得太早了。

其实，一切都还没有结束。

李德裕以为刚刚三十出头的天子唐武宗李炎必将在相当长的一段时期内统治这个帝国，所以自己的权力和地位也必将在未来的岁月里不可动摇地保持下去。

可是，李德裕错了。

这个年轻的天子唐武宗李炎即将不久于人世。

从会昌五年（公元845年）开始，唐武宗李炎就鬼使神差地走上了和他祖父唐宪宗李纯、父亲唐穆宗李恒一模一样的老路——服食丹药，希求长生。

这一年秋天，唐武宗李炎变得性情暴躁、喜怒无常，而且身上的许多器官也都出了毛病。

会昌六年（公元846年）正月初三日，唐武宗李炎忽然不能上朝了。李德裕和满朝文武意识到事态严重，立刻要求入宫晋见天子，却被唐武宗李炎身边的当权宦官一口拒绝。

李德裕无论如何也不会料到，时任左军中尉马元贽和内侍宦官仇公武已经秘密敲定了新天子的人选。

在此期间，禁中与外廷消息隔绝。李德裕和满朝文武虽然忧心忡忡，但是无计可施。他们在惶惶不安中等到了三月二十日，终于接到禁中发布的一道"天子"诏书：立光王李怡为皇太叔，改名忱，即日起全权负责一切军国大事。

很显然，这道诏书出自宦官之手。

可当李德裕意识到这一点的时候，一切都已经太晚了。

数日后，唐武宗李炎（患病期间改名）驾崩，李忱即位，是为唐宣宗。

四月初一，新天子唐宣宗李忱开始正式治理朝政。

四月初二，李德裕被罢相，外放为荆南（今属湖北）节度使。

作为一个大权独揽的强势宰相，李德裕知道自己不可能见容于新天子唐宣宗李忱，只是他断然没有料到——这一纸贬谪诏书居然会来得这么快。

不独李德裕自己感到意外，满朝文武也无不惊骇，虽说"一朝天子一朝臣"，可执政的第二天就把这么一个位高权重、功勋卓著的帝国元老扫地出门，这种雷霆手段实在是不多见。

随着李德裕在一夜之间垮台，朝野上下的人们不约而同地预感到——帝国政坛新一轮的乾坤倒转很快就会到来。

这一年八月，唐宣宗李忱下了一道诏书，把武宗一朝被贬谪流放的五位宰相牛僧孺、李宗闵、杨嗣复、李珏、崔珙在一天之间全部内调。

五位前朝宰相百感交集地打点行囊，迫不及待地踏上了北上的马车。

可是，李宗闵未及北上便死在了贬所，不久后牛僧孺也因病亡故。

李德裕的日子也并不好过。后来的几年中，李德裕被一贬再贬，最后贬到了偏远荒凉的崖州（今海南琼山市）。

大中三年（公元849年）十二月十日，李德裕在无尽的凄怆与苍凉中溘然长逝，终年六十三岁。临终之前，李德裕登上崖州城头，最后一次遥望了一眼北方的天空，留下了一首绝命诗《登崖州城作》："独上高楼望帝京，鸟飞犹是半年程。青山似欲留人住，百匝千遭绕郡城。"

随着牛李二党党魁的相继离世，曾经甚嚣尘上的"牛李党争"终于落下了帷幕。

到头来，究竟是谁笑到了最后？

如果我们只把目光停留在此刻，肯定不会有答案。

可是，如果我们把目光拉长二十年、三十年，直至拉到五十多年后的公元907年，当十六岁的唐哀帝李柷把支离破碎的李唐江山拱手交给那个名叫朱全忠的人时，我们方能从历史为我们准确记录下的这个长镜头中看见一个触目惊心的历史事实，那就是——党争是一场彻头彻尾的政治灾难，一场自掘坟墓的王朝悲剧。

在这样的灾难和悲剧中，从来就没有赢家。

四七 / 唐宣宗：从"智障人士"到强势帝王

在唐朝的二十一位皇帝中，唐宣宗李忱无疑是最富有传奇色彩的一个。

因为从小到大，李忱一直被视为"智障人士"。

在整个长安城，几乎所有认识李忱的人都这么认为。

从李忱出生的元和五年（公元810年）起，到他登基的会昌六年（公元846年），整整三十六年间他几乎从未享受过真正的亲王待遇。

前面的三十年，李忱一直是皇族宗亲们取笑捉弄的对象；后来的几年，他又莫名其妙地成了唐武宗李炎暗杀的目标，总是频频遭遇"意外事故"，每次都是命悬一线；最后一次，他被人扔进了宫厕里，差点就一命呜呼，所幸被一个宦官捞了出来，藏在臭气熏天的运粪车里，终于逃出生天；再后来，他隐姓埋名，长期流落民间，一直到登基为帝的几天前他的身份还只是一个居无定所的游方和尚；当唐武宗李炎病危、大明宫的各派政治势力正在为新君人选而展开激烈较量的时候，他却一无所知地在远离长安的某个地方云游和漂泊……

可所有认识李忱的人做梦也不会想到，仿佛就在一夜之间，历史的诡谲之手就把这位曾经的"智障人士"一举推上了大唐帝国的金銮殿，让他摇身一变成了唐朝的第十六位天子！

更让人不可思议的是，李忱即位之后，忽然爆发出前所未有的胆识、智慧和魄力，不但极大地遏制了一贯嚣张跋扈的藩镇势力和宦官势力，而且还把沦陷于吐蕃人手里将近一百年的河湟失地全境收复，缔造了唐朝中晚叶绝无仅有的最后一抹辉煌。

唐宣宗李忱在位的十三年，史称"大中之治"，也有人称其为"小贞观"。由于唐宣宗李忱的励精图治，后世史家也把他媲美于雄才大略的"千古一帝"李世民，因此称他为"小太宗"。

从"智障人士"到流亡者，再到游方和尚，最后又君临天下，成为一代强势帝王，唐宣宗李忱的一生可谓是跌宕起伏、波澜壮阔，完全超乎人们的想象。

那么，这一切究竟是怎样炼成的？

李忱是唐宪宗李纯的十三子、唐穆宗李恒的弟弟，也是唐敬宗李湛、唐文宗李昂、唐武宗李炎三朝天子的皇叔。如此尊贵的一个宗室亲王，怎么会在整个前半生都被当成傻子呢？

一切都要话说从头。

李忱虽然是唐宪宗李纯的亲生儿子，却是庶出。李忱的母亲郑氏只不过是一名身份卑微的宫女，而且入宫前还是镇海节度使李锜的小妾。李锜后来因叛乱被诛，所以郑氏其实就是唐宪宗李纯平定镇海时获取的一件战利品。入宫之后，郑氏成了一个普通的侍女，因年轻貌美，被唐宪宗李纯临幸，遂生下光王李怡（后来被拥立为唐宣宗，改名李忱）。

由于母亲地位卑微，光王李怡出生后自然享受不到其他亲王那样的荣宠，只能在一个无人注目的角落里孤独成长。所以，光王李怡从小就显得郁郁寡欢、呆滞木讷，往往与其他亲王群居终日而不发一言。长大成人后，光王李怡的这种情况不但没有好转，反而越发严重。因此，人们纷纷猜测，这可能和光王李怡在穆宗年间遭遇的一次惊吓有关。当时，光王入宫谒见懿安太后，不料刚好撞上宫人行刺，虽然是有惊无险，此事并未造成任何人员伤亡，但从此以后光王李怡就变得更加沉默寡言。于是，十六宅（李唐宗室亲王的聚居地）的皇族宗亲们认定，这个本来就呆头呆脑的光王李怡这回肯定是吓傻了！

此后无论大小场合，光王李怡就成了专门被人取笑和捉弄的对象。有一次，唐文宗李昂在十六宅宴请诸王，席间众人欢声笑语，唯独光王李怡闷声不响。于是，唐文宗李昂就拿光王李怡开涮，说："谁能让光叔开口说话，朕重重有赏！"诸王一哄而上，对其百般戏谑。可这个光王李怡始终都像一根木头，无论大伙如何戏弄他，他甚至连嘴角都不动一下。看着光王李怡那逆来顺受的模样，众人越发开心，唐文宗李昂在一旁也笑得前仰后合，于是众人更不断发出哄堂大笑。

可就在这时候，有一个年轻的亲王却忽然止住了笑容。

这个亲王颖王李瀍，即后来的唐武宗李炎。

颖王李瀍虽然刚才戏弄光王李怡的时候也很起劲，可现在他忽然在想——一个人居然能在任何时间、任何场合都不为一切外物所动，他如果不是愚不可及，就是深不可测！

・四七／唐宣宗：从"智障人士"到强势帝王・　　・405・

颖王李瀍忽然有点不寒而栗，他下意识地觉得光王李怡很可能属于后者。

到了颖王李瀍登基为唐武宗李炎之后，多年前那种不寒而栗的感觉始终挥之不去。

唐武宗李炎越来越觉得，光王李怡内心深处极有可能隐藏着一些不为人知的东西；倘若真的如此，那他这个天子就不能对此无动于衷了，毕竟身边留着这么一个"深不可测"的人，迟早是个祸害！

后来，种种"意外事故"就频频降临到光王李怡身上，要么是和皇帝一起玩马球时突然从马上坠落，要么就是在宫中走着走着忽然被什么东西绊倒而一骨碌从台阶上滚了下来……总之，没有哪一次不是摔得鼻青脸肿、满身伤痕。

在一个大雪纷飞的午后，光王李怡和诸亲王随同天子唐武宗李炎出游，其间众人又在一起聚宴畅饮，酒后回宫时天色已晚。其时，大家都有些醉意蒙眬，没有人注意到，那个倒霉的光王李怡又一次从马背上"意外"跌落，昏倒在了冰天雪地之中。

漫天飘飞的鹅毛大雪很快就把光王李怡层层覆盖，而唐武宗李炎料定——他这个"失足坠马"的光叔这次肯定是回不来了。

可是，第二天一大早，天刚蒙蒙亮，人们就在十六宅里看见了光王李怡——一个活的光王。

光王李怡尽管走路的时候一瘸一拐，脸上青一块紫一块，可一个活生生的光王还是出人意料地站在了唐武宗李炎的面前。

光王李怡好像死不了，无论怎么折腾就是死不了！

最后，唐武宗李炎终于横下一条心，他决定一劳永逸地剪除这个潜在的祸患。

随后的一天，光王李怡突然被四名内侍宦官绑架，不由分说地关进了永巷，几天后又被捆得像个肉粽一样扔进了宫厕。内侍宦官仇公武对唐武宗李炎说，这种贱骨头没那么容易死，干脆给他一刀一了百了。唐武宗李炎点头同意。仇公武随后赶到宫厕，趁人不注意偷偷地把奄奄一息的光王李怡捞了出来，随即用粪土覆盖在他身上，神不知鬼不觉地把他运出了宫。

经历了九死一生的光王李怡，从此离开长安，流落民间……

后来的许多笔记史都称，光王李怡隐姓埋名、跋山涉水，一路逃到了浙江盐官（今浙江海宁市西南）的安国寺落发为僧，法名琼俊。二百多年后，北宋的大文豪、著名的佛教居士苏轼途经此处，追忆唐宣宗李忱的这段传奇人生，特地留下了一首诗："已将世界等微尘，空里浮花梦里身。岂为龙颜更分别，只应天眼识天人。"

唐宣宗李忱登基前曾经遁入空门的故事虽然不见于唐朝正史，但是在南唐尉迟偓的《中朝故事》、唐末韦昭度的《续皇王宝运录》和令狐澄的《贞陵遗事》等笔记史中都能发现相关记载。

据说，沙弥琼俊后来成了一名四处参学的云水僧，曾与佛教禅宗史上的著名高僧黄檗禅师一起云游。当他们走到江西的百丈山时，黄檗禅师凝望着悬崖峭壁上奔腾飞溅的一道瀑布，忽然吟出一句："千岩万壑不辞劳，远看方知出处高。"

沙弥琼俊微笑地注视着高僧黄檗，他知道这个智慧过人的老和尚早已洞察了他与众不同的身世，也窥破了他深藏不露的内心。

沙弥琼俊略微沉吟之后，朗声对出了下句。那一刻，黄檗禅师看见一道自信而孤傲的光芒正从沙弥琼俊的眸中激射而出，他听见琼俊对出的下句是——"溪涧岂能留得住，终归大海作波涛！"

会昌六年（公元846年）春天，唐武宗李炎病危，他的几个儿子都还年幼，但帝国没有储君，朝野上下人心惶惶。

就在这个微妙的时刻，光王李怡悄然回到了长安。

这个命运多舛大难不死的光王、这个早已被世人遗忘得一干二净的光王，忽然在宦官仇公武、马元贽等人的簇拥下出人意料地回到了长安。

这一年暮春，光王李怡成了"皇太叔"，而且改名李忱。

所有人都知道，在"皇叔"的称谓中多了一个"太"字，就是储君的象征。唐武宗李炎一旦驾崩，这个"皇太叔"李忱就会理所当然地成为新的大唐天子。

当年的"智障人士"，居然马上就要成为金銮殿上的真龙天子？所有人都觉得难以置信和不可思议。

可他们很快就回过神来了，因为光王李怡是宦官仇公武等人带回来的，而宦官们需要的就是一个傀儡——一个可以任由他们摆布的窝囊废和应声虫！既然如此，光王李怡当然就是不二人选，而在李唐宗室的诸多亲王中还有谁比光王更适合充当这个傀儡呢？

在"皇太叔"李忱接见文武百官的仪式上，宦官仇公武的脸上一直荡漾着一个心花怒放的笑容。

仇公武是有理由这么笑的，好几年前他就知道自己从臭气熏天的宫厕中捞出的不是一个无足轻重的傻子，而是一块举足轻重的政治筹码！仇公武知道，他自己有朝一日一定能够将其拱上帝座，然后顺理成章地掌控朝政！

如今，一切终于如愿以偿，仇公武当然有理由笑得这么灿烂。

然而，接下来的日子，当唐宣宗李忱开始处理政务时，仇公武就笑不出来了。

眼前的唐宣宗李忱忽然变得无比陌生，他神色威严、目光从容，言谈举止沉着有力，决断政务有条不紊，看上去和从前完全判若两人！

对此，仇公武既震惊又困惑。

难道这才是光王李怡的本来面目？

难道这三十六年来光王李怡一直在装疯卖傻，一直在隐藏真实的自己？

直到此时，仇公武才恍然大悟，原来唐武宗李炎当年之所以要一而再再而三地把这个"傻子光叔"置于死地，是因为在他那愚痴木讷的外表之下其实一直隐藏着常人莫及的才干和韬略。

可是，仇公武现在明白已经太晚了，因为木已成舟，生米已经做成熟饭。仇公武悲哀而无奈地意识到——自己处心积虑所做的这一切，到头来只是替光王李怡做了一回嫁衣裳！

唐宣宗李忱刚一即位，就施展了一系列雷霆手段。

隐忍了大半生的唐宣宗李忱，似乎迫不及待地要将唐武宗李炎所建立的一切彻底推翻。

首当其冲者，就是武宗一朝的强势宰相李德裕及其党人。于是，唐宣宗李忱正式执政的第二天就罢免了李德裕，此后短短的一年多时间就把所有重要的李党成员全部贬出了朝廷，用行动全盘否定了"会昌政治"，同时迅速拔擢了一批新人，完成了对中枢政治的换血，建立了他自己的宰执班子。

唐宣宗李忱执政的大中时代之所以被后人誉为"小贞观"，很大程度上是因为他的自律和勤政。

登基不久，唐宣宗李忱便命人把《贞观政要》书写在屏风上，时常站在屏风前逐字逐句地阅读。此外，唐宣宗李忱还命翰林学士令狐绹每天朗读唐太宗李世民所撰的《金镜》给他听，凡是听到重要的地方便会让令狐绹停下来，说："若欲天下太平，当以此言为首要。"

还有一件事也足以证明唐宣宗李忱的勤政，确实非一般君主可比。有一天，唐宣宗李忱忽然对令狐绹说："朕想知道文武百官的姓名和官秩。"百官人数多如牛毛，天子如何认得过来？令狐绹顿时大为踌躇，只好据实禀报："六品以下，官职低微，数目众多，都由吏部授职；五品以上，才是由宰执提名，然后制诏宣授，各有簿籍及册命，称为'具员'。"

唐宣宗李忱随后便命宰相编了五卷本的《具员御览》，放在案头时时翻阅。

勤政的君主总是喜欢事必躬亲，并且总能明察秋毫，唐宣宗李忱在这一点上表现得尤其明显。有一次，唐宣宗李忱到北苑打猎，遇到一个樵夫。李忱问樵夫的县籍，那人回说是泾阳人。李忱问其县官是谁，樵夫答："李行言。"李忱又问："政事治理得如何？"樵夫说："此人不善通融，甚为固执。他曾经抓了几个强盗，这些强盗跟北司的禁军有些交情，北司就点名要他放人，李行言不但不放，还把这几个人杀了。"

唐宣宗李忱听完后一言不发，回宫后就把此事和李行言的名字记了下来，钉在了柱子上。事情过去一个多月后，恰逢李行言升任海州刺史入朝谢恩，唐宣宗李忱就赐给他金鱼袋和紫衣。有唐一代，这象征着极大的荣宠，尤其在宣宗一朝，这样的赏赐更是绝无仅有。李行言受宠若惊，同时又大惑不解。唐宣宗李忱："你知道为什么能穿上紫衣吗？"李行言诚惶诚恐地说不知道，唐宣宗李忱就命人取下殿柱上的帖子给他看。

还有一次，唐宣宗李忱到渭水狩猎，路过一处佛祠，看见醴泉县的一些父老正在设斋祷祝，祈求任期已满的醴泉县令李君奭能够留任，遂将这个县令的名字默记在心。过后，怀州刺史出缺，唐宣宗李忱遂亲笔写给宰相一张条子，将此职授予李君奭。宰相们愕然良久，不知道一个区区的醴泉县令何以竟能上达天听，得到皇帝的青睐。随后，李君奭入朝谢恩，天子将此事一说，宰相们才恍然大悟。

久而久之，朝臣们就明白了，皇上表面上是外出游猎，其实真正的目的是深入民间了解民情，并且实地考察地方官吏的政绩。

但是天下之大，唐宣宗李忱不可能全部走遍，为此他特意想了个办法——密令翰林学士韦澳将天下各州的风土人情以及民生利弊编为一册专门供他阅览，并将其命名为《处分语》，而此事除了韦澳之外无人知晓。不久，邓州刺史薛弘宗入朝奏事，下殿后忍不住对韦澳说："皇上对本州事务了解和熟悉的程度真是令人惊叹啊！"韦澳当然知道，天子掌握的资料正是出自《处分语》。

在这种目光如炬洞察一切的天子面前，如果有人心存侥幸，那他就要遭殃了。有一次，主管财政的大臣在奏疏中把"渍污帛"（被水浸湿污染的布帛）中的"渍"写成了"清"，枢密承旨孙隐中就把那个错字的笔画修改了一下。不料，唐宣宗李忱一拿到奏疏，一眼就看见了那个被涂改过的字，顿时勃然大怒，下令追查涂改奏疏的人。随后，孙隐中便以"擅改奏章"的罪名遭到了处罚。

还有一次，新任的建州（今福建建瓯市）刺史于延陵赴任前入朝辞行。唐宣宗李忱问于延陵："建州距京师多远？"于延陵说："八千里。"唐宣宗李忱说："你到任之后，为政的善恶我都会了如指掌。不要以为那地方远，这阶前就可直通万里，你明白吗？"于延陵当即吓得手足无措，不知道该如何回答。唐宣宗李忱安慰了他几句就让他上路了。于延陵就任后，或许是把天子的告诫忘了，或许是不相信天子真有那么神，总之在建州的政绩并不理想，所以没多久就被贬为复州司马——果然如唐宣宗李忱所说，于延陵在建州的一举一动根本没能逃脱他的法眼。

唐宣宗李忱的事必躬亲还不仅仅体现在治理朝政上，就连生活中的一些琐碎事务也是如此。例如，宫中负责洒扫的那些杂役，唐宣宗李忱只要见过一面就能记住他们的姓名和各自的职能，所以不管宫中要做什么事、派什么活，天子往往随口就能点名让人去干，而且每次派任都毫无差错，让宫中的宦官和差役们咂舌不已。

宣宗一朝，原本甚嚣尘上的"牛李党争"终于偃旗息鼓，其原因除了两党的党魁相继离世之外，最重要的一点就是由于唐宣宗李忱驾驭百官的智术、心机和手腕均非前朝的历任天子可比。

早在大中初年，人们从宰相马植旋起旋落的命运中就已经明白了一点——要在这个强势天子的朝廷上结党，几乎是一件不可能的事。马植是在大中二年（公元848年）五月入相的，本来干得好好的，可到了大中四年（公元850年）四月，马植突然被一纸诏书贬出了朝廷，外放为天平节度使。

此次贬谪在事前毫无征兆，所以人们对此感到难以理解。后来，他们才知道：原来是一条宝玉腰带惹的祸。

这条宝玉腰带是御用物品，唐宣宗李忱在不久前把它赏赐给了左军中尉马元贽。众所周知，宦官马元贽是拥立唐宣宗李忱即位的主要功臣之一。所以，不管唐宣宗李忱在内心如何看待这个功高权重的宦官，反正在表面上对他是极尽恩宠和礼遇之能事，从登基之后便赏赐不断，这条腰带只是为数众多的赐物之一。

可忽然有一天，在朝会上，唐宣宗李忱却赫然发现——这条腰带系在了宰相马植的腰上。

这个发现非同小可。唐宣宗李忱立刻产生了极大的怀疑和警觉，他当场质问马植这条腰带是不是马元贽送给他的。马植已经意识到自己闯了大祸，不敢隐瞒，只好道出真相。第二天，唐宣宗李忱就毫不留情地罢去了马植的相位，并将他贬出朝廷。

由于一条腰带而罢去一位宰相，这种事情乍一看会让人觉得荒谬，可在唐宣宗李忱看来，这件事一点也不荒谬。

唐宣宗李忱的理由是：马植与马元贽本来就是同宗，而他们一个是当朝宰辅，一个是得势宦官，具有这种关系和身份的两个人原本就应该主动避嫌而不能走得太近，如今马元贽居然把天子的赐物转送给马植，那就证明他们已经越过了雷池，天子就完全有理由认为他们有结党的嫌疑。

轰轰烈烈的"牛李党争"刚刚过去，它给唐宣宗李忱留下的记忆太深刻了——在此前每一度你死我亡的激烈党争背后，都曾经站着宦官的身影。

所以，唐宣宗李忱绝不会让这一幕在他面前重演。

退一步讲，就算马植与马元贽不搞党争，可仅仅是"禁中与外廷暗中交通"这个事实本身，就足以对登基未久的唐宣宗李忱构成某种潜在的威胁了，而唐宣宗李忱绝不会让自己像唐文宗李昂那样受制于强势宦官仇士良，也不可能像唐武宗李炎那样事事听从于强势宰相李德裕。

实际上，唐宣宗李忱是一个强势天子！

在宣宗一朝前前后后的诸多宰相之中，令狐绹是在位时间最久的一个。从大中四年（公元850年）十月起，到大中十三年（公元859年）十二月唐宣宗李忱驾崩止，令狐绹为相近十年之久，几乎与宣宗一朝相始终。令狐绹之所以能稳居相位的唯一秘诀，既不是因为他的政绩特别突出，也不是因为他建立了怎样的功勋，而仅仅是因为——他自觉主动地放弃了相权。

也就是说，令狐绹"人在其位却不谋其政"，把宰相应有的权力都拱手让给了天子唐宣宗李忱。

这是令狐绹的聪明之处，也是他的无奈之处。当然，令狐绹要在强势天子唐宣宗李忱的朝廷中做稳宰相，除了选择这样的生存之道以外，他也别无他法。

然而，即便令狐绹十年如一日地夹着尾巴做人，也难免会有偶露峥嵘的时候，而仅仅是这一两次偶露峥嵘就足以导致唐宣宗李忱的怀疑、愤怒和指责。

我们在前面已经不止一次地看到，唐宣宗李忱极为重视地方官吏的品行和能力，所以他总是会尽可能地亲自把关。为此，唐宣宗李忱下诏规定，各地方刺史一旦要调往他州任职，一律要先到京师当面向天子做"述职报告"，经过天子面试合格之后才能调任他州。令狐绹有一次将一个刺史调往邻州，由于此人与他是旧交，考虑到只是在相邻两州之间调动，就没有要求他绕道到京师述职，而是直接赴任。随后，唐宣宗李忱看到了此人赴任后呈上的谢恩表，发现此人没有经过他的面试，马上质问令狐绹。

令狐绹慌忙解释："因为两地距离较近，想省去迎来送往的繁文缛节而已。"

唐宣宗李忱顿时脸色一沉，说："如今各地方刺史大多不称职，往往为害百姓，所以朕才要一一面见，考察他们的行政能力，按其能力高低决定去就。这道诏命颁发已久，如今却被弃置一旁，可见如今的宰相相当有权啊！"

那一刻，令狐绹一句话也说不出来，其时虽然是寒冬腊月，但他全身瞬间爆发出的冷汗还是浸透了他的裹衣。令狐绹曾经不止一次地对人说："吾十年秉政，最承恩遇。然每延英（延英殿）奏事，未尝不汗沾衣也！"（《资治通鉴》卷二四九）

唐宣宗李忱在位期间，除了以强硬手腕消灭党争，并在很大程度上遏制了宦官的嚣张气焰之外，还有一项巨大的历史功绩也不可不提——那就是河湟的收复。

自从"安史之乱"以来，河湟地区（甘肃及青海东部）已经在吐蕃人的手中沦陷了将近一百年之久。唐玄宗李隆基之后的历任天子，尤其是唐宪宗李纯虽然大都怀有收复河湟的志向，但始终是心有余而力不足。藩镇之乱连年不绝，朝廷不得不屡屡用兵，而且朝政又被党争和阉祸搞得乌烟瘴气，使得李唐王朝自顾尚且不暇，更不用说腾出手去对付吐蕃人了。到了唐武宗会昌年间，形势开始发生逆转——吐蕃爆发了大规模内战，国内政局紊乱，人心离散。

或许，上天似乎注定要把收复河湟的历史功绩送给唐宣宗李忱。

吐蕃开始走向衰亡的时候，正是唐宣宗李忱登上历史舞台的前夕。

唐宣宗李忱即位后的大中三年（公元849年）二月，原本在吐蕃控制之下的秦州、原州、安乐州，以及石门、驿藏、制胜、石峡、木靖、木峡、六盘等"三州七关"在一夜之间全部归降大唐。

本来三州七关的收复就已经够让大唐臣民出乎意料了，没想到短短两年之后，所有河湟失地竟然又被一个叫张义潮的人一一收复，并全部回归了大唐版图。

不可否认，百年失地的收复并不是唐宣宗李忱的武功，而是一时的机运。如果说"遏制宦官"和"整顿吏治"的确是出于唐宣宗李忱的个人努力的话，那么"收复河湟"却显然是上天的馈赠。但不管怎么说，自从"安史之乱"后，已经在内忧外患的灰暗历史中艰难行进了一百年的大唐帝国，毕竟还是在宣宗李忱的手里闪耀出了一抹辉煌。

就连一直以来作为帝国心腹之患的跋扈藩镇在宣宗一朝也显得相对平静，没有再掀起太大的波澜。其中，客观因素固然是武宗一朝强力平藩所打下的基础，而主观原因则是唐宣宗李忱在藩镇事务上采取了灵活而务实的政策——既非力主征伐，亦非任意姑息，而是根据具体情况决定应对的策略，从而避免了像前几朝那样大规模的战争和动乱。

宣宗时代，帝国虽然称不上是太平盛世，但起码也算是承平之局。"大中之治"落下帷幕后，历史给了唐宣宗李忱很高的评价："宣宗明察沉断，用法无私，从谏如流，重惜官赏，恭谨节俭，惠爱民物。故大中之政，迄于唐亡，人思咏之，谓之'小太宗'！"（《资治通鉴》卷二四九）

但令人遗憾的是，唐宣宗李忱后来也走上了历任李唐天子的老路，开始如痴如醉地追求长生、服食丹药，结果健康状况迅速恶化，于大中十三年（公元859年）八月驾崩。同月，宦官王宗实等人拥立唐宣宗李忱长子郓王李温（同时改名李漼）即位，是为唐懿宗。

四八 / 黄巢："我花开后百花杀"

在唐朝将近三百年的历史上，唐宣宗李忱缔造的"大中之治"很像是这个老大帝国在行将就木之前的一种回光返照。在唐宣宗李忱的时代，人们依稀还能瞥见一抹传承自盛唐的余晖，可当大中时代一结束，黑暗便无情地吞噬了人们的目光。在唐宣宗李忱身后，各种内忧外患便纷至沓来，把大唐帝国推向了衰亡与覆灭的深渊……

唐懿宗李漼于大中十三年（公元859年）八月登基，短短几个月后，震惊朝野的"裘甫之乱"就爆发了。裘甫起事时手下只有一百来人，可一连打了几场胜仗后，四方变民就蜂拥来附，很快发展到三万人。裘甫自称"天下都知兵马使"，改元"罗平"，还铸造了一颗"天平国"的大印。变民军在浙东攻城略地、烧杀掳掠，其势甚为猖獗。唐政府军一开始屡屡败北，直到次年四月朝廷起用前安南都护王式接任浙东观察使，战局才出现转机。

王式虽是一介文官，但是有勇有谋、胆识过人，他抵达浙东后一边大力整顿军纪，一边下令各地开仓放粮、赈济贫民，因而人心迅速朝政府军倾斜，于是战场上的形势陡然一转。政府军连战连捷，接连收复失陷的城池，并将裘甫死死围困在剡县（今浙江嵊州市）。这一年六月，裘甫粮尽援绝，被迫投降，旋即被押赴长安斩首。

猖獗一时的"裘甫之乱"刚刚平定，帝国的西南边陲马上又燃起了熊熊战火。

那是南诏对大唐的入侵。这场战争从咸通元年（公元860年）十一月打响，历时十多年，几与懿宗一朝相始终。就在大唐与南诏打得难解难分的时候，咸通九年（公元868年）七月又爆发了"庞勋之乱"。

庞勋是唐朝边防军中的一名粮料官，其时驻扎在桂州（今广西桂林市）。此地边防戍卒大多是从徐州征调来的，因不满于戍边时间太久而发动兵变，推庞勋为首领一路杀回了老家，所过之处大肆劫掠，州县莫之能御，并于这一年十月攻陷彭城（徐州州府所在地）。

随后的日子，从四面八方前来投奔庞勋的人络绎不绝，叛军实力迅速壮大。李唐朝廷调集兵马大举讨伐，但是一开始就损兵折将，如副主帅戴可师便在都梁（今江苏盱眙县南）遭叛军伏击而战死，所部三万人几乎全军覆没，所有武器、粮草、辎重、车马全部落入叛军之手。直至咸通十年（公元869年）正月，政府军才开始转败为胜，尤其是沙陀酋长朱邪赤心（后赐名李国昌）率领的沙陀骑兵，因其骁勇善战而在战场上发挥了巨大作用。到了这一年九月，庞勋屡战屡败，最后在蕲县（今属安徽）西面被政府军四面合围，残部悉数被歼，庞勋也死于乱兵之中。

"裘甫之乱"与"庞勋之乱"虽然历时不久便被平定，却给战乱地区的百姓造成了深重的灾难，也极大地动摇了唐朝的统治根基，为日后的王仙芝、黄巢起义埋下了伏笔。

懿宗一朝，四方战火纷飞，帝国几无宁日。可是，唐懿宗李漼却毫无忧患意识，只热衷于在他的小天地里营造一方虚幻的歌舞升平。唐懿宗李漼喜欢宴饮、酷爱音乐，所以光是在殿前随时侍奉的乐工就将近五百人，每月举办的歌舞宴会不下十余场。唐懿宗李漼的温柔乡还不止大明宫一处，像曲江、灞水、浐水、北苑、南宫（皇城外的兴庆宫）、华清宫、咸阳宫等处都是他寻欢作乐的场所。唐懿宗李漼往往兴致一来便立刻前往，使得侍从们经常来不及筹备和布置。为此，侍从们只好在上述各处常备音乐、酒食、锦帐、帘幕等物，以防天子突然驾到。此外，李唐皇室大大小小的亲王们也随时处于待命状态，每当唐懿宗李漼起驾他们就会前呼后拥地陪同圣驾出发。天子每次巡幸，宫廷各色人等及随驾侍从的人数往往多达十余万，所耗费的钱财更是不计其数。

唐懿宗李漼在位十四年，由于连年征战和穷奢极侈导致国库空虚，朝廷只好把一切亏空转嫁到老百姓头上，各种赋税聚敛日甚一日，令百姓苦不堪言。与此同时，天灾又往往与人祸形影相随：咸通末年，关东地区连年遭遇水灾旱灾，各州县又隐瞒不报，只知互相推诿、上下蒙蔽；成千上万的百姓流离失所、哭告无门，民间到处是一片颗粒无收、饿殍遍野的惨状……

如此种种，无疑是一个王朝崩溃的可怕前兆。

咸通十四年（公元873年）三月，唐懿宗李漼驾崩，宦官刘行深、韩文约拥立普王李俨（唐懿宗李漼第五子）即位，是为唐僖宗。

从某种意义上说，唐僖宗李俨是不幸的，因为他一当上皇帝便荣膺了两项本朝之最：

其一，他年仅十二岁，是大唐开国二百五十多年来年龄最小的皇帝。

其二，他登基的这一刻，是大唐开国二百五十多年来忧患最深重、形势最严峻、社会矛盾最尖锐的时刻。

乾符元年（公元874年）十二月，濮州（今山东鄄城县）人王仙芝在长垣（今属河南）揭竿而起，拉开了唐末农民大起义的序幕。

紧跟着王仙芝浮出历史水面的人就是黄巢。

黄巢，冤句（今山东东明县南）人，早年曾与王仙芝搭伙贩卖私盐，精于骑射，为人行侠仗义。但是，黄巢和王仙芝这种人有一个很大的区别，那就是他识文断字，粗粗涉猎过一些儒家经典，可以算半个文人。所以，黄巢也曾经抱着"书中自有黄金屋"的理想，试图用知识改变命运，像所有读书人一样通过科举走上仕途。然而，黄巢屡屡参加进士考，却每一次都名落孙山。

黄巢觉得自己成了一个被社会遗弃的人。

就在黄巢万念俱灰的时候，变幻无常的命运却给他提供了另一个机会——一个远比走仕途和贩私盐都危险百倍却获利更丰的机会，那就是"打江山，当皇帝"。

黄巢紧紧抓住这个机会，从此走进了波澜壮阔、血雨腥风的晚唐历史。

于是，黄巢在冤句聚集了数千人，拉起反旗响应王仙芝。

王仙芝和黄巢这两个昔日的私盐贩子成了并肩战斗的起义军领袖，他们迅速合兵一处，劫掠州县，横行山东（崤山以东）。与此同时，那些缴不起重税和失去土地的贫困百姓争先恐后地投奔到了他们的麾下。

乾符三年（公元876年）秋天，王仙芝和黄巢转战中原，先后攻陷阳翟（今河南禹州市）、郏城（今河南郏县）、汝州（今河南汝州市）。东都洛阳大为震恐，士民携家带眷，纷纷出城逃难。十一月，起义军南下攻克郢州（今湖北钟祥市）、复州（今湖北天门市）。十二月，王仙芝和黄巢又横扫申州（今河南信阳市）、光州（今河南潢川县）、庐州（今安徽合肥市）、寿州（今安徽寿县）、舒州（今安徽潜山县）、蕲州（今湖北蕲春县）等地，所过之处官兵望风披靡。

眼见变军声势越来越大，僖宗朝廷不得不听取宰相王铎的再三建议，对王仙芝采用招安之策，给了他左神策军押牙兼监察御史的官职。

接到诰命的那一天，王仙芝激动不已。

从一个整天被官府追杀的私盐贩子，成长为帝国的一名禁军将领和朝廷官员，王仙芝觉得这是自家祖坟冒青烟了。

于是，王仙芝知足了。

可此时此刻，兄弟黄巢却在用一种鄙视的目光看着王仙芝。

黄巢的目光里有两层意思：一、你居然就这点出息，朝廷随便给你一官半职就把你收买了？二、朝廷凭什么就给你一个人封官，把兄弟我和弟兄们都给晾在一边？

那天黄巢再次感到了一种被人遗弃的痛楚，所以他一直试图用目光向王仙芝传达自己的困惑和愤怒。

可是，王仙芝始终沉浸在被招安的喜悦中，看都不看他一眼。最后，黄巢走了上去，对王仙芝说："我们曾经在神明面前立下滔天誓言，要除暴安良、横行天下，如今你一个人去朝廷当官，让手下五千多号弟兄往哪里投奔？"

但还没等王仙芝反应过来，黄巢已经狠狠一拳砸在了他的头上。

鲜血顺着王仙芝的脸庞流了下来，他透过迷蒙的血眼看见黄巢身后无数的弟兄们正在向着他挥舞拳头。

"看来自己永远洗不白了。"王仙芝在内心发出一声悲凉的长叹——贼永远是贼！

后来，王仙芝撕毁了朝廷给他的那一纸任命状，在蕲州城内烧杀掳掠了一天，随后带着他的另一名副手尚君长和三千多人呼啸而去。

黄巢则与王仙芝分道扬镳，带着剩下的两千多人走上了另一条路。

从乾符四年（公元877年）正月开始，王仙芝与黄巢时而各自为战，时而又合兵一处，虽然四处攻城略地，可在朝廷诸道军队的围追堵截之下所占领的城池都是旋得旋失，始终未能建立长期立足的根据地。

农民军和政府军一度陷入混战和相持的胶着状态。

这一年十一月，朝廷的招讨副使、总监军宦官杨复光再度向王仙芝传达了招安的信息，而一直对此仍然抱有希望的王仙芝正中下怀，当即派遣尚君长前去与杨复光接洽。不料，尚君长刚走到半路就被招讨使宋威擒获。宋威因与农民军多次交战失利，且因半年前曾被其围困在宋州，故而怀恨在心并一意要置尚君长于死地。宋威向朝廷谎报，声称在战斗中生擒了尚君长。杨复光连忙上奏，声明尚君长实际上是投诚，并非在战场上被擒。朝廷派御史进行调查，但没有得到任何结果。随后，宋威便将尚君长斩首。

王仙芝两次希望被朝廷招安未果，又丧失了一个得力助手，此后战斗力大为削弱，在战场上接连失利。乾符五年（公元878年）正月初六，官军在申州（今河南信阳市）东面大破王仙芝，砍杀一万多人，招降并遣散了一万多人。

王仙芝自此一蹶不振。

短短一个月后，王仙芝在黄梅（今属湖北）与官军决战，最后王仙芝战死，士众被斩杀五万多人，余众四散逃离。

王仙芝败亡后，尚君长的弟弟尚让率领残部投奔黄巢，推举黄巢为主帅，号"冲天大将军"，改元"王霸"，并委任百官。

随后的日子，镇海节度使高骈全力以赴对付黄巢，不断调兵遣将，加强了对他的围剿。黄巢在中原战场屡屡失利，手下数十位将领相继被招降，不得不在乾符五年（公元878年）三月渡过长江转战南方。七月，黄巢军进入浙东，凿开七百里山路，转入福建战场。十二月，黄巢攻陷福州，福建观察使韦岫弃城而逃。

乾符六年（公元879年）春，黄巢挥师直趋岭南。

帝国的财赋重镇广州，就此暴露在黄巢面前。

进入岭南之后，黄巢致信浙东道观察使崔璆和岭南东道节度使李迢，透露了归顺朝廷的意思，条件是授予他天平（黄巢老家）节度使之职。僖宗朝廷断然拒绝。黄巢退了一步，要求担任广州节度使。唐僖宗李儇召集大臣商议，左仆射于琮说："广州是商舶和各种珍宝货物的重要集散地，怎么能交给贼人？"宰相随即建议给黄巢一个"率府率"（东宫侍卫队长，正四品上）的职务，唐僖宗李儇同意。

此刻，僖宗君臣绝对不会想到，不给黄巢节度使之职，他却在短短一年后杀进长安，在大明宫的金銮殿上自己当了皇帝。

这一年九月，黄巢接到那一纸"率府率"的任命状，不禁破口大骂，当即对广州发起猛攻。是月，广州陷落。黄巢逮捕了节度使李迢，命他起草奏疏说已经投降了黄巢。李迢说："我世代荷国厚恩，亲戚故旧遍布朝廷，手可断，疏不可草！"黄巢随即将其诛杀。

由于黄巢的士兵均是北方人,进入岭南后水土不服,才一个多月便纷纷染上瘟疫而死亡十之三四,于是部下劝其回师中原图谋大计。十月末,黄巢率领军队沿湘江而下,攻占潭州(今湖南长沙市)。十一月,由江陵北上,直扑襄阳。

广明元年(公元880年)无疑是黄巢的幸运之年,也是他人生中的巅峰岁月。

这一年上半年,黄巢在江西战场遭遇了一些短暂的挫折,士卒再度因染上瘟疫而损失过半。但是到了五月,当黄巢用诈降的手段击败高骈的麾下猛将张璘并一举突破高骈的封锁线之后,形势就一下子迥然不同了。

此后,黄巢军队一路势如破竹,如入无人之境,于七月横渡长江,大举北上;九月,攻陷泗州(今江苏盱眙县);十月,攻陷申州(今河南信阳市),横扫颖(今安徽阜阳市)、宋(今河南商丘市)、徐(今江苏徐州市)、兖(今山东兖州市)一带,兵锋所及之处,士民纷纷逃亡。

十一月十七日,号称六十万的黄巢大军攻克东都洛阳。十二月初一,黄巢的前锋部队开始进攻潼关,于初三将其攻克,随即大军直指长安,当天进抵华州(今陕西华县)。

十二月初四,唐僖宗李儇慌忙下诏,封黄巢为天平节度使。然而,此刻的黄巢对此的唯一反应就是一阵仰天狂笑,已经不屑于此了。

十二月初五,大唐的文武百官听说乱兵已攻克潼关,开始各自逃命。宦官田令孜带着五百名神策兵,拥着唐僖宗李儇从金光门仓皇出逃,随行人员只有福、穆、泽、寿四王以及数名嫔妃。

"树倒猢狲散。"城中的士兵和百姓趁乱冲进宫中,大肆抢夺府库中的财物金帛。

当天黄昏,唐朝的金吾卫大将军张直方带着几十名文武官员,毕恭毕敬地来到灞上迎接黄巢。

那一刻,一轮冬日的残阳正挂在西天,把长安城外的原野渲染得一派金黄。

远远地,张直方等人看见一顶用黄金装饰的轿子慢慢进入视野,一群头发披散、红巾扎束、身穿锦绣衣服的武士护卫在黄金轿两侧,他们身后则是漫山遍野全副武装的铁甲骑兵,再后面是络绎不绝、仿佛绵延千里的各种辎重车辆。

此时,坐在黄金轿中的人正双目微闭、口中喃喃自语,他就是黄巢。

他在吟咏一首诗。

他已经很多年没有吟咏过这首诗了，因为写诗的那一年他正在经受屡屡落第的痛苦，正在咀嚼被社会遗忘的痛楚。

如今，他情不自禁地再次吟诵起这首诗，没有别的理由，只因当年所有尖锐的痛楚在此刻已经全部转化为冲天的快意和豪情。

当黄巢透过轿帘的缝隙清晰地看见长安城上的那一排雉堞时，他忍不住把这首《咏菊》大声地念了出来——"待得秋来九月八，我花开后百花杀。冲天香阵透长安，满城尽带黄金甲。"

黄巢大军浩浩荡荡地开进长安。百姓们争先恐后地前来围观，如迎王师。黄巢的副手尚让一路上不断地晓谕百姓："黄王起兵，本来就是为了百姓，绝不会像李唐皇帝那样不爱惜你们，你们只管安居乐业，不要害怕！"

刚开始的几天，一切果然如同尚让所说——士兵们对百姓秋毫无犯，长安城内人人安居乐业，一派秩序井然。

原来，黄巢的士兵们这几年从北打到南，又从东打到西，走到哪抢到哪，很多人早已腰缠万贯，所以他们进了长安城后不但不再拿群众一针一线，而且还时常慷慨解囊，把财物施与那些贫穷的人。

百姓们又惊又喜——都说黄巢的军队是强盗，可这种"强盗"远比朝廷官兵要好上百倍！

可短短几天之后，一切就全都变样了，因为士兵们实在憋不住了——老毛病又犯了：几年来，烧杀掳掠已经变成一种习惯，已经成为他们生活中必不可少的一部分，如今叫他们每天不烧不抢、无所事事，简直比叫他们去死还难受！

于是，一夜之间，黄巢的士兵们就撕破了温文尔雅的假面具，纷纷抄起武器和火把急不可耐地冲上了街头。

转眼间，繁华富庶的大唐帝京就沦为一座恐怖之城。

到处都在抢劫，到处都在杀人；每一座店铺都烈火熊熊，每一条大街都浓烟滚滚……长安的士民们目瞪口呆地看着这一切，眼中充满了迷惘、恐惧和无助。

黄巢和尚让也只能目瞪口呆地看着这一切，虽然他们频频下令，可是却屡禁不止……

广明元年（公元880年）十二月十一日，黄巢下令屠杀了所有滞留长安的李唐宗室成员，连襁褓中的婴儿也没有放过。

"我花开后百花杀！"

十三日，黄巢在含元殿即皇帝位，国号"大齐"，改元"金统"，立其妻曹氏为皇后，任命尚让为太尉兼中书令。

与此同时，唐僖宗李儇和他的流亡朝廷一路逃至兴元（今陕西汉中市），下诏命诸道出动全部兵力收复京师。数日后，由于兴元物资和粮食匮乏，唐僖宗李儇只好在田令孜等人的劝说下逃往蜀地，于次年元月抵达成都。

同年七月，唐僖宗李儇改元中和。

这一年，唐僖宗李儇一再诏令高骈出兵征讨黄巢。此时，高骈以一人身兼淮南及多道节度使、盐铁转运使、东面都统等多个重要职务，被唐僖宗李儇寄予厚望，可他却以各种借口推托，始终不肯出兵。十二月，宰相王铎料定高骈已经心存异志，于是再三向唐僖宗李儇请求亲自出征。中和二年（公元882年）正月，唐僖宗李儇任命王铎为统帅，集结忠武节度使周岌、河中节度使王重荣、河阳节度使诸葛爽、宣武节度使康实等诸道兵马一同出征。

王铎亲赴前线之后，朝廷军开始从各个方向迅速往京畿一带挺进。黄巢的势力逐渐萎缩，只保有长安和同（今陕西大荔县）、华（今陕西华县）二州。

可是在接下来的半年中，王铎虽然率领朝廷军对长安形成了一个包围圈，却只能与黄巢进行拉锯战，始终没有取得任何突破。一直到这一年九月，黄巢麾下一员猛将的投诚，才让僖宗朝廷看见了平定黄巢的希望。

这员猛将就是朱温。

朱温是宋州砀山（今属安徽）人，生于大中六年（公元852年），少时不事生产，整天游手好闲、打架斗殴，极为乡人鄙视。乾符初年，朱温追随黄巢起事，由于作战英勇，得以迅速升迁。此时，朱温担任同州防御使，是黄巢在长安东面的最主要屏障，他的投降无疑是将本已势穷力蹙的黄巢推入了绝境。

朱温的倒戈易帜让唐僖宗李儇大喜过望，当即任命他为同华节度使，不久又改任其为右金吾大将军、河中行营招讨副使，并赐名"全忠"。

此刻，唐僖宗李儇当然不会想到，这个"朱全忠"日后将成为大唐帝国的终结者，并一手颠覆将近三百年的李唐江山。

同年十二月，朝廷又以雁门节度使的交换条件，成功招降了骁勇善战的李克用（李国昌之子），让其全力征讨黄巢。中和三年（公元883年）二月，李克用率兵进围华州，于三月将其攻克。

至此，长安门户洞开，困守孤城的黄巢陷入内无粮草、外无援兵的绝境。四月初八，李克用率先从光泰门攻进长安。黄巢力战不敌，于是焚烧宫室后从蓝田方向突围而去。

陷落了两年四个月的长安，终于光复。但是，官兵入城后的烧杀掳掠行径与黄巢军队毫无二致，长安城百姓死的死、逃的逃，残存者寥寥无几。此刻，饱经劫难的大唐帝都长安已经变成了一座空城和死城。

长安光复后，李克用因功升任河东节度使，朱全忠升任宣武节度使，受命肃清黄巢余部。

五月，黄巢率余部攻击蔡州（今河南汝南县），唐将秦宗权投降黄巢。此后的一年里，黄巢与秦宗权合兵一处兵威复振，又在中原大肆劫掠。朱全忠等人勉力围剿，却始终不能取胜，只好向李克用求援。中和四年（公元884年）二月，李克用率军渡黄河南下，随后大破黄巢。至此，黄巢军队终于溃散，尚让率部众降唐，黄巢带着最后不足一千人的残兵东走兖州（今属山东）。

这一年六月，唐将李师悦和黄巢降将尚让一路追击黄巢，终于在瑕丘（今山东兖州境内）追上并对其进行了最后一次致命的打击。在这最后一战中，黄巢的残部死的死、伤的伤，几乎被消灭殆尽。六月十七日，黄巢逃进了狼虎谷（今山东莱芜市西南）。

在狼虎谷里，黄巢的外甥林言砍下了他的头颅，同时还砍下了他兄弟、妻子、儿女的头颅，然后准备拎着这一大串头颅降唐。

可林言刚刚走出狼虎谷，迎面就撞上了沙陀军队。沙陀士兵不由分说地砍下林言的头颅，然后带着所有的头颅立刻策马回营，兴高采烈地邀功请赏去了。

从乾符二年（公元875年）六月起兵，到中和四年（公元884年）六月败亡，黄巢起义历时整整九年。

在这九年里，黄巢转战大半个中国，攻陷了唐朝的东西两京——洛阳和长安，创建了"大齐"政权，到达了他的人生巅峰，同时也把李唐王朝推进了万劫不复的深渊。

"我花开后百花杀！"从某种意义上说，黄巢做到了他所说的，因为他确实毁灭了无数人的生命之花，也确实用无数的鲜血浇灌了他的野心和梦想，用无数的白骨铺平了他通往权力巅峰的道路。

黄巢确实是一朵"毁灭之花"！

对于风雨飘摇的大唐帝国而言，还算幸运的是——这朵"毁灭之花"在短暂的绽放之后就被连根拔起了，然而真正的不幸在于——黄巢并不是最后一朵"毁灭之花"。

人们很快就会发现，正是在黄巢败亡之后，一幕比一幕更为惨烈、一次比一次规模更大的群雄混战才在九世纪最后的那些年里频频上演；正是在这朵"毁灭之花"凋谢之后，百朵千朵的"毁灭之花"才在大唐帝国的土地上争先恐后地灼灼绽放！

在唐朝末年，一个黄巢踉跄地倒在了血泊与尘埃中，却有更多的黄巢凶猛地驰骋在血雨腥风的天空下……

四九 / 唐昭宗：灵魂中的"七道伤"

唐昭宗李晔是一个生不逢时的天子。

无论从哪一方面来看，唐昭宗李晔（原名李杰，封寿王；后封皇太弟，改名李敏；即皇帝位后，改名李晔）都不像是一个亡国之君。文德元年（公元888年）三月，年仅二十二岁的唐昭宗李晔登基的时候，史书是这么评价他的："昭宗即位，体貌明粹，有英气，喜文学，以僖宗威令不振、朝廷日卑，有恢复前烈之志！尊礼大臣，梦想贤豪，践阼之始，中外忻忻焉！"（《资治通鉴》卷二五七）

这么一个英年即位、锐意中兴的天子唐昭宗李晔，的确和他的父兄唐懿宗李漼、唐僖宗李儇毫无相似之处，倒是和唐宪宗李纯、唐宣宗李忱颇为神似，这也难怪朝野都为之感到欣喜并对其寄予厚望；倘若唐昭宗李晔早生几十年，也许完全有可能缔造出媲美于"元和中兴"和"大中之治"那样的政治局面。

然而，不幸的是，从唐昭宗李晔登基的那一天起，甚至从更早的时候起，大唐帝国就已经陷入一个无可挽回的亡国之局了。

即便有力挽狂澜之心和振衰起弊之志，即便拥有一个帝国拯救者所应具备的全部勇气、斗志、豪情、胆识、魄力、自信心、使命感，可唐昭宗李晔唯独缺了一样——时代条件。

天时、地利、人和，唐昭宗李晔一样也没有。

唐昭宗李晔就像一个孤独的拯救者，置身于千千万万个帝国终结者的包围圈中，左冲右突，奋力厮杀，可到头来却发现——自己只是一个单兵！

一个疲惫绝望的单兵。

一个无人喝彩的单兵。

一个苟延残喘的单兵。

一个没有同盟、没有援军、最终力竭身亡的单兵……

唐昭宗李晔即位时，大唐帝国早已被"藩镇割据、宦官乱政、朋党相争"这三大政治顽疾搞得气息奄奄，并且在黄巢起义的打击下变得摇摇欲坠。换句话说，唐昭宗李晔从昏庸无能的父兄手中接过来的纯粹是一个烂摊子。

唐昭宗李晔知道，要收拾这个烂摊子可谓难如登天。

但唐昭宗李晔坚信，这并非不可能。虽然要做的事很多，要走的路很长，但是唐昭宗李晔并没有丝毫的畏难和疑惧，而是显得踌躇满志、意气风发，并且一即位就迫不及待地迈出了第一步。

这第一步是收拾一个人。

这个人叫田令孜。

田令孜是僖宗朝的大权宦。在唐昭宗李晔看来，唐僖宗李儇之所以骄奢荒淫，帝国之所以叛乱蜂起，长安之所以饱受践踏，其罪魁祸首不是别人，正是田令孜。田令孜转任西川监军不久，唐僖宗李儇就已经下诏将他流放端州（今广东肇庆市），可他仗着西川节度使陈敬瑄这把保护伞，竟然违抗诏命、拒不启程。可见，田令孜的问题已经不仅是权宦祸乱朝政的问题，更是与强藩内外勾结、架空中央的问题。所以，唐昭宗李晔现在拿田令孜和西川开刀，既是为了维护朝廷纲纪、重建朝廷威权，又是为了杀一儆百、震慑各方的割据军阀。

最后，或许也是一个不便明说的理由——唐昭宗李晔想报仇。

那是广明元年（公元880年）的冬天，黄巢杀进了长安，当时的寿王李杰（后来的唐昭宗李晔）跟随唐僖宗李儇仓皇出逃。由于事发仓促，没有准备足够的马匹，所以除了唐僖宗李儇和田令孜之外，其他的亲王都只能步行。当时，寿王李杰才十四岁，走到一片山谷的时候再也走不动路，就躺在一块石头上休息。田令孜策马上前，催促寿王李杰上路。寿王李杰说："我的脚很痛，能不能给我一匹马？"田令孜冷笑："这里是荒山野岭，哪来的马？"说完，挥起马鞭狠狠抽在寿王李杰身上，驱赶他动身。那一刻，寿王李杰回头深深地看了田令孜一眼，一句话也没说就一瘸一拐地上路了。

从那一刻起，寿王李杰就告诉自己，如果哪一天自己得势，绝不放过这个阉宦。

巧合的是，正在唐昭宗李晔准备采取行动时，与陈敬瑄打了好几年仗的阆州刺史王建又上疏请求朝廷把陈敬瑄调离西川。这样，唐昭宗李晔有了一个现成的借口，便于文德元年（公元888年）六月下诏，命宰相韦昭度充任西川节度使兼两川招抚制置使，另外派人取代田令孜的西川监军之职，同时征召陈敬瑄回朝担任左龙武统军。

但是,陈敬瑄和田令孜拒不奉诏,同时他们积极整饬武备,决心与朝廷开战。

十二月,唐昭宗李晔命韦昭度为行营招讨使,命山南西道节度使杨守亮为副使。另外,划出原属西川的四个州设置永平军,以王建为节度使,兼行营诸军都指挥使,命他们共同讨伐陈敬瑄,同时削除了陈敬瑄的所有官爵。

讨伐西川的战役就此打响。

唐昭宗李晔第一个收拾的人是僖宗朝的权宦田令孜,而第二个要收拾的人就是眼前的权宦杨复恭。

自从拥立唐昭宗李晔即位后,杨复恭就自恃功高不可一世了,视自己为"定策元老",视昭宗李晔为"门生天子"。杨复恭不但一手把持禁军、专擅朝政,而且收养了为数众多的义子,把他们派到各州镇担任节度使和刺史。此外,杨复恭还有宦官义子六百多人,全部派驻各地担任监军,从而缔造了一个以他为核心的遍布朝野的庞大政治网络。因此,杨复恭这样一个比田令孜有过之而无不及的权宦要是不铲除,唐昭宗李晔的中兴大计岂不就会沦为笑谈。所以,从登基的那一天起,唐昭宗李晔的所有大政方针基本上是与宰相孔纬、张濬等人商议定夺,而竭力避免让杨复恭从中干预。

杨复恭专权跋扈,自然不把唐昭宗李晔放在眼里。例如,百官们上朝都是步行,唯独杨复恭上太极殿的时候是坐着轿子来的。有一天在朝会上,唐昭宗李晔和宰相孔纬刚刚谈及四方造反的人,杨复恭又坐着轿子大摇大摆地来到了殿前。孔纬就故意提高嗓门说:"在陛下您的左右,就有将要造反的人,何况是四方呢?"唐昭宗李晔明白孔纬的用意,就假装惊愕地问他所指为何。孔纬指着杨复恭说:"他不过是陛下的家奴,却坐着轿子上殿,而且养了那么多壮士为义子,或典禁兵,或为藩镇,不是要造反是什么?"

杨复恭面不改色地说:"以壮士为义子,目的是让他们效忠皇上,保卫朝廷,怎么能说是造反呢?"

唐昭宗李晔冷然一笑,把话接了过去:"你想要保卫朝廷,为何不让他们姓李,却让他们姓杨?"

杨复恭顿时哑口无言。

这件事情过去不久,有一天唐昭宗李晔忽然对杨复恭说:"你的义子中是不是有一个叫杨守立的,朕想让他来当侍卫。"为了证明自己养这些义子就是要"保卫朝廷"的,杨复恭二话不说就把杨守立领进了宫。

在杨复恭看来,反正他有的是义子,多一个不多,少一个不少。

此时,杨复恭并不知道唐昭宗李晔绝不仅仅是要一个"侍卫"那么简单。

杨守立入宫后,唐昭宗李晔立刻赐其名为李顺节,然后在不到一年的时间内就把他从一名普通的侍卫迅速擢升为禁军将领,同时又兼镇海节度使,不久后又加封同平章事。平步青云的李顺节当然对天子感恩戴德,在受宠若惊之余他也渐渐明白了唐昭宗李晔对付杨复恭的用意。

李顺节当然乐意充当这个角色。在接下来的几年中,李顺节施展浑身解数与杨复恭展开了明争暗斗,并且为唐昭宗李晔提供了诸多有关杨复恭的秘密情报。

唐昭宗李晔看着这一切,嘴角不禁泛起一丝难以为人觉察的笑容。

网已经撒开了。

唐昭宗李晔对自己说,一旦时机成熟,便会毫不犹豫地将杨复恭集团一网打尽!

除了收拾宦官,唐昭宗李晔另外要对付的无疑就是藩镇了。

要对付藩镇,天子手中就必须有一支军队——一支真正忠于朝廷、不被任何势力掌控的军队。

所以,唐昭宗李晔即位之初便开始招兵买马,不久便组建了一支可以由朝廷直接指挥的十万人的军队,而有了这张底牌就可以直接对付藩镇了。

几年来,天下诸藩中势力最强的当属河东节度使李克用。大顺元年(公元890年)正月,李克用出兵吞并了东昭义;二月又进攻云州(今山西大同),准备进一步吞并河朔。云州防御使赫连铎急忙向卢龙节度使李匡威求救。李匡威深知,一旦云州失陷,李克用的矛头就会直指卢龙,于是迅速率领三万人前往救援。李克用顿时陷入腹背受敌之境。不久,河东骁将安金俊战死,另一个部将申信又临阵倒戈投降了赫连铎。李克用只好撤兵回太原。四月,赫连铎、李匡威与朱全忠先后上疏朝廷,请求讨伐李克用。

唐昭宗李晔召集宰相和百官廷议,以宰相杜让能、刘崇望为首的三分之二的大臣表示反对,而宰相张濬和孔纬却极力主战。尤其是张濬,这个一贯自诩有东晋谢安和前朝裴度之才的宰相斩钉截铁地说:"只要给我兵权,少则十天,多则一个月,必定削平李克用!错失这个良机,日后将追悔莫及!"

大顺元年(公元890年)五月,唐昭宗李晔下诏削除了李克用的所有官爵,同时命张濬率五万军队出征,并亲临安喜楼为其饯行。张濬屏退左右,对唐昭宗李晔说:"待臣平定外忧,再为陛下铲除内患!"

从张濬率领大军出征的那一刻起,唐昭宗李晔每天都是在焦急和紧张状态中度过的,因为岌岌可危的帝国太需要一场胜利了。

唐昭宗李晔无比强烈地希望,那个自视甚高的张濬真的能够像前朝宰相裴度那样一举讨平跋扈藩镇,让他这个踌躇满志的天子在"匡扶社稷,中兴李唐"的道路上迈出坚实的第一步。

然而,这个眼高手低、志大才疏的张濬并没有像他自己所说的那样只用一个月就讨平李克用,而是在将近半年的时间里接二连三地损兵折将、一再败北,并最终全线崩溃。最后,中央讨伐大军死的死、逃的逃,几近全军覆没。

唐昭宗李晔充满希望的一颗心瞬间跌入失望和悲哀的谷底。

大顺二年(公元891年)正月,唐昭宗李晔万般无奈地把张濬贬为鄂岳观察使,把孔纬贬为荆南节度使。然而,李克用并不罢休,当即上疏对唐昭宗李晔进行恫吓:"张濬以陛下万世之业,邀自己一时之功,知臣与朱温深仇,私相联结。臣今身无官爵,名是罪人,不敢回到陛下分封的藩镇,只能暂到河中居住。应该去向何方,恭候陛下指令!"

"河中?"唐昭宗李晔一下就傻眼了,"这不是赤裸裸的威胁恐吓吗?河中(今山西永济市)与潼关仅仅隔着一条黄河啊!你李克用只要带兵到河中,再一步跨过黄河,朕不就是你砧板上的鱼肉了吗?!"

接到奏疏的当天,唐昭宗李晔就忙不迭地把张濬再贬为连州刺史,把孔纬再贬为均州刺史,同时下诏恢复了李克用的所有官爵。二月,唐昭宗李晔担心李克用还不满意,赶紧加封他为中书令,并把张濬再贬为绣州司户。

河东之役开打不到半年就遭遇惨败,而早在三年前就开打的西川之役结果更惨。河东虽然败了,但败得干脆利落,虽然给天子造成了痛苦,但毕竟是短痛。可西川前后整整打了三年,发兵十几万人,旷日持久,丧师费财,而最终的结果还是一样——失败。

这种失败叫作长痛。

大顺二年(公元891年)三月下旬,朝廷的宰相和财政大臣不得不禀报天子：国库已经空了，再也没办法给西川前线输送一毫一厘的军费了。那一天，朝廷的文武百官看见天子唐昭宗李晔忽然把头低了下去，而且沉默了很久。最后，唐昭宗李晔颁下了一道诏书：恢复原西川节度使陈敬瑄的所有官爵，命王建等人各回本镇。

王建没有奉诏，而是在接下来的时间里相继占领了西川辖区内的大多数州县，然后猛攻成都。陈敬瑄屡屡出城作战，却屡屡败北。这一年七月下旬，内无粮草、外无援兵的陈敬瑄和田令孜终于绝望了，不得不开城投降。田令孜亲自带着西川节度使的帅印和旌节到军营中交给了王建。随后，王建把陈敬瑄和田令孜放逐到了偏远的州县，并于两年后将其诛杀。

昔日的西川土皇帝陈敬瑄被消灭了，可王建却从此成为称霸一方的大军阀。

登基不过三年，唐昭宗李晔就先后遭遇两次惨重的失败，这对于一个锐意中兴的天子而言实在是一个不小的打击。然而，唐昭宗李晔在绝望中感到还有一丝欣慰和喜悦的是，几年来一直在朝中悄悄进行的另一场较量已经开始显露出取胜的希望。

那就是李顺节与杨复恭的较量。

到了大顺二年（公元891年）九月，唐昭宗李晔发现李顺节已经有效地掌握了部分禁军，于是断然采取行动，将杨复恭贬为凤翔监军。杨复恭拒不赴任，并以生病为由向天子要求致仕，试图以此要挟唐昭宗李晔。不料，唐昭宗李晔却顺水推舟，同意了杨复恭的致仕请求。杨复恭恼羞成怒，遂与担任玉山军使的义子杨守信日夜谋划，准备发动叛乱。十月初八，唐昭宗李晔下令李顺节与神策军使李守节发兵进攻杨复恭的府第。杨复恭力战不敌，最后与杨守信一起带着族人从通化门逃出亡命兴元，投奔山南西道节度使杨守亮。

一手遮天的权宦杨复恭终于被驱逐了，唐昭宗李晔感到了一阵前所未有的轻松。但是，紧接着的另一种不安便再度向唐昭宗李晔袭来，因为新的权宦已经浮出水面，他就是李顺节。

于是，唐昭宗李晔不得不再次痛下杀手，在这一年年底命左右中尉刘景宣和西门君遂将李顺节诱杀。

景福元年（公元892年）一开春，凤翔李茂贞、静难王行瑜、镇国韩建、同州王行约、秦州李茂庄共五个节度使联名向唐昭宗李晔上疏，指控山南西道节度使杨守亮窝藏乱臣贼子杨复恭，请求出兵讨伐，并共推李茂贞为山南西道招讨使。

唐昭宗李晔很清楚，这些人打着讨伐贼臣的幌子，事实上无非是想吞并他镇、扩张地盘。朝臣们也表示反对，因为李茂贞一旦得到山南（秦岭以南）就更难控制。于是，唐昭宗李晔下诏进行调停，命他们和解，但五节度使根本就不听他的。二月，李茂贞与王行瑜擅自出兵攻打兴元，于八月攻克。随后，李茂贞将兴元据为己有，杨守亮、杨复恭等人逃奔阆州。

景福二年（公元893年）正月，唐昭宗李晔任命李茂贞为山南西道节度使，同时派宰相徐彦若取代他的凤翔节度使之职。李茂贞大怒，因为他出兵就是为了据有两镇，如今天子想用山南交换凤翔，他当然不会答应，于是拒不奉诏，并上表羞辱天子。唐昭宗李晔勃然大怒，决意讨伐李茂贞，命宰相杜让能立刻征调士兵、筹集粮饷。杜让能再三劝阻，表示此时朝廷已经无力同强藩抗衡，只能暂时忍耐。可唐昭宗李晔却对杜让能说："我不甘心做一个懦弱无能的天子，无所事事地过一天算一天，坐视社稷衰亡！你只管为朕筹备粮饷，军事行动自有亲王负责，成败与你无关！"天子都把话说到这份儿上了，杜让能还能怎么办？

杜让能只能从命。

这一年九月初，唐昭宗李晔命覃王李嗣周为京西招讨使，率三万禁军护送徐彦若去凤翔就任，并进驻兴平。李茂贞立刻与王行瑜联合，发兵六万在周至布防。要知道，覃王李嗣周所带的这支禁军都是新近招募的京师少年，而凤翔和静难的士兵都是身经百战的边防军，这一战的结果可想而知。

九月，李茂贞挥师进攻兴平。两军还未交战，朝廷禁军就自动溃散、望风而逃。

李茂贞迅速兵临长安城下，要求诛杀首倡征讨之人。杜让能入宫向唐昭宗李晔辞别："臣早知必有今日，请用臣的生命解除皇上所受的威胁。"

唐昭宗李晔潸然泪下，说："朕与你永别矣！"

这一天，唐昭宗李晔下诏贬杜让能为梧州刺史，次日再贬为雷州司户。然而，李茂贞并不退兵，他扬言"不杀杜让能他誓不罢休"。至此，唐昭宗李晔再也无力保全杜让能了，只好赐他自尽。随后，唐昭宗李晔下诏，任命李茂贞为凤翔兼山南西道节度使，并兼中书令；十一月，又任命静难节度使王行瑜兼任太师，赐号"尚父"，并赐免死铁券。

李茂贞、王行瑜二人心满意足之后，方才引兵西去。

乾宁二年（公元895年）正月，关中三镇与朝廷的矛盾再度激化。五月，三镇各率数千精兵开进长安，准备废掉唐昭宗李晔，另立吉王李保。六月，李克用率兵大举南下，上表讨伐李茂贞等三人，并将檄文传给了三镇。其时，李茂贞的义子李继鹏担任右军指挥使，企图劫持唐昭宗李晔前往李茂贞所在的凤翔；而王行瑜的弟弟王行实担任左军指挥使，也想劫持唐昭宗李晔前往王行瑜的邠州。于是，两军在长安城中开战，京师大乱。其时，唐昭宗李晔在禁军部将李筠的保护下逃往秦岭，七月初到达石门（今陕西蓝田西南）。

八月，李克用大军进驻渭桥，派兵前往石门护驾，并分兵进攻三镇。李茂贞震恐，杀掉李继鹏上表请罪。于是，唐昭宗李晔赦免李茂贞，命李克用讨伐王行瑜。八月底，唐昭宗李晔返回长安。九月，李克用开始大举进攻王行瑜，于十一月初兵临邠州（今陕西彬县）城下。王行瑜抛弃城池，带着全家老小向西而逃，跑到庆州时被部将砍杀，首级传送京师。

十二月，朝廷进封李克用为晋王。李克用遣使谢恩，同时秘密向唐昭宗李晔请求讨伐李茂贞。唐昭宗李晔与近臣商议，众人一致认为：如果讨灭李茂贞，李克用将更加强大，势必无人可以制衡。唐昭宗李晔认为与自己的想法不谋而合，遂婉拒了李克用的请求。李克用感叹："我看朝廷的意思，似乎怀疑我别有用心。问题是，如果不铲除李茂贞，关中将永无宁日！"

后来发生的事实，果然被李克用不幸而言中。

唐昭宗李晔从石门返京之后，意识到必须重新组建一支直接效忠于他的军队，于是在神策两军之外又招募了数万人组建了殿后四军，并全部交付亲王统领。李茂贞遂以天子企图讨伐他为借口，于乾宁三年（公元896年）七月再次勒兵进逼京畿。唐昭宗李晔一边遣使向李克用告急，一边再次逃离长安，准备前往李克用所在的太原。路过华州（今陕西华县）时，唐昭宗李晔一行却被镇国节度使韩建极力挽留，由于本就对远走太原有所犹豫，于是决定留在华州。李茂贞带兵进入长安后，得到的仅仅是一座空城。

不过，驻留华州的唐昭宗李晔断然没有想到——他这是"才脱虎口，又入狼窝"！

其时，李克用正被幽州的刘仁恭牵制，无暇南下勤王，所以唐昭宗李晔便被韩建软禁了整整两年。在此期间，韩建与李茂贞互为表里，逼迫唐昭宗李晔解散了刚刚组建的殿后四军，处决了护驾有功的禁军将领李筠，并且罢黜了诸王的兵权，令归私宅；不久，又发兵围攻诸王府邸，丧心病狂地杀死了十几个亲王；其后又迫使唐昭宗李晔下诏罪己，并恢复了李茂贞的所有官爵，最后又致信与李克用修好。

做完这一切，韩建和李茂贞才于第三年八月把唐昭宗李晔放还。

唐昭宗李晔第二次回到长安之后，改元光化，而这也是他登基后的第五次改元。纵观唐昭宗李晔一生，在位十五年，总共七次改元，平均差不多两年改一个年号，是自玄宗末年"安史之乱"以来改元最频繁的一任天子。

也许改元本身并不能直接说明什么问题，但是当我们回溯整个唐朝历史就会有一个耐人寻味的发现：唐太宗李世民一生在位二十三年，仅仅使用了"贞观"一个年号；而唐玄宗李隆基一生中最鼎盛的二十九年，也仅仅使用了"开元"一个年号。但是，这两个年号成了盛唐的标志，成了中国历史上屈指可数的太平盛世的代名词，并且从此作为繁荣富强的象征符号而令无数后人心驰神往、津津乐道。

反观唐昭宗李晔七次改元所置身的这个大黑暗与大崩溃的时代，我们也许就会有一种近乎无奈的顿悟——原来唐朝末年的这七个年号并不只是年号：

它们是七簇血迹、七道泪痕，是一个巅峰王朝临终前的七声呼告，是一个末世帝王绝境中的七次挣扎，是一个突围未遂的士兵遗落在战场上的七把断戟，是一个失败的男人灵魂中永不愈合的七道伤口。

五十 / 帝国的末日

自从光化元年（公元898年）回到长安后，唐昭宗李晔就变得与从前判若两人：从前的天子温文尔雅、乐观开朗、自信从容，如今的唐昭宗李晔酗酒贪杯、性情暴躁、喜怒无常。

唐昭宗李晔每天除了阴沉着一张脸不停地喝酒、耍酒疯之外，就是与宰相崔胤日夜密谈。与此同时，宦官们发现天子注视他们的时候，就仿佛有一把刀子刮过他们的脸庞。

天子似乎在谋划什么……

这种日子一直挨到了光化三年（公元900年）冬天，左右中尉刘季述、王仲先与左右枢密王彦范、薛齐偓四人就自然而然地走到一起，进行了另一场谋划。经过一番秘密商议后，他们得出了一致结论——"当今天子轻狂、浮躁、善变、多诈，很难侍奉，而且凡事只信赖朝臣、冷落宦官，长此以往，必遭大难！不如现在拥立太子李裕即位，尊天子李晔为太上皇，再争取凤翔、镇国两镇的支持，那才是真正的'挟天子以令诸侯'！到时候，看谁敢来再动一根毫毛！"

一场废立的阴谋就此酝酿成形。

这一年十一月初四，唐昭宗李晔到北苑打猎、饮酒，深夜回宫时已经酩酊大醉，忽然狂性大发，砍杀了几个侍从宦官和宫女。初五清晨，宫门迟迟未开。刘季述意识到时机已到，便以宫中恐生变故为由到中书省叫上崔胤，带着千名禁军打破宫门长驱直入，并一起问明了昨夜发生的事。随后，刘季述对崔胤说："看皇上如今的所作所为，如何能再治理天下？废除昏君，拥立明主，自古皆然！为国事计，这恐怕算不上不忠吧？"崔胤唯唯诺诺，不敢反对。

初六，刘季述召集百官入宫，陈兵殿前，拿出一份请求太子李裕监国的联名奏章，命崔胤和百官传阅后签署。随后，刘季述一边拿着奏章上思政殿面见唐昭宗李晔，一边授意禁军发动兵变。禁军随即大声呼喊着冲进宫中，逢人便杀，一直杀到思政殿。此时，唐昭宗李晔吓得从座椅上一头栽下，爬起来想跑，但刘季述一把按住他，说："陛下厌倦了当皇帝，朝野内外一致要求太子监国，请陛下移居东宫（少阳院），好好保养吧。"

唐昭宗李晔不甘心地说："昨日与贤卿们一块饮酒，多喝了几杯，哪里会糟到这种地步呢？"

刘季述晃着手上的奏章，一脸冷笑："这件事不是我们干的，都是南司（朝臣）的意思，我们也没办法阻止。请陛下暂居东宫，等局势稳定了再接您回宫。"

当天，唐昭宗李晔被迫交出传国玉玺，与皇后一起被押送少阳院，随从的只有嫔妃、公主和宫女十几个人。看着唐昭宗李晔的一副窝囊样，刘季述拿起一根银棒在地上指指画画，说："某年某月某日，你不听我的话，这是你的第一条罪；某年某月某日，你不听我的话，这是你的第二条罪；某年某月某日……"如此这般，一直数落了数十桩罪。唐昭宗李晔束手而立，大气也不敢出。

离开的时候，刘季述亲手锁上院门，又把铁水灌进锁孔，准备让这个院门永远不能打开。随后，命左军副使李师虔率兵把守，唐昭宗李晔等人的一举一动都要向他报告。最后，命人在围墙上凿了一个洞用来递送饭菜，其他如兵器、剪刀、针之类的东西一律不准递进去。

刘季述不想让唐昭宗李晔自杀，要把他困在里头活受罪，让他求生不得、求死不能。

唐昭宗李晔要求得到一些银钱布帛，但刘季述一眼就识破了其用意——"你是想拿这些东西贿赂看守，改善处境吧？告诉你——没门！"

最后，唐昭宗李晔提出只要纸和笔。刘季述冷笑："想得倒美！给你纸和笔，然后你再写一封求救信递出去，最后让人来把我杀了，是不是？你真把我刘季述当傻瓜了？"

刘季述一口回绝。

当时，天气极其寒冷，嫔妃和公主们缺衣少被，哀泣声一夜不绝。

初十，刘季述等人拥立太子李裕即位，把少阳院改名"问安宫"。

所谓"问安宫"，其实就是皇宫中的一座监狱。

天子被废并且遭到囚禁和虐待，天下诸藩人人心知肚明，可人人按兵不动。

这是一个极其微妙的时刻。

所有人都在权衡、都在等待、都在观望，就是没有人愿意当出头鸟。

他们都在想着如何后发制人，以坐收渔翁之利。

结果就是什么事也没发生。

唐昭宗李晔被废整整一个月后，天下依旧一片沉默。

宰相崔胤不得不独自采取行动，他暗中与神策军使孙德昭等人联络取得共识后，于次年正月将刘季述、王仲先等四人全部刺杀后救出了唐昭宗李晔。

唐昭宗李晔复位后，刘季述等四人的家族和党羽全被诛灭。同时，唐昭宗李晔任命孙德昭为静海节度使，并赐名李继昭。

一代权宦倒下去了，但是新一代权宦会不会旋即诞生呢？

这是宰相崔胤每时每刻都在焦虑的问题。于是，崔胤向唐昭宗李晔提出，所有祸乱的根源皆因宦官掌握兵权，并请求天子让他和另一位宰相分别掌管左右军。

这何尝不是唐昭宗李晔的想法！然而，当禁军将领们听到消息后，立即发出强烈抗议。李继昭等人对唐昭宗李晔说："我们世代从军，从没有听说把军队交给书生的！"

唐昭宗李晔无奈，只好再次以宦官韩全海、张彦弘分任左右中尉。这两个宦官以前都当过凤翔监军，和李茂贞的关系非同一般，他们知道崔胤与其势同水火，于是暗中引李茂贞为援。与此同时，宰相崔胤因与朱全忠（朱温）私交甚笃，他担心自己遭到宦官的谋害报复，所以也以朱全忠为外援。

从此，两派势力展开了明争暗斗。

当然，大权旁落、命若飘蓬的唐昭宗李晔必将在这样的恶斗中再度成为牺牲品。

这一年四月，唐昭宗李晔再次改元天复。

其时，天子固然是复位了，但是"天"还能"复"吗？早已支离碎裂的李唐天空还能恢复如初吗？

在九世纪的最后几年里，中原的朱全忠俨然已经取代河东的李克用，成为天下势力最强大的军阀。

从文德元年（公元888年）消灭与其相邻的劲敌秦宗权之后，朱全忠（朱温）就展开了大规模的扩张行动：首先把兵锋指向东方，消灭了割据徐州的时溥、割据郓州的朱瑄、割据兖州的朱瑾，随后又把目光转向北方的河朔三镇与河东的李克用。光化元年（公元898年）五月，朱全忠渡河北上，攻取了李克用的邢、洺、磁三州。到光化三年（公元900年），魏博、成德、义武、幽州相继归附朱全忠。

降伏河朔，意味着朱全忠已经砍掉了李克用的左手。

接下来，朱全忠要直取河中，斩断李克用的右臂。

天复元年（公元901年）正月，朱全忠突发大军，一举拿下绛州和晋州，扼住了河东援军的必经之地，随后又攻克河中。三月，朱全忠派遣大将氏叔琮率兵五万，自天井关出太行山，兵锋直指太原，同时调动魏博、成德、天平、义武等诸道大军，兵分六路，以前所未有的规模对李克用发动总攻。

氏叔琮一路攻城略地，以所向披靡之势逼降了河东的多员大将，于三月底兵临太原城下。李克用亲自登城组织防御。其时，天降大雨，数十天内连绵不绝，城墙多处崩塌，李克用指挥士兵随塌随筑，多日衣不解带，连吃饭喝水都没有时间。

眼看太原指日可下。但是关键时刻，氏叔琮的许多士兵却因连日大雨而感染疟疾，加之粮草不继，已经无力攻城。于是，朱全忠只好命令撤兵。

李克用就此躲过一劫，但在随后的几年里，他只能收缩战线、休养生息，再也无力与朱全忠争锋了。

据有河中之后，朱全忠向北遏制河东、向南威胁关中，势力空前壮大，天下已无人可以匹敌。走到这一步，朱全忠自然就把目光瞄向了关中，瞄向了长安，并且瞄向了大明宫中那个目光忧郁、神情凄惶的天子唐昭宗李晔。

与此同时，宰相崔胤与宦官韩全诲之间的斗争也已进入白热化状态，"你死我亡"的形势一触即发。韩全诲等人与李茂贞联手，准备劫持唐昭宗李晔到凤翔。崔胤则致信朱全忠，宣称奉天子密诏，命他发兵入京保护天子。朱全忠本来就想把唐昭宗李晔劫持到洛阳置于他的掌控之下，见信后正中下怀，遂这一年十月从大梁出兵，直驱长安。

十月十九日，韩全诲等宦官得知朱全忠已经出兵，立即率兵入宫胁迫唐昭宗李晔随他们西走凤翔。唐昭宗李晔悲怆莫名，密赐手札于崔胤，最后一句说道："我为宗社大计，势须西行，卿等但东行也。惆怅！惆怅！"（《资治通鉴》二六二）

十一月初四，韩全诲陈兵殿前，对唐昭宗李晔说："朱全忠大军迫近京师，打算劫持皇上到洛阳，企图篡位。我们请皇上驾临凤翔，集结勤王之师共同抵御。"唐昭宗李晔不愿意走，韩全诲便命人纵火焚烧宫室。于是，唐昭宗李晔万般无奈，只得和皇后、嫔妃、诸王共计一百多人登上离京的马车。

那一天，唐昭宗李晔泪流满面，所有同行的人也全都放声恸哭。

走出宫门很远之后，唐昭宗李晔忍不住又回头看了一眼——熊熊烈火正在疯狂燃烧，把大明宫的上空映照得一片通红。

那一刻，唐昭宗李晔觉得另一场看不见的烈火正在自己的灵魂深处燃烧。

许多东西已经在火焰中灰飞烟灭，诸如勇气、豪情、梦想，以及信心、希望、使命感……所有这一切，全部都化成缕缕青烟，在冬日的寒风中飘散。

朱全忠大军自河中入关，连克华州和邠州。李茂贞与韩全诲震恐，假传天子诏书急召李克用入关。李克用遂发兵袭击朱全忠的后方，朱全忠匆忙回镇河中。

天复二年（公元902年）四月，崔胤前往河中，泣请朱全忠讨伐李茂贞，救出唐昭宗李晔。五月，朱全忠发精兵五万再次入关，进击凤翔。六月初十，李茂贞出兵与朱全忠在虢县北面展开激战，结果李茂贞大败，被杀一万余人。十三日，朱全忠进围凤翔。

从这一年六月到十一月，朱全忠把李茂贞下辖的其他州县全部占领，就此凤翔变成一座孤城。汴州士兵每天在城下击鼓，叫骂守城的人是"劫天子贼"，而城上的凤翔士兵则骂攻城的人是"夺天子贼"。凤翔受困日久，粮食耗尽，加上这一年冬天天气奇寒，城中饿死冻死的人不计其数，甚至出现了公开出售人肉的且每斤价值一百钱的现象，而当时狗肉的市价值五百钱。与此同时，李茂贞本人的积蓄也全部耗尽；天子唐昭宗李晔则是拿着他和小皇子的衣服去变卖，公主和嫔妃们则是一天喝稀饭、一天吃汤饼的有上顿没下顿，而且就连这最后一点粮食也即将告罄……

天复三年（公元903年）正月，李茂贞再也无力支撑，斩杀了韩全诲、张彦弘等宦官后向朱全忠投降，同时放归天子唐昭宗李晔。随后，朱全忠又把凤翔城内余下的宦官全部斩杀，前后共杀七十二人；又秘密派人搜捕京畿附近所有已经辞官归隐的宦官，共杀了九十个。

正月二十七日，唐昭宗李晔回到长安。

这是唐昭宗李晔第三次流亡后归来。

然而，令人遗憾的是，唐昭宗李晔在一年之后还将第四次被迫离开长安、踏上流亡之路，并且这一次再也没有回来……

唐昭宗李晔回京后，宰相崔胤当即奏请天子将宦官斩尽杀绝。对此，唐昭宗李晔同意了。正月二十八日这天，朱全忠在大明宫中展开了一场大屠杀，一日之间共杀了数百名宦官，喊冤哀号之声响彻宫廷内外。那些奉命出使各藩镇的宦官监军，也下诏命诸道就地捕杀。最后，宫廷里只留下三十个地位卑贱、年纪幼小的小黄门以供洒扫。

随后，左右神策军并入六军，全部交由宰相崔胤统领。

就此，宦官时代终结，大明宫里再也看不见那些面白无须、手握生杀废立之权的人了。

然而，此时的大唐帝国离末日也已经不远了。

这一年二月，唐昭宗李晔赐号朱全忠"回天再造竭忠守正功臣"。

正月十三日，朱全忠驻兵河中，强迫唐昭宗李晔迁都洛阳。二十二日，迁都行动开始，汴州军队强行驱赶长安城中的士民和百官上路，一刻也不准停留。于是，成千上万的百姓们扶老携幼，一路不停地号叫、哭喊和咒骂。二十六日，朱全忠命军队将长安城内的宫殿、民宅及所有建筑全部拆毁，同时将拆除下来的木料一律扔进渭水。

大唐帝都长安，从此沦为一片废墟。

二十八日，唐昭宗李晔到了华州，当地百姓夹道欢迎、山呼万岁。唐昭宗李晔不禁泣下，说："勿呼万岁，朕不复为汝主矣！"（《资治通鉴》卷二六四）

当天晚上，唐昭宗李晔下榻在华州行宫，黯然神伤地对左右说："民间有句俗语说：'纥干山头冻麻雀，何不飞去生处乐。'朕如今漂泊流亡，不知道最终要落向何方？"言毕已经涕泪沾襟，左右皆陪着天子同声落泪。

在从长安走向洛阳的一路上，唐昭宗李晔一次次寻找机会派人向诸藩告急，命河东李克用、西川王建、淮南杨行密等节度使火速率兵勤王。但朱全忠发现唐昭宗李晔始终徘徊不前，知道其中有诈，遂一再催促。

天祐元年（公元904年）四月初十，唐昭宗李晔抵达洛阳。

随后的几个月里，朱全忠得到耳目奏报，说李克用、李茂贞、王建、杨行密等人之间公文往来异常频繁。朱全忠遂有夜长梦多之感，忧虑唐昭宗李晔年长且在位日久而要将其取而代之相对于幼主要困难得多，于是决定采取最后的行动。

这一年八月十一日深夜，朱全忠派遣心腹将领蒋玄晖、朱友恭、氏叔琮等人进入洛阳，突然敲开天子寝宫大门并刺死了开门的嫔妃，随后大声问道："皇上在哪？"昭仪李渐荣连忙走到天子寝宫的窗前，高声呼叫："宁可杀了我们，也不能伤害天子！"话音刚落便被砍杀在血泊之中。此时，唐昭宗李晔已经喝得烂醉，但是李昭仪有意发出的警报还是震醒了他。随后，唐昭宗李晔慌忙从床上跳起，躲到柱后。然而，蒋玄晖等人已经冲了进来，把刀挥向了天子……

那一刻，没有人知道唐昭宗李晔的眼前，是否闪过他十五年不堪回首的帝王生涯？

我们只知道——唐昭宗李晔在这一刻离开了，离开了这个纷纷扰扰的世界，离开了这个让他又爱又痛的大唐帝国。

接下来发生的事情就显得顺理成章了。

八月十二日，蒋玄晖假传诏书，拥立辉王李祚为皇太子，改名李柷，并宣布由皇太子监国。

同日，年仅十三岁的李柷在唐昭宗李晔的灵柩前即皇帝位，史称唐昭宣帝，又称唐哀帝。

然而，一直到了十月，朱全忠才假装"听说"朱友恭等人刺杀了唐昭宗李晔，随即做出的第一个表情是痛不欲生，发出的第一个声音是惨切的哭泣，做出的第一个动作是"投身触地"。做完这些表演后，朱全忠狠狠地说："这些奴才辜负了我，害我蒙受万世骂名！"

十月三日，朱全忠来到洛阳，扑在唐昭宗李晔的灵柩上痛哭流涕，然后晋见唐昭宣帝李柷，并赌咒发誓说这不是他的意思。十月四日，朱全忠将朱友恭贬为崖州（今海南琼山市）司户、氏叔琮贬为白州（今广西博白市）司户，随即又命他们自杀。朱友恭临死前大喊："卖我以塞天下之谤，如鬼神何？行事如此，望有后乎？"（《资治通鉴》卷二六五）

然而，此刻的朱全忠绝不会畏惧鬼神，因为他要做的事还有很多，要杀的人也还有很多……

天祐二年（公元905年）二月九日，朱全忠在洛阳宫中的九曲池摆设宴席，邀请唐昭宗李晔的九个儿子、德王李裕（前太子，天复元年唐昭宗复位后降为德王）等亲王赴宴。在九王酒酣耳热之际，朱全忠突然命人把他们全部勒死，投尸九曲池。

六月，朱全忠又将裴枢等稍负时望的三十几名朝臣召集到白马驿，一夜之间将其全部杀死。左右有人对朱全忠说："这群人平时自诩'清流'，现在就应该投入黄河，让他们变成'浊流'！"朱全忠纵声大笑，随即将他们抛尸黄河。

十一月，朱全忠晋位相国，总百揆。

朱全忠在完成了历朝历代每一个篡位者都必须完成的程序之后就图穷匕见了。

天祐四年（公元907年）三月，朱全忠迫使昭宣帝李柷禅位；四月，朱全忠更名朱晃，将汴州改为开封府，即皇帝位，国号大梁，改元开平；同时废唐昭宣帝李柷为济阴王，不久后将其诛杀。

这位朱晃（朱温、朱全忠）就是历史上的后梁太祖。

至此，大唐帝国宣告灭亡。

唐朝自公元618年建立，至公元907年覆灭，共经二十一帝，历时二百八十九年。

大事年表

公元 618 年 唐高祖武德元年

三月，宇文化及发动江都政变，杀隋炀帝杨广。

五月，隋恭帝杨侑禅位，唐王李渊登基称帝，国号大唐，建元武德，是为唐高祖。

九月，李密败于王世充，降唐。

十一月，秦王李世民大破薛仁杲，平陇右。

公元 619 年 唐高祖武德二年

二月，初定租庸调法。

五月，唐杀李轨，平河西。

公元 620 年 唐高祖武德三年

四月，李世民大破刘武周，武周所得州县皆入于唐。

公元 621 年 唐高祖武德四年

五月，李世民俘窦建德，降王世充，平定河南河北。

十月，李世民开馆延揽房玄龄、杜如晦、虞世南等人，号"秦王府十八学士"。同月，李靖等进围江陵，降萧铣。

十二月，刘黑闼起兵，尽复窦建德旧境。

公元 622 年 唐高祖武德五年

十一月，李建成请击刘黑闼，于十二月将其击破。

公元 623 年 唐高祖武德六年

八月，辅公祏复叛称帝。

公元 624 年 唐高祖武德七年

三月，李靖破辅公祏，江南皆平。

四月，颁布新律令，定均田租庸调法。

六月，庆州都督杨文干兵变，旋为部下所杀。

八月，李世民退东突厥。

公元 625 年　唐高祖武德八年

八月，东突厥大掠唐北部边境。

公元 626 年　唐高祖武德九年

六月，李世民发动"玄武门之变"，杀太子李建成和齐王李元吉；唐高祖李渊立秦王李世民为皇太子。

八月，唐高祖李渊传位太子李世民，是为唐太宗，尊奉唐高祖李渊为太上皇。

公元 627 年　唐太宗贞观元年

七月，东突厥雪灾，连年饥馑，诸部皆叛。

十二月，唐太宗李世民谕大臣直言进谏；裁汰朝廷冗官。

公元 628 年　唐太宗贞观二年

四月，梁师都败亡。是岁，西突厥内乱。

公元 629 年　唐太宗贞观三年

二月，房玄龄、杜如晦拜相，魏徵以秘书监参与朝政。

十一月，李靖、李勣（李世勣）等出击东突厥。

公元 630 年　唐太宗贞观四年

正月，李靖夜袭定襄，破东突厥。

三月，颉利可汗被俘，东突厥覆灭；四夷君长上尊号，称唐太宗李世民为"天可汗"。

是岁，天下丰稔，斗米不过三四钱，终岁断死刑仅二十九人，天下呈现出"夜不闭户，路不拾遗"的太平景象。

公元 631 年　唐太宗贞观五年

唐太宗李世民令群臣议"封建"（对宗室亲王实行分封建国），魏徵等人皆以为不可。

公元 632 年　唐太宗贞观六年

七月，西突厥肆叶护可汗为部下所逐，国人立咄陆可汗，遣使内附，唐太宗李世民予以册封。

公元 633 年　唐太宗贞观七年

三月，李淳风造浑天黄道仪。

九月，唐太宗李世民赦死囚三百九十人。

公元 634 年　唐太宗贞观八年

十一月，李靖率侯君集、李道宗等人西征吐谷浑。

公元 635 年　唐太宗贞观九年

闰四月，李靖等人转战数千里，平定吐谷浑。

五月，太上皇李渊卒。

公元 636 年　唐太宗贞观十年

改定府兵制，全国共置六百三十四个折冲（征兵）府。

公元 637 年　唐太宗贞观十一年

正月，更定律令，除死刑大半，变重为轻者甚多。

公元 638 年　唐太宗贞观十二年

正月，颁行《氏族志》，以皇族为首，凡二百九十三姓。

是岁，西突厥分裂为东、西二部。

是岁，武则天（武媚、武曌）入宫，封为才人。

公元 639 年　唐太宗贞观十三年

七月，唐太宗李世民立阿史那思摩为可汗，令还漠南，重建东突厥，以备薛延陀。

公元 640 年　唐太宗贞观十四年

八月，侯君集灭高昌，置安西都护府。

公元 641 年　唐太宗贞观十五年

正月，唐太宗李世民因吐蕃赞普（国王）弃宗弄藏（松赞干布）数次请婚，以文成公主嫁吐蕃。

十一月，李世勣大破薛延陀。

公元 642 年　唐太宗贞观十六年

九月，西突厥侵掠西域，郭孝恪大败西突厥。

公元 643 年　唐太宗贞观十七年

正月，魏徵卒。

二月，画二十四功臣图像于凌烟阁。

三月，齐王李祐据齐州谋反，为部下所擒，赐死。

四月，太子李承乾、侯君集等人谋反事泄；废太子李承乾为庶人，斩侯君集等；诏立李治为太子。

公元 644 年 唐太宗贞观十八年

十一月，唐太宗李世民下诏征高句丽。

公元 645 年 唐太宗贞观十九年

二月至六月，唐太宗李世民亲征，率唐军横扫辽东。

九月，唐军围安市城；久攻不下，唐太宗李世民下诏班师。

公元 646 年 唐太宗贞观二十年

三月，唐太宗李世民还长安。

六月，李世勣平定薛延陀。

公元 647 年 唐太宗贞观二十一年

三月，唐太宗李世民风疾复发。

公元 648 年 唐太宗贞观二十二年

正月，唐太宗李世民作《帝范》十二篇赐太子。

十二月，阿史那社尔平定龟兹。

公元 649 年 唐太宗贞观二十三年

五月，唐太宗李世民病危，以长孙无忌、褚遂良为顾命大臣，令辅太子；二十六日，病逝于终南山翠微宫，享年五十一岁。

六月，太子李治即位，是为唐高宗。

是岁，武则天入感业寺为尼。

公元 650 年 唐高宗永徽元年

是岁，长孙无忌、褚遂良同心辅政，史称永徽之政"百姓阜安，有贞观之遗风"。

公元 651 年 唐高宗永徽二年

正月，瑶池都督阿史那贺鲁叛变，拥兵西走，自立为可汗。

公元 652 年 唐高宗永徽三年

七月，立陈王李忠为太子。

公元 653 年 唐高宗永徽四年

房遗爱"谋反"案爆发，长孙无忌借此大肆剪除异己。

公元 654 年 唐高宗永徽五年

三月，二度入宫的武则天被封为昭仪；王皇后无子，与萧淑妃皆失宠。

公元 655 年　唐高宗永徽六年

十一月，唐高宗李治拒谏，册立武则天为皇后。

公元 656 年　唐高宗显庆元年

正月，废黜太子李忠，改立皇后武则天之子李弘为太子。

公元 657 年　唐高宗显庆二年

闰正月，苏定方西征，擒阿史那贺鲁，大破西突厥。

公元 658 年　唐高宗显庆三年

是岁，褚遂良卒于贬所。

公元 659 年　唐高宗显庆四年

四月，长孙无忌流放黔州；七月，被逼自缢。

公元 660 年　唐高宗显庆五年

三月，苏定方率水陆十万击百济，大破之，以其地置熊津等五都督府。

十月，唐太宗李世民苦于风疾，目不能视，遂委政于皇后武则天。

公元 661 年　唐高宗龙朔元年

三月，百济复叛，遣刘仁轨击之。

公元 662 年　唐高宗龙朔二年

二月，改官称。

三月，薛仁贵"三箭定天山"，平铁勒叛乱。

公元 663 年　唐高宗龙朔三年

八月，白江口海战爆发，刘仁轨等大破日本与百济联军，百济尽平。

公元 664 年　唐高宗麟德元年

十二月，唐高宗李治欲废皇后武则天不果，上官仪下狱被杀。皇后武则天开始垂帘听政，"天子拱手而已，中外谓之二圣"。

是岁，玄奘圆寂。

公元 665 年　唐高宗麟德二年

十月，唐高宗李治下诏，来年正月封禅泰山，以皇后武则天祭地神、行亚献。

公元 666 年　唐高宗乾封元年

正月，唐高宗李治泰山封禅。

公元 667 年　唐高宗乾封二年

九月，李勣、薛仁贵大破高句丽。

公元 668 年　唐高宗总章元年

九月，李勣平定高句丽。

十二月，以其地置安东都护府。

公元 669 年　唐高宗总章二年

十二月，李勣卒。

公元 670 年　唐高宗咸亨元年

四月，吐蕃陷西域十八州；唐被迫罢安西四镇。

八月，薛仁贵、郭待封击吐蕃，惨败于大非川，唐军死伤殆尽。

十月，官称复旧。

公元 671 年　唐高宗咸亨二年

七月，高侃破高句丽叛众于安市城。

公元 672 年　唐高宗咸亨三年

二月，徙吐谷浑民众于灵州安置，其故地皆入于吐蕃。

公元 673 年　唐高宗咸亨四年

三月，唐高宗李治因许敬宗修史不实，诏刘仁轨改修国史。

公元 674 年　唐高宗上元元年

八月，唐高宗李治称天皇，皇后武则天称天后。

公元 675 年　唐高宗上元二年

三月，武则天用"北门学士"，以分宰相之权。

四月，太子李弘暴毙，时人以为武则天毒酒所害。

公元 676 年　唐高宗仪凤元年

二月，因高句丽余众反抗，徙安东都护府于辽东故城。

公元 677 年　唐高宗仪凤二年

二月，遣还前高句丽王及百济太子。

公元 678 年　唐高宗仪凤三年

九月，李敬玄、刘审礼将兵十八万与吐蕃战于青海，大败，刘审礼被俘。

公元 679 年　唐高宗调露元年

六月，裴行俭智取西突厥。

十月，东突厥发动叛乱。

公元 680 年　唐高宗永隆元年

三月，裴行俭、程务挺等破东突厥叛军于黑山。

七月，吐蕃东接凉、松等州，西陷安西四镇，南邻天竺，北抵突厥，地方万余里，声势大盛。

八月，废太子李贤为庶人，改立英王李哲（后改名李显）为太子。

公元 681 年　唐高宗开耀元年

闰七月，裴行俭尽平东突厥残部。

公元 682 年　唐高宗永淳元年

四月，安西都护王方翼平西突厥叛乱。

公元 683 年　唐高宗弘道元年

三月，东突厥又叛，袭扰边境。

十二月，唐高宗李治卒，遗诏由裴炎辅政；太子李显即位，是为唐中宗，军国大事皆取决于皇太后武则天。

公元 684 年　武后光宅元年

二月，武则天废黜唐中宗李显为庐陵王，改立豫王李旦，是为唐睿宗；政事决于武则天，幽禁唐睿宗李旦于别殿。

九月，徐敬业起兵，两月后败亡。武则天诛杀裴炎。

公元 685 年　武后垂拱元年

十一月，冯小宝得幸于武后，改名薛怀义，任白马寺住持。

公元 686 年　武后垂拱二年

正月，武则天"临朝称制"。

三月，置铜匦，受密奏，盛开告密之门；任用索元礼、周兴、来俊臣等酷吏，实行恐怖统治。

公元 687 年　武后垂拱三年

五月，武则天诛杀刘祎之。

七月，唐将黑齿常之、李多祚大破东突厥于黄花堆。

公元 688 年　武后垂拱四年

五月，武则天加"圣母神皇"尊号。

八月，唐室诸王起兵匡复，兵败，武则天开始血洗李唐宗室。

十二月，万象神宫竣工落成。

公元 689 年　武后载初元年

十一月，改正朔，始用周历；颁行"天""地"等十二个新字，武则天自名为"曌"。

公元 690 年　武周天授元年

七月，薛怀义等撰《大云经》四卷，谓武则天"乃弥勒佛下生，当代唐为天下主"；武则天下诏颁行天下。

九月，武则天改国号大唐为大周，登基称帝，史称"武周"；唐睿宗李旦降为皇嗣。

公元 691 年　武周天授二年

九月，狄仁杰拜相。

公元 692 年　武周长寿元年

十月，王孝杰克复安西四镇。

公元 693 年　武周长寿二年

二月，遣酷吏大杀岭南流人。

公元 694 年　武周延载元年

八月，武三思铸天枢，颂武则天功德。

公元 695 年　武周天册万岁元年

九月，武则天加尊号为"天册金轮大圣皇帝"。

公元 696 年　武周万岁通天元年

五月，契丹叛乱。

十二月，武则天封禅嵩山。

公元 697 年　武周神功元年

正月，张易之、张昌宗入侍武则天，皆得宠。

六月，诛杀来俊臣；同月，平定契丹叛乱。

公元 698 年　武周圣历元年

三月，召庐陵王李显还东都，九月立为皇太子；皇嗣李旦降为相王。

公元 699 年　武周圣历二年

四月，吐蕃内讧，国相论陵钦兵溃自杀。

公元 700 年　武周久视元年

九月，狄仁杰卒，武则天泣曰："朝堂空矣！"

十月，复用夏历。

公元 701 年　武周长安元年

九月，武则天年迈，政事皆委于二张（张易之、张昌宗）。

公元 702 年　武周长安二年

正月，初设武举。

十一月，平反酷吏时代的冤狱。

公元 703 年　武周长安三年

九月，二张（张易之、张昌宗）乱政，武则天贬魏元忠，流放张说。

公元 704 年　武周长安四年

十月，张柬之拜相，时年八十岁。

十二月，武则天卧病长生院，拥李派大臣欲诛二张（张易之、张昌宗），不果。

公元 705 年　唐中宗神龙元年

正月，张柬之等五大臣发动政变，拥立唐中宗李显复位。

二月，复国号为唐。

五月，张柬之等五大臣皆罢相，武三思独揽大权。

十一月，武则天卒，年八十一岁。

公元 706 年　唐中宗神龙二年

七月，武三思流放，暗杀张柬之等五大臣。

公元 707 年　唐中宗景龙元年

七月，太子李重俊起兵诛武三思，旋即事败，为左右所杀。

公元 708 年　唐中宗景龙二年

七月，安乐公主势倾朝野、卖官鬻爵，"斜封官"泛滥于朝。

公元 709 年　唐中宗景龙三年

是岁，关中饥馑，斗米百钱。

公元 710 年　唐睿宗景云元年

六月，韦后与安乐公主毒杀唐中宗李显，韦后遵武则天故事，临朝摄政。同月，李隆基起兵，杀韦氏、安乐公主、上官婉儿及韦氏亲党，诸武亦诛杀流放殆尽；相王李旦即位，是为唐睿宗，立临淄王李隆基为太子。

公元 711 年　唐睿宗景云二年

・大事年表・449

二月，太平公主擅权用事，贬姚崇、宋璟为远地刺史。

公元 712 年 唐玄宗先天元年

七月，李旦传位太子李隆基。

八月，太子李隆基即位，是为唐玄宗，尊唐睿宗李旦为太上皇。

公元 713 年 唐玄宗开元元年

七月，太平公主谋政变，唐玄宗李隆基先发，尽诛公主党羽，赐死太平公主。

公元 714 年 唐玄宗开元二年

正月，定京官与地方官互换制。

八月，吐蕃扰边。

公元 715 年 唐玄宗开元三年

九月，始置侍读官。

公元 716 年 唐玄宗开元四年

六月，太上皇唐睿宗李旦卒。

闰十二月，姚崇荐宋璟为相。史称："唐世贤相，前称房、杜，后称姚、宋。"

公元 717 年 唐玄宗开元五年

三月，以奚、契丹内附，复置营州。

公元 718 年 唐玄宗开元六年

十一月，吐蕃请和，唐玄宗李隆基不许。

公元 719 年 唐玄宗开元七年

是岁，置剑南节度使。

公元 720 年 唐玄宗开元八年

十一月，东突厥入寇，大败唐兵于甘州。

公元 721 年 唐玄宗开元九年

是岁，命僧一行造新历。

公元 722 年 唐玄宗开元十年

九月，始行募兵制。

公元 723 年 唐玄宗开元十一年

九月，吐谷浑降。

公元 724 年 唐玄宗开元十二年

七月，东突厥毗伽可汗请婚，以其礼薄，拒之。

公元 725 年　唐玄宗开元十三年

十一月，唐玄宗李隆基封禅泰山。

公元 726 年　唐玄宗开元十四年

是岁，户部奏：天下总户数七百余万，总人口四千一百余万。

公元 727 年　唐玄宗开元十五年

九月，与东突厥互市，每岁以帛数十万匹易突厥马，由是国马益壮。

公元 728 年　唐玄宗开元十六年

七月，河西、陇右兵大败吐蕃。

公元 729 年　唐玄宗开元十七年

八月，因民间盗铸钱者多，始禁私卖铜、铅、锡。

公元 730 年　唐玄宗开元十八年

十月，吐蕃数败请和，遣使入贡。

是岁，天下奏死罪止于二十四人。

公元 731 年　唐玄宗开元十九年

是岁，宦官高力士得宠，势倾内外。

公元 732 年　唐玄宗开元二十年

是岁，天下总户数增至七百八十余万，总人口四千五百余万。

公元 733 年　唐玄宗开元二十一年

九月，裴耀卿奏请，自东都转漕以实关中。

公元 734 年　唐玄宗开元二十二年

五月，李林甫拜相。

公元 735 年　唐玄宗开元二十三年

七月，公主实封加至千户（唐初为三百户）。

公元 736 年　唐玄宗开元二十四年

四月，时任平卢讨击使的安禄山出击契丹，战败，执送京师问罪。宰相张九龄固请杀之，唐玄宗李隆基惜其才，将其赦免。

十一月，张九龄罢相，李林甫自专大权。

公元 737 年　唐玄宗开元二十五年

二月，吐蕃复绝朝贡。

四月，废黜太子李瑛，未久赐死。

公元738年 唐玄宗开元二十六年

六月，立忠王李亨为太子。

公元739年 唐玄宗开元二十七年

八月，平定突骑施，唐在西域威势复振。

公元740年 唐玄宗开元二十八年

是岁，天下总户数八百四十余万，总人口四千八百余万。

公元741年 唐玄宗开元二十九年

八月，唐玄宗李隆基重用安禄山。

公元742年 唐玄宗天宝元年

正月，置十节度、经略使。

公元743年 唐玄宗天宝二年

正月，安禄山入朝，唐玄宗李隆基宠待甚厚。

公元744年 唐玄宗天宝三年

正月，改年曰"载"。

三月，以平卢节度使安禄山兼范阳节度使。

公元745年 唐玄宗天宝四年

正月，回纥尽有东突厥故地。

八月，册封杨玉环（原寿王妃）为贵妃。

公元746年 唐玄宗天宝五年

是岁，李林甫大肆倾陷异己。

公元747年 唐玄宗天宝六年

正月，以安禄山兼御史大夫。

公元748年 唐玄宗天宝七年

六月，杨国忠以聚敛获宠，一岁中兼领十五使。

是岁，高力士久承恩宠，中外畏之，太子呼之为兄，驸马呼之为爷。

公元749年 唐玄宗天宝八年

六月，陇右节度使哥舒翰拔吐蕃石堡城。

公元750年 唐玄宗天宝九年

五月，封安禄山为东平郡王，唐将帅封王自此始。

公元 751 年　唐玄宗天宝十年

二月，以安禄山兼河东节度使。

四月，安西节度使高仙芝与大食（阿拉伯）战于怛罗斯，兵败。

公元 752 年　唐玄宗天宝十一年

十一月，李林甫卒，杨国忠拜相。

公元 753 年　唐玄宗天宝十二年

五月，安禄山、杨国忠交恶。

公元 754 年　唐玄宗天宝十三年

是岁，全国户数九百余万，人口五千二百余万。至此，唐代人口达于极盛。

公元 755 年　唐玄宗天宝十四年

十一月，安禄山于范阳起兵，"安史之乱"爆发。

十二月，安禄山攻陷东京洛阳。

公元 756 年　唐肃宗至德元年

正月，安禄山于洛阳称帝。

六月，唐玄宗李隆基逃亡蜀地，行至马嵬驿，将士哗变，杀杨国忠等人，并迫使李隆基下旨缢杀杨贵妃。

七月，太子李亨即位于灵武，是为唐肃宗，遥尊唐玄宗李隆基为太上皇。

公元 757 年　唐肃宗至德二年

正月，安庆绪杀安禄山。

七月，张巡、许远死守睢阳。

九月，郭子仪收复西京长安；十月，收复东京洛阳。

公元 758 年　唐肃宗乾元元年

六月，史思明反。

九月，九节度使讨安庆绪。

公元 759 年　唐肃宗乾元二年

三月，史思明杀安庆绪，次月称帝。

公元 760 年　唐肃宗上元元年

二月，李光弼连胜叛军。

公元 761 年　唐肃宗上元二年

二月，李光弼与史思明战于邙山，大败。

三月，史朝义杀史思明。

公元 762 年 唐代宗宝应元年

四月，唐玄宗李隆基卒；同月，唐肃宗李亨卒，太子李豫即位，是为唐代宗。

公元 763 年 唐代宗广德元年

正月，史朝义败亡，"安史之乱"终结。

十月，吐蕃入侵长安，李豫亡奔陕州。

公元 764 年 唐代宗广德二年

正月，仆固怀恩起兵反叛。

是岁，天下总户数二百九十余万，总人口一千六百余万，只相当于"安史之乱"前的三分之一。

公元 765 年 唐代宗永泰元年

九月，仆固怀恩引回纥、吐蕃入寇。

十月，郭子仪单骑退回纥，并与之合兵大破吐蕃。

公元 766 年 唐代宗大历元年

二月，元载专权，贬颜真卿。

公元 767 年 唐代宗大历二年

二月，郭子仪入朝，唐代宗李豫甚礼重之。

公元 768 年 唐代宗大历三年

五月，西川军乱。

六月，幽州军乱。

公元 769 年 唐代宗大历四年

九月，吐蕃扰灵州。

公元 770 年 唐代宗大历五年

三月，诛杀宦官鱼朝恩。

公元 771 年 唐代宗大历六年

四月，吐蕃请和。

公元 772 年 唐代宗大历七年

正月，回纥使者扰京师。

公元 773 年 唐代宗大历八年

十月，魏博节度使田承嗣为安禄山、史思明父子四人立祠堂，谓之"四圣"。

公元 774 年 唐代宗大历九年

三月，唐代宗李豫以永乐公主许配田承嗣之子，欲固结其心，而承嗣益加骄慢。

公元 775 年 唐代宗大历十年

正月，田承嗣反；四月，命诸道讨之。

公元 776 年 唐代宗大历十一年

五月，汴宋都虞候李灵曜作乱；八月，发五道兵讨之。

公元 777 年 唐代宗大历十二年

三月，宰相元载专横纳贿，诛之。

是岁，诸道藩镇拥兵抗命，一切自专，名虽藩臣，实如异域。

公元 778 年 唐代宗大历十三年

二月，吐蕃频繁入寇。

公元 779 年 唐代宗大历十四年

五月，唐代宗李豫辛，太子李适即位，是为唐德宗。

公元 780 年 唐德宗建中元年

正月，诏行杨炎两税法。

公元 781 年 唐德宗建中二年

六月，郭子仪卒。

十月，宰相卢杞逼杀杨炎。

公元 782 年 唐德宗建中三年

十一月，河北诸镇结盟称王。

十二月，淮西节度使李希烈反，自称"天下都元帅、建兴王"。

公元 783 年 唐德宗建中四年

正月，诏颜真卿宣慰李希烈，被其扣留；同月，诏诸道共讨李希烈。

十月，泾原兵在长安哗变，唐德宗李适出奔奉天（今陕西乾县）；泾原节度使朱泚遂据长安称帝。

公元 784 年 唐德宗兴元元年

正月，唐德宗李适下《罪己诏》。

二月，朔方节度使李怀光反。

大事年表 · 455

四月，浑瑊败朱泚。

五月，李晟收复长安。

公元785年 唐德宗贞元元年

八月，李怀光败亡。

公元786年 唐德宗贞元二年

九月，李晟败吐蕃。

公元787年 唐德宗贞元三年

正月，南诏求归唐。

七月，用李泌策，屯田京西。

公元788年 唐德宗贞元四年

九月，诏免税外聚敛。

公元789年 唐德宗贞元五年

十月，西川节度使韦皋遣将破吐蕃。

公元790年 唐德宗贞元六年

五月，吐蕃陷安西、北庭。

公元791年 唐德宗贞元七年

八月，吐蕃攻灵州，被回鹘（自公元788年始，回纥改称"回鹘"）所败；次月，回鹘遣使降俘。

公元792年 唐德宗贞元八年

九月，宰相陆贽论漕运与和籴；诏行其策，边备渐充。

公元793年 唐德宗贞元九年

五月，韦皋遣将大破吐蕃，拔堡寨五十余座。

十二月，宣武军乱。

公元794年 唐德宗贞元十年

正月，南诏破吐蕃，取十六城，降其众十余万，遣使献捷于唐。

公元795年 唐德宗贞元十一年

二月，册渤海王。

公元796年 唐德宗贞元十二年

六月，以宦官窦文场、霍仙鸣为护军中尉监北军；自是，窦、霍势倾中外。

公元797年 唐德宗贞元十三年

正月，吐蕃遣使请和亲，不许。

公元 798 年　唐德宗贞元十四年

九月，彰义节度使吴少诚纵兵掠寿州。

公元 799 年　唐德宗贞元十五年

三月，吴少诚四处大掠，诏令诸道进兵讨之。

公元 800 年　唐德宗贞元十六年

五月，徐泗濠兵乱。

公元 801 年　唐德宗贞元十七年

七月，韦皋大破吐蕃。

是岁，淮南节度使杜佑进献《通典》，凡九门二百卷。

公元 802 年　唐德宗贞元十八年

正月，骠国（缅甸）遣使入贡。

公元 803 年　唐德宗贞元十九年

三月，杜佑入朝拜相。

十二月，监察御史韩愈上疏，奏请缓征京畿百姓钱粮，被贬。

公元 804 年　唐德宗贞元二十年

九月，太子李诵得风疾，不能言。

公元 805 年　唐顺宗永贞元年

正月，唐德宗李适卒，太子李诵即位，是为唐顺宗；同月，王叔文谋求改革时政。

二月，罢进奉、宫市、五坊小儿，并免除民间欠税及一切杂税。

五月，王叔文谋夺宦官兵权，事败，被削翰林学士职。

七月，宦官俱文珍屡请太子监国，许之。

八月，唐顺宗李诵退位，自称太上皇；太子李纯即位，是为唐宪宗。同月，贬王叔文。

十一月，贬王叔文之党，史称"二王八司马"。

公元 806 年　唐宪宗元和元年

正月，知西川节度使刘辟叛乱，命神策军讨之，于是年九月平定。

公元 807 年　唐宪宗元和二年

十月，镇海节度使李锜叛乱，发淮南等道兵讨之。

公元 808 年 唐宪宗元和三年

四月，唐宪宗李纯下诏征直言极谏，并举行策试，应试者牛僧孺、李宗闵指陈朝政之失，得罪宰相李吉甫，遂种下日后"牛李党争"之因。

公元 809 年 唐宪宗元和四年

三月，河北三镇节度使皆父死子继，俨然已成世袭制。

公元 810 年 唐宪宗元和五年

七月，卢龙节度使刘济被次子刘总毒杀，刘总自领军务，旋即被任为节度使。

公元 811 年 唐宪宗元和六年

九月，裁汰朝中内外官吏共计二千五百余人。

公元 812 年 唐宪宗元和七年

八月，魏博节度使田兴自归朝廷，宪宗赐名弘正。

公元 813 年 唐宪宗元和八年

十月，振武军乱，节度使李进贤全家被屠，只身出逃。

公元 814 年 唐宪宗元和九年

闰八月，彰义节度使吴少阳死，其子吴元济自为留后，四处劫掠，关东震骇。

公元 815 年 唐宪宗元和十年

正月，吴元济反，命宣武等十六道发兵讨之。

三月，平卢、成德暗助吴元济。

六月，宰相武元衡遇刺。

公元 816 年 唐宪宗元和十一年

正月，成德节度使王承宗纵兵四掠，发四道兵讨之。

公元 817 年 唐宪宗元和十二年

十月，李愬雪夜袭蔡州，平定吴元济叛乱。

公元 818 年 唐宪宗元和十三年

七月，发五道兵讨平卢节度使李师道，于次年二月平定。

公元 819 年 唐宪宗元和十四年

正月，韩愈谏迎佛骨。

公元 820 年 唐宪宗元和十五年

正月，唐宪宗李纯暴亡，时人皆以为宦官陈弘志等人所害；太子李恒即位，是为唐穆宗。

公元 821 年 唐穆宗长庆元年

七月，卢龙军乱，士卒拥朱克融为帅；成德军乱，王庭凑杀田弘正，自立为留后。

十二月，穆宗讨卢龙、成德日久无功，府库空竭，势不能支，遂以朱克融为卢龙节度使。

公元 822 年 唐穆宗长庆二年

二月，以王庭凑为成德节度使。

七月，宣武军乱。

公元 823 年 唐穆宗长庆三年

三月，牛僧孺拜相，与李德裕嫌隙日深。

公元 824 年 唐穆宗长庆四年

正月，唐穆宗李恒服方士金石之药而死，太子李湛即位，是为唐敬宗。

公元 825 年 唐敬宗宝历元年

七月，盐铁使王播遂加重赋税，以盈余名义进贡皇室。

公元 826 年 唐敬宗宝历二年

十一月，宦官刘克明等杀唐敬宗李湛；宦官王守澄杀刘克明等，拥立皇弟江王李涵即位，更名李昂，是为唐文宗。

公元 827 年 唐文宗大和元年

五月，兖海节度使李同捷为乱；八月，发七道兵讨之。

公元 828 年 唐文宗大和二年

十二月，魏博军将亓志绍作乱，命诸军讨之。

公元 829 年 唐文宗大和三年

正月，亓志绍败亡。

四月，李同捷降，旋即被朝廷使臣所杀。

六月，魏博军乱，杀节度使，拥军将何进滔为留后；八月，唐文宗李昂被迫任其为节度使。

公元 830 年 唐文宗大和四年

十月，以李德裕为西川节度使。

公元 831 年　唐文宗大和五年

三月，唐文宗李昂与宋申锡欲铲除宦官，事泄，宋申锡被贬。

公元 832 年　唐文宗大和六年

十二月，牛僧孺罢相。

公元 833 年　唐文宗大和七年

二月，李德裕拜相。

公元 834 年　唐文宗大和八年

十月，"牛李党争"日趋激烈，唐文宗李昂哀叹："去河北贼易，去朝廷朋党难！"

公元 835 年　唐文宗大和九年

五月，以仇士良为左神策中尉。

九月，李训拜相。

十月，鸩杀王守澄。

十一月，"甘露之变"爆发。

公元 836 年　唐文宗开成元年

二月，昭义节度使刘从谏上疏痛责宦官。

公元 837 年　唐文宗开成二年

六月，河阳军乱。

公元 838 年　唐文宗开成三年

九月，义武军乱。

是岁，吐蕃势衰。

公元 839 年　唐文宗开成四年

十月，唐文宗李昂欲观起居注，被起居舍人魏谟（魏徵五世孙）谏止。

公元 840 年　唐文宗开成五年

正月，唐文宗李昂卒，仇士良拥立颍王李瀍（后改名李炎）即位，是为唐武宗。

九月，召李德裕入朝为相。

公元 841 年　唐武宗会昌元年

闰九月，李德裕贬黜牛僧孺。

公元 842 年　唐武宗会昌二年

九月，唐武宗李炎闻白居易名，欲以之为宰相，李德裕素恶白居易，另荐白敏中。

公元 843 年 唐武宗会昌三年

四月，昭义节度使刘从谏病卒，其侄子刘稹接管军务，同时上疏朝廷请立为留后，唐武宗李炎不许，发兵讨伐。

五月，李德裕贬黜李宗闵。

公元 844 年 唐武宗会昌四年

八月，刘稹被手下大将刺杀，昭义平定。

公元 845 年 唐武宗会昌五年

七月，唐武宗李炎灭佛。

公元 846 年 唐武宗会昌六年

三月，唐武宗李炎病卒，皇太叔李忱即位，是为唐宣宗。

四月，贬黜李德裕。

公元 847 年 唐宣宗大中元年

闰三月，修复会昌年间所废佛寺。

公元 848 年 唐宣宗大中二年

九月，贬李德裕为崖州司户。

公元 849 年 唐宣宗大中三年

二月，吐蕃三州、七关归降。

公元 850 年 唐宣宗大中四年

九月，吐蕃大掠河西。

公元 851 年 唐宣宗大中五年

十一月，以张义潮为归义军节度使。

公元 852 年 唐宣宗大中六年

十二月，严禁私度僧尼。

公元 853 年 唐宣宗大中七年

四月，定行刑折杖法。

公元 854 年 唐宣宗大中八年

十月，唐宣宗李忱谋诛宦官。

公元 855 年 唐宣宗大中九年

七月，浙东军乱。

公元856年 唐宣宗大中十年

三月，招抚回鹘。

公元857年 唐宣宗大中十一年

八月，成德节度使王绍鼎卒，军中奉其弟王绍懿为留后，旋即命为节度使。

公元858年 唐宣宗大中十二年

自四月至七月，岭南、湖南、江西、宣州相继爆发兵变；朝廷陆续发兵，至十二月悉数讨平。

公元859年 唐宣宗大中十三年

八月，唐宣宗李忱病卒，宦官拥立郓王李温即位，改名李漼，是为唐懿宗。

十二月，浙东裘甫民变。

公元860年 唐懿宗咸通元年

六月，平定裘甫。

公元861年 唐懿宗咸通二年

七月，南诏入寇。

公元862年 唐懿宗咸通三年

七月，徐州军乱。

八月，邕州军乱。

公元863年 唐懿宗咸通四年

正月，南诏攻陷交趾。

公元864年 唐懿宗咸通五年

三月，岭南西道谎报大捷。

七月，以高骈为安南都护。

公元865年 唐懿宗咸通六年

九月，高骈出兵安南，破峰州蛮。

公元866年 唐懿宗咸通七年

六月，高骈破南诏、平安南。

公元867年 唐懿宗咸通八年

二月，西川破白蛮六姓部落。

公元868年 唐懿宗咸通九年

七月，"庞勋之乱"爆发。

公元 869 年 唐懿宗咸通十年

九月，"庞勋之乱"平定。

公元 870 年 唐懿宗咸通十一年

正月，南诏进犯成都。

公元 871 年 唐懿宗咸通十二年

四月，路岩罢相。

公元 872 年 唐懿宗咸通十三年

八月，归义节度使张义潮卒。

公元 873 年 唐懿宗咸通十四年

三月，唐懿宗李漼迎佛骨。

七月，唐懿宗李漼卒，宦官拥立普王李俨即位，是为唐僖宗。

公元 874 年 唐僖宗乾符元年

十二月，王仙芝起义。

公元 875 年 唐僖宗乾符二年

六月，黄巢起义。

公元 876 年 唐僖宗乾符三年

七月，王仙芝、黄巢转战鲁、豫、皖、鄂。

公元 877 年 唐僖宗乾符四年

闰二月，南诏国王酋龙卒，遣使请和。

公元 878 年 唐僖宗乾符五年

二月，王仙芝战死黄梅。

三月，黄巢转战南方。

五月，沙陀人李国昌反。

公元 879 年 唐僖宗乾符六年

六月，黄巢克广州。

十月，黄巢北进。

公元 880 年 唐僖宗广明元年

七月，黄巢自采石渡长江。

十一月，黄巢克东都。

十二月，黄巢破潼关，入长安，即皇帝位，国号"大齐"，改元"金统"。

公元881年 唐僖宗中和元年

正月，唐僖宗李儇流亡至成都。

四月，黄巢大败官军。

公元882年 唐僖宗中和二年

四月，宰相王铎率诸道兵逼长安。

九月，黄巢部将朱温（后赐名朱全忠）降唐。

十一月，以李克用为雁门节度使。

公元883年 唐僖宗中和三年

二月，李克用败黄巢。

四月，黄巢撤离关中。

七月，以李克用为河东节度使。

公元884年 唐僖宗中和四年

六月，黄巢逃至狼虎谷，被外甥林言所杀。

公元885年 唐僖宗光启元年

三月，唐僖宗李儇还京师。

十二月，王重荣、李克用兵逼关中，宦官田令孜挟僖宗奔凤翔。

公元886年 唐僖宗光启二年

六月，邠宁节度使朱玫奉襄王李煴监国，自为宰相；李克用、王重荣等共讨朱玫。

十二月，朱玫、襄王李煴败死。

公元887年 唐僖宗光启三年

四月，淮南军乱，节度使高骈被杀，杨行密自立为留后。

六月，河中军乱，节度使王重荣被杀。

公元888年 唐僖宗文德元年

三月，唐僖宗李儇卒，宦官杨复恭拥立寿王李杰（后改名李晔）即位，是为唐昭宗。

公元889年 唐昭宗龙纪元年

三月，封朱全忠为东平郡王。

公元890年 唐昭宗大顺元年

五月，命朱全忠、王镕等共讨李克用。

公元 891 年　唐昭宗大顺二年

十月，诏禁军讨杨复恭。

公元 892 年　唐昭宗景福元年

正月，李克用、王镕互攻。

八月，以杨行密为淮南节度使。

公元 893 年　唐昭宗景福二年

九月，凤翔节度使李茂贞尽有十五州之地。

公元 894 年　唐昭宗乾宁元年

八月，杨复恭伏诛。

公元 895 年　唐昭宗乾宁二年

五月，邠宁、镇国、凤翔三镇节度使犯京师。

六月，唐昭宗李晔出奔南山，李克用进兵长安。

公元 896 年　唐昭宗乾宁三年

七月，李茂贞攻长安，唐昭宗李晔出奔华州。

公元 897 年　唐昭宗乾宁四年

九月，朱全忠击杨行密。

十月，王建克东川。

公元 898 年　唐昭宗光化元年

八月，唐昭宗李晔还京师。

公元 899 年　唐昭宗光化二年

正月，卢龙节度使刘仁恭攻魏博。

公元 900 年　唐昭宗光化三年

四月，朱全忠击刘仁恭。

九月，河北诸镇皆附于朱全忠。

十一月，宦官刘季述等囚禁唐昭宗李晔。

公元 901 年　唐昭宗天复元年

正月，唐昭宗李晔复位。

三月，朱全忠攻李克用。

十一月，宦官韩全诲挟唐昭宗李晔奔凤翔。

公元 902 年 唐昭宗天复二年

十一月，朱全忠围困凤翔，李茂贞求和。

公元 903 年 唐昭宗天复三年

正月，唐昭宗李晔还京师，大诛宦官。

二月，朱全忠晋爵梁王。

公元 904 年 唐哀帝天祐元年

正月，朱全忠逼迫唐昭宗李晔迁都洛阳。

八月，朱全忠杀唐昭宗李晔，立辉王李祚为太子，改名李柷，于灵柩前即位，是为唐昭宣帝，又称唐哀帝。

公元 905 年 唐哀帝天祐二年

二月，朱全忠杀唐昭宗李晔诸子德王等九人。

五月，朱全忠大杀朝士，投尸黄河。

十一月，以朱全忠为相国，总百揆。

公元 906 年 唐哀帝天祐三年

八月，朱全忠攻沧州。

公元 907 年 唐哀帝天祐四年

三月，朱全忠迫使唐昭宣帝李柷禅位。

四月，朱全忠更名朱晃，将汴州改为开封府，即皇帝位，国号大梁，改元开平。至此，大唐帝国覆亡。